Gertrude Cepl-Kaufmann
1919 – Zeit der Utopien

Gewidmet der Topie und Utopie der
Diskursgemeinschaft freier Geister
besonders den Verbündeten im Arbeitskreis und Institut
»Moderne im Rheinland«

»1919 – Zeit der Utopien« ist Teil des Bauhaus-Jubiläums in NRW. 100 jahre bauhaus im westen ist ein Projekt des NRW-Ministeriums für Kultur und Wissenschaft und der Landschaftsverbände Rheinland und Westfalen-Lippe. Schirmherrin ist Isabel Pfeiffer-Poensgen, Ministerin für Kultur und Wissenschaft des Landes Nordrhein-Westfalen.

Gertrude Cepl-Kaufmann (Prof. Dr. phil.), geb. 1942, Literaturwissenschaftlerin, ist als Leiterin des Instituts »Moderne im Rheinland« an der Heinrich-Heine-Universität Düsseldorf Impulsgeberin für eine Vielzahl von europäischen Wissenschafts- und Kulturprojekten. Sie forscht u.a. zur Rhetorik der Region und kuratierte internationale interdisziplinäre und komparatistische kulturhistorische Ausstellungen und Symposien. Sie war Vorsitzende des wissenschaftlichen Beirates im Projekt »1914 – Mitten in Europa« und Beirätin im Projekt »Bauhaus 100 im Westen«. Sie wurde 2012 mit dem »Rheinlandtaler« und 2013 mit dem Bundesverdienstkreuz am Bande ausgezeichnet.

Gertrude Cepl-Kaufmann

1919 – Zeit der Utopien

Zur Topographie eines deutschen Jahrhundertjahres

[transcript]

demokratie leben

Landeszentrale für politische Bildung Nordrhein-Westfalen

Düsseldorf 2020
Sonderausgabe für die Landeszentrale für politische Bildung Nordrhein-Westfalen
Haroldstraße 4, 40213 Düsseldorf

2018 erschienen unter der ISBN 978-3-8376-4654-2

Umschlaggestaltung: Maria Arndt, Bielefeld
Umschlagabbildung: Porträtgalerie von Anna Westphal (Otto Freundlich, Hermann Hesse, Gustav Landauer, Rosa Luxemburg und Friedrich Ebert)
Textredaktion: Maike Beier
Bildredaktion: Joe Spicker
Satz: Francisco Bragança, Bielefeld
Druck: CPI – Clausen & Bosse, Leck

Inhalt

Zum Projekt »100 jahre bauhaus im westen« – »Die Welt neu denken«

Grußwort der Schirmherrin

Liebe Leserinnen, liebe Leser,

beim Stichwort »Bauhaus« denken viele an Dessau, Weimar und Berlin. Weniger bekannt ist, wie sehr die Bauhaus-Bewegung auch im Westen das Bauen und Gestalten beeinflusste und wie diese Einflüsse auf die Zentren der Bewegung zurückwirkten.

So leisteten im westfälischen Hagen der Architekt und Gestalter Henry van de Velde und der Sammler Karl Ernst Osthaus entscheidende Vorarbeit zum späteren Konzept des Bauhauses. Ludwig Mies van der Rohe entwarf die Wohnhäuser der beiden Seidenfabrikanten Lange und Esters sowie einen Produktions- und Verwaltungsbau.

Der Einfluss der Bauhaus-Bewegung reichte über Industriearchitektur und Kunstgewerbe hinaus, prägte Mode und Formen gesellschaftlichen Zusammenlebens, befeuerte die Sehnsucht nach demokratischem Aufbruch und drückt sich sogar im Umgang mit Themen wie Flucht und Exil aus.

»Die Welt neu denken« – unter diesem Motto begehen das Land Nordrhein-Westfalen und die für die Landschaftliche Kulturpflege zuständigen Landschaftsverbände Rheinland (LVR) und Westfalen-Lippe (LWL) das 100-jährige Bauhaus-Jubiläum. Mit dabei sind über 40 weitere lokale und regionale Partner wie Museen im Rheinland und in Westfalen sowie der Krefelder Verein MIK e. V. Die Ausstellungs- und Veranstaltungsreihe zu den Reformideen, mit denen die Akteure der Bauhaus-Bewegung entscheidende Weichen gestellt haben, nimmt insbesondere das Zusammenwirken zwischen Gestaltung und Demokratie in den Fokus.

Ich danke allen Beteiligten für ihr großes Engagement, mit dem sie die Einflüsse des Bauhauses sichtbar und erlebbar machen. Den Besucherinnen und Besuchern wünsche ich viel Spaß beim Erkunden und Entdecken.

Isabel Pfeiffer-Poensgen
Ministerin für Kultur und Wissenschaft des Landes Nordrhein-Westfalen

Als man Heimat in der Zukunft suchte

Das Buch ist entstanden im gedanklichen Kontext des Projektes »100 jahre bauhaus im westen«. Unter diesem Motto lädt Nordrhein-Westfalen zu einer in dieser Form erstmalig landesweiten Ausstellungs- und Veranstaltungsreihe zu Voraussetzungen, Projekten und Wirkungen des Bauhauses ein. Der Beitrag aus dem Westen umfasst neben Ausstellungen auch Publikationen und kulturhistorische Studien wie die vorliegende.

Kennzeichnend für den NRW-Beitrag zum großen Jubiläum der weltbekannten, in Weimar, Dessau und Berlin zu verortenden Reformschule ist es, den überkommenen wie überholten Bauhausbegriff aus seinen festgefügten Wahrnehmungs- und Vorstellungsklammern zu lösen, um die Weite und Größe der Bauhaus-Idee auszumessen. Nicht weiße Kisten, flache Dächer und die Verwendung von viel Glas machen das aus, was uns das Bauhaus heute noch zu sagen hätte. Und es wäre auch nicht nur im heutigen Thüringen, Sachsen-Anhalt und Brandenburg zu finden.

Es ist eben keine Stilfrage, sondern eine radikale Gestaltungsidee, die uns heute angeht. Und diese Idee hat ein breites Wurzelwerk. Dazu zählt nicht zuletzt das, was sich an Rhein und Ruhr als Industriekultur ausgeprägt hat und mit Stichworten wie »Hagener Impuls« oder etwa »Werkbund-Ausstellung Cöln« zu verbinden und weiter zu verfolgen ist.

Dabei ist es womöglich der »Enthusiasmus für das Neue« (Hannah Arendt), der uns in besonderem Maße herausfordert und den Jubiläums-Blick auf das Bauhaus gar zur Provokation werden lässt. Heute und gerade hier, wo es die sorgenfreie Zuversicht schwer hat und Utopien logisch paradox aber mit historischer Begründung oft als Belastung empfunden werden. Scheint es hier auch vielfach nur noch darum zu gehen, das Erreichte zu bewahren und notfalls zu verteidigen. Wenn Veränderung Furcht auslöst und als Bedrohung empfunden wird, sind rasch nostalgische Sehnsüchte im Schwange und der Heimatbegriff hat Hochkonjunktur.

Ernst Bloch hat »Heimat« freilich radikal temporal gedacht. Sie sei nicht nur in der verlorenen Kindheit zu suchen, sondern wesentlich in der Zukunft, in der noch niemand war, zu finden. Heimat reimt sich für ihn auf Hoffnung und auf Utopie. Das Jahrhundertjahr 1919 ist insofern eine heimatutopische

Quell-Zeit, in der die Erwartung des Neuen die zeitgenössischen Intelligenzen und Emotionen beschäftigte, ja geradezu aufzuwühlen verstand.

Die Weite und Vielfalt einer futurischen, an vielen Orten anzutreffenden Heimatbewegung ist das auch das große Thema, das Gertrude Cepl-Kaufmann in einem souveränen Überblick von Hamburg bis München, von Straßburg bis Breslau aufspannt: mit Schwerpunkten in der Literaturgeschichte, aber offen für interdisziplinäre Überschreitungen und gesellschaftspolitische Einordnungen.

Das Konzept von »100 jahre bauhaus im westen« erhält durch diese konkret verortete wie weitwinklig aufgespannte Perspektivierung ein Fundament, das, einem Wegweiser gleich, selbst in die Zukunft hineinwirken will. Reift doch auf diesem gut bereiteten Boden umso leichter heran, was die Bauhausidee tatsächlich aus ihrer noch immer festgefahrenen Engführung befreien könnte.

Vielleicht war es tatsächlich dies, was kein geringerer als der weltbürgerliche Rheinländer Mies van der Rohe anlässlich des 70. Geburtstages von Walter Gropius im wahrsten Sinne des Wortes zum Besten gab: dass sich nämlich das Labor der Moderne, welches sich Bauhaus nannte, nur als zukunftsfrohe Idee hat durchsetzen können. Es erwies sich, als trotz Vertreibung letztlich glückliches Exempel für »Natalität« im Sinne der Potenz, nachhaltig einen Anfang zu setzen, um noch einmal mit Hannah Arendt zu sprechen.

Dann aber gilt auch: Kamen wohl viele der hier beschriebenen Aufbrüche vorzeitig zum Erliegen, wurden unglücklich beendet, ja gewaltsam zerstört, so wurde das Bauhaus-Exempel nachhaltig vom unwiderstehlichen Aroma einer Morgenluft getragen, deren reiche Bestandteile dieses Buch für das Geburtsjahr 1919 beschreibt, als man vieler orten und zugleich vor und nach dem Großen Krieg Heimat in der Zukunft suchte.

Thomas Schleper
Mitglied des Lenkungskreises bauhaus100 im westen

Einleitung

Die Welt von Gestern und Morgen

Komme ich meiner Zeit mit der Tragödie oder der Komödie bei? – Um 1919 waren nicht nur Politiker gefordert! – Gefragt nach der Zielorientierung hilft Aleida Assmann – Beim Thema »1919« ist die Kulturwissenschaft gefragt – Förderale Systeme haben ihre je eigene Geschichte – Im Jahr 1919 ging es um das Bild Deutschlands in der Welt und Deutschlands zu sich selbst – Der Regionenvergleich motiviert zur Entdeckungsreise – Es ist eine vertraute, und doch sehr fremde Welt, die begegnet – Eröffnet wird eine Kulturpraxis im Spektrum zwischen ›Panorama‹ und ›Wimmelbild‹ – Das Preußische begegnet flächendeckend – *Flucht vor Preußen bewegt die Großen des Jahres 1919 – Ein Wort zur Auswahl der Orte und Themenkomplexe – Danke!*

Komme ich meiner Zeit mit der Tragödie oder der Komödie bei? So fragte sich Friedrich Dürrenmatt nach dem Zweiten Weltkrieg und entschied sich für die Komödie. Nur mit ihr könne man die Absurdität, in die er sich gestellt sah, vermitteln. Bertolt Brecht fand Jahrzehnte zuvor das Lehrstück, um das Theater zum Ort der Erkenntnis zu machen. Der Sturm-und-Drang-Dichter Jakob Michael Reinhold Lenz, Vater des Theaters der Moderne, stellte in seiner Zeit andere Überlegungen an und fand die Tragikomödie, weil die strengen Regeln von Tragödie und Komödie in Zeiten des Umbruchs nicht mehr als Erklärungsmuster reichten. Das trug er der versammelten Geisteselite vor, die sich Anfang der 1770er Jahre in Straßburg versammelte. Alle drei Autoren beschäftigte zu sehr unterschiedlichen Zeiten das gleiche Problem. Umbruchzeiten wurden zur Herausforderung: Wie kann ich einer Zeit beikommen? Wie sie vermitteln, eine Auswahl treffen, um über sie zu berichten, pointieren?

Lenz hatte eine Idee, die nichts an Reiz verloren hat: er entwickelte das Denkbild ›Gemälde‹. Einen Ausschnitt der Welt anschaubar machen durch Gestaltung, durch einen Gestus. Lenz spricht von sich selbst: »Er nimmt Standpunkt.«[1] Drumherum einen Rahmen, so dass der Konstruktcharakter Teil der Erkenntnis bleibt, das Exemplarische erhält, die persönliche Handschrift, die Abhängigkeit von Material und Stil. In diesem Erkenntnismodell ergibt sich ein Anschauungsbild, das keinen Anspruch darauf erhebt, die einzig mögliche Antwort auf das gewählte Bildsujet zu geben. Ein Zusammenhang für Bilder ergibt sich dann, wenn sie zu Exponaten einer Ausstellung werden. Die Kapitel dieses Bandes folgen dem Thema, realisieren *in toto,* wie dies mit der Kuratierung einer Ausstellung geschieht, einen Lösungsvorschlag: 1919 als »Jahrhundertjahr« anzuschauen, als Phase der deutschen Geschichte, die gekennzeichnet werden kann als »Zeit der Utopie«. Das Ausstellungsnarrativ ergibt sich mit dem Untertitel des Buches. Im Blick auf die »Topographie« Deutschlands lässt sich mehr erfahren/erkennen, als mit einer Zeitabfolge der Ereignisse möglich ist.

Um 1919 waren nicht nur Politiker gefordert. Künstler, Philosophen, Schriftsteller, kurz: Zeitgenossen haben reichlich Antwort gegeben auf die Umbruchzeit, in der sie sich wiederfanden, nach oft jahrelanger Kriegserfahrung. Maler fragten sich, wie ihre Bilder aussehen sollten, was sie wiedergeben wollten oder aus traumatischer Erfahrung mussten? Wie hatten sie den Krieg erlebt? 50 Blätter hatte Otto Dix gefüllt, um die Schrecken des Krieges zu inszenieren. Sind sie nicht auch ›Stillleben‹ der Moderne? Wie sollten sie verstanden werden? *Nature morte* – Still – Leben? Das Gegensatzpaar, mit dem Franzosen und Deutsche das künstlerische Genre seit jeher benennen, schreibt das Paradoxon als unauflösbare Herausforderung fest. Wer hat die Deutungshoheit? Eines wird im Blick auf solche Kulturmuster deutlich: Die »Erbfeinde« von 1919 lassen sich auf diesem Konkurrenzmodell erträglicher anordnen, als sie es damals mit Hasstiraden und einem Versailles als prototypischem Ort eines jahrhundertprägenden ›Un-Friedens‹ praktiziert hatten. Auch differenzierter, denn dieser ›Un-Friede‹ war nur die eine Seite der Geschichte, spiegelt zwar die offizielle Politik in der Begegnung mit Frankreich, fundiert von der zeittypischen Tagespresse, doch es gab zeitgleich ganz andere, versöhnliche, ja, gezielt konstruktive Sichtweisen bei Künstlern und Schriftstellern. Wer sollte hier das Sagen haben, wenn es um die Vielfalt, das Widersprüchliche, die Variationen ging, die sich in diesem ›un-friedlichen‹ Diskurs des Jahres erkennen lassen?

Die Frage lässt sich ausbauen: Was wird im Nachrichtengeschäft vermittelt, wie verhält sich die Auswahl der Informationen zum Gesamt der Ereignisse, der Bewegungen in Gesellschaft, Systemen, sozialen Formationen?

---

1 | Jakob Michael Reinhold Lenz: Anmerkungen fürs Theater, in: Werke und Briefe, hg. v. Sigrid Damm, Frankfurt a.M. 1992, Bd. 2, S. 648.

Gefragt nach der Zielorientierung hilft Aleida Assmann. Sie hat ihren Arbeiten zur Erinnerungstheorie nachfolgend »Formen des Vergessens«[2] erschlossen. So hat dieses Buch mehr vor, als ein Panorama des Jahres 1919 nachvollziehbar zu machen: Die Historiker wurden, nicht zuletzt mit dem *cultural turn,* nachdenklich gemacht. Die Geschichtsschreibung wurde aber lange Zeit vom Topos ›Zwischenkriegszeit‹ geprägt, ja, sogar die historische Vorlage ›Dreißigjähriger Krieg‹ wurde aktiviert. Geblieben ist daraus der nach wie vor präsente Standpunkt, der Erste Weltkrieg habe den Zweiten schon angelegt, die zwölf Jahre der Weimarer Republik seien nur interessant unter dem Aspekt, wie diese unvermeidliche *Direttissima* ins Dritte Reich und den Untergang verlaufen sei. Es ist nicht nur die Konstruktion von Geschichte und die konstruierte Argumentation der Zwangsläufigkeit um sie zu belegen, die in diesem Buch mit seinem kulturwissenschaftlichen Ansatz nicht tragen soll, sondern der potentielle Verlust an Vorgängen, die es dem Vergessen abzutrotzen gilt. Tatsächlich wurde ein beträchtlicher Teil der deutschen Identität damit ausgeblendet, der heute herausfordert: Es geht also um die produktive Wiederentdeckung einer genuinen nationalen, ja, transnationalen Kraft und grenzsprengenden Geschichte und Kulturgeschichte, auch den Anteil, den die Künste, auch mit ihren politischen Programmen, darin haben. Ihre Bedeutung im Konzert der Stimmen des Jahres gilt es neu zu sehen, sie zu entdecken und ihren Beitrag da zu sichern, wo sie über Jahrzehnte hinweg kaum einen Stellenwert in der Geschichtsschreibung hatten.

Beim Thema »1919« ist die Kulturwissenschaft gefragt. Für sie sind nicht minder die Entscheidungen über Erkenntnisziel und -weg fällig. Soll es eine gute Botschaft geben: ›ja, am Anfang war Demokratie!‹ Eine reizvolle, die zum Jahr 1919 passt: ›soviel Kunst war nie!‹ Oder, im Blick auf die Idylle Weimar, eine eskapistische: ›hier ließ sich vom Schrecken des Krieges ausruhen‹?

In diesem Buch wird der Versuch gemacht, die Topographie gegenüber der Chronologie hervorzuheben. Nicht die Abfolge der Ereignisse klärt uns über dieses ungewöhnliche Jahr auf, sondern der Blick auf die Vielzahl der Orte, an denen Ereignisse statthatten, besser noch: es gilt freizulegen, wie sich Orte mit ihrer je eigenen Geschichte in dieses Jahr eingebracht haben und wie und womit sie zum Profil, besser: zu den Profilen, beitrugen. Hierbei ist nicht der Begriff der Simultaneität leitend. Damit wäre, so wie Hans Robert Jauss den Begriff für das Jahr 1912 ausmacht,[3] das Simultane das Besondere. Auch

2 | Aleida Assmann: Formen des Vergessens, Göttingen 2016.

3 | Hans Robert Jauss: Die Epochenschwelle 1912. Guillaume Apollinaire. »Zone« und »Lundi Rue Christine«, Heidelberg 1986, S. 8.

Gumbrechts Blick auf die kaskadenartige Abfolge[4] der Moderne ist von dieser Bewertungskategorie der Moderne(-n) geprägt, bei der für die Hochmoderne ein Chronotop der Gleichzeitigkeit gilt, für die Postmoderne dagegen sämtliche Chronotopen simultan[5] verfügbar sind. Die Notwendigkeit, die tradierten Geschichtsnarrative zu hinterfragen und mit Alternativen auszustatten, gerät dabei aus dem Blick. Michail Bachtins Zugriff über den Begriff »Chronotopos« dagegen meint ein methodisches Verfahren im »künstlerisch-literarischen« Bereich:

> »Im Chronotopos verschmelzen räumliche und zeitliche Merkmale zu einem sinnvollen und konkreten Ganzen. Die Zeit verdichtet sich hierbei, sie zieht sich zusammen und wird auf künstlerische Weise sichtbar; der Raum gewinnt Intensität, er wird in die Bewegung der Zeit, des Sujets, der Geschichte hineingezogen. Die Merkmale der Zeit offenbaren sich im Raum, und der Raum wird von der Zeit mit Sinn erfüllt und dimensioniert.«[6]

Als wissenschaftliches Verfahren erlaubt es eine optimale Rücksicht auf das topographische Feld des Jahres. Im vorliegenden Band geht es um Ansätze einer Raumtheorie im Kontext der besonderen Geschichte Deutschlands. Dessen (ver-)spätete Nationenbildung hatte das Föderale zum Identitätsmoment werden lassen. Das Kaiserreich war zwar ein wichtiges, aber nicht ausschließendes Element für gleichzeitige strukturierende Einflüsse. Gewichtet nach dem, was bis zum Ende des Krieges, gerade in Zeiten weiterbestehender Herrschaftsräume an kultureller Identität variierte, war das Kaiserreich nicht mehr als eine Marginalie im jahrhundertelangen Prozess der Herausbildung von Regionen, urbanen Zentren, Ländern, die dieses Deutschland ausmachten. Hier, im Blick auf das Spannungsgefüge von Reich und Regionen, gilt insbesondere Renate von Heydebrands Votum, dass das Bewusstsein einer Region eine eigene Dimension ausmacht, die letztlich erst mit der Fokussierung des Interesses auf die Kultur zu definieren ist, denn »Kulturräume bilden sich«, so Heydebrand, »auf anderen Grundlagen als Herrschaftsräume und stimmen mit ihnen nur selten überein.«[7] Hier hat erst die Abschaffung der Adelsherrschaften stärkere Spuren hinterlassen. Sie waren oft prägender als die Herausbildung des Kaiserreichs.

---

4 | Hans Ulrich Gumbrecht: Kaskaden der Modernisierung, in: Mehrdeutigkeit der Moderne, hg. v. Johannes Weiß, Kassel 1997, S. 17-43.

5 | Ebd., S. 36.

6 | Michail Bachtin: Chronotopos (Aus dem Russischen von Michael Dewey), Frankfurt a.M. 2008, S. 90.

7 | Renate von Heydebrand: Literatur in der Provinz Westfalen 1815-1945. Ein literarhistorischer Modellentwurf, Münster 1983, S. 14.

Förderale Systeme haben ihre je eigene Geschichte. Sie auf einem Feld 1919 auszumachen, fordert Rücksichtnahme, ja, ein besonderes Interesse an diesen je eigenen Geschichten. Auch für diesen Frageansatz lassen sich kulturwissenschaftliche Neuansätze fruchtbar machen.

Achim Landwehr hat den Begriff »Chronoferenzen«[8] entwickelt. Ihm sehen sich die weiteren Ausführungen verpflichtet. Hier erhält die »anwesende Abwesenheit der Vergangenheit« ein besonderes Gewicht. Sie erlaubt Relationierungen, »mit der anwesende und abwesende Zeiten gekoppelt, Vergangenheiten und Zukünfte mit Gegenwarten verknüpft werden können«[9]. Landwehr eröffnet differenzierte Erkenntnismöglichkeiten. Entsprechend wird in den einzelnen Kapiteln dieses Buches kein Jahr 1919 als zeitloses Phänomen herausgeschnitten und mit der Lupe betrachtet, ebenso wenig ein Ort ins Labor entführt, sondern als prozesshaft und diskursiv verstanden, doch mit der Zielorientierung, das Jahr 1919 als Ausnahmejahr des Jahrhunderts in seinen Bedingungen und Besonderheiten zu durchschauen. Auch Rückgriffe in Kontexte und in die Genese von Ereignissen, die in dieses Jahr verweisen, sowie ein perspektivischer Blick über das Jahr hinaus dienen ihm. Landwehr konkretisiert, ist der Einbezug von Geschichte und Geschichten mit Bedacht Teil der ›Gemälde‹. In einzelnen Regionen spielt der Anteil der Geschichte eine geringe Rolle, zuweilen, wie im Blick auf Leipzig, Weimar oder Frankfurt, muss mehr an Vergangenheit hereingeholt werden, um die *mental map* von 1919 zu verstehen und den Aktionen Bedeutung einzuräumen.

Im Jahr 1919 ging es um das Bild Deutschlands in der Welt und Deutschlands zu sich selbst. Nicht nur am Verhandlungstisch in Versailles. Was hatte es im Gepäck? Was verloren, was bildete den Subtext, z.B. im Bohemekultort München oder in einem scheinbar, wie gezeigt werden kann, so modernen Weimar?

Das Institut »Moderne im Rheinland« hat in seinen Projekten und Forschungen eine »Rhetorik der Region«[10] entwickelt, die nach Evidenzen, situativen Reaktionsmustern und nach kulturellen Formaten fragt, mit der sich Akteure in die Zeit einschreiben. Im Vergleich von Regionen lassen sich Para-

---

8 | Achim Landwehr: Die anwesende Abwesenheit der Vergangenheit. Essay zur Geschichtstheorie, Frankfurt a.M. 2016, S. 167.

9 | Ebd., S. 28.

10 | Gertrude Cepl-Kaufmann: Denkbild und Praxis. Zur Rhetorik der Region, in: Konstruktionsprozesse der Region in europäischer Perspektive, hg. v. Gertrude Cepl-Kaufmann u. Georg Mölich, Essen 2010 (Düsseldorfer Schriften zur Literatur- und Kulturwissenschaft 6), S. 45-79. Das 1989 vom Wissenschaftsministerium des Landes NRW initiierte, 2000 an die Heinrich-Heine-Universität angeschlossene Institut realisiert transdisziplinäre und komparatistische Projekte in Forschung und Kulturpraxis.

meter herausstellen, die nicht nur die Vielfalt zeigen, sondern auch Erkenntnisse über den Zuschnitt z.B. politischer Landschaften generell zulassen. Dies trifft insbesondere für das Jahr 1919, in dem regionale, nationale *und* föderale Systeme in gleicher Weise in die politische Zukunft Deutschlands hineinwirkten.

Der Regionenvergleich motiviert zur Entdeckungsreise. Man wird fündig, wenn Ereignisse als Unikate gehandelt werden, sich tatsächlich aber als flächendeckendes Phänomen erweisen. Für 1919 trifft dies für die Gründung des Bauhauses zu. Der Erfolg, den diese Bewegung international hatte, gewinnt vor dem Hintergrund der Vielzahl von Schulgründungen und Diskursen Bedeutung, die zeitgleich an unterschiedlichen Orten in Deutschland wie ein Phönix aus der Asche entstanden, denen aber keine Zukunft beschieden war. Dennoch erlaubt erst der Kontext einen Rückschluss auf die geistigen Konturen der Zeit.

Es ist eine vertraute, und doch sehr fremde Welt, die begegnet, verschüttet von der weiteren Entwicklung, die das 20. Jahrhundert genommen hat. Die spirituelle Dimension, die das künstlerische Vorstellungsvermögen in der Nachkriegszeit prägte, ist in der Rückschau und angesichts der Quellenlage in Museumsmagazinen und Archiven für einen unvorbereiteten heutigen Zeitgenossen ein im wahrsten Sinne des Wortes ›unglaubliches‹ Phänomen. Doch ist diese spirituelle Dimension so evident, die Emphatik der Sprache so gewaltig, dass sich darin die Dimension des Leidens, doch auch die Kraft der Utopie, die diese Generation bewegt haben muss, wie mit kaum einem anderen Phänomen dieser ausdrucksstarken Nachkriegszeit imaginieren lässt, sei es in der Motivwelt der Apokalypse oder der der Kathedrale – übrigens: im katholischen Rheinland ebenso wie im protestantischen Thüringen.

Eröffnet wird eine Kulturpraxis im Spektrum zwischen ›Panorama‹ und ›Wimmelbild‹. Man sieht Einmaliges und Wiederholtes, Variiertes, Imitiertes, Beschönigtes, Karikiertes. Die Panoramen des 19. Jahrhunderts boten Bilder im Rundumblick. In sich geschlossene und doch thematisch und historisch vernetzte Einblicke. Im Wimmelbild vereint sich der Blick auf Einzelnes zu einem Ganzen, das am Ende erkennbar zum Gesamtverstehen drängt. Hier werden sie zu Kapiteln mit jeweiligen Schwerpunkten, Fokussierungen auf Zusammenhänge mit Ereignischarakter, Ideengeschichte und Ästhetik, mit Kultursoziologie, aus interner und externer Perspektive. An vielen der Orte, auf die der Blick fokussiert, ist eine besondere Geschichte angelegt: in Frankfurt spielt die Geschichte des deutsch-jüdischen Mittelalters eine Rolle, in Leipzig die Aufklärung, die im Verlagswesen bis ins die Gegenwart von 1919 präsent ist. Neuentdeckungen wie die Landkommune Simonskall zeigen alternative Gesellschaftsentwürfe, die sich in bemerkenswerter Weise weniger gegen die Tradition als mit ihr verstehen.

Das Preußische begegnet flächendeckend. Wilhelm II. wurde zum Synonym, im Kaiserreich, dieser ›späten Geburt‹ eines Nationalstaates. Schwer war es, sehr schwer für Bismarck, den Macher, Hannover musste dran glauben, Württemberg und das Rheinland. Sie mussten im Lauf der Zeit ihre Eigenständigkeit aufgeben. 1919 kommt das alles auf den Tisch. Preußen hatte eine Spur hinterlassen: 1919 wird Preußen in der Münchner Räterepublik ein Thema, in den Vorbereitungen der Leipziger Prozesse gegen die Kriegsverbrechen der Deutschen, insbesondere die des Kaisers, und das in einer Stadt, die mit dem Völkerschlachtdenkmal an die Emanzipation und Politisierung des Bürgertums erinnert, das nun, hundert Jahre später, nach einem verheerenden Aggressionskrieg, verglichen mit ihrer Geschichte, viel verloren hat!

Flucht vor Preußen bewegt die Großen des Jahres 1919: Otto Dix, Max Ernst, Max Beckmann als Künstler, Gustav Landauer, Ernst Bloch, Carl Sternheim als Dichter und Denker: sie sind auf dem Weg – in die Wahlheimat Paris gereist wie Max Ernst, aus der Wahlheimat Belgien vertrieben wie Sternheim, erschlagen wie Landauer. Dieses Jahr ist ›beweglich‹, fragil, ziellos, wie die der Stadt verwiesenen Soldaten aus Straßburg, heimatlos wie die Regierung in Berlin, die ins idyllische, doch allzu bedeutungsbeladene Weimar flieht – kein Provisorium wie das Bonn der Bundesrepublik, sondern eine Hypothek.

Die Verdichtungen und Belegungen mit changierendem Sinn sind offen vollzogene, geradezu experimentelle Verknüpfungen, die nicht nur Abläufe umfassen, sondern sie zu einer, wie Landwehr vorschlägt, ›Zeitschaft‹ werden lassen. Sie sind gerade, so gesehen und verdichtet, auch als *Land*schaft wiedererkennbar. Für das Phänomen von 1919 haben wir in der deutschen Geschichte ein vergleichbares Moment, das unserer Zeit konform ist. Als die Mauer fiel, war es nur ein Moment, ein umgelegter Schalter in der Geschichte, in dem die Freilegung der Länder hinter/unter dem zentralistischen System der DDR gänzlich ohne Kontroverse folgte. Das hatte auch damals die Gemüter bewegt. 1919 war auch das Jahr der politischen Phantasien, mit denen an süddeutschen, norddeutschen, deutsch-österreichischen Zukunften gearbeitet wurde, um den Preußen-Zentralismus zu überwinden.

Kreativität und hohe Handlungsmotivationen der Zeitgenossen zeichneten dieses Jahr 1919 aus, so, als gelte es, mit schöpferischer Potenz, Visionen, Utopien, Denkbildern einen als gänzlich leer, ja, apokalyptisch belegten politischen und gesellschaftlichen Raum um 180 Grad zu drehen und ihm neuen Sinn zu geben. Es waren auch nicht nur die politischen Entwürfe, die hier benennbar sind. Der Vielzahl der Ereignisse und Abläufe entspricht eine bemerkenswerte Intensität, mit der Aktionen betrieben, Texte geschrieben, Appelle verfasst wurden. Konkretisiert in den Ästhetiktheorien der Zeit ebenso wie in den utopieversessenen konkreten Versöhnungsprojekten der Intellektuellen, Künstler, Schriftsteller, Wissenschaftler und der kulturaktiven Öffentlichkeit. Mit einem Panorama-Blick lässt sich diesem inneren Bild nahekommen.

Ein Wort zur Auswahl der Orte und Themenkomplexe: Es sind die evidenten politischen Ereignis- und Kulturorte: Kiel und die Hansestädte, Berlin, Weimar, Leipzig, München, das Rheinland, dazu die Schweiz, Versailles; Städte, in denen herausragende kulturelle Prozesse erkennbar sind: Hannover, Frankfurt, Darmstadt, Dresden, Breslau, aber auch exemplarische Orte, die zur Gestaltung des Profils dieses Jahres beigetragen haben: Simonskall mit weiteren Siedlungsorten und Worpswede.

Straßburg ist diesen Orten nicht ohne Grund vorangestellt: Nirgendwo ist das Spannungsfeld zwischen einem auch damals durchaus erkennbaren europäischen Format der Politik und der Renaissance des nationalistischen, auch bellizistischen Denkens so greifbar, obwohl in dieser Stadt nicht viel passierte – auf den ersten Blick: Doch Straßburg, über Jahrhunderte Region im Spannungsfeld zwischen Deutschland und Frankreich, ist heute für uns ein unumstrittener Symbolort für Europa. Die Stadt war schon immer mit einem mehrfachen Sinn ausgestattet. Eines der schwierigsten Probleme, das 1919 anstand, bindet sich an das Narrativ, das diese Stadt im Schilde führt und über Jahrhunderte ausstrahlte: es vereinte die Schönheit einer reichen Handelsstadt mit einem liberalen Geist und stand dennoch ebenso für das Thema Krieg. Die Verrohung der Sitten, die jeder Krieg mit sich führt, durchtränkte die Öffentlichkeitskultur und die politischen Diskurse – von beiden Seiten und darüber hinaus.

Letztlich ist das Jahr 1919, so panoramatisch präsent, ein Anschauungsbild für die Vielfalt der Landschaften, die Deutschland prägen, versuchte Antworten auf die gleichbleibende Frage: was hat das Jahr mit Deutschland gemacht, welches Selbstbild wurde hier angelegt und was trägt uns dieses Jahr an nachfolgender Arbeit gegen das Vergessen auf?

Danke! *Last but not least* gilt es, denen zu danken, die den Werdegang des Buches konstruktiv begleitet haben: allen voran Dr. Jasmin Grande, stellvertretende Leiterin des Instituts »Moderne im Rheinland«, seit vielen Jahren geschätzte Diskurspartnerin; Maike Beier und Joe Spicker, die helfend zur Seite standen und die selbst die Plage der notwendigen Kürzungen mit auf sich genommen haben; danken möchte ich Dr. Monika Künzel und Prof. Dr. Gunter Gebauer für ihren ebenso professionellen wie persönlichen Zuspruch, auch dem in gemeinsamen Projekten freundschaftlich verbundenen Kollegen Prof. Dr. Gerd Krumeich. Die Ausstellungen »Krieg und Utopie«[11] und »L'Autre Allemagne«[12] haben diesen Band gedanklich vorbereitet. Die Gespräche mit Prof. Dr. Thomas Schleper seit den LVR Projekten »1914 – Mitten in Europa« und »100 Jahre Bauhaus im Westen« begleiteten es.

Für Anregungen danke ich meinen Kindern Prof. Dr. Jasper Cepl, Dr. Philipp Cepl und Dr. Esther Cepl-Schmidt, und *last but not least* meinem Mann Charly Cepl, der als Mutmacher und unerschöpfliches, lebendiges Archiv historischer Zusammenhänge immer noch einen weiteren Bücherstapel aus seiner Bibliothek vorbeibrachte.

11 | Krieg und Utopie. Kunst, Literatur und Politik im Rheinland nach dem Ersten Weltkrieg, hg. v. Gertrude Cepl-Kaufmann, Jasmin Grande, Gerd Krumeich u. Ulla Sommers, Essen 2006.

12 | L'Autre Allemagne. Rêver la paix 1914-1924. Katalog zur Ausstellung im Historial de la Grande Guerre, Peronne, Frankreich, 25. Juni-6. November 2008, hg. v. Gertrude Cepl-Kaufmann, Jasmin Grande u. Gerd Krumeich, Peronne 2008.

Straßburg

Ich muss Dich lassen

Ein Panoramablick auf das Deutschland des Jahres 1919 – Die Stadt Straßburg hat ihr eigenes Narrativ – Der Abschied vom Kaiserreich beginnt in Straßburg – Straßburg hat eine europäische Geschichte – Straßburg ist ein westeuropäischer »lieu de mémoire« – Nationalismen und europäische Kultur begegneten unmittelbar – Straßburg war Fluchtpunkt und Ideenschmiede – Vom Sturm und Drang zu den Straßburger Stürmern – und zurück – Die »deutsche Baukunst« des späten 18. Jahrhunderts gehört zum Bauhaus 1919

Ein Panoramablick auf das Deutschland des Jahres 1919, der die Simultaneität und topographische Vielfalt dieses Ausnahmejahres unter die Lupe nimmt, beginnt im November 1918, nicht nur, weil mit dem Ende der Kampfhandlungen der Krieg an den Fronten zu Ende ist, sondern weil sich diese Ereignisse für eine Stadt, deren Bedeutung für die Identität der Deutschen, darüber hinaus auch für Europa, kaum zu überschätzen ist, unmittelbar auswirkten: Innerhalb von wenigen Tagen musste das deutsche Militär Straßburg verlassen. Der Traum des zweiten Deutschen Kaiserreichs von der Renaissance des ersten, oder das, was man aus der Perspektive eines nationalstaatlichen Denkens in der verklärenden Rückschau in Zeiten, in denen das Elsass eine deutsche Landschaft war, daraus machte, war ausgeträumt. Als das Jahr 1919 begann, war Straßburg bereits verloren.

Die Stadt Straßburg hat ihr eigenes Narrativ, geknüpft an eines der ergreifendsten alten Volkslieder: »Oh Straßburg, oh Straßburg,/du wunderschöne Stadt,/darinnen liegt begraben so mannicher Soldat...« – wie ein melancholischer Reflex kommen diese Volkslieder in den Sinn, wenn es um Abschied von einem geliebten Ort geht. In Letzterem stand mehr auf dem Spiel: es geht um endgültige Abschiede, denn Straßburg war immer auch Festungsstadt und signalisierte mit ›Abschied‹ den Ereignisfall ›Krieg‹. Der hatte eine wiederkehrende Grundsituation im Gepäck: ein Abschied mit der unsicheren Option einer Wiederkehr. Im Lied sind es die Eltern, die als Trauernde präsentiert werden. Kaum hätte man die Unsinnigkeit des Krieges besser verankern können als in diesem Umkehrbild zur Geburt, zur Menschwerdung. Der verletzliche Mensch, der verletzte Mensch, aber auch der verletzende Mensch erweisen sich als zeitloses Negativmodell.

Abbildung 1: Tomy Ungerer zeigt in seinem Aquarell zum Volkslied O Straßburg *die trauenden Eltern im Blick auf die Stadt*

War dieses Lieder auf das »wunderschöne Straßburg« und den Abschied nicht auch ein Ostinato auf den ewig wiederkehrenden Trennungsschmerz, der dieses Straßburg zu einem »lieu de mémoire« besonderer Art machte? In diesen Jahren des frühen 20. Jahrhunderts liegt wieder ein Krieg in der Luft, die enge Allianz von – würde man Ernst Jünger zu Rate ziehen – Kampf, Abenteuer, Schönheit und Tod, die moderne Version von Eros und Thanatos.

Gerade mit diesem Jahrhundert hat sich der Mythos als Meistererzählung behauptet, doch was Straßburg betrifft, so hätte man schon 700 Jahre zuvor die Einleitungskapitel dieser Meistererzählung erfahren können: in Gottfrieds von Straßburg Betrachtung über »Leute und Land«:

»Liute unde lant die mohten mit genâden sîn,
wan zwei vil kleiniu wortelîn ›mîn‹ unde ›dîn‹,
diu briuwent michel wunder ûf der erde.
wie gânt si vrüetende und wüetende über al
und trîbent al die wélt úmbe als einen bal:
ich waene, ir krieges iemer ende werde.

Leuten und Land könnte es passabel ergehen,
gäb's nicht die winzigen Wörtchen mein und dein,
die auf der Erde höchst Wunderliches zusammenbrauen!
Wie stapfen sie überall rüstig und verheerend
und treten die Welt umher wie einen Ball.
Ich glaube, dass ihr Krieg nie enden wird.«

Nun, auch in unserer Meistererzählung folgte alles einem fest eingeschrieben Muster, es gab, wie wir wissen, für Deutschland kein rosarotes Happy-End, das Elsass blieb nicht deutsch, kein Held kehrte ruhmreich aus der Schlacht zurück. Die Muse von 1919 war realistisch! Kein Sieger. Nirgends! Weltweit waren Millionen Menschen traumatisiert, verletzt oder wurden getötet.

Der Abschied vom Kaiserreich beginnt in Straßburg. Kaum, dass der Krieg am 9. November 1918 zu Ende war, schickten die Gewinner, die Franzosen, die Soldaten vors Tor und in die Ferne – als die erste offizielle Handlung einer Siegermacht, noch bevor darüber vertraglich entschieden wurde.

Alfred Döblin hatte das Ereignis der abziehenden Truppen als Narrativ seinem vierteiligen Roman »November 1918« unterlegt:

»*Montag, der 11. November.* Die Nacht über war der Himmel schwarz. Ein unsichtbarer Mond warf aus seinem Versteck ein magisches Licht auf einige Wolken, die sich schwer unter ihm hinschleppten. Als der Morgen dämmerte, setzte wie am Vortag ein scharfer eisiger Wind ein, der Himmel wurde reingefegt, er war weißgrau, als die Stadt erwachte. Hier und da knatterten Schüsse. Es wurde ein strahlend heller Vormittag. Die Leute gingen auf die Straße wie an einem Festtag. Sie stellten sich auf den Marktplatz, am Bahnhof, in der Hauptstraße an dem Warenhaus in Gruppen zusammen. Man war fröhlich und nahm die Kinder mit. Der Krieg war unzweifelhaft aus. [...] Leutnant von Heiberg irrte durch die Stadt Straßburg. Der herzbeklemmende Anblick zerlumpter Soldaten. Fortsetzung der Schreckensszene von gestern. Er beachtete nicht das unbekümmerte

Leben der alten Stadt, die sich langsam in Bewegung setzte, die Läden, die sich öffneten, die Elektrischen, die sich durch die engen Straßen wanden. Plakate an den Häusern musste er anstieren, immer ein und dasselbe, er las an fünf Stellen Wort für Wort wieder und begriff nicht: »Der Kaiser und König hat sich entschlossen, dem Thron zu entsagen«. Elf Worte, der Satz verschluckte alles, was er denken konnte. Was die Depesche später sagte, kam nur undeutlich an ihn, genauer der Schluss: »Druck von M Schauberg, Straßburg im Elsass, Einzelexemplar 10 Pfennig.«[1]

Abbildung 2: a) Kriegerklärung durch Kaiser Wilhelm II. am 1. August 1914; b) Das sozialdemokratische Parteiorgan Vorwärts gibt am 9. November 1918 anlässlich der Abdankung des Kaisers eine Extraausgabe heraus

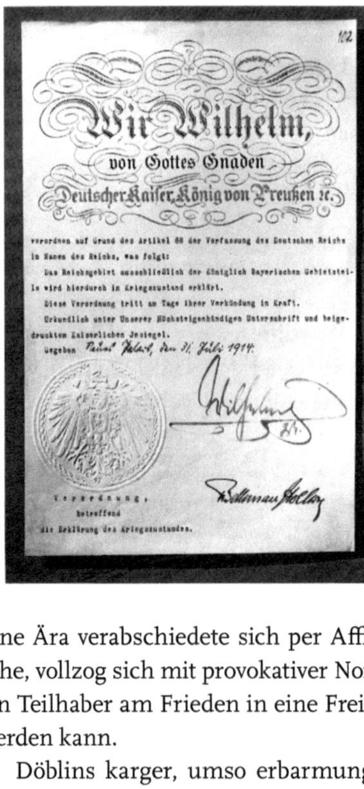
102

Wir Wilhelm,
von Gottes Gnaden
Deutscher Kaiser, König von Preußen ꝛc.

verordnen auf Grund des Artikel 68 der Verfassung des Deutschen Reichs im Namen des Reichs, was folgt:

Das Reichsgebiet ausschließlich der Königlich Bayerischen Gebietsteile wird hierdurch in Kriegszustand erklärt.

Diese Verordnung tritt am Tage ihrer Verkündung in Kraft.

Urkundlich unter Unserer Höchsteigenhändigen Unterschrift und beigedrucktem Kaiserlichen Insiegel.

Gegeben Neues Palais, den 31. Juli 1914.

Verordnung,
betreffend
die Erklärung des Kriegszustandes.

2. Extraausgabe Sonnabend, den 9. November 1918.

Vorwärts
Berliner Volksblatt.
Zentralorgan der sozialdemokratischen Partei Deutschlands.

Der Kaiser hat abgedankt!

Der Reichskanzler hat folgenden Erlaß herausgegeben:

Seine Majestät der Kaiser und König haben sich entschlossen, dem Throne zu entsagen.

Der Reichskanzler bleibt noch so lange im Amte, bis die mit der Abdankung Seiner Majestät, dem Thronverzichte Seiner Kaiserlichen und Königlichen Hoheit des Kronprinzen des Deutschen Reichs und von Preußen und der Einsetzung der Regentschaft verbundenen Fragen geregelt sind. Er beabsichtigt, dem Regenten die Ernennung des Abgeordneten Ebert zum Reichskanzler und die Vorlage eines Gesetzentwurfs wegen der Ausschreibung allgemeiner Wahlen für eine verfassungsgebende deutsche Nationalversammlung vorzuschlagen, der es obliegen würde, die künftige Staatsform des deutschen Volk, einschließlich der Volksteile, die ihren Eintritt in die Reichsgrenzen wünschen sollten, endgültig festzustellen.

Berlin, den 9. November 1918. Der Reichskanzler.
Prinz Max von Baden.

Es wird nicht geschossen!

Der Reichskanzler hat angeordnet, daß seitens des Militärs von der Waffe kein Gebrauch gemacht werde.

Parteigenossen! Arbeiter! Soldaten!

Soeben sind das Alexanderregiment und die vierten Jäger geschlossen zum Volke übergegangen. Der sozialdemokratische Reichstagsabgeordnete Wels u. a. haben zu den Truppen gesprochen. Offiziere haben sich den Soldaten angeschlossen.

Der sozialdemokratische Arbeiter- und Soldatenrat.

Eine Ära verabschiedete sich per Affiche – und das alte Leben, das französische, vollzog sich mit provokativer Normalität. Es entlässt den Soldaten als ersten Teilhaber am Frieden in eine Freiheit, die auch mit Verlorenheit übersetzt werden kann.

Döblins karger, umso erbarmungsloser Blick auf die Szene erinnert an Heinrich Heines Nähe zur Geschichte, die in dieser Szene miterlebbar wird:

Im 6. Kapitel seines Buches »Ideen. Das Buch Le Grand« erinnert Heine an das Ende der kurfürstlichen Zeiten im Düsseldorf des Jahres 1806, ausgelöst von Napoleons Europapolitik. Wir erleben in Heines Roman eine Art *déjà vue,*

1 | Alfred Döblin: November 1918. Eine deutsche Revolution, München 1978, S. 31.

ein Kapitel der französischen-deutschen Begegnung, das ebenso einen Wechsel der politischen Systeme bedeutete und Betroffene ratlos zurücklässt:

»Damals waren die Fürsten noch keine geplagte Leute wie jetzt, und die Krone war ihnen am Kopfe festgewachsen, und des Nachts zogen sie noch eine Schlafmütze darüber, und schliefen ruhig, und ruhig zu ihren Füßen schliefen die Völker, und wenn diese des Morgens erwachten, so sagten sie: ›Guten Morgen, Vater!‹ – und jene antworteten: ›Guten Morgen, liebe Kinder!‹
Aber es wurde plötzlich anders; als wir eines Morgens zu Düsseldorf erwachten, und ›Guten Morgen, Vater!‹ sagen wollten, da war der Vater abgereist, und in der ganzen Stadt war nichts als stumpfe Beklemmung, es war überall eine Art Begräbnisstimmung, und die Leute schlichen schweigend nach dem Markte, und lasen den langen papiernen Anschlag auf der Türe des Rathauses. Es war ein trübes Wetter, und der dünne Schneider Kilian stand dennoch in seiner Nankingjacke, die er sonst nur im Hause trug, und die blauwollnen Strümpfe hingen ihm herab, dass die nackten Beinchen betrübt hervorguckten, und seine schmalen Lippen bebten, während er das angeschlagene Plakat vor sich hin murmelte. Ein alter pfälzischer Invalide las etwas lauter, und bei manchem Worte träufelte ihm eine klare Träne in den weißen, ehrlichen Schnauzbart. Ich stand neben ihm und weinte mit, und frug ihn: warum wir weinten? Und da antwortete er: ›Der Kurfürst lässt sich bedanken.‹ Und dann las er wieder, und bei den Worten: ›für die bewährte Untertanstreue‹ ›und entbinden Euch Eurer Pflichten‹, da weinte er noch stärker – Es ist wunderlich anzusehen, wenn so ein alter Mann mit verblichener Uniform und vernarbtem Soldatengesicht, plötzlich so stark weint. Während wir lasen, wurde auch das kurfürstliche Wappen vom Rathause heruntergenommen, alles gestaltete sich so beängstigend öde, es war, als ob man eine Sonnenfinsternis erwarte...«[2]

Wie sollte es weitergehen? Verlust und eine daraus folgende Betroffenheit prägten die mentale und reale Lage damals wie in der Zeit ab dem Ende der Kampfhandlungen und fortlaufend ins Jahr 1919. Auch hier hatten die orientierungslos in Straßburg abziehenden Soldaten nicht nur einen Krieg verloren, sondern auch ein Halt gebendes System: das Kaiserreich. Auch sie waren keine Untertanen mehr, eine Erfahrung, aus dem sich in den Zeiten der kommenden Republik kaum lösbare Probleme ergeben würden. Doch schon hier stellten sich über die existentiellen persönlichen Fragen hinaus die nach dem, was diese fatale Situation heraufbeschworen haben musste. Wie würde nun, nach diesem Verlust, die Welt da draußen aussehen? Lohnte es sich, überhaupt den Weg in eine unvorstellbare Heimat anzutreten? In Döblins Roman trifft es

2 | Heinrich Heine: Ideen. Das Buch Le Grand, in: Heinrich Heine. Historisch-kritische Gesamtausgabe der Werke, hg. v. Manfred Windfuhr, Band 6 (Briefe aus Berlin; Über Polen; Reisebilder I/II; Prosa), S. 169-222, hier S. 186f.

Offiziere in einem Straßburger Lazarett. Der Protagonist Heiberg denkt nach, berät sich mit einem Berliner Soldaten:

»Und plötzlich nach ein paar Schluck Kaffee war er ernst: ›Was sagst du zu unserem Schlamassel. Mensch, wir haben zu hoch raus gewollt, das rächt sich. Ich hab' zu Hause im Urlaub schon immer gesagt: die sollen die großen Töne lassen, die anderen können auch was‹ Heiberg: ›Wie kommt man am raschsten nach Berlin?‹ Der Soldat schüttelt den Kopf, sehr energisch: ›Nach Haus, wozu? Glaubst du, ich lass mir hier rausgraulen? Von die noch lange nicht. Nach dem Mist zu Hause hab' ich keine Sehnsucht. Etwa du. In Berlin ist dicke Luft, rate ich dir besonders, für Offiziere‹.«[3]

Es hilft alles nichts, die Armee verlässt 1919 die Stadt und die Offiziere begeben sich, ungeordnet, auf je eigene Fahrten quer durch Deutschland, eine Reise wie eine Karussellfahrt, so Döblin, mit immer wiederkehrenden grotesken Bildern, doch ohne eine Vorstellung, was, wo, wie das Ziel, die Zukunft sein könnte.

Straßburg hat eine europäische Geschichte. Der Auszug der Soldaten 1919 signalisierte mehr als einen Verlust. Zur aktuellen Lage: Straßburg war als symbolischer Ort für das politische Gebilde Elsass-Lothringen für Deutschland verloren. Das demütigende, von Bismarck unwürdig inszenierte politische Spiel von 1871 wiederholte sich nun umgekehrt. Nach dem Ende der Kriegshandlungen und dem Thronverzicht des Kaisers hatte sich Elsass-Lothringen zur unabhängigen Republik Elsass-Lothringen erklärt, wurde aber innerhalb weniger Tage von französischen Truppen besetzt. Vom 11. bis zum 22. November 1918 herrschte in Straßburg eine kommunistische Räterepublik. Danach blieb die Annexion durch Frankreich, ohne dass es eine Volksabstimmung gegeben hatte. Offiziell wurde Elsass-Lothringen erst mit Inkrafttreten des Versailler Vertrages Frankreich zugesprochen.

Straßburg verlor 1919 aber auch an europäischer Vorgeschichte: tatsächlich hatte es dort wie hier lange schon, durchaus in einem spannungsvollen Kontext zum zentralistischen Berlin, Formen der Zusammenarbeit gegeben, die einem europäischen Zusammenspiel der Kräfte bereits sehr viel nähergekommen waren, als diese neuerliche Grenzziehung zulassen würde. Der Rhein als internationaler Wirtschaftsweg hatte dabei eine erhebliche Rolle gespielt. Grenzüberschreitende Konventionen, die vom Pragmatismus der Handelsschifffahrt und der Hochwasserprophylaxe gleichermaßen bestimmt wurden, hatten europäische Modelle hervorgebracht. So gab es z.B. die diversen

3 | A. Döblin: November 1918, S. 32f.

»Rheinakten«[4], die durchaus internationale Rechtsstandards schafften und gegen die sich nun eine harte Grenzpolitik in Geist und Buchstabe verhalten musste. Auch kulturell standen Formate im Raum, die gegen die Realpolitik wenig Chancen hatten. So hatte der »Verband der Kunstfreunde in den Ländern am Rhein« die großen Kulturzentren entlang des Stromes von Basel über Straßburg, danach einem Abstecher mainaufwärts, nach Frankfurt, wieder an den Rhein und abwärts, nach Düsseldorf und Duisburg in einer gemeinsamen Ausstellungspraxis zu verbinden gesucht. Robert Schuman, u.a. französischer Ministerpräsident und Namensgeber des sog. »Schuman-Plans« zur westeuropäischen Montanunion, der zu einem der Väter des Europagedankens wurde, war schon vor dem Krieg auf dem Plan. In Luxemburg geboren und auf einem deutschsprachigen Gymnasium gebildet, wurde er mit dem politischen Wechsel Franzose, sah sich aber als Versöhner im vergifteten Streit der »Erbfeinde«. Er dachte und handelte grenzübergreifend. Hier waren die Liturgische Bewegung, der Reformkatholizismus und ein aus ihm gespeister ›Abendland‹-Gedanke, einhergehend mit der Wiederentdeckung Karls des Großen als Vater Europas verbindend. Mit Heinrich Brüning und Hermann Platz hatte sich Schuman in der Karwoche 1913 im Kloster Maria Laach beim dortigen Abt Ildefons Herwegen getroffen – eine Begegnung, die langanhaltend weiterwirkte. Über die Kritik am Rationalismus und Bemühungen um eine Reform der Liturgie und Respiritualisierung hinaus vertrat diese Gruppe von Intellektuellen und politisch wachen Zeitgenossen die Idee einer Befriedung zwischen Frankreich und Deutschland.[5]

Was die Kooperation in Sachen Rhein anging, so war erst einmal das Gegenteil der Fall: 1919 bestimmte Art. 355 Satz 2 des Versailler Vertrages, dass die seit 1861 in Mannheim angesiedelte internationale Zentralkommission für die Rheinschifffahrt im Zuge des Interessenausgleichs mit Frankreich nach Straßburg wechseln würde. 1920 bezog die Kommission, gegen den Willen der ostentativ der ersten Sitzung in Straßburg fernbleibenden Niederländer und Schweizer, die als neutrale Staaten den Versailler Vertrag nicht unterzeichnet hatten, den »Kaiserpalast«, das von den Deutschen in Monumentalarchitektur errichtete Schloss mit »Pickelhaube« auf dem – als Paradox und Anachronismus – »Place de la Republique«. Ein Herrschaftsgestus als Antwort auf einen Herrschaftsgestus, schlichter hätte man dieses Lehrbuchkapitel in Sachen

4 | Vgl. dazu: Guido Thiemeyer: Europäische Integration. Motive, Prozesse, Strukturen, Stuttgart 2010.

5 | Vgl. dazu: Paul Cologne: Hochland face de l'Europe (1918-1933). Les discours européennes dans les revues allemandes (1918-1933), Bern 1997, S. 133-148, hier S. 139, vgl. dazu Ulrich Pfeil: das Deutsche Historische Institut Paris und seine Gründungsväter. Ein personengeschichtlicher Ansatz, München 2007.

Aggressionsspirale nicht schreiben können! Heute heißt das imperiale Monument »Palais du Rhin« – das gefällt dem uralt-europäischen *rhenus fluvius*, dem »Vater Rhein« gewiss besser!

Damals blieb es Realität: Die »Wacht am Rhein«, im Kontext der deutsch-französischen Kontroverse von 1840 entstanden, würde ihr bellizistisches Potential weiter anreichern und letztlich, abstrahiert und topographisch losgelöst vom bedeutungsgebenden Rhein als *furor teutonicus* eine zweifelhafte Karriere machen. Im Gegenzug war das für Heinrich Heine historisch vielfach belegbare, immer wieder aktualisierte Votum »Europas Jordan ist der Rhein« einst zur politischen Deutung seiner Zeit sinngebend. Die für Versöhnung mit dem »Erbfeind« plädierenden Schriftsteller wie Alfons Paquet, Jakob Kneip, Josef Ponten und Fritz von Unruh, der gar »unsern Ganges und Euphrat, unsern Jordan und Nil [...] zur kindischen Scheide zwischen den Völkern«[6] missbraucht sah, griffen nun in ihren rheinischen Versöhnungsprojekten auf dieses Bild vom Rhein als Jordan Europas zurück und verstanden und verbanden dies sowohl als Leidens- als auch als Heilsbotschaft. Sie waren die Ausnahme.

Straßburg ist ein westeuropäischer »lieu de mémoire« im Zusammenspiel der politischen, gesellschaftlichen und kulturellen Kräfte. In keiner anderen Stadt Deutschlands oder Frankreichs hätte man, in Jahrhunderten zurückgedacht, eine solche Fülle und Vielfalt an Konnotationen sammeln können, die die Stadt als symbolischen Ort für Europa erkennbar machen.

Etwa zur selben Zeit, in der sich Köln 1288 in der Schlacht von Worringen der klerikalen Herrschaft entledigte und den Erzbischof in die Siegburger Verbannung schickte, konnte auch Straßburg sich befreien und den Grundstein für die Prosperität einer Freien Reichsstadt legen. Ihr bürgerliches Fundament waren die Zünfte. Bürgerliche Freiheit hieß nicht Abkehr vom Glauben, im Gegenteil: Straßburger Münster und Kölner Dom sind Kunstwerke von Weltrang. Wir lesen die Kathedralen heute als Zeugen von der Kraft des Spirituellen, erst recht aber zeugen sie von der wirtschaftlichen Potenz des Bürgersystems und der Avanciertheit der Künste. Letztere bescherten das Kulturmodell »Bauhütte«, dem über die jahrzehntelangen Bauzeiten bestehenden Werkstattverband, in dem vom Meister bis zum Lehrling Wissen, Baukompetenz und Idee des Kathedralbaus gesichert und tradiert und bis in die Gegenwart des Jahres 1919 weitergeschrieben wurde. Im Gründungsjahr des Weimarer Bauhauses war das intellektuell-künstlerische Deutschland quasi eine einzige »Bauhütte« – expressis verbis, symbolisch und assoziativ![7]

---

6 | Fritz von Unruh: Die Flügel der Nike, Frankfurt a.M. 1925, S. 12.

7 | Vgl. dazu das Kapitel »Berlin und Weimar«.

Mit Straßburg verbindet sich ein evidentes Narrativ, das immer ins Spiel kommt, wenn nach der Beziehung der beiden Länder Frankreich und Deutschland zueinander gefragt wird: Besetzungen links und rechts des Rheins – mal von Frankreich, mal vom Deutschen Reich angeführt. Die Stadt schien von beiden Parteien und Systemen das jeweils Günstigste bewahrt oder sich angeeignet zu haben: Im »Westfälischen Frieden« hatte Frankreich die elsässischen Reichsstädte zwar in einer »Reichsvogtei« zusammengefasst, nicht aber Straßburg. Erst Ludwig XIV. machte sich an die Stadt heran und besetzte sie 1681 im Rahmen seiner Reunionspolitik – mitten im Frieden! Der deutsche Kaiser, unter dessen Schutzmacht die Stadt bis zu dieser Zeit stand, war weit entfernt. Der Habsburger Leopold I. hatte genug mit den Türken vor Wien zu tun. Doch obwohl 1697 im Frieden von Rijkswik die Herrschaftsverhältnisse legalisiert worden waren und die Rekatholisierungspolitik nach der Ersetzung des Toleranzedikts von Nantes 1685 durch das Edikt von Fontainebleau zur flächendeckenden Unterdrückung und Verfolgung der Protestanten geführt hatte, erhielt sich im Elsass die Religionsfreiheit. An die bis in die Zeiten der Revolution weiterbestehende lutherisch und deutsch geprägte Universität konnte 1872 angeknüpft werden. Das Elsass hatte, erkennbar an einem eigenen Münzwesen und Zollgrenzen entlang der Vogesen im vornationalen Frankreich den Status einer ausländischen Provinz. Konsequenzen hatte dies nicht nur zollrechtlich, wichtiger noch waren die kontinuierlich prägende deutsche Sprache und Kultur.

Nationalismen und europäische Kultur begegneten unmittelbar im Straßburg der Kaiserzeit. Erst die Besetzung Straßburgs nach dem deutsch-französischen Krieg hatte das austarierte Miteinander ins Wanken gebracht. Die Sieger hatten erst einmal das gemacht, was als Narrativ über dieser Stadt geschrieben zu sein schien: Sie hatten einen Festungsgürtel errichtet. Analog dazu suchten konservativ reichsorientierte, verengende Tendenzen sich ihren Platz im heim-ins-Reich gelangte Elsass. Dennoch: dagegen standen europäisch konkurrenzfähige Gruppierungen einer gegenwartsadäquaten Kultur, die sich über die politisch verordnete Konstruktion hinwegsetzte. Sie prägten die kommenden Jahrzehnte.

Wie in diesen, vor allem im Deutschland des 19. Jahrhunderts vereinsfreudigen Zeiten hatte sich das kulturpolitische Klima in Zusammenschlüssen profiliert: 1893 war in Straßburg der Alsabund gegründet worden. Er verstand sich als »Vereinigung reichsländlicher Dichter und Litteraturfreunde« und pflegte bis 1916 die poetische Vermittlung nationalkonservativer Werte. Zum Programm der Dichtervereinigung gab es eine klare Aussage: der Alsabund »will die deutsche Dichtung pflegen«, und, wie ›der Kürschner‹ 1901 betont, zur »Verbreitung der nationalen Litteratur und Pflege der deutschen Dichtkunst im Reichsland« beitragen. Ursprünglich war nur an eine »Elsässische Dichterschule« nach dem Vorbild der »Breslauer Dichterschule« gedacht, um die deutschsprachigen Autoren in einer Art Dichterwerkstatt zusammenzufassen, doch passte die kulturpolitische Ausrichtung perfekt in die gesamte deutsche Reichsperspektive. Nun ergab sich die Chance, Teil der deutschen Nationalliteratur zu werden und entsprechend wurde das Projekt begrüßt als »ein frisch-fröhliches Wiedererwachen geistig litterarischen Lebens«.[8] Die Querverbindung zu Weimar ergibt sich über Friedrich Lienhard, der in Straßburg im Alsabund aktiv wurde, doch im Transfer dieses wertkonservativen Literaturprogramms auch im Mekka und Musenhof an der Ilm willkommen war – im Gegensatz zum zeitgleich dort entstehenden »Bauhaus«, das nach wenigen Jahren die Stadt verlassen musste. Diese Art eines politisch motivierten Exodus bindet sich als Kulturmuster offensichtlich nicht nur an grenznahe Regionen.

Im Blick auf Friedrich Lienhards symbolträchtigen Weg »von Straßburg nach Weimar«[9] zeigt die affirmative Kulturbewegung ihre fatalen Implikationen, doch zeitgleich finden wir in Straßburg die poetische Avantgarde vor Ort. Sie war es, die schon in ihrer Zeit, nicht zuletzt dank ihrer Zweisprachigkeit, ein kulturelles Europa vorwegnahm. Schon 1902 sprach Ernst Stadler von den »Jüngst-Elsässern«. Es bindet sich an Hans Arp, Otto Flake, René Schickele und Ernst Stadler. Sie kamen zunächst aus neuromantischen Bewegungen. Als »Stürmer in Rosen« dominierten sie die Straßburger Szene. Im Untertitel ihrer »Halbmonatsschrift« gaben sie ihr Programm an, die »künstlerische Renaissance im Elsass«.[10] Mit dieser programmatischen Selbstpositionierung hatten sie sich aus der nationalkonservativen Deutungshoheit eines Friedrich Lienhard entfernt. Die Gegner der »großartigen Errungenschaften des Naturalismus« haben, so Ernst Stadler, »ihr anspruchsvolles Programm nicht erfüllt«[11], aber auch vom Naturalismus, der zu dieser Zeit noch die Bühnenprogramme beherrschte, entfernte man sich. Stadler spielt geradezu mit einer Verortung im zeitgenössischen literarischen Feld, sucht den eigenen Standort zwischen den Zeitschriften der Heimatkunstbewegung »Hochland«, der

8 | Handbuch literarisch-kultureller Vereine, Gruppen und Bünde 1825-1933, hg. v. Wulf Wülfing, Karin Bruhns u. Rolf Parr, Stuttgart 1998, S. 244.

9 | Vgl. dazu das Kapitel »Weimar und der Krieg der Geister«.

10 | René Schickele: In memoriam. Zur Einführung 1 (1902), S. 1-3, hier S. 2.

11 | Ernst Stadler: Rez. zu: Rudolf Greinz: Berlin u. Leipzig 1902, in: Der Stürmer 1 (August 1902), S. 71f., hier S. 72.

»Heimat« und der mythisch-utopischen«[12] Variante »Nordland«. Seine Kronzeugen der Moderne sind Caesar Flaischlen, Arno Holz und Hermann Bahr:

»Und dies sei fortan das höchste Ziel des Künstlers, vom Bestehenden zu sagen: ES WAR: und darüber hinwegzuschreiten zu dem Neuen. Und dies sei euer Gesetz, ihr Künstler und Dichter, nicht länger »rückwärts schauende Propheten«[13] zu sein. »Geht vorwärts! Sehr in Morgensonnen. Vorwärts sahen alle großen Geister der Weltgeschichte, Christus und Giardano Bruno, Luther und Nietzsche. Zerschmettert die alten Tafeln und schreibt euch euer eigen Gesetz aus eurem Eigen-Willen.«[14]

Stadler, Schickele, Otto Flake und Hans Arp wurden zu den herausragenden Vertretern der modernen Dichtung im Elsass. René Schickele formuliert das »Jungelsässische Programm«[15]. Wieder ist es Stadler, der das Bekenntnis der Gruppe auf den Punkt bringt: »geistiges Elsässertum«. Hier wird ein Kapitel deutsch-französischer Kulturhybridität geschrieben, das schon im Ansatz auf den grenzüberschreitenden Transfer angelegt war. Die Straßburger Avantgardisten bringen ihre literarischen Erfahrungen von Straßburg aus in die Zentren des Expressionismus und Dadaismus und werden dort durchaus mitprägend. Allein Ernst Stadler, dem intellektuelle Kopf dieser Gruppe, ist dies nicht vergönnt. Dabei war er es gerade, dessen Vita mit dem als Ministerialrat und Kurator der Kaiser-Wilhelm-Universität tätigen Vater eng an die deutschsprachige Oberschicht gebunden ist, der zum Vermittler der europäischen Hochkultur der Moderne hätte werden können, bevor ihn das Straßburg-typische Schicksal, ein gefallener Soldat zu werden, ereilte. Er war zugleich Schriftsteller und Literaturwissenschaftler,[16] hatte Verbindungen zu den Literaturzentren der Zeit, darunter zur Wiener Moderne und dem Kreis um Carl Sternheim. Ab 1911 reüssiert er mit seiner an Walt Whitman geschulten Langzeilenlyrik. 1914 erscheint die Lyriksammlung »Der Aufbruch« bei Kurt Wolff in Leipzig. 1912 wird er zum *professeur extraordinaire* ernannt. Doch bevor er den zugespro-

12 | Justus H. Ulbricht: Baldur, Siegfried und – wir. Konzepte und Organisation nordischer Religiosität, in: Jahrbuch des Archivs der deutschen Jugendbewegung 20 (2002/2003), S. 61-69, hier S. 54.

13 | Anspielung auf Arno Holz: Kein rückwärtsschauender Prophet,/geblendet durch unfassliche Idole,/Modern sei der Poet/Modern vom Scheitel bis zur Sohle!, in: Arno Holz, Kyffhäuser Zeitung 4 (1885), S. 285.

14 | Ernst Stadler: Neuland. Studien aus moderner Litteratur, in: Der Stürmer 1, August (1902), S. 69f, hier S. 70.

15 | René Schickele: Jungelsässisches Programm«, in: Das Neue Magazin 73 (1904), S. 687-691.

16 | Zu Stadler vgl. auch Philipp Redl: Dichtergermanisten der Moderne. Ernst Stadler, Friedrich Gundolf und Philipp Witkop. Zwischen Poesie und Wissenschaft, Köln 2016.

chenen Lehrstuhl für Literaturwissenschaft in Belgien besetzen kann, fällt er im Oktober 1914 bei Ypern, nicht weit vom Landsitz seines Freundes Sternheim, der ihm im Drama »1913« ein literarisches Denkmal setzt.

Straßburg war Fluchtpunkt und Ideenschmiede. In verschiedenen Zeiten konnte die Stadt ihren Nimbus, europaweit als Ort der latenten Freiheit zu gelten, behaupten.

Es lohnt, zurückzuschauen, denn diesen Nimbus hatte Straßburg sogar in Zeiten politischer Repressionen gehalten, es wurde zum idealen Ziel-, aber auch Fluchtort: für Republikaner in den Zeiten der Revolution, für Flüchtlinge in Zeiten der Zensur – zu ihnen zählte auch Georg Büchner.

Büchner kam 1835, um Schutz zu suchen. Gerade hatte er den »Hessischen Landboten« als Kampfschrift in die politisch brisante Zeit hineingeschrieben und wurde wegen seiner Mitgliedschaft in einer ›kriminellen Vereinigung‹, der »Gesellschaft für Menschenrechte«, steckbrieflich gesucht. Der Republikaner nutzte Straßburg als Zufluchtsort. Welch ein Glücksmoment für die Kulturgeschichte: er fand auf einem Speicher die Aufzeichnungen des aufklärerischen Pfarrers und Menschenfreundes Johann Friedrich Oberlin über dessen Therapieversuch am Sturm und Drang Dichter Jakob Michael Reinhold Lenz, machte daraus die Novelle »Lenz«. Es lohnt offensichtlich, so, wie Büchner auf dem Dachboden auf Entdeckungsreise ging und die ›Akte Lenz‹ fand, neugierig und auf Funde aus, die Kulturgeschichte bis in diese Straßburger Zeiten eines Lenz und seiner Zeit zurückzublättern.

Vom Sturm und Drang zu den Straßburger Stürmern – und zurück: Wer über Straßburg im Jahr 1919 spricht, muss weit zurückschauen, um die Symbolfunktion, die Straßburg für die Geistes- und Kulturgeschichte Deutschlands hat, zu ermessen. Ihr Ort: der Mittagstisch der Jungfern Lauth in der Knoblauchgasse, unweit des Straßburger Münsters. Dort trafen sich in den frühen 1770er Jahren Johann Gottfried Herder, Johann Wolfgang Goethe, Jakob Michael Reinhold Lenz, Johann Heinrich Jung-Stilling und weitere Kommilitonen, zu Besuch der Zürcher Pfarrer Johann Caspar Lavater. Präsidiert wurde die kreative Tischgemeinschaft von Johann Daniel Salzmann. Es blieb nicht bei der bloßen Abspeisung: Die mittäglichen Diskussionen führten zu einem kulturhistorisch höchst folgenreichen Ergebnis. Man redete über Moral, war sich einig in der Ablehnung feudaler Strukturen und suchte nach Gemeinsamkeiten, die Basis einer nationalen Identität werden konnten, an der es den Deutschen im Gegensatz zu den Franzosen mangelte. Sprache und Literatur, die Wiederentdeckung der eigenen Altertümer und der Geschichte sollten fortan eine wesentliche Rolle spielen. Das Zusammentreffen von Herder und Goethe setzte Kräfte frei. Man rezipierte Shakespeare, empfand sich als »Originalgenie« und begegnete der inzwischen rationalistisch verkommenen Aufklärung äußerst kritisch. Der Kreis formierte sich in intellektuellen Gesellschaften mit einem anspruchsvollen Vortrags- und Diskussionsprogramm. Veröffentlichungen wie Goethes Drama »Götz von Berlichingen« oder der Briefroman »Die Leiden des jungen Werthers« wurden vielfältig kommentiert, eine Flut von theoretischen Reflexionen über einen epochalen Neubeginn beschäftigten die Runde. Dieser einmaligen Konstellation von führenden Geistern ihrer Zeit gelang eine bemerkenswerte Verortung im Bedeutungsfeld des späten 18. Jahrhunderts, deren Auswirkungen uns noch heute berühren, erst recht aber in Zeiten des Ersten Weltkrieges und danach für den Problemdiskurs mitbestimmend wurden. Diese Konstellation und das, was sie in der Folge bewirkte, hat das Gewicht eines nationalen, eines kulturellen Erinnerungsbildes:

In einem Deutschland, dass es gar nicht gab, blühte auch anderswo als in Straßburg das Bemühen um die Selbstkonstruktion als Intellektuellengemeinde. Der Quedlinburger Theologe und Schriftsteller Friedrich Gottlieb Klopstock, Vater des deutschen Nationalstaatsgedankens, zeitweise am Hof des Königs von Dänemark tätig, gab den Ton an. In seiner Vorstellung einer »Gelehrtenrepublik« waren die »Aldermänner«, insbesondere die Dichter per Berufung erkorene Lenker des Vaterlandes. In einer solchen Rolle hätte er sich durchaus gesehen, als er seine Idee einer Gelehrtenrepublik für den Wiener Hof, konkret: Joseph II. entwickelt hatte. Mit seinen Oden hatte er gegen die Dominanz des französisch geprägten europäischen Stils, aber auch gegen die im französischen Bühnen-Klassizismus geltenden Normen der Antike Stellung bezogen: In der Ode »Der Hügel und der Hain« machte er den »Hain« als Ort der deutschen Identität schlechthin aus, wenn auch nur als der einer poetischen Identität. In seinem Sinne hatte sich in Göttingen in empfindsamen Studentenkreisen zeitgleich der »Göttinger Hain« zusammengefunden. Sie liebten Klopstocks nationenweisende ›Bardieten‹-Dichtung und das ein nationales Narrativ schaffende Drama »Die Hermannsschlacht«, vor allem seinen »Messias«, das Epos der Zeit schlechthin! In einem politischen, gesellschaftlichen und nationalen Feld war Göttingen zwar eine bedeutende Stimme in den Paradigmenwechseln der Zeit und bei der Suche nach einem Deutschland, doch Sieger waren andere, nämlich der »Sturm und Drang« in Straßburg. Sie waren es, die mit ihrer Shakespeare-Rezeption dem französischen Theaterdiktat Paroli geboten hatten und Goethes Drama »Götz von Berlichingen« war dazu die kongeniale literarische Antwort. Auf dem kulturellen Feld hatte der Roman »Die Leiden des jungen Werthers« den »Messias« besiegt und den Typ der individuellen Freiheit zur Norm erhoben, einschließlich der fatalen Konzession eines inszenierten Todes. Im Abendmahl Werthers, das seinem Selbstmord vorausgeht, steckt schon der todesverzückte Held, der noch die Kriegsromane der 1920er Jahre dominieren würde. Mit Lavater hält der deutsche Pietismus Einzug in das Selbstbild der Schriftsteller, damit auch der Hang zur Selbstdeutung und Selbsterfindung, und sei es die der pseudoethisch fundierten Weltherrschaftsphantasien. Damals hatte die moralisch-aufklärerische Geschmackskultur zurückstehen müssen hinter dem genieästhetischen Zerbrechen alter Tafeln. Herder schuf die Voraussetzungen der poetischen *und* politischen Romantik, die mit der Rheinromantik zu einem der wesentlichen Elemente des deutsch-französischen Dauerkonfliktes wurde.

Was sagt uns dies heute und für unser Thema unter kulturwissenschaftlichem *und* selbstreflexivem Aspekt? Noch bevor Weimar mit Goethes Ankunft im November 1775 eine von der Literatur her definierte Topographie und ein Topos wurde, hatte Straßburg die Weichen gestellt. Der Weg von Straßburg nach Weimar, den Lienhard im 20. Jahrhundert beschritt, war als Route in den 1770er Jahren vorgegeben. Der Epigone Lienhard ideologisierte ihn, der Sturm und Drang dagegen durfte sich wahrhaftig als Häuflein bemerkenswerter »Originalgenies« fühlen.

Die »deutsche Baukunst« des späten 18. Jahrhunderts gehört zum Bauhaus 1919. Die Wiederentdeckung der Kathedrale in Zeiten des Sturm und Drang, die vielleicht – zumindest in unserem Diskurs – wichtigste, fehlt noch in unserer Rückschau.

Um das Straßburger Münster lagen Quelle und Wegscheide für die deutsche kulturelle, und in der Konsequenz auch nationale Identität. In den Straßburger Kreisen pflegte man, wie sich zeigen ließ, die Kunst symbolischer Gegensätze: Gotischer Dom contra Deutscher Wald. Die spirituelle Aura, die die Göttinger Zeitgenossen noch in der *Natur* gesucht hatten, fand der Sturm und Drang in ihrer künstlerischen Überhöhung, der *Kunst*. Gegen die noch geltende Renaissance positionierten sie die Gotik, den Kunststil, der die Natur in Kreuz- und Kriechblumen verwandelt, das Innere in einem Säulenwald versteinert, aufgelöst in verwegenen Durchblicken, in Glasfenstern und -Rosetten, die den Blick geradewegs in den Himmel zu ziehen schienen. In Goethes Eloge auf die Kathedralkunst Erwin von Steinbachs offenbart sich das eigene Künstlergenie. Verglichen mit dem Göttinger Hain steht das Denkmal der Geschichte gegen den Mythos der Natur. Goethe hatte damals mit seinen Gedanken »Zur deutschen Baukunst« das Ideal der französischen Gotik von diesem Ursprungsland abgezogen und zum nationalen Fundament eines zukünftigen Deutschland erhoben. Um dieses Denkbild »Kathedrale« wird sich im 19. Jahrhundert die deutsch-französische Erbfeindschaft entwickeln. Nach Goethe hatte Friedrich Schlegel 1803 die gotische Baukunst gerühmt. Er sah in den Burgruinen entlang des Rheins, die vom gotisch geprägten Mittelalter übriggeblieben waren, die »Klarheit der Natur« verkörpert. Eine Steigerung, die er als »Verklärung« der Natur sah, bedeutete ihm die (deutsche) Kathedrale, für Schlegel das »geordnete siderische Haus der verherrlichten Schöpfung«, eine »himmlische Gottes-Stadt«.[17] Fortan setzt er sich für das nationale Denkmal ›Kölner Dom‹ ein, die zu diesem Zeitpunkt noch unvollendete, mit einem weithin sichtbaren Baukran gekrönte Bauruine. Die Franzosen schlagen zurück: Mit Victor Hugos Roman »Notre-Dame« wird ein nationaler Mythos vorgegeben, dem die ›Politische Romantik‹ und der Weiterbau des Kölner Doms folgen. Im Ersten Weltkrieg werfen die deutschen Angreifer Bomben auf die Kathedrale von Rouen – welch ein Sakrileg! Die Strahlkraft der wiederauferstandenen Kathedrale, und sei es in der Abstraktion des »Bauhauses«, erwies sich erst recht in den Utopien des Jahres 1919.

Die Kathedrale wurde nicht nur Ausgangspunkt für nationalistische Schöpfungsmythen. Goethe hatte mit seiner Eloge auf das Straßburger Münster nicht nur einen Grundstein gelegt für eine noch zu etablierende Nation, sondern auch für die Deutungshoheit: den Standard festgelegt, *wer* darüber *wie* zu sprechen habe: die Denker, Dichter und Künstler! Über dieses Sinnbild Kathedrale sprechen Denker, Dichter und Künstler bis in die Moderne hinein – ein Konkurrenz- und Ergänzungsmodell zu einem von Frankreich her entwickelten Baustil – einschließlich der darin angelegten mittelalterlichen Welt- und Selbstdeutung – zu der darüber hinaus bis ins 20. Jahrhundert wirkenden Utopie von der Bauhüttengemeinschaften und künstlerischer spirituellen Identität reichte – ähnlich wie der ebenfalls bis ins 20. Jahrhundert nachwirkende, zum periodisch reaktivierten Narrativ avancierte Karl der Große – ein deutsch-französischer Doppelmythos, der sich unschwer auch als europäisches Emanzipationsmodell denken ließ und lässt.

17 | Friedrich Schlegel: Briefe auf einer Reise durch die Niederlande, Rheingegenden, die Schweiz und einen Teil von Frankreich, in: Kritische Friedrich Schlegel Ausgabe, hg. v. Ernst Behler, Abt. I, Bd. 4, Paderborn 1959, S. 191f.

Abschiede

Leipzig

Prozesse. Der Jüngste Tag zieht um

Leipzig hütet seinen Ruf als Messestadt – Literatur und Musik kommen in Leipzig zusammen – 1813 wird Leipzig die Stadt der Völkerschlacht – Im sächsischen Leipzig begegnet ein besonderes Kapitel Preußen – Das Reichsgericht in Leipzig gerät weltweit in die Schlagzeilen – Leipzig wird zum Ort eines Kriegs nach dem Kriege – Die Bücherstadt Leipzig verliert 1919 ihren wichtigsten Verlag – Die Verlagsgeschäfte werden 1919 umstrukturiert – Die Deutungshoheit in Sachen Buch wechselt nach Berlin – Die Literatur politisiert sich – Die Anthologie »Menschheitsdämmerung« wird zum Zeitzeugen

Leipzig hütet seinen Ruf als Messestadt. Eine der großen Städte auf der europäischen und deutschen Ost-West-Schiene, war die Stadt schon seit dem 12. Jahrhundert bekannter Ort für Märkte. Wurde sie lange mit Goethes Faust I als »Klein-Paris« gehandelt, haben sich erst im 20. Jahrhundert die Konkurrenzen verschoben.

Leipzig hatte neben Pelzhandel und anderen merkantilen Vorzügen noch mehr zu bieten: Die Stadt war ein Ort und Hort der Bildung. Dazu zählte eine der bedeutendsten Universitäten. Das Leben hatte hier einen pragmatischen, vitalen Zug: Auch der Wirt von Auerbachs Keller war kein simpler Bierzapfer, das weltberühmte Gasthaus hatte einen Erbauer und Eigentümer, der in Leipzig als Stadtrat, Arzt und Hochschullehrer, und 1508 auch als Rektor der Universität wirkte. Luther führte hier höchst persönlich die erste Disputation mit seinem Widersacher Eck und seit 1539 war Leipzig eine protestantische Hochburg. So konnte sich eine auf Bildung und Bekenntnis bauende Erfolgsgeschichte entwickeln, auch dank der Kulturtechnik, die sich damals eng an die Reformation geknüpft hatte: der Buchdruck. Leipzig wurde Buch- und Verlagsstadt, richtete die wichtigste Buchmesse aus und war seit 1825 Heimat des »Börsenverein der deutschen Buchhändler«. Dem Ereignis folgte 1912 die Gründung der »Deutschen Bücherei«, später ausgebaut zur »Deutschen Nationalbibliothek«. Bücher, wohin man sieht. Auch auf städtischer Ebene leistete man sich ein solches Bildungsgut: das Vermächtnis von Huldrich Groß führte schon 1711 zur Gründung einer Ratsbibliothek, der *Bibliotheca senatus lipsiensis,* der späteren Stadtbibliothek Leipzig, bis heute eine der größten Fachbibliotheken Deutschlands.

Dass Lesen bildet und die Anleitung dazu Teil des öffentlichen Lebens ist, hatten die Ratsherren früh verstanden. Im 18. Jahrhundert etablierten sich Lese- und Leihbibliotheken für die bürgerliche Nutzung. Auf diesem Weg entwickelte sich auch die Kommerzialisierung des Buchwesens. In diesem anregenden Klima konnten auch Verlage gedeihen. 1828 kaufte Anton Philipp Reclam eine Leihbibliothek, vergrößerte sie zum »Literarisches Museum«, in dem man die Bücher anschauen und in die Hand nehmen konnte. Bis zur Gründung des eigenen Reclam-Verlags war es nur ein kleiner, aber konsequenter Schritt. Unter der Leitung August Bebels entstanden Arbeiterbibliotheken. Die Erfolgsbilanz lässt sich in die Gegenwart nachvollziehen. Eine komplexe Identität, die sich über das Bildungsgut ›Buch‹ definiert.

Literatur und Musik kommen in Leipzig zusammen. War die Buchmesse so etwas wie die Schauseite dieser gesättigten Substanz an geistigen Interessen, die die Stadt Leipzig über Jahrhunderte hinweg ausmachte, kamen Klangereignisse vom Feinsten dazu: Georg Philipp Telemann als Gründer des *Collegium musicum*, Johann Sebastian Bach als Thomaskantor und *Director musices*, das Gewandhausorchester, der Thomanerchor – die Ikonen der Musik im Spannungsfeld von sakraler und profaner Identität und auf dem Wege von der Klosterkultur zum protestantischen Bürgertum. Wo es Bücher gibt, sind die Dichter nicht weit: Von 1764 bis 1768 studierte Johann Wolfgang Goethe in Leipzig. Er begegnet dort zwei der Persönlichkeiten, die die geistige Kontur ihrer Zeit und weit darüber hinaus den Mythos von Deutschland als dem »Land der Dichter und Denker« geprägt haben: Johann Christoph Gottsched und Luise Adelgunde Victorie Kulmus, Gottsched Frau, bekannter geworden unter dem Namen die »Gottschedin«. Mit ihnen blühten in Leipzig Barock und Aufklärung.

Das damals einzigartig weltoffene Leipzig war der ideale Boden für die Dinge, die sich in dieser Zeit bewegen ließen: rezipiert wurde die alternative *Idee* einer Diskursgemeinschaft freier Geister sowohl aus der Antike als auch der florentinischen, avancierten Gesellschaft. Letztere war mit der »Accademia della Crusca« bekannt geworden. Daraus wurde die abgeschaute Idee der Sprachgesellschaft, mit der sich die intellektuelle Kultur in Deutschland vom französischen Hofdiktat ablösen konnte und zu einer eigenen nationalen Sprache und Kultur fand. Die in diesem Geist entstandene »teutschübende poetische Gesellschaft« wurde unter Gottscheds Seniorrat als »Deutsche Gesellschaft« zu einer Reforminstanz. Weitere Städte waren damals im Diskurs der Aufklärung besonders aktiv: als Orte der Gelehrsamkeit wie Göttingen, des Patriotismus wie Hamburg, oder Berlin als hofaffines Gesellschaftsmodell. Leipzig hat davon profitiert, dass es niemals Residenzstadt war. Die Wettiner saßen in Dresden, und das war, was die Einflussmöglichkeiten anging, weit. So konnte sich dieses Leipzig zum Ort des Austauschs, des Marktes, einer spezifischen Öffentlichkeitskultur entwickeln und weit ins Land wirken. Denn ohne Leipzig hätte es kein aufgeklärtes Deutschland und kein Straßburg und kein Weimar gegeben.[1]

1813 wird Leipzig die Stadt der Völkerschlacht. Hier gelang die entscheidende Etappe im Befreiungskrieg gegen Napoleon, ein Gemeinschaftswerk der verbündeten Heere Österreichs, Preußens, des Russischen Reichs, Schwedens, wesentlich getragen von deutschen Patrioten. Einhundert Jahre später wurde zur Erinnerung an die Schlacht das Völkerschlachtdenkmal errichtet. Das war 1913 – nur ein Jahr vor einem nächsten Erdgemetzel. Noch schlimmer: Im Kontext der Denkmalsenthüllung entstand im Hinblick auf die einhundert Jahre zurückliegende Schlacht der Befreiungskriege, aber auch im Rekurs auf den deutsch-französischen Krieg von 1870/71 die Redensart: »Komm mir doch nicht mit Leipzig einundleipzig«, frei angepasst: »Komm mir doch nicht mit längst Vergessenem!« Dennoch: Die Völkerschlacht war ein Emanzipationsschub für Deutschland und Europa. Indem es gemeinsame Sache mit dem Adel machte, erwarb das Bürgertum erste Erfahrungen seiner selbst und seines politischen Willens. Diese kollektive Erinnerung an ein im späten 19. Jahrhundert überschriebenes Kapitel bürgerlicher Freiheitsbewegungen war mit und in der Stadt präsent! Ob es als Zeichen des nicht einholbaren Verlustes der bürgerlichen Identität der Revolutionen im frühen 19. Jahrhundert bis zum Jahr 1848 bedeutete, dass 1919, einem Jahr, das nicht mit Pathos geizte, wenn es um Bekenntnisse ging, genau dieser symbolische Wert des Denkmals verschwand? Tatsächlich gab es für das Völkerschlachtdenkmal nach dem Ersten Weltkrieg eine symptomatische Veränderung: Noch bevor die Luft gegen Ende der Republik und mit dem beginnenden Dritten Reich wieder schwanger war von politischer Mythisierung, hatte man 1920 das Gelände am Völkerschlachtdenkmal zur Technischen Messe Leipzig umgebaut. Statt Wiedererstarken eines politisch emanzipierten Bürgertums, das die junge Republik gebraucht hätte, begann der Aufstieg einer davon losgelösten Wirtschaftsmacht. Beginnend im Jahre 1920, entstanden auf dem Messegelände bis 1928 17 Hallen mit insgesamt 130.000 m^2 Ausstellungsfläche. Damit war Leipzig nicht nur die »Mutter alle Messen« sondern auch die »Weltmesse« schlechthin, aber vom selbstbewussten Bürgertum, dem Bildungsbürgertum, zu dessen Profil die Stadt einst so viel beigetragen hatte, war nicht mehr viel zu bemerken.

---

1 | Steffen Martus: Aufklärung. Das deutsche 18. Jahrhundert – ein Epochenbild, Berlin 2015, S. 284ff.

Im sächsischen Leipzig begegnet ein besonderes Kapitel Preußen. Erst im Rückblick lässt sich ermessen, was mit dem Ersten Weltkrieg verloren ging. Im Fall Leipzig ist der Erkenntniswert, der sich mit dem Ausflug in die Geschichte der Stadt ergibt, besonders ergiebig, spielte doch auf dieser Bühne ein entscheidender Akt der deutschen Selbsterfindung – eng um und an die Aufklärung und den Protestantismus gebunden!

Die Stadt Leipzig war, wie alle Städte, das Produkt ihrer Zeit, des politischen Systems, in das sie hineingeraten war, der Herrschaftsverhältnisse, von denen sie abhing. Vor einem Herrschaftszugriff konnte man sich nicht bewahren: dem Preußens. So geriet Leipzig auch in ein Narrativ und eine politische Realität, die symptomatisch für dieses Deutschland des 19. und beginnenden 20. Jahrhunderts war: Es wurde, obwohl es weiter ein gewichtiges Stück Sachsen blieb, ein Teil Preußens.

Das Phänomen Preußen lässt sich nicht pauschal angehen. ›Welches Preußen meinen wir?‹, so fragt sich auch Gordon Alexander Craig[2] und listet, im Anschluss an Rudolf von Thaddens »Fragen an Preussen«[3] die Wendejahre auf, mit denen uns ein je eigenes Preußen begegnet: ist es das des frühen 19. Jahrhunderts, oder das der politische Systemwechsel? Etwa 1871, das von 1919? Allemal, so Craig, lässt sich das Phänomen Preußen nur dann angemessen deuten, wenn wir die in ihm verbundenen Kräfte in ihrer kreativen Doppelung sehen: also den preußischen General und Promoter des Militärwesens, Friedrich August Ludwig von der Marwitz einerseits, andererseits den Freiherrn Heinrich Friedrich Karl vom und zum Stein, der 1807 mit seiner Denkschrift zur nationalen Erneuerung die Hochblüte der Preußischen Kultur, der wir unser mit Humboldt begründetes Universitätssystem verdanken, einläutete.

Diese kreative Doppelung hatte sich im Lauf des 19. Jahrhunderts einseitig zur Dominanz des Militarismus entwickelt. In Leipzig, der einstigen Hochburg intellektueller Diskurse, wurde diese Entwicklung 1919 in besonderer Weise evident, ja, die Stadt wurde zum symbolischen Ereignisort der Auseinandersetzung und Abwehr Europas mit dem Phänomen Preußen!

Das Reichsgericht in Leipzig gerät weltweit in die Schlagzeilen. Die Stadt wird als dessen Sitz in die internationale Politik einbezogen. 1919 beginnt ein historisch bemerkenswerter Diskurs: die einseitige militaristische Wende, die Preußen genommen hatte, sollte hier, an einem Ort, der viel zur preußischen Bildungsidee, zur bürgerlichen Emanzipation, doch kaum zum Militarismus beigetragen hatte, in Person des Kaisers vor Gericht gestellt werden. Hier eröffnete sich ab 1919 ein symbolisches Feld zum Thema ›Macht und Geist‹. Im Vorgriff lässt sich sagen: Die problematische Deutungshoheit des Konstrukts

2 | Gordon Alexander Craig: Das Ende Preußens. Acht Portraits, München 1985.

3 | Rudolf von Thadden: Fragen an Preußen, München 1981.

›Preußen‹ musste noch lange als Markenzeichen für die deutsche Identität als Machtgestus herhalten, des Anteils bürgerlich liberaler Kultur verlustig. Hier, in Leipzig, geriet das Preußische, besser, die Inkarnation des Militarismus, im Kontext des Versailler Vertrages ein erstes Mal (fast) vor Gericht. Doch erst mit der am 25. Februar 1947 vollzogenen Unterzeichnung des § Nr. 46 durch den Alliierten Kontrollrat treffen wir auf ein *moralisches* Urteil. Dort heißt es: Der »Preußische Staat«, »seit jeher Träger des Militarismus und der Reaktion in Deutschland« verfällt dem moralischen Verdikt und wird aufgelöst.

Völkerrecht und politische Interessen kommen zusammen. Im Fokus des Jahres 1919: Wilhelm II., das Synonym für eine imperiale, anachronistische Herrschaftsführung, die das aufgeklärte Preußen gründlich desavouiert hatte. Vor allem in Kreisen von Intellektuellen und Künstlern litt man geradezu an diesem Kaiser. Mit ihm war die Genese eines Kulturbegriffs, dessen Geist und Buchstabe und die elaborierte Weiterentwicklung, die sie, nicht zuletzt dank Leipzig, seit Gottsched mit dem Sturm und Drang, der Klassik und der Romantik genommen hatte, endgültig zu Ende gegangen. Mit diesem Kaiser hatte sich, gerade in der gelebten Feudalisierung, der Selbstweihe, die er öffentlichkeitswirksam vorlebte, ein Negativmuster politischer Kultur realisiert, das nicht nur die Genese einer bürgerlichen Emanzipation endgültig stoppte, sondern sie in einen Zustand *ante festum* katapultieren wollte. Seien es die mit dem satirischen Protest eines Frank Wedekind im Gedicht »Palästinafahrt Wilhelms II.« offengelegte Verkleidungsmanie, die »Hunnenrede«, die hier, in Leipzig, verhandelt werden sollte, weiteres Reden, das Heinrich Mann wörtlich in seinen Roman »Der Untertan« als Kaiserkritik einmontiert hatte, sei es im Gegenzug die konsequente Suche nach einem alternativen Ort des Geistes, die Harry Graf Kessler mit der Abwendung vom Kaiser-Berlin und dem Wechsel zwecks Rettung nach Weimar vollzogen hatte: Es mochte viele Ästhetiken, eine Fülle von kulturellen Mustern und erst recht ein breites Spektrum von kulturschaffenden und kulturrezipierenden Zeitgenossen geben, eines einte sie: Sie alle litten an diesem Kaiser und der, um es mit einem Votum Nietzsches zu kennzeichnen, ›Extirpation des deutschen Geistes‹. Das war das tieferliegende, in Jahrzehnten angereicherte Problem, in Leipzig hatte man nun ein sehr realitätsnahes und auf den Nägeln brennendes zu lösen: der gänzlichen Verrohung der Sitten im Zeichen des Militarismus, der Brutalisierung, die der Krieg flächendeckend gezeitigt hatte. Im Schlagabtausch von vier Jahren hatte Deutschland einiges daran getan, diese Eskalation zu bedienen, nun war in diesem *eo ipso* unrühmlichen und unwürdigen Spiel, wesentlich motiviert durch die Entwicklungen des Jahres 1918, Richttag!

In Leipzig sollte dem Preußentum und seinem Kaiser der Prozess gemacht werden. Die Stadt wurde eine Art Verschiebebahnhof für Geschichtsdeutungen und daraus abgeleitete politische Aktionen: Durfte man einen Kaiser, konkret,

Kaiser Wilhelm II., der Kriegsverbrechen anklagen? Was hatte sich mit Kriegsende in dieser Frage getan? Warum war hier ein so bemerkenswerter Wechsel eingetreten? Was hatten die Siegermächte damit zu tun? War hier, in Leipzig, das wahre Ende der Adelskultur zu erleben, weil es die Schranken abbaute, frei nach der Erkenntnis und nunmehr (fast) schon Volksweisheit »Was existiert nur so lange, wie man daran glaubt? Antwort: der Teufel und der Adel!«

Der Ruf nach Auslieferung und Strafverfolgung Kaiser Wilhelms II. und Deutscher, die eines Kriegsverbrechens beschuldigt waren, fand, nicht nur aus völkerrechtlichen Gründen, europaweite Beachtung. Unter der Bezeichnung »Leipziger Prozesse« wurden sie bekannt. Bisher galten Friedensschlüsse zugleich als Vereinbarungen zur Deckelung aller Geschehnisse während der Kriegshandlungen. Der erstmals in der neueren Geschichte verhandelte Fall, einen Herrscher zum Kriegsschuldigen zu erklären, gibt uns einen unvergleichlichen Blick auf Höhe und Fall eines politischen Systems und den gänzlichen Verlust der sie stabilisierenden symbolischen Formen.

Zunächst galt es, einen Konsens in dieser Frage herzustellen: Bei den Alliierten herrschten unterschiedliche Meinungen darüber, ob der ehemalige Kaiser als Kriegsverbrecher behandelt werden könne. Die USA argumentierten, dass das Völkerrecht, wie es bei den Haager Friedenskonferenzen 1899 und 1907 festgeschrieben worden war, das Beginnen eines Krieges nicht als internationales Verbrechen definierte und es daher keine Anklage gegen Wilhelm II. geben könne.[4] Frankreich, Großbritannien und andere sahen hingegen in den Einzelaktivitäten der Deutschen während des Krieges eine allgemeine Verletzung des Völkerrechts, die Wilhelm II. verantworten sollte.

Als im Januar 1919 die Pariser Friedenskonferenz eröffnet wurde, kam es in der alliierten »Kommission zur Verantwortlichkeit der Urheber des Krieges und zur Durchsetzung der Strafen«, in der Diplomaten und Juristen zusammenarbeiteten, zu Auseinandersetzungen um einen möglichen Kriegsverbrecherprozess. Doch gegen die Einleitung des Prozesses sprach eine wichtige Tatsache: Der seit Feststellung der Schuldfrage benennbare ›Täter‹ Kaiser Wilhelm II. hatte sich seit dem 8. März 1918 im belgischen Spa, dem mobilen »Großen Hauptquartier Seiner Majestät des Kaisers und Königs« befunden. Der Ex-Kaiser war nach Verkündung der Abdankung durch Max von Baden noch in der Nacht aus dem Hauptquartier geflohen und erreichte am Morgen des 10. November 1918 die Niederlande. Dort hatte er politisches Asyl erhalten.

Dennoch: Die Rechtsbasis, seine Auslieferung zu fordern, lieferte Artikel 227 des Versailler Vertrags. Wilhelm sollte laut Vertragstext »wegen schwerster

4 | Zit. in Gerd Hankel: Die Leipziger Prozesse. Deutsche Kriegsverbrechen und ihre strafrechtliche Verfolgung nach dem Ersten Weltkrieg, Hamburg 2003, S. 28.

Verletzung des internationalen Sittengesetzes und der Heiligkeit der Verträge unter öffentliche Anklage« gestellt werden. Die Alliierten wollten Wilhelm II. vor ein Gericht mit jeweils einem amerikanischen, französischen, britischen, italienischen und japanischen Richter stellen. Das sollte ausdrücklich kein Strafprozess im Sinne des Strafgesetzes sein. Die Niederlande waren als neutraler Staat, der den Versailler Vertrag nicht unterschrieben hatte, jedoch nicht an ihn gebunden. Im Januar und Februar 1920 verlangten die Alliierten die Auslieferung – vergeblich, Königin Wilhelmina berief sich auf das völkerrechtlich geltende Asylrecht.

Leipzig wird zum Ort eines Kriegs nach dem Kriege. Der Krieg hatte mit der bisher nie dagewesenen Brutalisierung für die Schuldfrage sensibilisiert. Wilhelm II. war für die Welt zum Symbol geworden, er verkörperte für die Völker der Entente die »Hunnen«[5], auf die er sich selbst berufen hatte und gegen den sich nun, da man seiner nicht habhaft werden konnte, der internationale Volkszorn richtete. Dieser über Wochen pressewirksame Disput von 1918/19 schärfte das negative Bild von Deutschland und den Deutschen, allen voran seinem obersten Repräsentanten. Der britische Wahlkampf wird mit einer anti-deutschen Haltung und der Forderung nach Bestrafung, also strafrechtlicher Verfolgung der deutschen Verantwortlichen bestritten: »Mit dem populären Slogan ›Hang the Kaiser‹ und ›Germany will pay‹ gewann Lloyd George schließlich auch die Wahlen.«[6]

Die Deutschen sahen sich angesichts der pauschalen Vorverurteilung ihrerseits gezwungen, aktiv zu werden. Am 19. Mai 1919 berufen sich die deutschen Beobachter der Friedenskonferenz in Versailles in einer Note auf die Amnestie. Falls Amnestie nicht gewährt werden könne, wünschten sich die Deutschen einen neutralen internationalen Gerichtshof, der nicht nur deutsche, sondern auch alliierte Kriegsverbrechen untersucht. Die Note wird negativ beantwortet.

Obwohl klar ist, dass es nicht gelingen kann, den Kaiser vor Gericht zu stellen, eskalieren die Schuldzuweisungen weiter. Am 3. Februar 1920 fordern die Alliierten in einer Note die Auslieferung von rund 900 Deutschen, die wegen Kriegsverbrechen angeklagt werden sollen. Diese Note wird am 5. Februar 1920 auf Weisung der Reichsregierung im »Berliner Tageblatt« veröffentlicht, um die Gnadenlosigkeit und Härte der Alliierten öffentlich zu machen. Auf dieser Liste stehen einerseits einfache Soldaten, Unteroffiziere und niedere Offiziersdienstgerade, andererseits auch der ehemalige Reichskanzler von Beth-

---

5 | Zur Hunnenrede und dem Kontext um 1919 vgl. das Kapitel »Kiel, Bremen und die Räte«.

6 | G. Hankel: Leipziger Prozesse 2003, S. 26.

mann Hollweg, die Feldmarschälle Hindenburg und von Mackensen sowie die Generäle Ludendorff, von Gallwitz und von Bülow.[7]

In der deutschen Bevölkerung ist die Empörung über die Auslieferungsforderung der Alliierten groß. Gleichzeitig warnen linke Gruppierungen, darunter die USPD, davor, durch eine Rebellion gegen die Alliierten den fragilen Frieden und damit das Wohlergehen Vieler zugunsten des Wohlergehens Einiger zu gefährden.[8] Am 16. Februar 1920 erklären sich die Alliierten in einer Note bereit, auf die Auslieferungen zu verzichten. Sie akzeptieren, dass die Angeklagten vor ein deutsches Gericht gestellt würden, beharren aber auf ihrem Recht, die Prozesse zu beobachten und einzuschreiten, falls sie an der Rechtmäßigkeit zweifeln.

Schon 1919 hatte das Einlenken der Alliierten begonnen. Das hatte unmittelbar mit der veränderten politischen Lage in Deutschland zu tun. Nicht zuletzt, um ein Erstarken des Bolschewismus in Deutschland zu verhindern und den Alliierten Kooperationsbereitschaft zu signalisieren, wird am 20. August 1919 ein Untersuchungsausschuss zur Klärung der Kriegsschuldfrage einberufen. Am 18. Dezember 1919 beschließt die verfassungsgebende Nationalversammlung einstimmig ein »Gesetz zur Verfolgung von Kriegsverbrechen und Kriegsvergehen«, das den Oberreichsanwalt zur Verfolgung deutscher Kriegsverbrecher verpflichtet. Die Alliierten stimmen zu.

Wilhelm II. hat den ihm zugedachten Prozess niemals bekommen! Stattdessen begannen mit vielen Vorbereitungen und unter hoher Anteilnahme der Presse und der Öffentlichkeit am 23. Mai 1921 die Verhandlungen übriger Fälle im Leipziger Reichsgericht. Die groteske Veranstaltung ging aus wie das Hornberger Schießen. Die Prozesse wurden verschleppt, es gab zweifelhafte Urteile und/oder spitzfindig legitimierte Abbrüche. So spiegeln die »Leipziger Prozesse« *in toto* den Zustand der Justiz, der zu einem der Problembereiche der Republik werden würde. Bis zum Jahr 1931 werden rund 1.700 Verfahren durch Verfügung (bis 1927) oder Beschluss (bis 1931) eingestellt.

Ziehen wir ein Fazit: Leipzig wurde im Krisenjahr 1919 zum symbolischen Ort für eine erste Runde, mit dem ›Erbe Preußens‹ umzugehen. Der Hintergrund: Mit der Etablierung des Kaiserreichs hatte sich das Dilemma, einerseits sächsisch, andererseits preußisch zu sein, verstärkt. Ins Hintertreffen geriet dabei die genuine Identität der Stadt und ihrer Geschichte – einer Bildungsgeschichte. Die Stadt war zu einem ideologischen Schlachtfeld geworden, wurde vom preußischen Militarismus quasi überschattet.

Nicht nur das Ende des Kaiserreichs stand im Fokus. Die deutsche Identität, Basis für die kommende Republik, wankte insgesamt in ihren Grund-

7 | Ebd. S. 41f.

8 | Vgl. ebd., S. 43-46.

festen. Was die widerstreitenden Interessen angeht, die sich hier zeigten, so blieben sie der Republik erhalten.

Gleich mehrere Deutschlands traten auf den Plan: das Preußische, das reichsherrliche, das vornationale Flickenteppichmodell, darin Leipzig als Traditionsort deutscher intellektueller Identität. Ohne Leipzig hätte es diese Identität nicht, oder so nicht gegeben. Auch dies bestätigt noch einmal, dass 1919 tatsächlich ein Abrechen-Jahr für ein, unter dem Aspekt der Geschichtsanalyse der *longue durée* gesehen, jahrhundertelanges Stück deutscher Geschichte war. Wir haben es also im Blick auf 1919 mit einer Bilanz des verlorenen kulturellen Profils zu tun. Während das nicht weit entfernte Weimar sich gerade anschickte, ein weiteres Zeitalter, das des Bauhauses und der Demokratie zu etablieren und damit zu einer aus heutiger Perspektive zukunftsorientierten neuen Selbstverortung anzuheben, wurde Leipzig, dieser aufklärerische Fundus fürs Deutsche, zum Abwickler verdammt.

Die Bücherstadt Leipzig verliert 1919 ihren wichtigsten Verlag. Die ›Prozesse‹ waren noch nicht die ganze Rechnung für das Jahr 1919. Ein weiterer Verlust kam hinzu: »Der Jüngste Tag« wanderte aus. Bei aller historischen Bedeutung und der Besonderheit, die Leipzig im Konzert urbaner Zentren in Deutschland beanspruchen kann, gab es doch über die Ereignisse rund um das Reichsgericht hinaus eine Atmosphäre, die, wiederum im Vergleich mit anderen Städten, für diese Stunde kollektiver Bewegungen eigenartig reduziert war, der Stadt einen letztlich kraftlos konservativen und intellektuell ereignislosen Status gab.[9] Einst hatten aber die Frühexpressionisten in der Stadt und weit darüber hinaus das intellektuelle Klima der Vorkriegszeit wesentlich mitbestimmt, nicht zuletzt dank der Reihe »Der Jüngste Tag«, in der von Franz Kafka bis Franz Werfel alles versammelt war, was es an literarischer Hochkultur in dieser Epoche gab. Kurt Pinthus, Walter Hasenclever und viele mehr lebten in der Stadt und prägten ihr literarisches Klima. Die meisten waren mit dem Krieg längst in alle Winde zerstreut, nur der überragende Verleger, der hier ein Imperium der Moderne etabliert hatte, Kurt Wolff blieb. Doch 1919 ereignete sich eine Sezession besonderer Art. Unter die vielen Abwicklungen, die das Jahr 1919 mit sich brachte, ist auch der Exodus Kurt Wolffs zu zählen.

9 | Vgl. dazu: A. Schubert: Die Universität Leipzig und die deutsche Revolution von 1918/19; in: Sachsens Landesuniversität in Monarchie, Republik und Diktatur, hg. v. Ulrich von Hehl, Leipzig 2005, S. 171-191.

Abbildung 3: Titelblatt des Almanachs Vom jüngsten Tag. *Die entsprechende Buchreihe im Leipziger Kurt Wolff Verlag zählt zu den erfolgreichen Publikationen des Expressionismuss*

Die Verlagsgeschäfte werden 1919 umstrukturiert. Der Kriegsverlust an finanziellen Ressourcen, noch mehr an Personen und Persönlichkeiten, Autoren und Käufern ließ auch Leipzigs Vorzeigeprojekt nicht unberührt von der allgemeinen Entwicklung. Ideen von einer Sozialisierung der Verlagsgeschäfte, wie sie damals umgingen, kamen auch in Leipzig an und bewegen die Gemüter. Doch für Wolff, den Ästheten, waren die Optionen in Richtung Politik nicht wirklich verführerisch, obwohl er noch 1918 als Verleger zu einem der wirkungsvollsten politischen Romane, Heinrich Manns »Untertan«, und dessen Erfolg beigetragen hatte. Zunächst hatte die Entwicklung des Verlagsgeschäftes einige Hoffnungen zugelassen: Ab 1918 hatte Wolff versucht, das Verlagsprogramm zu straffen und sich neu zu positionieren. Er macht die »Erneuerung« zum Movens und gibt unter den Titeln »Der Neue Roman«, »Das neue Geschichtenbuch« und »Die neue Dichtung« ›neue‹ Reihen heraus. Gleichzeitig dehnt er den Verlag immer weiter aus. Zum Kern, dem Kurt Wolff Verlag als dem führenden Verlag der jungen Literatur gruppieren sich weitere Verlage: der »Hyperion-Verlag«, der »Verlag der gesammelten Schriften von Karl Kraus« und der »Verlag der Weissen Bücher«. Der wirtschaftliche Erfolg blieb jedoch aus. Hatte sich ein auf Vermittlung Fritz von Unruhs zustande gekommenes Angebot des Darmstädter Großherzogs, die dortige Szene zu erweitern, als kaum erfolgversprechend erwiesen, übersiedelte Wolff mit dem Verlag im Oktober 1919 mit den inzwischen 60 Mitarbeiter nach München auf die Luisenstraße.

Die Deutungshoheit in Sachen Buch wechselt nach Berlin. Wieso wechselte Kurt Wolff nicht dorthin? Dort gingen die Uhren ganz anders. Wolffs Werbestratege Georg Heinrich Meyer hätte diesen Schritt in die Hauptstadt sicher gerne vollzogen und sein Einfluss auf den Verleger hatte immerhin so weit gereicht, dass sich dieser vom Idealismus weg zu bewegen schien und sich nun »ullsteinhafte Auflagen von literarisch einwandfreien Büchern« wünschte.[10] Doch dieses Modell passte nicht zu seinem Verlagspublikum. Das spürte Wolff sehr schnell und stellte sein Münchener Programm aufs Bibliophile ein: noch im Umzugsjahr 1919 erschien *Genius. Zeitschrift für alte und werdende Kunst.* Zwischen 1919 und 1922 entstehen 47 Holzschnitte von Ernst Ludwig Kirchner zu Georg Heyms nachgelassenem Gedichtzyklus »Umbra vitae«: Es ist »die erste konsequente buchkünstlerische Schöpfung [...], in der der Geist unserer Zeit sich spiegelt.«[11]

Der Ortswechsel von Leipzig über Darmstadt nach München hat das Unternehmen nicht retten können. Einst in der Buchstadt als das profilierteste Verlagsprogramm des deutschsprachigen Expressionismus, gab Wolff nun europäische Literatur heraus und bot ein differenziertes Kunstprogramm an. Hatte Wolff einst mit seiner Reihe »Der Jüngste Tag« den Beginn der Epoche mitgeprägt, zeigte sich ab 1919 der Niedergang an. Von allen Expressionismus-Verlagen bekam Wolff dies als erster zu spüren.

Geblieben ist der Expressionismus dennoch, wenn auch in seinem Kern nicht viel länger, als es die utopiebereite Atmosphäre des Jahres 1919 zuließ. Die Deutungshoheit in Sachen Expressionismus jedoch wurde gesplittet. Zwei neu entstehende Zentren lösten Leipzig als herausragenden Verlagsort ab: Darmstadt wurde ein wichtiges Zentrum des Spätexpressionismus, mit Kasimir Edschmid insbesondere für den Bereich der Epik, Berlin übernahm das Theatergeschäft. Der expressionistische Film gar entwickelte sich kräftig, auch dies eine Berliner Angelegenheit.

Mitten darin: die Lyrik. Hier kam die große Stunde für Kurt Pinthus, Leipziger Urgestein des Expressionismus. Doch dazu war ein Wechsel angesagt, der zu Ernst Rowohlt nach Berlin.

10 | Kurt Wolff und Ernst Rowohlt, Marbacher Magazin Nr. 43, Marbach 1987, S. 27.

11 | Curt Glaser in: ebd., S. 23.

Die Literatur politisiert sich. Im Kontext der revolutionären Ereignisse verändert sich die literarische Landschaft. Über die Persönlichkeit eines Kurt Pinthus verbinden sich die Verlage S. Fischer und Ernst Rowohlt und mit ihnen die Verlegerpersönlichkeiten. Fanden wir Kurt Pinthus lange im Umfeld von Kurt Wolff, kommt ihm nun die Aufgabe zu, über Kurt Wolff hinaus und gegen einen Eugen Diederichs den Ton der Zeit zu treffen. Möglich machte dies Ernst Rowohlt, der ihn 1919 nach Berlin holt.

Rowohlt publiziert 1919 zwei wichtige Titel des Jahres, beide herausgegeben von Kurt Pinthus: die Reihe »Umsturz und Aufbau« und die Anthologie »Menschheitsdämmerung«.

Abbildung 4: Walter Hasenclever appellierte mit den Texten der Sammlung Der politische Dichter *an die gesellschaftliche Mitverantwortung der Schriftsteller. Sie erschien in der 1919 herausgebrachten spätexpressionistischen Reihe* Umsturz und Aufbau

Anlässlich der Herausgabe von Walter Hasenclevers ehrgeizigem Projekt »Der politische Dichter. Eine Folge von Flugschriften« betont Pinthus 1919 die Bedeutung, die der von ihm entwickelte Reihentitel »Umsturz und Aufbau«, in dem die Flugschrift erscheint, für diese Zeit hat und wie das Projekt während eines gemeinsamen Erholungsurlaub in Oberbärenburg bei Kipsdorf zustande kam: »Dort schlug ich Rowohlt eine Serie revolutionärer Flugschriften vor, die den programmatischen Titel ›Umsturz und Aufbau‹ haben sollte, auch kam mir dort die Idee zu der Anthologie ›Menschheitsdämmerung‹. Diese Pläne wurden dann in Berlin ausgeführt, bald begann die Serie Flut Flugschriften zu erscheinen; als erstes Heftchen gab ich Georg Büchners »Friede den Hütten – Krieg den Palästen« heraus.[12]

Die Anthologie »Menschheitsdämmerung« wird zum Zeitzeugen. Der Tenor für Lyrik war vor allem mit einer der wichtigsten Erscheinungen des Jahres 1919 getroffen: »Menschheitsdämmerung. Eine Symphonie jüngster Dichtung«. Gemeint war die offene Wunde, die mit der Moderne schon vor dem Krieg mit Entfremdungserlebnissen in allem, was menschliches Leben ausmacht, gerissen worden war und die mit der Apokalypse des Krieges schier sprachlos gemacht hatte: Der »Schrei«, einer der Rubriken, die Pinthus als Strukturelement findet, tritt an diese Stelle. Es war aber auch ›Morgendämmerung‹, zarte Ansätze des Neubeginns, der Revolution, Geist- und Gottsuche, die damals die Gefühle und das Denken bestimmten. Pinthus gab sich die Pflicht, gerade auch auf das Jahr 1919 zu reagieren: »Das Chaotische der Zeit, das Zerbrechen der alten Gemeinschaftsformen, Verzweiflung und Sehnsucht, gierig fanatisches Suchen nach neuen Möglichkeiten des Menschheitslebens offenbart sich in der Dichtung dieser Generation mit gleichem Getöse und gleicher Wildheit wie in der Realität.«[13]

Die »Menschheitsdämmerung« ist insbesondere für das Jahr 1919, doch weit darüber hinaus letztlich das Vermächtnis der Leipziger Expressionismus-Ära und ein symbolisches Denkmal für den großen Verleger Kurt Wolff, der die Bildungs- und Intellektuellengeschichte Leipzigs noch einmal geprägt hatte.

12 | Ebd., S. 122.

13 | Menschheitsdämmerung. Ein Dokument des Expressionismus, hg. v. Kurt Pinthus, Berlin 1920, S. X-XIII. Die Anthologie gab als Erscheinungsjahr 1920 an, erschien aber bereits 1919.

Weimar

Der Krieg der Geister

Weimar als Ort der kollektiven Erinnerung – Patriotische Ideen prägen Weimars Anfänge – Eine Konkurrenz der Lösungsmodelle – Goethe baute mit Weimar an (s) einem Mythos – Weimar wird zur Wiege eines deutschen Selbstbildes in der Welt – Die Moderne suchte in Weimar eine Heimat – Die Gegner der Moderne formierten sich – Rechts daneben behauptete sich die Heimatkunst – ›Wege nach Weimar‹ – Henry van de Velde ist der geistige Vater des Projektes »Bauhaus« – Walter Gropius agiert klug hinter den Kulissen – An das Bauhaus bindet sich ein Schöpfungsmythos – Gropius drückt dem Bauhaus-Projekt seinen Stempel auf – Die Bauhaus-Gegner formieren sich – Das Bauhaus in Weimar bleibt ohne eine Klasse für Architektur – Die Weimarer Goethe-Adepten gewinnen den Kampf gegen das Bauhaus

Weimar als Ort der kollektiven Erinnerung spielte mit, als die Nationalversammlung im Februar 1919 hier Zuflucht suchte und Walter Gropius ab dem 1. April die Leitung des Bauhauses übernahm. Man hatte eine gesättigte Tradition, sich zu einem lebenden Gesamtkunstwerk entwickelt, das sich im Ortsbild am Nebeneinander seiner Baudenkmäler ablesen ließ. Dieses Weimar hatte tatsächlich etwas geschafft, was nach einer kulturwissenschaftlich analysierbaren Gesetzmäßigkeit kaum zu schaffen war: hier lösten sich die jeweiligen Blütezeiten nicht ab, wobei der neue Trend den alten überschrieben hätte, sondern jede Erfolgsphase optimierte die vorherige. Tatsächlich offeriert Weimar bis heute ein »Goldenes Zeitalter«, ein »Silbernes Zeitalter« und eines der »Moderne«. Wer hätte da mithalten können? Immer dabei und der Urgrund: der Mythos Goethe, ein nationaler Besitz!

Patriotische Ideen prägen Weimars Anfänge. Wo und wie hatte es begonnen? Die Ansprache »An einen jungen Staatsminister« hatte Justus Möser in seinen »Patriotischen Phantasien« 1774 fast ans Ende seiner Sammlung aufklärerischer Betrachtungen gesetzt. Es mochten gerade diese Empfehlungen sein, die Johann Wolfgang Goethe letztlich motiviert hatten, 1775 eine Hofkarriere in Weimar, der 6.000-Seelen-Idylle zu beginnen. Seine Schriftstellerfreunde aus dem Kreis des Straßburger Sturm und Drang, die es in den Diskursen ihrer »Tischgesellschaft« angesichts der dominanten Adelskultur in Frankreich am

Vorabend der Französischen Revolution sämtlich zu einer eher adelskritischen Meinung gebracht hatten, standen seiner Entscheidung zunächst eher ungläubig gegenüber. Doch auch in der Familie war der Umzug in die thüringische Provinz nicht unumstritten. Sein Vater, stolzer Elite-Bürger der Freien Reichstadt Frankfurt, konnte kaum mit der Entscheidung des Sohnes zurechtkommen! Dank Frau Aja, der begnadeten Vermittlerin mit der »Frohnatur«, wurde in den folgenden Jahren der Kulturtransfer zwischen Ilm und Main ein produktives Kapitel Kulturgeschichte. Doch mit Möser ließ sich schon zu Anfang Goethes zukünftigen Verpflichtungen eine bemerkenswerte Portion an Sinngebung abgewinnen.

Möser hatte praxisnah dargelegt, wie ein Fürstentum, gerade wenn es überschaubar und von einem aufklärungswilligen Fürsten regiert wurde, sich zu einem idealen Staatsgebilde, in dem Wirtschaft, Politik und Kultur in gleicher Weise blühten, entwickeln konnte. Als Staatsrechtler, Geheimer Justizrat und ab 1763 Regent hatte er vom Fürstenerzieher bis zum Minister Erfahrungen im Ackerbau, Industrie, Aktienwesen und vieles mehr realitätsnah und lebenspraktisch vermittelt, aber auch mit philosophischen Betrachtungen und Gedanken zu einer aufklärerischen Politik zusammengeführt. Für wache Zeitgenossen wie Lessing, Herder und Goethe bot sich hier ein überzeugender Weg *und*, trotz des naheliegenden Anachronismus, eine Legitimation, die Nähe eines Hofes zu suchen. Goethe fand in Möser ein Vorbild, das ihn für Weimar idealer vorbereitete als das zur selben Zeit auf dem Markt der Theorien und Meinungen blühende Konkurrenzmodell, die Vorstellung einer »Gelehrtenrepublik« à la Klopstock, die dieser für eine erwünschte Hofkarriere in Wien, bei Joseph II., dem Habsburger, verfasst hatte.[1] Sie hätte der geistigen Elite als Berater zwar einen hohen Platz in der Hierarchie gesichert, doch ferngehalten von allen praktischen Lebensbereichen.

Eine Konkurrenz der Lösungsmodelle für politische Umbruchzeiten und Systemwechsel gab es auch 1919. Eine bemerkenswerte Strukturhomologie! 1919 ging es um die gleichen, ins 20. Jahrhundert geratenen Fragen: wie sollte das politische Profil des Gemeinwesens aussehen, wie sollte sich ein System zwischen Adelsherrschaft und Republik formieren? Es bedurfte eines politischen Willens der Entscheidungsträger, kluger Berater und Macher und eines reformbereiten Volkes. Wie sollten sich die Intellektuellen, die Künstler, Schriftsteller und politisch wachen Zeitgenossen definieren? Ein ebenso anspruchsvolles wie schwierig zu erfüllendes Programm! Vergleicht man z.B. die beiden Herrschaftsbereiche Darmstadt und Weimar ab der Jahrhundertwende, so hatte sich das eine, Darmstadt, als eine geradezu ideale Nachfolge des Vorbilds Weimar erwiesen, während in Weimar selber die Konstellation scheinbar ideal, aber tat-

1 | Vgl. dazu das Kapitel »Straßburg. Ich muss Dich lassen«.

sächlich überaus brüchig war. Nun, 1919, wurde das Ideal, Darmstadt, in eine andere Richtung gezwungen und verlor eine Menge von dem, was es für eine kurze Generation als Ort der Moderne geworden war, während das andere, Weimar, eine große Chance bekam, an die »goldenen« Zeiten anzuknüpfen. Es fiel, rhetorisch überspitzt, doch gerade im Sprachspiel der Wahrheit nahekommend, letztlich auf dem Altar dem eigenen Mythos zum Opfer.

Goethe baute mit Weimar an (s)einem Mythos. Mit der Entscheidung für die neue Rolle als Fürstenerzieher und Staatsmann entstand eine üppige Ära, der Goethe als Minister, als Direktor des Theaters, Bergbauspezialist und Begleiter des Fürsten auf Kriegszügen, als eine Art Allroundman seinen Stempel aufdrückte. Und zunehmend sah das kulturelle Deutschland, das es ja noch gar nicht gab, zu und wollte dabei gewesen sein. Auch nach Goethes Tod. Nicht zuletzt hat der Mythos, zu dem sich der Ort entwickelte, die Weimarer Republik, vornehmlich das Jahr 1919 mitgeprägt. Goethe wurde zu einem Glücksfall für Weimar. Wer hätte seinen Platz ausfüllen können? Er war ein Genie, nach ihm blieb der Mythos davon, mit weitreichenden Folgen.

Goethe wird instrumentalisiert. An seiner Seite: Friedrich Schiller, der nicht minder vereinnahmt wird. Um sich heute vorzustellen, was damals einem Ruf als »Originalgenie« vorausging, lohnt es, an die Straßburger Szene Anfang der 1770er Jahre zu erinnern: ein lebhafter Diskurs, auch um die Annahme, man könne Menschen nach ihren Physiognomien systematisieren und bewerten. Das Kernstück des Geniekultes waren die zu Recht berühmten »Physiognomischen Fragmente«. Sie sind so etwas wie die handgeschnittene oder mit einer ›Schattenrissmaschine‹ hergestellte, vermessene und katalogisierte Menschheit, inklusive der mit ausgewählten Charakterköpfen versehenen Selbstschöpfung der Dichter: Der in Straßburg die Kultur prägende Zürcher Pfarrer Johann Caspar Lavater hatte, im Gedanken, dass man Genies ebenso erkennen müsse wie die Bösewichte, die die Natur geschaffen habe, im späten 18. Jahrhundert zur Sammlung von Charakterköpfen angeregt. Hier wurde ein Moralgebäude errichtet, wie es kaum schärfer von einer kirchlichen Gesetzesinstanz hätte ausgegeben werden können! Ganze Dichterscharen schickten ihre Sammlungsergebnisse in die Schweiz, wo Lavater aus der Menge den bösen Judas und den guten Jesus herauskristallisierte, vor allem aber das Genie, genauer: Das Genie aller Genies, denn hinter der Eloge auf die »Genien« erkennen wir unschwer den Prototypen: Goethe, den kommenden Dichtergott.

Die Umrisse, die ihm auch die Straßburger Intellektuellengemeinde zusandte, wurden in den »Physiognomischen Fragmenten« zusammengetragen. In der Wertehierarchie liest sich die Einschätzung des Genies heute eher wie ein Kabaretttext über die Verstiegenheit von Machteliten und Machos, doch damals war das eine anerkannte Disziplin, manifestiert bis in die Kulturpraxis am Weimarer Hof, wo vermittels des »Storchenschnabels« Schattenrisse der Teilhaber an dieser Gesellschaft angefertigt wurden. Der Ruf als Lichtgestalt ging Goethe, dem Dichter des neuen »Prometheus«, den Lavater beim Kommentar zu seiner Genie-Galerie im Blick hatte, also voraus:

»Genien, Lichter der Welt! Salz der Erde! Substantive in der Grammatik der Menschheit! Ebenbilder der Gottheit – an Ordnung, Schönheit und unsichtbaren Schöpferkräften! Schätze eures Zeitalters! Sterne im Dunkeln, die durch ihr Wesen erleuchten und scheinen, so viel es die Finsternis aufnimmt! – Menschengötter! Schöpfer! Zerstörer! Offenbarer der Geheimnisse Gottes und der Menschen! Dolmetscher der Natur! Aussprecher unaussprechlicher Dinge! Propheten! Priester! Könige der Welt!«[2]

Weimar wird zur Wiege eines deutschen Selbstbildes in der Welt, Synonym für das »Land der Dichter und Denker«. Brauch und Missbrauch waren hier, wie so oft, kaum zu trennen, und so finden sich die mächtigen Spuren dieser ungebremsten Vorstellung von der Auserwähltheit der Deutschen, zumal der Dichter, als dominantes Element. Hier in Weimar überlappten sich die Dinge. Goethe, auch Schiller, der für das Nationale und Nationalistische instrumentalisiert wurde, schoben sich als Persönlichkeiten vor das System. Das »Goldene Zeitalter« begann. Bis in den Reliquienkult und den Devotionalienhandel hatte sich eine eigene kulturelle, spirituell konnotierte Kulturpraxis entwickelt und ab 1842 weitergeschrieben in das mit der Berufung Franz Liszts zum Kapellmeister beginnende silberne Zeitalter, über den 1849 nach Weimar zu seinem Förderer und späteren Schwiegervater geflohenen Richard Wagner, der 1860 gegründeten Großherzoglich-Sächsischen Kunstschule Weimar mit ihren Lehrern Arnold Böcklin, Franz Lenbach und Reinhold Begas, und schließlich dem Weimar des umnachteten Nietzsche, der es zum Pilgerort machte. Ein bereits brüchiges Ideal: eine Schwester, die seine letzten Jahre bewacht hatte und für die Archivierung ihres großen Bruders die Deutungshoheit an sich riss, ein Philosoph, der wie kein anderer für die Evolution im Sinne der Lebensphilosophie, der Ästhetisierung als Überwindungsphänomen des Philistertums steht, aber auch instrumentalisierbar ist für alles Antirationale. Doch da kam eine wirkliche Moderne –Weimar wird zum Schauplatz eines Krieges der Geister. Ihre Akteure: in einer ersten Phase sind es Harry Graf Kessler und Henry van de Velde, der unmittelbar nachfolgenden zweiten die Gründer des Bauhauses. Beide stehen gegen die Goethe-Epigonen und Hüter des Mythos.

Die Moderne suchte in Weimar eine Heimat. Das Selbstverständnis der Moderne in Philosophie, Kunst, Literatur und Musik beflügelt tatsächlich im ers-

2 | Johann Caspar Lavater: Physiognomische Fragmente zur Beförderung der Menschenkenntniß und Menschenliebe. Vierter Versuch, Leipzig und Winterthur 1778, S. 83.

ten Jahrzehnt des 20. Jahrhundert den Reformgeist im lebensumfassenden Sinn. Für eine solche europäische Qualitätsnorm steht der belgische Architekt Henry van de Velde, herbeigeholt von Harry Graf Kessler, dem Weltmann, in der Kunstszene ebenso wie in den politisch-gesellschaftlichen Elitediskursen wie den um Walter Rathenau zu Hause.

Kessler hat einen doppelten Feind: Berlin und den Kaiser. Kessler will, gemeinsam mit van de Velde, gegen die Kunstdoktrin Wilhelms II. angehen. Auch die Stadt Berlin siecht im Stileklektizismus dahin, glänzt mit einer »Siegesallee« statt aktuelle Kunst zu fördern. Kessler will nun Weimar, gegen die Hauptstadt, zu einem alternativen Kunstort für seine Zeit entwickeln, die »Moderne« begründen. Er nennt das ehrgeizige Projekt im Vorgriff: das »Neue Weimar«! Damit geraten beide, Kessler und van de Velde, in Weimar in die Gegnerschaft zu den Goethe-Epigonen, die Mythos und Aura konservieren wollen.

Kessler will, inspiriert von der Arts and Crafts-Bewegung in England und vom Darmstädter Projekt Mathildenhöhe, die Kunstgewerbebewegung, die den Leitdiskurs der Moderne anführt, in Weimar etablieren. Eine neue ›Bauhütte‹ soll entstehen, das Probefeld für eine ›Kathedrale der Moderne‹ – schon damals, bevor das Bauhaus 1919 diesen Gedanken weiterschrieb!

Abbildung 5: Friedrich Nietzsches Schrift Also sprach Zarathustra *in der von Henry van de Velde in Weimar gestalteten Luxusausgabe*

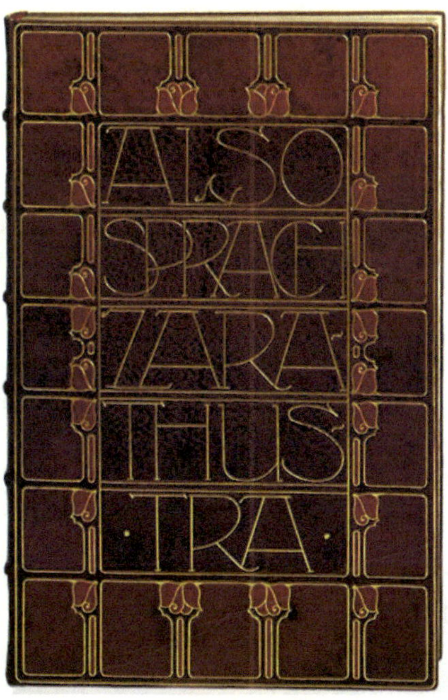

1903 zeigen sich erste Erfolge. Kessler übernimmt die Leitung des »Museums für Kunst und Kunstgewerbe«. Nun sollen eine permanente Kunstausstellung und eine Kunsthandwerksausstellung das Image der Stadt prägen und den Ort konkurrenzfähig machen, ein zukunftsfähiges Mustertheater die nationale Theateridee begründen. Doch die Pläne scheitern nach langen und mühseligen öffentlichen Debatten am Widerstand des nationalkonservativen Stadtpublikums, ebenso van de Veldes Pläne eines Theaterbaus für die damals international bekannte Schauspielerin und Ibsen-Interpretin Louise Dumont.[3] 1906 wurde Kessler nach einem ihm zugeordneten Skandal um eine Ausstellung der Museumsleitung enthoben. Damit war faktisch die Anbindung Weimars an die europäische Moderne gescheitert. Als letztes der engagierten Projekte gründete er 1913 in Weimar einen eigenen Verlag, die Cranach-Presse. Das war, genau genommen, ein Schritt aus der Moderne, aber doch ein Schritt der Vermittlung zwischen den Erwartungen eines konservativen Stadtpublikums und einer neugierigen Welt da draußen. Aber auch das half nicht.

Die Gegner der Moderne formierten sich. Zeitgleich mit Kessler waren konservative Kulturmacher nach Weimar gekommen. Auch sie haben Pläne, blasen zur Gegenwehr. Sie suchen einen anderen Gral. Die Zeitschrift »Der Kunstwart« bezog Stellung, wendet sich *gegen* Paris, das damals die international anerkannte Deutungshoheit in Sachen Kunst hatte, um sich *für* Weimar stark zu machen!

Der Kunstwart war die einflussreichste Kunstzeitschrift im Kaiserreich. Lag auch der Redaktionsort in München, hatten sich doch zwei der drei Kulturmacher, die das Profil des Blattes bestimmten, in Weimar angesiedelt: neben dem Herausgeber Ferdinand Avenarius in München saßen Adolf Bartels und Paul Schultze-Naumburg mitten in diesem Bedeutungsdreieck: Weimar – München – Paris. Im Kunstwart veröffentlichte der Publizist Arthur Moeller van den Bruck einen Abgesang auf Paris und die ›Überschätzung französischer Kunst in Deutschland‹. Um daraus eine auch ästhetisch überzeugende Argumentation zu generieren, musste die Moderne portioniert werden: in eine tiefe, spirituell dichte deutsche Malerei einerseits, der eine nur mit dem Zugeständnis oberflächlicher Farbexperimente daherkommende französische diametral gegenüberstand. Doch immerhin nahm diese Gruppe die Moderne auf!

Rechts daneben behauptete sich die Heimatkunst. Sie fand ausreichend Unterstützung: Die gemischte Mannschaft der Lehrer an der Kunstschule, von

3 | Vgl. dazu den Briefwechsel: Louise Dumont. Eine Kulturgeschichte in Briefen und Dokumenten. Bd.1, 1879-1904, bearb. v. Jasmin Grande, Nina Heidrich, Karoline Riener, hg. v. Gertrude Cepl-Kaufmann, Michael Matzigkeit u. Winrich Meiszies, Essen 2014.

denen ein Teil partout *nicht* ›modern‹ werden wollte, schon gar nicht kollektiv, ein Stadtambiente, dem es am wesentlichen Movens der Moderne, nämlich an Urbanität und einer sich gerade herausbildenden Industriegesellschaft mangelte. Das alles verdichtete sich zu einer *so* nur in Weimar statthabenden und stadtprägenden Faktizität. Diese Fülle von Problempunkten potenzierte sich nicht zuletzt deshalb, weil etliche derer, die sich nun zu Deutern ihrer Zeit aufschwangen, zunächst ins mythische Weimar geflohen waren in der Erwartung, dass sie hier noch etwas zu sagen hätten. Hier zeigten sich die fatalen Folgen einer Spaltung in einen wirtschafts- und handels- und politikaktiven Teil Deutschlands und den Hütern des Geistes, die sich immer weiter davon entfernten. Es verwundert nicht, dass diese latent intellektuell Unsicheren, ja, auch ›Entheimateten‹ in dieser zugespitzten Lage, wo es ums pure Überleben ging, das Angebot einer Schrift annahmen, die sich ihnen wie zur persönlichen wie kollektiven Rettung anbot: Julius Langbehns programmatische Vorlage: »Rembrandt als Erzieher«. Die 1890 anonym erschienene, überschaubare Schrift »Von einem Deutschen: Rembrandt als Erzieher« schien in ihrem assoziativen, vollmundigen Sentenzenstil alles fortzaubern zu können, was da so bedrohlich vor der Tür stand: Die Vorherrschaft der Wissenschaft, globales Denken, Materialismus, Liberalismus, vor allem Rationalismus und alles Aufklärerische. Die retrospektiv idealisierende Heimatkunstbewegung hat hiervon am meisten profitiert.

Wege nach Weimar – sie retrospektiv einzuschlagen, erschien als ein Rettungspfad! Der einst als Markierungsweg bedeutende Wechsel von Straßburg[4] nach Weimar erwies sich nun, 150 Jahre später, als Sackgasse. War einst Goethe der Reisende, tut es ihm nun Friedrich Lienhard gleich. Zeigte Goethe in Weimar Gestaltungskraft im umfassenden Sinne, regte einen progressiven, zukunftsfähigen Prozess im politischen wie kulturellen Leben an, verfasst Lienhard, ganz im Sinne Langbehns, ein Erziehungsprogramm in Form der mehrbändigen Sammlung »Wege nach Weimar«[5], die das Heil der Zeit in der Goethe-Nachfolge festschreibt und den Gralshütern den Gewinn von Lebenssinn zuspricht.

Wie René Schickele und Hans Arp kam Lienhard aus dem Elsass, doch während Arp und Schickele sich in den Netzwerken im Expressionismus und Dadaismus, zwischen Berlin, Hannover, Paris und Köln in eine aktuelle Szene von Zeitgenossen begaben, verband Lienhard mit seiner Entscheidung für Weimar einen bedeutungsstarken Schritt zugunsten der ›Erneuerung des Idealismus‹. Als Schriftsteller sah er sich gerufen, die entsprechende Erbauungsliteratur zu verfassen. Der »Genie«-Gedanke, der einst die großen Geis-

4 | Vgl. dazu das Kapitel »Straßburg. Ich muss Dich lassen«.

5 | Friedrich Lienhard: Wege nach Weimar, Stuttgart 1916ff.

tesflüge in Gang gesetzt hatte, erwies sich hier als eine überaus doppelbödige Matrix für die nationale Selbstvergewisserung.

1919 erschien der erste Band von Friedrich Lienhards »Meister der Menschheit. Beiträge zur Beseelung der Gegenwart«. Den Sinn des Untertitels vermittelt eindrucksvoll Bd. 2, in dem ein abendländischer Bogen gezogen wird mit den Markierungen »Akropolis Golgatha Eisenach«. Das Abendland musste gerettet werden und wird es, so der Tenor, dank umfassender Germanisierung. Lienhard hat Teil an einer kulturimperialistischen Übergriffigkeit, die schon bald für das Konstrukt Weimar interessant wird. 1919 treffen auf diese vorhandene Phalanx die Vertreter der Nationalversammlung *und* die Gründer des Bauhauses.

Schon zuvor hatte sich um Lienhard eine Bastion gebildet, konkret: 1915 widmete ihm die Zeitschrift »Theater und Welt« zum 50. Geburtstag ein ganzes Heft. Albert Malte Wagner zeichnet darin, abgeleitet von Lienhards biographischen Erkundungen, das ideologische Konstrukt zum konservativ-idealistisch motivierten Diskurs.[6] In Edgar Zilsels Laudatio wird die »Geniereligion« herausgestellt, eine Metaebene, in der sich der Elsässer verortet.[7] Lienhard selbst nennt die eigenen literarischen Arbeiten »Höhenkunst« im Dienst eines ›Neu-Idealismus‹. Er erhebt sich über die bloße »Heimatkunst«, verbindet sozusagen das ›normal‹-Regressive mit dem Anspruch einer exorbitanten Bedeutung und Erhöhung des Wertes der eigenen Person.[8] Dahinter stand seit der von ihm initiierten »Los-von-Berlin«-Bewegung der Jahrhundertwende das Bemühen, dieses Deutschland mit Weimar zum alternativen kulturellen Muster zu erklären. Der zutiefst antipreußische Impuls führte ihn in ein kulturelles Europa, in dem Deutschland eine »geistige Mission« hatte, ja, er stellte sich als Kämpfer für ein Programm, das »Deutschlands europäische Sendung«[9] erfüllen müsse. Justus H. Ulbricht betont, wie sehr Lienhard durch die Novemberrevolution motiviert war, sich als Deuter in dieser Zeit zu sehen. Er sah sich gerufen: »Vom schöpferischen Gemüt aus das Leben zu erneuern; nicht von unten aus der Masse, noch von oben aus der Kaste, nicht von rechts noch von links, sondern parteilos von innen heraus umgestalten, wo die Kernzelle

6 | Albert Malte Wagner: Der Weg nach Weimar, in: Bühne und Welt 17 (1915), H. 10, S. 490-492.

7 | Edgar Zilsel: Die Geniereligion. Ein kritischer Versuch über das moderne Persönlichkeitsideal, mit einer historischen Begründung (1918), Frankfurt a.M. 1990.

8 | Vgl. dazu die hervorragende Untersuchung von Justus H. Ulbricht: »Wo liegt Weimar«. Nationalistische Entwürfe kultureller Identität, in: »Hier, hier ist Deutschland...«. Von nationalen Kulturkonzepten zur nationalsozialistischen Kulturpolitik, hg. v. Ursula Härtl, Burkhard Stenzel, Justus H. Ulbricht, Gedenkstätte und Buchenwald, Stiftung Weimarer Klassik, Göttingen 1997, S. 11-44.

9 | Friedrich Lienhard: Zit. in: Ulbricht, S. 27.

glüht, wo der Gral aufleuchtet, wo das Rosenkreuz aufblüht: das ist es, worauf es ankommt«.[10] Mit diesem Habitus beherrschte Weimar als scheinbar mit seiner Tradition legitimierter Zeuge die wertkonservativen Diskurse der Zeit. Es setzte nichts dagegen, als sich diese noch weiter nach rechts in Bewegung begaben. Sehr zum Schaden für den alternativen Weg.

Abbildung 6: Portrait Henry van de Velde

Henry van de Velde ist der geistige Vater des Projektes »Bauhaus«. Als Direktor der Großherzoglich-Sächsischen Kunstgewerbeschule war ihm schon einiges gelungen: An die Weiterbildungseinrichtung für Zeichner, Moduleure und Handwerker hatte er für die rund 70 Schüler schrittweise ein breites Spektrum von Werkstätten für Buchbinderei, Keramik, Emailbrennerei, Metallbearbeitung, Weberei, Stickerei, Teppichknüpfen sowie Goldschmiedearbeit angebunden. Doch nach endlosen Querelen, die nicht unerheblich auch mit der Person des Großherzogs zusammenhingen, hatte er für den 1. April 1915 ein Entlassungsgesuch gestellt. Für seine Nachfolge hatte er dem Ministerium Walter Gropius, Hermann Obrist und August Endell empfohlen.

10 | Friedrich Lienhard: zit. in: Ulbricht, S. 30f.

Im April 1915 fragt van de Velde Gropius an, ob er die Nachfolge in Weimar übernehmen wolle, muss ihm aber schon im Juli 1915 mitteilen, dass der Großherzog die Auflösung der Schule zum 1. Oktober angeordnet habe. Das Gebäude wird als Reservelazarett verwendet. Zwei der Handwerksbereiche, die Buchbinderei und die Weberei werden privat weitergeführt und später dem Bauhaus angegliedert.

Walter Gropius agiert klug hinter den Kulissen: der Direktor der der Kunstgewerbeschule gegenüberliegenden, ebenfalls in einem van de Velde-Bau untergebrachten Großherzoglich-Sächsischen Hochschule für Bildende Kunst, Fritz Mackensen, der einstige Mitbegründer der Künstlerkolonie in Worpswede, und Gropius planen per Briefverkehr, der Kunsthochschule eine Abteilung für Architektur und angewandte Kunst anzugliedern. Ihre Leitung soll Gropius übernehmen. Gropius schickt im Januar 1916 eine Denkschrift nach Weimar: »Vorschläge zur Gründung einer Lehranstalt als künstlerische Beratungsstelle für Industrie, Gewerbe und Handwerk.« Eine Menge Zeit vergeht. Erst die radikalen Veränderungen Ende 1918 sind dem geplanten »Bauhaus« gnädig: Seit dem 12. November 1918 gibt es, für kurze Zeit, den Freistaat Sachsen – Weimar – Eisenach. Das Projekt hat wenig Zeit: Die Gründung des Bauhauses gelingt, bevor der Freistaat im Land Thüringen aufgeht!

Am 31. Januar 1919 wendet sich Gropius an den Oberhofmarschall Freiherr von Fritsch, der auch nach der politischen Wende zuständig bleibt, erinnert an seine Verhandlungen gemeinsam mit van de Velde und bietet erneut an, in Weimar tätig zu werden. Hier wie auch in anderen Orten, z.B. in Düsseldorf, steht eine Verschmelzung der beiden Hochschulen, der Kunstgewerbeschule und der Kunstakademie ins Haus. Am 20. März 1919 stellt Gropius bei der Regierung in Weimar der Antrag auf Umbenennung der Vereinigten Kunsthochschule und Kunstgewerbeschule in »Staatliches Bauhaus in Weimar«.

An das »Bauhaus« bindet sich ein Schöpfungsmythos: lexikalisch nicht nachweisbar, ist der Begriff »Bauhaus« von Gropius, dem die ersten Aktivitäten zu verdanken sind, zuerst verwendet worden. Die Korrespondenz mit dem für diese Zeit an vielen Orten gleichzeitig laut werdenden Vorstellungen vom ›Bau‹ einer neuen Gesellschaft macht ihn zugleich zu einem Schlüsselort. In Weimar setzt sich der Begriff »Bauhaus« schnell durch.

Am 1. April schon kommt es zu einem Vertrag mit dem Hofmarschallamt in Weimar, wonach Gropius »die Leitung der Hochschule für bildende Kunst einschließlich der ehemaligen Kunstgewerbeschule« übernimmt.[11] Das

11 | Das frühe Bauhaus und Johannes Itten. Katalogbuch anlässlich des 75 Gründungsjubiläums des Staatlichen Bauhauses in Weimar, hg. v. d. Kunstsammlungen zu

»Bauhaus« war damit keine städtische Gründung, sondern partizipierte an der Übergangsform zwischen Großherzogtum und der Gründung des Landes Thüringen. Die vor Ort befindliche provisorische Nationalversammlung, die gerade dabei war, sich eine Verfassung zu geben, musste der Schulgründung zustimmen. Das »Bauhaus« verdankt nicht nur seine Existenz, sondern auch den Namen diesem Kairos der Stunde! Versuche seitens der Stadt, in deren Regie die Schule geriet, sie umzubenennen, scheiterten an der Tatsache, dass es dieses nationale Genehmigungsverfahren gegeben hatte und das Unternehmen sich damit einer nicht zu hintergehenden politischen Rückendeckung erfreute. Gropius ahnte, dass ihm die städtische Stimmung kaum gewogen sein würde und äußerte im internen Kreis den begründeten Verdacht, »dass in diesem rückständigen Bierdorf Weimar alles nicht so glatt gehen würde.«[12]

Gropius drückt dem Bauhaus-Projekt seinen Stempel auf: »Das Endziel aller bildnerischen Tätigkeit ist der Bau!« Mit diesem ›Grundgesetz‹ eröffnet er das vierseitiges Flugblatt anlässlich der Gründung. Es enthält das Manifest und Programm und als Titelbild einen Holzschnitt von Lyonel Feininger, die »Kathedrale des Sozialismus«.

Im Kontext der zeittypischen Diskurse wird man es nicht als profanen Hinweis darauf verstehen dürfen, dass es hier um ein Bekenntnis zur Architektur gehe, ebenso wenig, wie sich Feiningers Kathedrale als Bauzeichnung eignete. »Bau« konnotiert in diesem Zusammenhang als Bekenntnis zu einem Programm, das tragfähig genug ist, wie ein Bau zu wirken: Form und Inhalt kommen zusammen, es gibt ein »Endziel«, das zugleich mehr ist. Wir können Feiningers Titelblatt als Interpretament für Gropius' Kernthese lesen: So wie sich Kirche und Kathedrale zueinander verhalten, muss auch dieser »Bau« eine Botschaft haben und ein Kunstwerk sein. Eine »Kathedrale des Sozialismus« lässt das lesen, was in den politisierten Kreisen, zu denen Gropius und Feininger gehörten, darunter verstanden wurde: eine Künstler- und Sinn-Gemeinschaft, für die der Begriff »Bau« die ganzheitliche Idee einer zukünftigen Gesellschaft vermittelt und zugleich die Meisterkunst, den Bau zu schaffen.

Weimar, Bauhaus-Archiv, Museum für Gestaltung, Berlin, Kunstmuseum Bern, Ostfildern-Ruit 1994, S. 513.

12 | Walter Gropius an seine Mutter, Brief v. 19. Januar 1920, zit. in Peter Hahn: Black Box Bauhaus. Ideen und Utopien der frühen Jahre, in: ebd., S. 13-35, hier S. 15.

Abbildung 7: Lyonel Feiningers Holzschnitt Kathedrale des Sozialismus *war zugleich Titelblatt des Bauhaus Manifestes*

Gropius wurde der erste Direktor des Bauhauses und ihm verdankt sich die zügig vorangehende Realisierung im Umfeld einer katastrophalen, in jeder Hinsicht unsicheren, mit Tagesproblemen reichlich gefüllten Gegenwart. So vollzog sich auch der Einstieg gänzlich unspektakulär. In einem Ort, in dem rituelle Abläufe zum Tagesgeschäft gehören, und wo ein provisorisches Parlament in einem Theater tagt und in einem Schloss die Geschäfte abwickelt, hätte sich ein öffentlicher und pressewirksamer Eröffnungsakt gut gemacht, doch die erspart sich das Bauhaus. Kontinuität ist wichtiger! Gropius verlegt sein Baubüro nach Weimar. Allmählich folgen die übrigen Bauhaus-Lehrer: Am 18. Mai 1919 kommt Lyonel Feininger als Leiter der graphischen Druckerei und Gerhard Marcks nimmt seine Arbeit als künstlerischer Leiter der noch zu gründenden Keramikklasse auf. Ende des Jahres komplettiert ein von einer Weimarer Goldschmiedewerkstatt betreuter Lehrgang das handwerkliche Konzept.

Weitere Lehrer müssen erst berufen werden, so im Sommersemester 1919 Johannes Itten als Lehrer für Malerei. Der Schweizer Esoteriker erstreitet in seinen Berufungsverhandlungen auch die Leitung des legendären »Vorkurses«, in dem zukünftige Schüler ein gedankliches Fundament der Bauhaus-Idee anlegen sollen.

Abbildung 8: 1919 eröffnet das Bauhaus in Weimar: a) Gropius hat im Bauhaus-Manifest die Grundlagen der Schule festgelegt; b) Das Lehrprogramm des Bauhauses war ganzheitlich ausgerichtet

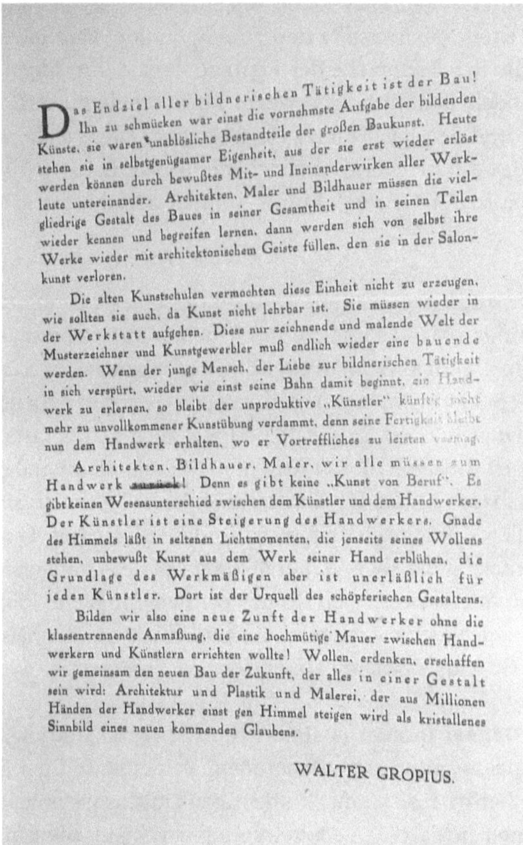

Das Endziel aller bildnerischen Tätigkeit ist der Bau! Ihn zu schmücken war einst die vornehmste Aufgabe der bildenden Künste, sie waren unablösliche Bestandteile der großen Baukunst. Heute stehen sie in selbstgenügsamer Eigenheit, aus der sie erst wieder erlöst werden können durch bewußtes Mit- und Ineinanderwirken aller Werkleute untereinander. Architekten, Maler und Bildhauer müssen die vielgliedrige Gestalt des Baues in seiner Gesamtheit und in seinen Teilen wieder kennen und begreifen lernen, dann werden sich von selbst ihre Werke wieder mit architektonischem Geiste füllen, den sie in der Salonkunst verloren.

Die alten Kunstschulen vermochten diese Einheit nicht zu erzeugen, wie sollten sie auch, da Kunst nicht lehrbar ist. Sie müssen wieder in der Werkstatt aufgehen. Diese nur zeichnende und malende Welt der Musterzeichner und Kunstgewerbler muß endlich wieder eine bauende werden. Wenn der junge Mensch, der Liebe zur bildnerischen Tätigkeit in sich verspürt, wieder wie einst seine Bahn damit beginnt, ein Handwerk zu erlernen, so bleibt der unproduktive „Künstler" künftig nicht mehr zu unvollkommener Kunstübung verdammt, denn seine Fertigkeit bleibt nun dem Handwerk erhalten, wo er Vortreffliches zu leisten vermag.

Architekten, Bildhauer, Maler, wir alle müssen zum Handwerk [redacted]! Denn es gibt keine „Kunst von Beruf". Es gibt keinen Wesensunterschied zwischen dem Künstler und dem Handwerker. Der Künstler ist eine Steigerung des Handwerkers. Gnade des Himmels läßt in seltenen Lichtmomenten, die jenseits seines Wollens stehen, unbewußt Kunst aus dem Werk seiner Hand erblühen, die Grundlage des Werkmäßigen aber ist unerläßlich für jeden Künstler. Dort ist der Urquell des schöpferischen Gestaltens.

Bilden wir also eine neue Zunft der Handwerker ohne die klassentrennende Anmaßung, die eine hochmütige Mauer zwischen Handwerkern und Künstlern errichten wollte! Wollen, erdenken, erschaffen wir gemeinsam den neuen Bau der Zukunft, der alles in einer Gestalt sein wird: Architektur und Plastik und Malerei, der aus Millionen Händen der Handwerker einst gen Himmel steigen wird als kristallenes Sinnbild eines neuen kommenden Glaubens.

WALTER GROPIUS.

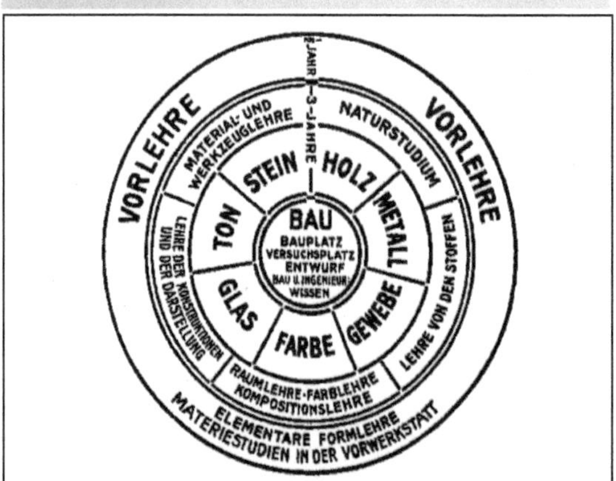

Ab Mai 1919 wirbt das Bauhaus mit einem Signet, voller Anspielungen an die bereits in den mittelalterlichen Bauhütten rund um die entstehenden Kathedralen verwendeten Meisterzeichen. Hier ist es eine Variation des »homo quadratus/homo in circulo«. Eine Reihe verschlüsselter Symbole ist erkennbar: Stern, Sonne, Kreis, die Swastika und eine Pyramide. Parallelen ergeben sich im Blick auf die Symbolsprache der Freimaurer, die ihre Ideen ebenfalls aus dem Kulturmodell Bauhütte, und weiter zurückgreifend auf den salomonischen Tempel und den Isis Kult abgeleitet hatten. Diese elaborierte Sinnbildsprache lässt das differenzierte Nachdenken der Bauhaus-Gründer erkennen, mit der sie sich in der Geistes-, Kultur- und Gesellschaftsgeschichte verortet haben.

Die Arbeit geht zügig voran: Am 1. Juni gibt es eine erste Meistersitzung, an der Itten, Feininger, Marcks und die verbliebenen Kunsthochschulprofessoren teilnehmen, am 5. Juni feiert man ein »Einführungsfest« im Saal des »Bürgervereins« in der Stadt. In einer ersten Ausstellung werden Arbeiten von Feininger bekannt gemacht, noch im gleichen Monat auch Schülerarbeiten.

Im Herbst ist die neue Mensa funktionstüchtig. Sie befindet sich im umgebauten »Glashaus« hinter der Kunstschule. Es ist Feiern angesagt, also eine der traditionellen Gemeinschaftsformen im künstlerischen Umfeld. Ein Vortragsprogramm zeigt die enge Verbundenheit mit der Literatenszene. Die Berliner Dadaisten interessieren sich für das Bauhaus, so bietet Johannes Baader, Dadaist und ausgebildeter Architekt, an, als Lehrer am Bauhaus zu arbeiten, wird aber von Gropius abgelehnt.

Die Bauhaus-Gegner formieren sich: Schon in der Gründungsphase gibt es erste Auseinandersetzungen zwischen dem Bauhaus und der Stadt Weimar. Am 12. Dezember trifft sich eine, im heutigen Duktus gesprochen, ›Bürgerinitiative‹, sammelt sich als »Freie Vereinigung der Städtischen Interessen« und prangert den »spartakistisch-bolschewistischen Einfluss am Bauhaus« an.[13] Der Maler und Meisterschüler Hans Groß beklagt das Fehlen einer »deutschnational gesinnten Führer-Persönlichkeit« als Leiter der Schule. Es kommt noch heftiger: eine rechtsorientierte Gruppe von inzwischen auf 49 Weimarer Bürger und Künstler (!) angewachsene Gruppe reicht beim thüringischen Ministerium für Volksbildung eine Beschwerde gegen die Direktion und die Schülerschaft ein. Dieser Vorgang provoziert zur öffentlichen Kundgebung, es gibt Sympathiebeweise, der Deutsche Werkbund wird aktiviert, ebenso der Arbeitsrat für Kunst und die Novembergruppen.[14]

---

13 | Das frühe Bauhaus, S. 514.

14 | Ebd., S. 514.

Die Zukunft ist ungewiss. Klar ist: es wird kein Zuckerschlecken in dieser Stadt, allzu sehr provozierte das ehrgeizige Unternehmen in diesem von national-konservativen Kreisen dominierten Weimarer Bürgertum. Gropius hatte die klare Leitlinie für sich festgelegt, sich nicht in die Politik einzumischen. Doch die Zeiten forderten Stellungnahmen und die Kräfte gegen das Bauhaus sammelten sich nur allzu gerne. Die aggressiven Vorwürfe gegen politische Einstellungen der Bauhäusler mischen sich zunehmend mit einem generellen Verdacht gegen die »einseitige und intolerante Herrschaft des extremen Expressionismus«.[15]

Letztlich belastet ein fundamentaler Konflikt innerhalb der Professorenschaft das Projekt. Die aus der Kunsthochschule übrig gebliebene Gruppe um Mackensen und die ›echten‹ Bauhäusler finden sich nicht mehr unter einem gemeinsamen Ziel. Das »Endziel«, der »Bau«, entschwindet, kaum dass es proklamiert worden ist. 1920 setzen die Sezessionisten die Wiedereinrichtung der traditionellen Kunsthochschule durch. Die Grundidee von der Gemeinschaft aller Künste ist für eine Realisierung in Weimar verloren.

Das Bauhaus in Weimar bleibt ohne eine Klasse für Architektur. Das Werkstattprogramm entwickelt sich, doch für die Architekturabteilung gibt es keine befriedigende Lösung. Im Mai 1920 wird sie unter der Leitung von Adolf Meyer zwar eröffnet, doch kurz darauf wieder geschlossen. Der »Bau« war also nicht gelungen, wenn man die Weimarer Zeit des Bauhauses betrachtet. Da der »Bau« als Denkbild der Zeit Tiefendimensionen und Höhen in sich verwahrte, lässt sich klar sagen, dass es trotz großer Widerstände den Geist, unter dem es angetreten war, in großer Ernsthaftigkeit vertreten hat. Am 19. April 1919 schrieb Gropius an Ernst Hardt:

»Diese ungeheuer interessante, ideengeschwängerte Zeit ist reif dafür zu etwas positiv Neuem zusammen gehämmert zu werden. [...] es muss ein geistiger Zusammenschluss all den materiellen Widrigkeiten zum Trotz gelingen; die Dinge werden in der Welt ja nur durch den Anstoß von Wollenden [...] Ich glaube bestimmt, dass Weimar gerade um seiner Weltbekanntheit willen, der geeignete Boden ist, um dort den Grundstein einer Republik der Geister zu legen. Schaffen wir doch zunächst eine Idee, die wir mit allen Mitteln in der Öffentlichkeit propagieren, so wird die Ausführung nach und nach folgen.«[16]

Das Besondere des Projektes Bauhaus war es selber als autonome, eigengesetzliche Institution. Das Selbstverständnis baute auf wesentliche Elemente der Reformpädagogik – Praxisorientierung und »Werkstättenarbeit« übernahm

15 | Ebd.

16 | Walter Gropius an Ernst Hardt, Brief v. 19. April 1919, zit. in: Peter Hahn: Black Box Bauhaus, S. 22.

man aus der Reformidee der frühen Kunstgewerbebewegung. Man suchte eine eigene Gemeinschaft: Statt der Aufnahmeprüfungen gab es Probesemester. Geradezu ›altmeisterlich‹ gab sich die Schule in ihrem Lehrer-Schüler-Verhältnis. Das war als Kulturmodell mit einer Hierarchie von »Lehrling«, Geselle« und »Meister« in den mittelalterlichen Bauhütten erprobt. Die Freimaurer, die dieses Kulturmodell aufnahmen, verstanden es als Projekt zur Vervollkommnung einer aufklärerisch, an den Werten der Humanität ausgerichteten Persönlichkeit. Das Bauhaus von 1919 gewinnt von beiden: Ein Gemeinschafts- und Bildungsmodell sollte gesellschaftsprägend werden. Als drittes Element kommt die mit der Lebensreform einhergehende Idee der ästhetischen Reform des Lebens hinzu.

Das Bauhaus dachte europäisch, international! Nicht minder die Lehrer: Itten aus der Schweiz, Kandinsky aus Russland, Moholy-Nagy aus Ungarn, Feininger als Deutsch-Amerikaner. Der Gast Theo van Doesburg schlug den Bogen zur niederländischen »de Stijl«-Bewegung.

Walter Gropius konnte nicht mit Bruno Tauts Utopiebereitschaft und der entsprechenden Rhetorik konkurrieren,[17] dennoch finden wir in seinen programmatischen Texten entsprechende Bilder, die den Spagat zwischen Utopischem und Realem belegen:

»Da gehen wir durch unsere Straßen und Städte und heulen nicht vor Scham über solche Wüsten der Hässlichkeit! [...] Gebilde, die Zweck und Notdurft schaffen, stillen nicht die Sehnsucht nach einer von Grund aus neu erbauten Welt der Schönheit, nach Wiedergeburt jener Geisteseinheit, die sich zur Wundertat der gotischen Kathedrale aufschwang. [...] Ideen sterben, sobald sie Kompromisse werden. Darum klare Wasser scheiden zwischen Traum und Wirklichkeit, zwischen Sternensehnsucht und Alltagsarbeit.«[18]

Studierende und Besucher haben diese Atmosphäre durchaus so wahrgenommen:

»Wenn man damals nach Weimar kam, um dabei zu sein bei der Grundsteinlegung der Kathedrale der Zukunft, fand man weder eine feierliche noch überhitzte Atmosphäre vor. Die jungen Leute, die Studierenden der alten Kunstschulen und die neuen, die dazu gekommen waren, wirkten nicht viel anders als die Besucher anderer Kunst Lehranstalten. Sie kamen aus verschiedenen sozialen und geographischen Bezirken, einige trugen noch die Uniform, einige kamen sichtlich aus der Jugendbewegung, und alle schienen aufgeschlossen und guten Willens, das Ihrige beizutragen zu einer Veränderung der

17 | Vgl. dazu das Kapitel »Dresden, Breslau und überall«.

18 | Gropius an Hardt, in: P. Hahn: Black Box Bauhaus, S. 23.

Kunst und nicht nur der Kunst – zu einer Veränderung der Welt und des Lebens. Denn um nichts Geringeres schien es damals zu gehen.«[19]

Die Weimarer Goethe-Adepten gewinnen den Kampf gegen das Bauhaus. Goethe hätte seine Freude gehabt an denen, die das Bauhaus 1919 in seiner Stadt ausmachten, haben sie doch wie er in der 1770er Jahren, als er eine Kathedrale vor sich sah und wusste, ›was die Welt, im Innersten zusammenhält‹, eben das zu erschaffen gesucht, ohne das Straßburger Münster vor Augen zu haben. So funktioniert die Abstraktion: ein »Bau«, der das enthält, was die Welt im Innersten zusammenhält! Das Bauhaus, ein Gesamtkunstwerk, getragen von seinem engagierten Gründer Walter Gropius in enger Verbundenheit mit den Lehrern und Meistern, hatte, obwohl die Stadt Weimar ihr Projekt nicht duldete, den Geist Goethes in die Moderne weitergeschrieben.

19 | Adler: Broschüre o.P. (S. 6), zit. in: Michael Cornelius Zepter: Maskerade – Künstlerkarneval und Künstlerfeste in der Moderne, Wien, Köln, Weimar 2012, S. 237.

Darmstadt

Vom Salonwagen zum republikanischen Impuls

Darmstadt ist ein besonderer Erinnerungsort – Adelsmoderne und Industriemoderne passten zusammen – Der Großherzog von Hessen und bei Rhein etablierte das Projekt »Mathildenhöhe« – Die »Rheinlande« boten ein Kulturmodell – Moderne und Avantgarde forderten eine unorthodoxe Einstellung – Die Künstlerkolonie auf der Mathildenhöhe machte Design- und Industriegeschichte – 1919 verlor Darmstadt seine wirtschaftliche Spitzenposition in Europa – 1919 wurde Darmstadt zu einem westeuropäischen Stützpunkt für Völkerversöhnung und Pazifismus – Fritz von Unruh – Darmstadts Beitrag für das geistige Klima 1919 – Darmstadt bildete eine Expressionistenszene der zweiten Generation – Dachstube, Darmstädter Sezession, Tribunal und Deutsches Büro der Clarté verbinden sich um 1919

Darmstadt ist ein besonderer Erinnerungsort. Hier eröffnet sich ein interessantes politisches *und* kulturhistorisches Spektrum. Auch hier gab es einen Abschied: von einem Deutschland, das einst in kleinere, mittlere und große Herrschaftsbereiche aufgespalten und dem mit dem Kaiserreich nur eine temporäre nationale Identität übergestülpt worden war. Hier lässt sich aber auch eine Rarität entdecken, mit der das Meer an katastrophalen Defiziten genuiner Denkmuster, die zur beginnenden Demokratie gepasst hätten, mit einer kleinen Insel republikanischer Identität entlastet wird. Die Traditionslinie ist deutlich: vom radikalen Geist Georg Büchners und seiner politischen Freunde des frühen 19. Jahrhunderts im Umfeld des »Hessischen Landboten« zu den ›Radikalen‹ von 1919 um die Zeitschrift »Das Tribunal« und die »Clarté«. Nicht minder evident: in Darmstadt gab es Schöneres als anderswo. Ereignisse und Personen waren eng vernetzt: hier hatte sich eines der europäisch ausstrahlenden Zentren der Moderne entwickelt, das 1919 die Basis für grenzüberschreitende, europäisch dimensioniere Kulturnetzwerke bildete.

Adelsmoderne und Industriemoderne passten zusammen, beide trugen die Reformprogramme der Zeit. Hatte Weimar im späten 18. Jahrhundert gezeigt, dass gerade in einem überschaubaren politischen Herrschaftsraum auf hohem Niveau und zukunftsorientiert regiert werden konnte, hat Darmstadt diese Rolle für die kurze Phase von der Jahrhundertwende bis zum Krieg übernommen. Als im November 1918 innerhalb weniger Wochen die gesamten Adelsherrschaften ausnahmslos entmachtet wurden, bereiteten die sich wie ein Lauffeuer durch Deutschland bewegenden Arbeiterräte auch dieser herausragend gut funktionierenden Adelskultur ein Ende. Es war der Abschied von einem erinnerungswürdigen Experiment. Dass in Darmstadt mit Fritz von Unruh und seinem Umfeld zugleich ein republikanischer Übergang gelang, spricht für die Kraft eines aufklärerischen Geistes, der das intellektuelle Klima in Darmstadt mitbestimmte und der noch im Nachhinein nach dem paradigmatischen Wechsel ein Stück vom Fundus nutzte, der zuvor entstanden war. So steht dieses Kapitel am Ende der ›Abschiede‹, die dieses Jahr 1919 zu bieten hat.

Der Großherzog von Hessen und bei Rhein etablierte das Projekt »Mathildenhöhe« als tragendes Element seiner ehrgeizigen Reformpolitik. Aus der Rückschau erweist es sich als einer der wichtigsten Vorläufer des Weimarer Bauhauses von 1919.

Was die Darmstädter Initiative von allen anderen, auch den großartigen Leistungen eines van de Velde unterschied,[1] war, dass hier der politische Wille einherging mit der Verknüpfung von Kulturpraxis, Vermarktung und Lebensstil.[2] Die Festkultur war immanenter Teil der umfassenden Reform, ja, erst mit dem Festspielhaus und Feierritualen konnte die Überhöhung des Alltags erreicht werden, mit der der Mensch Anteil an einem höheren Menschentum hatte. Es bedurfte einer Ästhetik des Lebens, um dieses Menschentum zu erreichen und damit an den in diesen Zeiten geltenden Vorstellungen der menschlichen Evolution schöpferisch teilzuhaben. Die mit Jugendstilornamentik und Gralssymbolik ausgestattete Programmschrift »Feste des Lebens und der Kunst. Eine Betrachtung des Theaters als höchsten Kultursymbols«, hatte Peter Behrens »der Künstlerkolonie in Darmstadt gewidmet«[3].

Um 1919 schreiben Architekturkreise um Bruno Taut und die »Gläserne Kette«[4] in ihren kosmischen Phantasien und Entmaterialisierungsutopien das weiter, was um 1900 in Darmstadt als materiale Äquivalente in Kunstwerken *und* Gebrauchsgegenständen fabriziert worden war. Auch die spirituellen Konnotationen waren schon erfahrbar: Das Eingangsportal im Haupthaus auf der Mathildenhöhe begegnet dem Besucher wie ein Tempel oder eine Kathedrale,

1 | Vgl. dazu das Kapitel »Weimar und der Krieg der Geister«.

2 | Vgl. dazu den Katalog: Die Lebensreform. Entwürfe zur Neugestaltung von Leben und Kunst um 1900, 2 Bde., hg. v. Kai Buchholz, Rita Latocha, Hilke Peckmann u. Klaus Wolbert, Darmstadt 2001.

3 | Peter Behrens: Feste des Lebens und der Kunst. Eine Betrachtung des Theaters als höchsten Kultursymbols, Leipzig 1900.

4 | Vgl. dazu das Kapitel »Dresden, Breslau und überall.«

hinter deren Schwelle ihn ein Heiligtum zu erwarten scheint. Die Gründerväter, Werkstattleiter, Besucher, Käufer der hier gefertigten Objekte und neugierigen Rezipienten ließen sich damals auf dieses Prestigeprojekt in der für die Reformzeit symptomatischen Erwartung ein, dieser Impuls erfülle alle Sehnsüchte nach Fortschritt, Schönheit und Heil!

Die »Rheinlande« boten ein Kulturmodell. In vielerlei Hinsicht glichen sich die Städte Darmstadt und Düsseldorf um die Jahrhundertwende, vergleicht man den Grad ihrer Reformbereitschaft und Modernität. Es gab einen regen Austausch. Im beschaulichen Adelsreich und dem urbanen Milieu der ehemaligen Residenzstadt am Rhein war man in gleicher Weise zukunftsorientiert: Man empfand sich als Westeuropäer auf historischem Boden. Kultur, Industrie und Wirtschaft verstanden sich als Partner im Prozess und Progress der Moderne. Lehrer wie der Architekt Peter Behrens unterrichteten in Darmstadt und siedelten sich stilgerecht auf der Mathildenhöhe an. Auch der Wiener Joseph Maria Olbrich zählte zu den herausragenden Baumeistern, die der Großherzog in sein Darmstädter Projekt locken konnte und der sich hügelab eine der bis heute erhaltenen Villen baute.

Behrens war unmittelbar nach seiner Darmstädter Zeit Direktor der Düsseldorfer Kunstgewerbeschule und prägte, in Analogie zu Darmstadt, den Düsseldorfer Reformgeist. Enge Verbindungen gab es über das Darmstädter Festspielhaus mit der Reformbühne von Louise Dumont und Gustav Lindemann, bis in die Cabaret-Kultur, die Louise Dumont und Max Reinhardt schon gemeinsam in Berlin umgesetzt hatten und die nun zu einem Element einer alternativen Theateridee wurde. Richard Dehmel, damals einer der bekanntesten und erfolgreichsten Schriftsteller, pflegte gute Kontakte zu beiden Theatermilieus. Für Wilhelm Schäfer, Herausgeber der programmatischen, von Düsseldorfer Industriellen in Auftrag gegebenen und finanzierten Zeitschrift »Die Rheinlande«, war Darmstadt eine der rheinischen Dependancen auf der Suche nach einer besonderen Kulturlandschaft: er propagierte den Zusammenschluss der Länder, wie sie in vornationalen Zeiten bestanden hatten, um der Vorherrschaft Berlins zu begegnen. Das geopolitische Konstrukt würde links und rechts des Rheins die wieder verbinden, die sich, wie Hermann Hesse, »beiden Rheinufern angehörig«[5] fühlten. Josef Maria Olbrich lehrte und baute in Darmstadt, doch zu den großen Bauherren, die ihm Aufträge gaben, zählte rheinabwärts Leonhard Tietz. Angezogen vom großzügigen und gewinnversprechenden Geist der Stadtherren in Düsseldorf baute er dort

5 | Hesse war Schäfer sehr verbunden und ständiger Beiträger der Rheinlande; vgl. dazu: »Beiden Rheinufern angehörig«. Hermann Hesse und das Rheinland«; Begleitband zur Ausstellung im Heinrich-Heine-Institut, hg. v. Sabine Brenner, Kerstin Glasow u. Bernd Kortländer, Düsseldorf 2002.

eines seiner schönsten Warenhäuser. Auf der Heinrich-Heine-Allee, unmittelbar an der ›Kö‹ gelegen, befand es sich an prominenter Stelle: gegenüber vom legendären Industrieclub, der schon bald zum westdeutschen Zentrum der Wirtschaftsmacht werden sollte. Es wurde eines der letzten Großprojekte des früh verstorbenen Baumeisters. Fazit: Waren die ›Macher‹ dort die Wirtschafts- und Industriebosse, ist es hier ein respektabler Adelsspross! Man war Mäzen, künstlerisch auf der Höhe der Zeit, informiert und interessiert – lebensumfassend, so, wie es die Reformkultur seit der Jahrhundertwende forcierte! Was für die weltläufigen Industriellen im Rheinland auf nichts mehr als auf ein zeitadäquates Verhältnis zu ihrer Generation zurückging, legte auch Großherzog Ernst Ludwig in Darmstadt zugrunde – im Alleingang zur Generation deutscher Adelshäuser. Vergleicht man ihn mit den damals weiteren 22 noch regierenden Herrschaftshäusern vom Kaiser über die vier Könige und weiter abwärts, so war er eine Ausnahmeerscheinung. Ihm war es gelungen, *sein* ›Land‹ zu erfinden, ein Ort der Moderne, dem es 1919 nachzutrauern galt.

Moderne und Avantgarde forderten eine unorthodoxe Einstellung. Die bot der 1868 in Darmstadt geborene Erbgroßherzog: Ihm fehlte die zeit- und adelsprägende Leidenschaft fürs Militär, so dass zusätzlich zur obligatorischen Offiziersausbildung mehrere Semester eines Jurastudiums in Leipzig und Gießen gekommen waren, auch, als Enkel von Queen Victoria, Aufenthalte bei den englischen Verwandten. Harry Graf Kessler attestierte ihm, er sei »von allen deutschen Fürsten der, der am natürlichsten den Eindruck eines Europäers und Weltmanns machte«.[6] Ungewöhnlich waren dreierlei: die Hinwendung zur Reformkultur, die er mit der Begeisterung für die englische Arts-and-Crafts-Bewegung für und in Darmstadt realisiert wissen wollte; die Zusammenführung von hoher Handwerkskunst und deren Verknüpfung mit den Anforderungen eines industriellen Zeitalters, für das die Darmstädter Werkstätten vorbildlich werden sollten; letztlich auch die Systematik, mit der er daraus für sein ihm anvertrautes Land ein für die ästhetische Erziehung und die Lebensgestaltung prägendes Projekt entwickelt hatte: all das, was 1919 zu den hohen Zielen des Weimarer Bauhauses zählt, war hier schon vorhanden, einschließlich der Architektur, die die bis heute ansehnliche Villenkolonie der ›Baumeisterhäuser‹ rund um die Mathildenhöhe prägt! Mit diesen Schwerpunkten seiner Zukunftsplanung verortete er sich im damals existierenden Netzwerk progressiver Reformbewegungen, beginnend in der Wiener Moderne mit den normsetzenden »Wiener Werkstätten« bis zum »Werkbund«, der zwar seinen Sitz in der Reformsiedlung Dresden-Hellerau genommen hatte, doch quantitativ und qualitativ besonders stark im Rheinland verankert war.

6 | Zit. in: Walter Knodt: Die Regenten von Hessen-Darmstadt, Darmstadt 1976, S. 127f.

Dieser »Westdeutsche Impuls«[7] war es, der die bis heute nachklingenden großen Namen binden konnte, darunter die theaterfördernde Industriellenfamilie Poensgen in Düsseldorf, Karl Ernst Osthaus in Hagen, Eduard von der Heydt in Elberfeld und Leopold Hoesch in Düren.

Begonnen hatte der Großherzog unmittelbar nachdem er 1892 die Regierung angetreten hatte: er holte mit dem aus Darmstadt kommenden, mit der englischen Oberschicht vielfach verbunden Architekten Alfred Messel, der seine Bekanntheit als Villenbauer gerade durch die Planung des Warenhauses Wertheim im neuen Berliner Westen erhöhte und reüssierte, um dem neuen Hessischen Landesmuseum einen unverkennbaren Stil zu geben, ja, er beteiligte sich an der Konzeptionierung des Baus. Damit folgte er einer europäischen Entwicklung, über Museumsbauten Identität zu schaffen.

Zu europäischem Ruf gelangte die Technische Hochschule Darmstadt, nachdem der Großherzog ihr 1899 das Promotionsrecht verliehen hatte und den ›Dr. ing.‹ erfand. Damit war sie eine besondere Bildungsanstalt und ebenbürtig mit den Universitäten in Deutschland. Die ersten *doctores* kamen bezeichnenderweise aus der ästhetisch-künstlerische Richtung der Technik: Ernst Vetterlein z.B. war Assistent in der Architektur-Abteilung für Baukunst der TH Darmstadt. Er habilitiert sich hier auch und wurde 1919 auf eine Professur an die TH Hannover berufen. Hier lehrte auch der Erbauer des Mathildenturms, Joseph Maria Olbrich. El Lissitzky war dort ab 1908 Student und ging nur wegen des beginnenden Krieges nach Russland, kehrte aber schon 1919 wieder zurück. Er blieb vielfältig in die deutsche Szene eingebunden und arbeitete mit Hans Arp und Kurt Schwitters zusammen.

Die Künstlerkolonie auf der Mathildenhöhe machte Design- und Industriegeschichte, bevor es das Bauhaus gab. Das Zentrum des deutschen Jugendstils präsentierte sich 1901 unter dem Titel »Ein Dokument deutscher Kunst« mit einer der großen Ausstellungen, in denen Kunst und Kunstgewerbe vereint wurden. In diesem Stil der Zeit, der in der Kulturgeschichtsschreibung mit dem Begriff »Jugendstil« leicht ins Unverbindlich-Spielerische abgedrängt wird, ließen sich neue Gebrauchsformen finden und der Moderne ein lebensumfassendes Gesicht geben. Gewerbe und Industrie profitierten davon. War es z.B. in Krefeld die Textilindustrie, konnte in Darmstadt die Möbelindustrie aus dem mutigen Vorpreschen der ›Herrscherfamilie‹ ihren Nutzen für Design, Produktion und Verkauf ziehen. Das war mit dem Krieg zu Ende: Darmstadt wird 1919 zum Exempel für den Verlust an Ästhetik, an Lebensstil und -quali-

7 | Das Projekt »Der Westdeutsche Impuls« versammelte die Reformprojekte der Moderne in Ausstellungen und Begleitbänden. Die Schauen wurden 1984 gezeigt in Köln, Düsseldorf, Hagen, Krefeld, Essen und Wuppertal.

tät, an Schönheit, aber auch Wirtschaftskapazität, Europäisierung und Internationalität, den der Krieg beschert hatte und der nun dazu zwang, die Weichen neu auszurichten: Hatte der Möbelfabrikant Ludwig Alter bis zum Ersten Weltkrieg mit dem Repräsentationsbedürfnis der Zeit einen Zweig seiner Produktion ausbauen und die Einrichtung von Eisenbahnwaggons voranbringen können, blieb nach 1919 nichts mehr vom Luxus übrig. Exemplarisch lässt sich hier nachvollziehen, wie ein durchaus dekoratives Element der Adelskultur von der Bildfläche verschwand und tristes Grau zurückließ. Alter hatte die hohe Kunst seines Handwerks beim Ausbau des »Salonwagens« erworben, mit dem Ernst Ludwig und sein russischer Schwager, Zar Nikolaus, mit Vergnügen und öffentlich wahrgenommen durchs hessische Land zu fahren pflegten. Der Salonwagen stand in den Zeiten, in denen er nicht genutzt wurde, für alle Bahnhofsbesucher einsehbar auf einem Abstellgleis und bedeutete, wie spätere Interviews beweisen, für die Bevölkerung eine Art Repräsentanz für die gepflegte Adelskultur ihres Landesherrn. Damit war es im Jahr 1919 vorbei. Der Zug verschwand, doch er hinterließ einen Phantomschmerz.

Abbildung 9: Das Hauptportal des Reformprojektes Mathildenhöhe *in Darmstadt*

Nur als Meistererzählung einer vergangenen Zeit konnte er überleben. Auch für den Erbauer und Gestalter des Salonwagens waren die guten Zeiten vorüber. Andere Familien in Darmstadt haben vergleichbare Viten: die Bechtold, Glückert oder Trier. Von Alter blieb nur der Name, übergegangen auf einen Möbelspediteur. *Sic transit gloria mundi!* – in Zeiten des Krieges und der Systemwandel, wie sie mit dem Jahr 1919 verbunden waren.

Warum hier die Geschichte eines Provinzfürsten? Schon im August 1914 hatte der damalige britische Außenminister Edvard Grey es kommen sehen: »In ganz Europa gehen die Lichter aus!« Hier, im überschaubaren Darmstadt, dem leuchtend schönen Vorbild einer emanzipierten Gesellschaft, international stilbildend und wirtschaftlich erfolgreich, ist es wie in einem Brennglas zu sehen: es brauchte vier Jahre, dann hatte Grey recht behalten!

1919 verlor Darmstadt seine wirtschaftliche Spitzenposition in Europa. Darmstadt lässt wie kaum eine andere Residenzstadt die europäische Vernetzung des Hochadels bis ins Stadtbild hinein nachvollziehen. Nicht nur der Mathildenturm ist unübersehbar, mitten im Gelände erhebt sich die Kapelle St. Maria Magdalena: Bauherr der 1897 bis 1899 erbauten Russisch-Orthodoxen Kapelle war Zar Nikolaus II., der Schwager des Großherzogs. Das Bauprojekt trug geradezu internationale Züge: Den russischen Kirchenbaustil des 16. Jahrhunderts prägte ein Petersburger Architekt, die Bauleitung hatte ein örtliches Büro übernommen, die ornamentalen Majolikafriese kamen aus der Keramikfabrik Villeroy & Boch, die hölzerne Ikonostase, die den Altarraum vom Kirchenraum trennt, entstammte der Londoner Hauskapelle des Prinzen Alfred, des zweitgeborenen Sohns von Königin Victoria und ihres Gemahls Albert von Sachsen-Coburg und Gotha. Ein reales und symbolisches Zusammenspiel, gedacht als Hofkirche der Zarenfamilie und sichtbares Zeichen der dynastischen Verflechtungen zwischen dem russischen Zarenhof, dem Haus Hessen-Darmstadt und dem British Empire. Mit Blick auf die mit dem 1. August 1914 beginnende Auflösung Europas und dem Anteil am Startschuss, den die damaligen Herrscherhäuser daran hatten, gewinnt das Bedeutungsdreieck aus deutschem, englischem und russischem Hochadel an Erkenntniswert. Es fehlte nur das Haus Habsburg!

1919 wurde Darmstadt zu einem westeuropäischen Stützpunkt für Völkerversöhnung und Pazifismus. Es war nicht alles zu Ende: Offenheit und europäischer Lebensstil prägten weiter die Szene. Es fällt auf, dass etliche Intellektuelle, Literaten und Politiker, die in der jungen Demokratie aktiv wurden, aus dem kulturellen Milieu Darmstadts kamen und von hier wesentliche Impulse zur völkerverbindenden Versöhnungsprojekten ausgingen. Hier lag eine der Quellen für die Überwindung eines preußisch-militaristischen Geistes. Der ebenso pragmatische wie zukunftsorientierte politische Impuls ging z.B. aus von Fritz von Unruh, Carlo Mierendorff und Kasimir Edschmid, beeinflusst von Harry Graf Kessler, der, zuvor dem Großherzog nahe, nun den Darmstädter Intellektuellen verbunden blieb.

Im Darmstädter Umfeld mit seiner Offenheit und dem differenzierten Interesse an einer Reformkultur hatte man keine Abneigungen gegen Abweichler aus der Adelsnorm. In diesem Falle ist die Rede von Fritz von Unruh. Mit ihm verbinden sich beide Zeitalter und das, was mit ihnen für unsere deutsche Geschichte an dieser Stelle nennenswert ist: das Kaiserreich der Vorkriegszeit und die 1919 beginnende Weimarer Republik. Zugespitzt hieße dies: Hier begegnen sich der militaristische Geist eines Obrigkeitsstaates und der alternative, nämlich zivile und republikanische einer ersten Demokratie auf deutschem Boden!

Fritz von Unruh stammte aus altem preußischen Adel, der Stammsitz der Familie lag an der Lahn, Unruhs Vater war Festungskommandeur in Königsberg. Eine Militärlaufbahn war damit vorausgeplant und von Unruhs familiäre Sozialisation entsprechend eingerichtet. So kam er schon früh an die Kadettenschule ins holsteinische Plön und wurde dort gemeinsam mit den Söhnen des Kaisers, Oskar und August Wilhelm unterrichtet.

Mit ersten literarischen Versuchen meldeten sich subtile Widerstände, die den ersten Werken ihre unverwechselbaren Zwischenstatus gaben: Thematisch bewegten sie sich in den ihm bekannten Themenbereichen ›Preußen‹ und das ›Preußische‹, gedanklich suchten sie nach einer eigenen Bewertung, die zunächst nicht wirklich systemkritisch daherkam, sich aber jenseits jeder hagiographischen Attitüde bewegte. Nach dem Dienstantritt als Offizier beim Kaiserlichen Garderegiment in Berlin konnte er sein zweites Stück, »Offiziere«, 1911 bei Max Reinhardts Deutschen Theater unterbringen. Eine kaiserliche Order Wilhelms II. verbot die Aufführung eines weiteren Unruh-Schauspiels, »Louis Ferdinand, Prinz von Preußen«, das Reinhardt bereits auf seinen Spielplan gesetzt hatte.

Dennoch zog von Unruh zunächst als Adjutant seines ehemaligen Mitschülers, des Kaisersohnes Oskar von Preußen in den Krieg. Doch mit der konkreten Erfahrung unmenschlicher Schlachtrealität zog er die Konsequenzen. Von Unruh wurde 1916 schwer verwundet – der geeignete Moment, ein Fazit zu ziehen: »Was ich in harter Erziehung, in strengem Dienst in der Garde, im blutgetränkten Acker des Kriegs begriff vom Sinn des Genius – ich werde es sagen und verdichten. Dieses Recht zu Bekenntnis und Gestaltung erwarb ich mir an der Marne und vor Verdun.«[8] Die 1917 geschriebene expressionistische Tragödie »Ein Geschlecht« konnte die Zensur passieren und wurde unter der Regie von Gustav Hartung im Juni 1918 in einer Matinee am Frankfurter Schauspielhaus uraufgeführt. Der liberale Geist der Stadt hatte hier geholfen. Es wurde zu einem ›Erweckungs‹-Drama für die, die bisher gezögert hatten, sich zum Pazifismus zu bekennen.

---

8 | Brief Fritz von Unruh an Thomas Mann, Brief v. 31. Juli 1935, in: Thomas Mann. Briefwechsel mit Autoren, hg. v. Hans Wysling, Frankfurt a.M. 1988, S. 431f.

1919 wird für von Unruh zum persönlichen Schlüsseljahr, damit zugleich Impuls für den sich formierenden Pazifismus und für Projekte zur Versöhnung mit Frankreich: Tatsächlich hatte von Unruh noch einen Auftrag vorliegen, mit dem ihn die Oberste Heeresleitung zur literarischen Verarbeitung des Themas »Verdun« verpflichtet hatte. Er machte daraus das Antikriegsbuch »Opfergang«. Der Kriegsbericht über die Schlacht bei Verdun konnte der Obrigkeit kaum gefallen, hatte doch von Unruh in hoher Intensität die Leiden und erst recht die Sinnlosigkeit eines solchen Kriegsgemetzels festgehalten. Der Prosatext, 1916 bereits geschrieben, erschien 1919, ebenso wie von Unruhs Auseinandersetzung mit dem Kampfgeschehen im Gedicht »Vor der Entscheidung«. Doch im selben Jahr wird aus der Abrechnung mit der kriegerischen Vergangenheit der konstruktive Kampf für die Zukunft, den Pazifismus und die Völkerversöhnung. So erscheint 1919 auch eine Anthologie mit Vorträgen von Romain Rolland, Henri Barbusse und Fritz von Unruh, mit der auf die deutsch-französische Friedensinitiative, in die sich von Unruh einmischt, aufmerksam gemacht wird.[9]

Darmstadts Beitrag für das geistige Klima 1919 ist erheblich. So lässt sich über den Namen von Unruh eine wesentliche Besonderheit herausstellen: das hohe Maß an Schönheit, das dank des progressiven Großherzogs mit dem Projekt »Mathildenhöhe« ein europäisches Format gefunden hatte, war verloren, doch das damit einhergehende hohe Maß an liberalem, europäischem, Kultur, Politik und Gesellschaft in gleicher Weise beförderndem Denken erwies sich als überlebens- und tragfähig, auch für die Demokratie. Fritz von Unruh setzte ein Zeichen, als er das Angebot der Stadt, im »Rententurm« zu wohnen, annahm, sich aber zugleich in Paris, seiner Wahlheimat wohlfühlte und beide Orte als Ausgangspunkte für seine engagierte politische und literarische Arbeit für Demokratie und Pazifismus aktivierte. In diesem Sinne war er vom Rheinland aus aktiv. In seiner Essaysammlung »Flügel der Nike« hat er, mit Reverenzen an den aus Bingen stammenden Stefan George und den Freund Romain Rolland, Begründer der Clarté, die Reise nach Frankreich als Brückenschlag über den Rhein festgehalten:

»O Deutschland! Mir zur Seite fließt der Rhein! Silbern und golden badet sich in Deinem breit dahinfahrenden Lauf das leuchtende Tagesgestirn [...]. O Gottesland! – Umjubelte Henker mit Veilchen in der fleischigen Faust! Jugend, mit zerhacktem Antlitz! Wo sind Deine Priester? Warum errötest Du, heiliger Rhein? Warum färbst Du Dich purpurn in Deiner Tiefe? Seht Ihr es? Ihr Gelehrten auf den Hochschulen, die Ihr immer noch Rotbarts romantische Raben am Kyffhäuser füttert! Siehst Du es, Stefan? Du weiser, ge-

9 | Romain Rolland. Henri Barbusse. Fritz von Unruh. Vier Vorträge, hg. v. Walther Küchler, Würzburg 1919.

staltender, wissender Dichter, der Du die Stimmen des Rheines nicht zu heiligem Zweck aus Deinem Kreis in die Jugend gesandt hast? Vor Euch alle stelle ich diese Schamröte unseres Stromes! Vor Euch, die Ihr verraten habt in diesen vier Jahren den tiefsten Sinn dieses Laufs, der sein sollte unser Ganges und Euphrat, unser Jordan und Nil, den Ihr macht zur kindischen Scheide zwischen den Völkern, an dessen Wassern Ihr nährt Euren dunkelsten Trieb! O Du Rheinstrom – Du Peinstrom! Ertränken wollte ich mich hier zwischen dem rotleuchtenden Freiburger Münsterturm und den blauen Vogesen, lebte nicht jene andere Generation, deren Bekenntnis dort vor mir in den Händen meines Freundes zittert! Jene reife und entschlossene Mannschaft des Friedens, als deren Botschafter ich in einer Stunde die Grenze überschreite, um nach zehn Jahren den Boden zu betreten, Erde, in der Millionen Deiner Söhne faulen – Frankenland – Frankreich: Dich.«[10]

Beide, Demokratie und Pazifismus, waren ein heißes Eisen in diesen Zeiten! Das Gros der Intellektuellen hatte sich zum Pazifismus bekehrt, wenige zur Demokratie! Von Unruh zählte zu der überschaubaren Gruppe von Schriftstellern, die ab 1919 leidenschaftlich für die junge Demokratie aktiv wurden. So hielt er 1920, in Anwesenheit des Reichspräsidenten Ebert, auf der Freitreppe des Berliner Schauspielhauses eine Rede zum ersten Jahrestag der Gründung der Republik. In den zwanziger Jahren wird er zu einem der kämpferischen Schriftsteller gegen den Krieg, aber auch gegen den negativen Geist der Weimarer Republik, z.B. in der Justizpolitik, die mit einer offensiven Zensur und »Schund- und Schmutz«-Gesetzgebung zunehmend gegen Meinungsfreiheit vorgeht. Wir finden ihn im Umfeld der Frankfurter Zeitung, die in diesen Jahren zur Hüterin des Geistes wird und der Republik ein Profil gibt. Sein rhetorisches Talent und seinen Namen nutzte er für Pazifismus-Reden, die sogar die größten Säle füllen. Im renommiertesten, dem Berliner Sportpalast, gründete er schließlich 1932 die republikanische Kampforganisation »Eiserne Front«, um der »Harzburger Front«, dem Bündnis antidemokratischer und rechtsextremer Kräfte Paroli zu bieten. Er emigrierte noch im selben Jahr.

Darmstadt bildete eine Expressionistenszene der zweiten Generation. Fritz von Unruh reiht sich, wie Kasimir Edschmid, darin ein. Schon in den Jahren ab 1915 hatte sich eine Schülerinitiative als Vereinigung »Die Dachstube« zusammengefunden und mehr als 60 Hefte unter der ehrgeizigen Gattungsbezeichnung »Flugblätter« herausgegeben. 1919 mauserten sich die engagierten Schüler zu politisch wachen Zeitgenossen. In ihrer nachfolgenden Zeitschrift »Das Tribunal« werden sie zu politischen Bekennern. Sie nennen ihr Projekt, in Anlehnung an Büchners »Hessischen Landboten« entsprechend »Hessische radikale Blätter«. Illustrationen von Max Beckmann, Karl Schmidt-Rott-

10 | Fritz von Unruh: Flügel der Nike. Buch einer Reise, Frankfurt a.M. 1925, S. 12f.

luf, Paul Klee, Otto Freundlich, Oskar Kokoschka und Frans Masereel, Texte von Otto Flake, Yvan Goll, Kurt Hiller, Johannes R. Becher, Carl Zuckmayer, Max Krell, Alfred Wolfenstein, René Schickele und dem Herausgeber Carlo Mierendorff bestätigen, dass sie sich längst im Chor der Künstler und Schriftsteller vernetzt haben. Zu Hilfe kam ihnen dabei Kasimir Edschmid, der als Darmstädter bereits als einer der jüngsten Expressionisten der ersten Generation zu Erfolg gekommen war und nun zum Chronisten der literarischen Bewegung wurde. Der väterliche Freund ermuntert die Gruppe, gerade in der Wahl ihres Darmstädter Vorbildes: »Ich habe ein Lächeln und Bewunderung über Ihre Kühnheit. Den Geist dieser Stadt und dieses Landes zu revolutionieren, scheint mir eine große Utopie.« Das Tribunal druckt dafür seinen »Aufruf an die französische Jugend«[11], mit dem Edschmid, wie schon Fritz von Unruh, zu einem Vorreiter eines konkreten Engagements hin zum westlichen Nachbarn wird. Schon bald schließt sich die gesamte Zeitschriftenredaktion unter der Herausgeberschaft von Carlo Mierendorff dem Geist dieser Versöhnungsbotschaft an. »Das Tribunal« firmiert nun als offizielles Organ der vom französischen Schriftsteller Romain Rolland begründeten »Clarté« in Deutschland. Zu beiden, Rolland und Henri Barbusse, dessen Roman Namensgeber des Versöhnungsprojektes wurde, bestehen enge Kontakte. Gemeinsam plädieren sie im »Tribunal« für einen »Weltkongress der Geistigen«, in der Sicherheit, »dass jedes Land eine verschüttete Tradition des Geistes und der Menschlichkeit hat«. Nun sollen die Geistigen »ihren Völkern Führer werden zur inneren Abrüstung, zum Aufbau der neuen menschlichen Solidarität«.[12]

Doch hier wie überall folgt schon bald die Ernüchterung. Wurde das Tribunal für das Jahr 1919 zum herausragenden Publikationsorgan im politisch-kulturellen Feld, stellt es schon 1921 sein Erscheinen ein.

Von Darmstadt aus kamen Impulse für die Republik. So wie es von Unruh von Darmstadt aus weit in die politisch-gesellschaftliche Landschaft Deutschlands zog, wurde auch der Herausgeber des »Tribunal«, Carlo Mierendorff, einer der kämpferischen Streiter für die Republik. Er hatte den Krieg mit einem Notabitur versehen als Kriegsfreiwilliger erlebt und sich zum Pazifisten entwickelt. Der Jurist und Staatswissenschaftler wurde als Sozialdemokrat einer der jüngsten Reichstagsabgeordneten. Als Widerständler gegen die Nationalsozialisten begegnete er im Umfeld des Kreisauer Kreises, in deren virtuellem Kabinett er als Minister für Presse und Volksaufklärung vorgesehen war.

11 | Kasimir Edschmid: Aufruf an die revolutionäre französische geistige Jugend. In: Das Tribunal. Hessische radikale Blätter, 1. Jg. (1919), H. 8/9, S. 1f.

12 | Wilhelm Michel: Zum Weltkongress der Geistigen, ebd., S. 98.

Abbildung 10: Titelblatt der in Darmstadt erscheinenden Zeitschrift Das Tribunal

DAS TRIBUNAL

HESSISCHE RADIKALE BLÄTTER

ERSTES HEFT: KASIMIR EDSCHMID/Worte zum Beginn · HELFRICH PETER STURZ · MAX KRELL Von den Geistigen und der Menschenliebe · JOSEF EBERZ/Lithographie · KURT HILLER/Künstler und Kämpfer · ANTON SCHNACK/Verdun · GEORG BÜCHNER / Der hessische Landbote · H. ENGERT Silhouette · HANS SCHIEBELHUTH/Gedicht · C. MIERENDORFF/Zeit und Jugend · ADOLF VON WINTERSTEIN / Revolution?? · R. GROSSMANN / Bürger (Zeichnung) · WILHELM MICHEL / Rede über die Metaphysik des Bürgers · KRÖPFE · H. ENGERT / Judith (auf dem Titel)

Dachstube, Darmstädter Sezession, Tribunal und Deutsches Büro der Clarté verbinden sich um 1919. Sie bilden eine zwar nur kleine, doch erkennbare Insel demokratischen Geistes. Der zunächst literaturaffine Kreis der »Dachstube« öffnet sich zur Kunst hin und wird Mitbegründer der »Darmstädter Sezession«. Darmstadt gewinnt einen respektablen Platz im Kreis der um das Jahr 1919 herum wie Pilze aus dem Boden schießenden späten Sezessionen, darunter die Sezessionen in Dresden und Kiel, die Karlsruher »Rih«, die »Wurf« in Bielefeld, die »Vereinigung der Neuen Kunst und Literatur« in Magdeburg, die »Wupper« in Barmen, die »Schanze« in Münster und nicht zuletzt die beiden Großen, die Üecht-Gruppe mit Willi Baumeister und Oskar Schlemmer in Stuttgart, sowie das »Jungen Rheinland« in Düsseldorf. Sie alle dokumentieren diese ebenso gegenwartsnahe und weit über den Tellerrand schauende, oft kämpferische Selbstbehauptung der Jungen, aber auch ihre ebenso kämpferisch behauptete Anbindung an Ort und Region. So heißt es im ersten Sezessions-Katalog von 1919: »Darmstadt fühlt sich stark genug, aus künstlerischer

Provinz wieder künstlerische Hauptstadt zu werden; aus einer Metropole geistiger Reaktion ein Mittelpunkt neuer geistiger Werterzeugung«.[13]

Gegründet wurde die Vereinigung am 8. Juni 1919. Die 21-köpfige Gruppe sah sich, analog zur Ausrichtung des »Tribunal«, als »radikal«. Max Beckmann und Ludwig Meidner, der aus dem schlesischen Bernburg stammende, doch in vielen Kulturzentren aktive Schrifsteller und Künstler, gehörten zu den bekenntnisfreudigen Gründungsmitgliedern, die mit der Sezession »die längst erforderliche Reinigung von bourgeoiser Verschmutzung vollziehen« wollte.[14] Eine erste Ausstellung wurde bereits 1919 in der Kunsthalle am Rheintor gezeigt.

Darmstadt beweist sich 1919 mit seiner, literarisch mit Georg Büchner verbundenen Tradition des politisch-republikanischen Denkens und mit der lebhaften engagierten Generation von Schriftstellern, Künstlern und politisch aktiven Versöhnern als ein Erinnerungsort, der gerade mit der Herkunft auch aus einer europäisch agierenden Adelskultur, Abschied und demokratischer Neubeginn bedeutet.

13 | Zit. in: Franz Josef Hamm: Die Darmstädter Sezession, in: Darmstädter Sezession. Kontakte zum Rheinischen Expressionismus 1919-1926, Begleitband zur Ausstellung im August Macke Haus Bonn, hg. v. Margarethe Jochimsen, Bonn 1999, S. 27-56, hier S. 36.

14 | Ebd.

Es brodelt

Von Kiel über Bremen nach Berlin

Die Kieler Matrosen! Ein Mythos! – Es kommt zu einer Kollision der Interessen – Der Konflikt hat eine Geschichte – Provokationen ersetzen die Politik – Aus einer Friedens-Bewegung wurde eine Revolution – Die Eskalation begann schon in Friedenszeiten – Symbolische und reale Handlungen verknüpfen sich – Die Schlacht von Skagerrak – Der Angriff auf die Llandovery Castle – Die Selbstversenkung der kaiserlichen Hochseeflotte vor Scapa Flow – Dramatische Seeschlachten des expressionistischen Schriftstellers Reinhard Goering – An Kiel bindet sich die politische Rätebewegung – Mehrere Rätebewegungen kamen zusammen – Die Bremer Räterepublik stand im Zeichen der Spartakusbewegung – Die Hamburger Räte – Schließlich siegt der »Burgfrieden«

Die Kieler Matrosen! Ein Mythos! Schützengräben schweißen zusammen, noch extremer trifft es die Mannschaft auf hoher See oder in einem U-Boot. Schicksale wurden in alten Zeiten von den Göttern diktiert, Zuwiderhandeln führte zur klassischen Tragödie. Der Krieg war eine Tragödie, doch wer hatte damals, vor hundert Jahren, diesen Götterstatus, um ein solches Schicksal als kollektives Trauma zu verordnen? Theodor W. Adorno reflektiert in seinen »Minima Moralia« über das Wesen der Moderne und erkennt es als allumfassendes Modell der Produktion, auch der des Tötens. Diesem Regelwerk zu entkommen, ist unmöglich, denn, so zieht Adorno die Konsequenz: »Es gibt kein richtiges Leben im falschen.«[1] Er hatte seine Erkenntnisse im Kontext der Erfahrungen des Dritten Reichs gewonnen, doch mit dem Bezugshorizont ›Moderne‹ zugleich die weitausgreifenderen Bedingungen genannt, die bestimmen, was das Leben in diesen Zeiten ausmachte und wie es trotzdem gelebt werden konnte. Adornos Beobachtungen fanden Ende 1918 und 1919 einen geradezu laborreifen Erstversuch in der Tragödie des 20. Jahrhunderts. In diesen ›Kieler‹ Wochen ergab sich der Höhepunkt in einem Drama, in der Produktionsmechanismus Krieg mit dem darin aktivierten Menschenmaterial offenbar wurde. Um im Denkmuster der Tragödie zu bleiben: es gab eine Peripetie und Katastrophe, einen Höhepunkt nebst Umschwung, was die Ereig-

1 | Theodor W. Adorno: Minima Moralia, in: Gesammelte Schriften, hg. v. Rolf Tiedemann unter Mitwirkung v. Gretel Adorno, Bd. 4, Frankfurt a.M. 1997, S. 43.

nisse zwischen dem Ende des Kaiserreichs und der Revolution angeht. Doch der Sinn der Tragödie, die Katharsis, die von der Angst befreite Erkenntnis im Anblick der Tragödie, so, wie sie Aristoteles in seiner Dramenpoetik als langwirkendes Kulturmuster, dessen Terminologie damals jeder Gymnasiast auswendig hersagen konnte, beschrieben hatte, die blieb aus. Der Grund: Die immanenten Widersprüche der Systeme ließen sich nicht auflösen oder auch nur miteinander versöhnen, es fehlte die gemeinsame Sprache, die zwischen oben und unten Verstehen, ein Gespür für Augenhöhe bedeutet hätte.

Es kommt zu einer Kollision der Interessen. Während die einen, die Soldaten, ihre existentielle Not hatten, Angst um ihr Leben, hatten die Anderen, die Militäreliten, Angst, ihren Status als Mythos zu verlieren. Auch hier begegneten Muster, die uns seit der Antike begleiten: Mythen, die zu geschichtsträchtigen Handlungen führten. Alte und neue!

Einer der neuen Mythen, deren Wirkung sich in dieser Katastrophe erstmals beweisen konnte, war das Kameradschaftsideal – Männer, im Kampf zusammengeschweißt! Es entwickelte sich insbesondere in der Marine, mit gutem Grund. Heerzüge und offene Feldschlachten der Vergangenheit konnten es nicht bieten, dieses einmalige Ambiente, Kriegslager und Gefangenschaften schon eher. In den kilometerweit unterirdisch sich hinziehenden Gräben kannte man diese Mischung aus existenziellem Kampf und der Todesnähe, die gemeinsam erfahrene, in der Wahrnehmung verzögerte Zeit bei heransurrenden Schrapnells. Wie eine Verlagerung der Lebenshaltung in die Erdlöcher aussah, oft über Jahre, haben viele, darunter der junge Max Ernst, in den Skizzen ihrer Briefe vermittelt. Doch diese Erfahrungen wurden in einem Boot noch existentieller. Keine Chance für Fluchtreflexe, keine spontane Verweigerung, gar Desertion als letztes Aufgebot des freien Willens!

So traf es die Matrosen als erstes. Und hier erwies sich die Enge als Brandverstärker. Es war nicht der oft verzweifelt suggerierte Siegestaumel oder das Heroische, das sie verband und das die nicht enden wollenden Kriegsromane mit ihrer Feier von Kameradschaft und Tod gegen Ende der zwanziger Jahre rhetorisch zu erfinden suchten, vielmehr war es die Summe der verpassten Leben, der Träume an das Zurückgelassene oder Zukünftige da draußen, die ein ganz eigenes Wir-Gefühl erzeugten. Diese eigenwillige Kameraderie wurde, heroisch verwandelt, als wesentliches ideologisches Fundament insbesondere in der Nazizeit instrumentalisiert: ein nachhaltiger Reflex auf Verletzungen, die einer Generation von Männern zugefügt worden war, ganz unabhängig vom Verlust des Szenarios heldischer Bewährung angesichts der »Stahlgewitter«.

Spätestens seitdem Wilson im Februar 1918 einen Friedensschluss in Aussicht gestellt hatte, stattdessen jedoch von deutscher Seite eine weitere Welle von Angriffen folgte, war die Kampfbereitschaft in ihr Gegenteil umgeschlagen. Das Wir-Gefühl wählte einen anderen Weg!

Der Konflikt hat eine Geschichte: Am 29. Oktober 1918 hatte Konteradmiral Adolf von Trotha als Chef des Stabes der Hochseeflotte die Geschwader-Chefs zum Einsatzgespräch bestellt. Schon war bekannt, dass Prinz Max von Baden für die Reichsregierung zu Waffenstillstandsgesprächen unterwegs war. Auch, dass US-Präsident Wilson als Bedingung für die Friedensverhandlungen die Auslieferung der gesamten Flotte verlangte. Wo war die Perspektive? Sich in einen letzten Kampf stürzen, trotz der schier aussichtslosen Situation? Aufgeben? Der Offizierskodex sprach dagegen: das hypertrophe Ehrgefühl einer Kaste – der Mythos! Wer hätte nach vier Jahren eines unsinnigen und immer brutaler werdenden Kriegsgeschehens hier einen rationalen Diskurs führen können und mit wem? Der mentale und systemische Extremzustand war erreicht: von Trotha befahl das gesamte Geschwader gen England, in Richtung Themsemündung.

Was in einem solchen gehorsamsfixierten und nach strenger Gesetzmäßigkeit agierenden System nicht sein durfte, geschah: Unmut brach aus, aus Murren wurde gezielter Widerstand, Meuterei. Das Schlachtschiff Helgoland richtet seine Rohre auf das Torpedoboot B 97, das mit zwei weiteren der fünf Schlachtschiffe zu denen zählte, deren Mannschaft den Gehorsam verweigerte. Das erwartbare entsetzliche Blutbad und Ende der B 97 wurde nur durch die Besonnenheit der Matrosen verhindert. 300 Matrosen der »Thüringen« und 100 der »Helgoland« lieferten sich aus, im Gegenzug erklärte sich die Seekriegsleitung zur Amnestie bereit und sagte den geplanten Kriegszug ab. Das Geschwader III wird zum Heimathafen Kiel kommandiert.

Provokationen ersetzen die Politik. Wieder einmal ist es die unsinnige, machtorientierte Entscheidungspolitik der Führungseliten, die die Eskalation provoziert: Statt sich an die Amnestie-Vereinbarungen zu halten, werden während der Fahrt durch den Kaiser-Wilhelm-Kanal 47 Matrosen als Rädelsführer festgenommen und in Kiel in den Militärarrest gesteckt. Die weitere Eskalation ist vorprogrammiert, denn nun treffen die kriegsmüden und nur in Ansätzen politisierten Matrosen auf die bereits aktiven linken Gruppierungen unter den Kieler Werftarbeitern. Doch zunächst geht es auch hier nicht um politisch gezielte Aktionen, erst recht nicht um Revolution. Dass sie den Kaiser weghaben wollten, noch mehr, dass der Krieg endlich zu Ende ginge, brachte Lothar Popp, einer der Beteiligten, im Rückblick als die vorherrschende Motivation auf den Punkt. Er ist Mitglied der USPD, ebenso Karl Artelt, die nun beide vor der Menge zu Sprechern werden – Popp für die Werftarbeiter, Artelt als Matrose – die wirkungsvolle Allianz der Arbeiter- und Soldatenräte konnte beginnen.

Die Situation stagniert, noch sind die Matrosen im Militärarrest. Dann bilden sich, improvisiert und unkoordiniert, eine Unzahl kleinerer Räte auf den Schiffen und in den Werften. Und schon ist die nächste Eskalationsstufe in Sicht: die Militärführung entscheidet sich, bewaffnete Soldaten nach Kiel zu schicken um den Aufstand niederzuschlagen. Popp hält eine Rede auf der »Bayern«, eine rote Fahne wird gehisst. Die Lager sind ausgemacht – spätestens als sich SPD Reichstagsabgeordnete, von Max von Baden geschickt, unter ihnen Gustav Noske, nach Kiel aufmachen, um mit Reden das wie eine Springflut um sich greifende Unheil zu stoppen. Das war gut gemeint, waren sie doch auch ›Linke‹, doch wer sich, wie Noske, wenig später selbst in seiner Rolle als »Bluthund« bezeichnet, verrät, dass die Würde des Menschen als Handlungsnorm beim ›Schiffeversenken‹ so unrettbar und fundamental baden gegangen war, dass hier schon lange kein Miteinander Reden, noch weniger ein konsensfähiges Handeln möglich war.

Auch strategisch hätte selbst ein Verzicht auf die Arroganz beim Offiziersbefehl und keine politische Beschwichtigung die frisch Politisierten zu diesem Zeitpunkt mehr stoppen können, selbst Schießereien nicht.

Aus einer Friedens-Bewegung wurde eine Revolution. Vier Tage reichten für diesen paradigmatischen Wechsel. Die Revolution verbreitet sich in Windeseile über Deutschland und nahm en passant bereits vorhandene Antikriegsinitiativen auf. Die links-politischen Gruppen und Lager, die sich mit der USPD entwickelt hatten, schlossen sich an. So entbrannten einmal mit mehr, einmal mit weniger Flammen die Unruhen in ganz Deutschland. Sie formierten sich in dieser föderalen Topographie in je eigener Konstellation und mit durchaus unterschiedlichen politischen und gesellschaftlichen Ideen, Zielen und Formaten. Dies zeigt sich im exemplarischen Blick auf die urbanen Zentren, auf die dieses Buch fokussiert.

Doch zunächst gilt dieser exemplarische Blick dem Gesamtgeschehen in Kiel, denn es war kein Zufall, dass gerade hier, in der Hochburg der Kriegsmarine die Revolution ihren Ausgang nahm! Hier, an diesem symbolisch für den gesamten Seekrieg stehenden Ort, ging ein Deutschland unter, das sich mit seinem Kaiser und dessen bei der Eröffnung des Freihafens Stettin 1898 verkündeten Programm »Deutschlands Zukunft liegt auf dem Wasser« weltpolitisch positioniert und in bemerkenswerter Weise inszeniert hatte:

Die Eskalation begann schon in Friedenszeiten. 1911 hatte Wilhelm II. höchstpersönlich mit dem Befehl zum »Panthersprung« die Zweite Marokkokrise ausgelöst und eine historische Situation geschaffen: Der Kaiser führte einen Krieg vor dem Krieg, indem er die S.M.S. Panther, schwer gerüstet, als Machtgeste gegenüber Frankreich und England vor Agadir anlegen ließ. Der amerikanische Historiker Robert K. Massie hat das historische Ereignis als Sakrileg herausgestellt, mit dem Deutschland gegen eine europäische Vernunft verstoßen habe. Er stellt seinem Einleitungsartikel »Seemacht« ein Prolegomenon mit dem Titel »Trafalgar« voran.[2] Die Seeschlacht von 1805 gilt nicht nur als Begründung der englischen imperialen Macht auf den Weltmeeren, sondern ebenso als Abwehr des Übergriffs Napoleons auf England und wurde damit zum historischen Modell als illegitim verstandener Machtgelüste und zeigt darüber hinaus auch, wie sich Mythen auswirken. Dieses Buch handelt nicht von der Flottenpolitik des Kaisers, wohl aber zeigt der Zustand Deutschlands im Jahr 1919 die Konsequenzen aus der Tatsache, dass sich die Verletzung aller Regeln mit der Kraft des Mythos legitimiert.

Symbolische und reale Handlungen verknüpfen sich, betrachtet man das Phänomen und Ereignis Kiel und das, was sich damit an unser Jahr 1919 bindet. Insbesondere hat sich Deutschlands Bild in der Welt eng an das Kriegsgeschehen auf dem Meer gebunden. Die Leipziger Prozesse, die 1919 in Versailles vorbereitet worden sind, fanden hier ihr Beweismaterial, griffen zurück auf den exorbitanten ›Fall‹ der deutschen Kriegsmarine. Hier schien sich das Bild der Deutschen in der Weltöffentlichkeit als »Hunnen« zu bestätigen, das schon 1900 mit einer Kaiserrede in Bremerhaven als rhetorisches ›Glanzstück‹ mit Parolen wie »Pardon wird nicht gegeben«, »Gefangene werden nicht gemacht«, »wie vor tausend Jahren die Hunnen unter ihrem König Etzel« bei der Ausschiffung des Expeditionskorps zur Niederschlagung des Boxeraufstandes als »Hunnenrede« international festgeschrieben worden war. Drei Ereignisse sind evident:

Die Schlacht von Skagerrak am 31. Mai 1916 war nicht nur die größte Schlacht des Krieges, sondern der Geschichte der Seekriege überhaupt. Die Schlacht von Verdun nimmt heute in unserer historischen Erinnerung einen festen Platz ein, kaum aber die Schlacht von Skagerrak, obwohl die Deutschen damals alles daran setzten, sie zu einem Mythos zu machen! Deutschland erklärte sich zum Sieger, doch gewonnen war nichts. Die von den Briten verhängte Handelsblockade ließ sich auch mit diesem ›Sieg‹ nicht überwinden, zur Beendigung des Krieges war nichts beigetragen, wohl aber hatte die Dimension dieser Schlacht den Amerikanern klargemacht, dass es ohne ihr Eingreifen kein Ende der Kämpfe geben könne. Verdun steht heute als Mahnmal für die Unsinnigkeit des Krieges – die (vergessene) Skagerrakschlacht war, analog zu Langemark und Tannenberg, die Schlacht um die Deutungshoheit in Sachen Mythen und 1918 noch lange nicht zu Ende. Schon damals fanden 8000 Matrosen den Tod.

2 | Robert K. Massie: Die Schalen des Zorns. Großbritannien, Deutschland und das Heraufziehen des Ersten Weltkrieges, Frankfurt a.M. 1993.

Der Angriff auf die Llandovery Castle trug zur Eskalation bei. Am 27. Juni 1918, kurz vor Beginn des fünften Kriegsjahres, steuert das als englisches Lazarettschiff gekennzeichnete und gemeldete Boot von einem Verwundetentransport aus Halifax kommend auf die irische Küste zu. Der Kapitän kann unbesorgt sein: Die See ist ruhig, England ist nah, und ein Lazarettschiff mit Rot-Kreuz-Bemalung hat, völkerrechtlich vereinbart, keine Angriffe zu befürchten. Was Kapitän Sylvestre nicht weiß: Seit Stunden folgt das deutsches U-Boot 86 der Llandovery Castle, greift nun an. Das Schiff sinkt binnen zehn Minuten. Zumindest drei Rettungsboote können sich freischwimmen, darunter auch das Boot Nummer vier mit dem Kapitän an Bord. Man fängt gleich an, andere Schiffbrüchige aus dem Wasser zu fischen. Doch U 86 kommt heran, befiehlt, die Rettung abzubrechen und längsseits zu gehen. Kommandant Patzig verhört den Kapitän und einige Offiziere, findet aber seine Mißbrauchsannahme, die Rot-Kreuz-Bemalung sei nur eine Taktik gewesen, widerlegt. Zunächst lässt er die Rettungsboote ziehen, dreht ab. Dann aber kehrt U 86 zurück und macht mit dem Bordgeschütz die Rettungsboote nieder. Nur das Kapitänsboot kann in der Dunkelheit entkommen. 234 Menschen werden bei dem Angriff getötet. Die Versenkung der Llandovery Castle geht als brutalste Kriegshandlung der Deutschen in die Geschichte ein.

Die Selbstversenkung der kaiserlichen Hochseeflotte vor Scapa Flow am 21. Juni 1919 beendet das Unternehmen »Deutschlands Zukunft liegt auf dem Wasser«. Ereignisort wurde der Flottenstützpunkt Scapa Flow. Hierher war die Flotte mit dem Waffenstillstand beordert und die 5.000 Mann und Offiziere auf den Orkney-Inseln, entsprechend den Vereinbarungen der Siegermächte, interniert worden. Art. 184 des Versailler Vertrages sah die Auslieferung aller, zuvor vollständig entwaffneter Kriegsschiffe vor. Konteradmiral Ludwig von Reuter gab – ohne Widerstand des revolutionären Soldatenrats der in dieser entfernten Region ausgerufenen »Sonderrepublik Internierungsverband« – die Order, alle Flutventile zu öffnen zur Selbstversenkung, in der Annahme, dass Deutschland den Vertrag nicht unterzeichnet, der Krieg erneut beginnt und die unbewaffneten Schiffe eine leichte Beute der Engländer werden würden.

Die Selbstversenkung entsprach durchaus dem internationalen Marine-Ehrenkodex, die ›Heldentat‹ führte zum kleinen Triumphgefühl in Deutschland, galt aber auch, wie in der von Siegfried Jacobsohn in Berlin herausgegebenen »Weltbühne« befürchtet, als Tat mit übelster Vorbedeutung.[3] Zu Recht: Da es nicht um einen internationalen Ehrenkodex, sondern mit dem Versailler Ver-

3 | Vgl. dazu: Andreas Krause: Scapa Flow. Die Selbstversenkung der Wilhelminischen Flotte, Berlin 1999.

trag um Völkerrecht ging, trug auch dieses Seeereignis erheblich zur Fülle der Verdikte bei, die die Sieger gegen dieses Deutschland ins Feld führen konnten.

Abbildung 11: Der Zerstörer G 102, *Opfer bei der Selbstversenkung der Flotte bei Scapa flow am 21. Juni 1919*

Dramatische Seeschlachten des expressionistischen Schriftstellers Reinhard Goering vermitteln den Seekrieg mit einer Intensität, die damals die Theaterbesucher in eine Art Schockstarre versetzte und deren Botschaft und Wirkung bis heute dieselbe geblieben ist. Goering gestaltet im 1916 bereits entstandenen und 1917 in einer einmaligen, geschlossenen Aufführung realisierten Drama »Seeschlacht« und im 1919 entstandenen Drama »Scapa flow« ein Szenario, das fernab von allem Heroischen den Opfern eine Stimme gibt. Beide Texte verstehen sich als »Tragödie« und spielen mit dem antiken Muster: war es in der Antike der Wille der Götter, gegen den der menschliche Wille in einem unüberbrückbaren Gegensatz stand, lässt sich das Modell problemlos übertragen. Hier steht eine entpersönlichte Befehlsstruktur diametral zum Lebensprinzip, gegen das bereits die szenische Anordnung fundamental verstößt: Soldaten im Panzerraum des U-Bootes, in fataler Weise einem Schicksal ausgeliefert, dem sich ein Sinn nicht abzwingen lässt. Zeittypische Todesmythen spielen hinein, eine Art blinder Aktionismus, der die sich anbahnenden Kampfhandlungen zu erzwingen scheint. Doch letztlich ist es die zutiefst menschliche Angst, ja, das Menschliche schlechthin, das sichtbar wird. Die seit Nietzsches »Ecce homo« in Intellektuellen- und Künstlerkreisen vielfach aufgenommene Denkfigur, die in besonderer Weise die öffentliche Präsenz, das Gestische, das »Sieh da, ein Mensch!« als künstlerischen Impuls in der Moderne meint, ist längst zu einem Bild des öffentlich gemachten Leidens geworden. Dafür spricht die Fülle der christlichen Bildmotivik, bei der das Antlitz des leidenden, zum Opfer bestimmten Jesus stellvertretend für den leidenden

Menschen steht. Als Appell an das »Vaterland«, das damals zur emotionalen Chiffre missbraucht wurde, und das etwa in Tollers Drama »Die Wandlung« vom Protagonisten im politischen Diskurs in seiner Verführungskraft und Instrumentalisierbarkeit entzaubert wird, begegnet hier in einer geradezu archaischen, existentiellen Betroffenheit, die als Paradox eben die Instanz zum Zeugen ausruft, die gerade dabei ist, seine Würde fundamental zu verletzen.

> »*Der fünfte Matrose:*
> Vaterland, Vaterland, o lieb Vaterland.
> Wir sind Schweine,
> die auf den Metzger warten.
> Wir sind Kälber, die abgestochen werden.
> Unser Blut färbt die Fische!
> Vaterland, siehe, sieh sieh.«[4]

Im zweiaktigen Drama »Scapa flow« wird die Phänomenologie des Seekrieges weitergeschrieben. Die deutschen Matrosen warten auf Aktivitäten der Engländer, denen die Flotte laut Alliiertenbeschluss zu übergeben ist, so, als würden sie einer Kampfhandlung entgegensehen. Am Ende des zweiten Aktes treffen der deutsche und englische Admiral zusammen: ein Menschenpaar, das das historische Schicksal in diese Zwangsfeindschaft hineingebracht hat. Der Engländer, ganz Gentleman, überlässt dem ›Feind‹ ein Schlusswort. Es wird zu einer Apologie des Gemeinschaftserlebnisses und der Kameradie, die nach dem Irrtum des vergangenen Krieges sich dem zukünftigen, anderen, dem nicht benennbaren richtigen »Führer« mit dieser Kraft anheimgegeben wird: »O Heimat, Heilige Erde, heiliges Vaterland.«[5]

Der Autor zeigt auf, was diese finale Lösung so schwierig machte: Nicht nur eine zukünftige Gesellschaft musste definiert werden, sondern auch das Format, das Modell, in dem diese Vorstellungen sich umsetzen ließen. Die Engländer hatten mit der in ihrem Land geltenden aufklärerischen Doktrin »self governed is better than well governed« schon lange Elemente eines parlamentarischen Grundkonsenses verwirklicht, hier hatten die Deutschen mit ihrer Untertanentreue einiges nachzuholen.

An Kiel bindet sich die politische Rätebewegung. Es waren nicht nur die Meuterer, die sich so bezeichneten, 1919 gab es eigenwillige Regierungsformen und ganze Staatsideen, die sich unter diesem Begriff zu verwirklichen trachteten, beginnend mit der winzigen, in Scapa Flow entstehenden »Sonderrepublik Internierungsverband« bis zur Münchner Räterepublik. Es gab so etwas wie ein

4 | Reinhard Goering: Seeschlacht. Tragödie, Berlin 1918, S. 127.
5 | Ders: Scapa flow, Berlin 1919, S. 54.

›Gründungsfieber‹, beflügelt vom Glauben, Räte könnten die Zukunft prägen, von dem Deutschland erfasst zu sein schien: aus dem Nichts, ohne Vorankündigung! Was steckte dahinter, wo kamen Ideen und Akteure her und wohin wollten sie? Allzu sehr verbindet sich mit dem Begriff »Räte« die Vorstellung kommunistischer Umtriebe und des politischen Chaos. Umso faszinierender ist es, zu sehen, was in diesen Tagen mit der Identität von Räten, Räteregierungen und Räterepubliken tatsächlich geleistet wurde: ein Mammutprogramm an konkreter politischer Arbeit. Ganz zu schweigen von den »Räten Geistiger Arbeit«, die sich analog sammelten.[6]

Wie lassen sich die politisch aktiven ›Räte‹ unterscheiden, differenzierter sehen? In Norddeutschland, wo die politische Bewegung ihren Ausgang nahm, finden wir z.B. mit der Räte-Regierung der Hansestadt Hamburg und der Räte-Republik in Bremen divergierende politische Strömungen, die hier aufeinandertreffen:

Mehrere Rätebewegungen kamen zusammen. Dank der Kommission für Geschichte des Parlamentarismus und der politischen Parteien lässt sich auf eine Fülle von Quellen zurückgreifen, in denen auf über 1.000 Seiten an Sitzungsprotokollen für Hamburg statt ungebremster Gewalt der Straße viel von ernsthaften Debatten um tagesaktuelle und grundsätzliche politische Themen erkennbar wird.

Wie in vielen Städten hatten in Hamburg die Arbeiter- und Soldatenräte die bestehende Regierung abgelöst. Sie sahen sich, wie vielerorts, als temporäre Macht, die die Errungenschaften der Revolution für eine zukunftsfähige Regierung sichern mussten. So war es z.B. Aufgabe des Arbeiter- und Soldatenrats in Hamburg, für den 20. März 1919 die Wahl der 160 Mitglieder für die Bürgerschaft vorzubereiten, die ab dem 1. April 1919 die jetzige Bürgerschaft ersetzen sollte.[7] Solange führten die Räte, nach einer Aussprache in einer Sitzung am 8. Februar 1919 zum Thema »Ausbau oder Abbau des Arbeiter- und Soldatenrats«,[8] mit der weiterhin bestehenden Hamburger Stadtregierung die Amtsgeschäfte gemeinsam. Gegen dieses friedliche Auslaufen der politischen Tätigkeit des Arbeiter- und Soldatenrats gab es kaum Gegenstimmen, einzig vom linksradikalen Heinrich Laufenberg, Delegierter Hamburgs beim ersten Rätekongress in Berlin vom 16. bis 20. Dezember 1918, mit den Bremer Radikalen eng verbunden. Sein Kommentar über den Hamburger Arbeiter- und

---

6 | Vgl. dazu das Kapitel »Dresden, Breslau und überall«.

7 | Der Hamburger Arbeiter- und Soldatenrat 1918/19, eingel. u. bearb. v. Volker Stalmann unter Mitwirkung v. Jutta Stehling, Düsseldorf 2013 (Quellen zur Geschichte der Rätebewegung in Deutschland 1918/19 IV), S. 881.

8 | Ebd., S. 951.

Soldatenrat kurz vor den Bürgerschaftswahlen: das sei nicht mehr als »ein Todeszucken, eine peinliche Agonie«.[9]

Die Bremer Räterepublik stand im Zeichen der Spartakusbewegung. Laufenbergs Votum war vom Geiste des Rätegedankens geprägt, wie er in Bremen vertreten wurde. Hatte es mit der Novemberrevolution flächendeckend revolutionäre Bewegungen gegeben, die durchweg nach wenigen Wochen mehr oder weniger erschöpft waren, waren u.a. Bremen und Berlin Ausnahmen. In Bremen hatten starke, linksradikale Räte um die Zeitschrift »Arbeiterpolitik« schon am 20. November 1918 beschlossen, sich in »Internationale Kommunisten Deutschlands« umzubenennen. Sie waren damit die erste kommunistische Partei in Deutschland. Am 31. Dezember 1918 schlossen sie sich mit dem Spartakusbund zur »Kommunistischen Partei Deutschlands« (KPD) zusammen. Die Partei rekrutierte sich weitgehend aus den 7000 Arbeitern der Weser AG. Für die Bremer Linke bedeutete der politische Wechsel die Forderung nach sofortiger Bewaffnung der Arbeiter. Sie drängten auf die Ausbildung von »Roten Garden« und den Einsatz des Arbeiter- und Soldatenrates zum Klassenkampf und hatten dabei ein konkretes Feindbild: die bürgerlichen und sozialdemokratischen Parteigruppen. Die radikalen Bremer Räte und die frisch begründete Kommunistische Partei beeinflussten die Berliner Szene, in der bisher nur Spartakusbünde aktiv waren. Dort allerdings trafen nun die linksradikalen Räte um Spartakus auf die gemäßigten Arbeiter- und Soldatenräte.

Wir haben es, im Vergleich zwischen Hamburg und Bremen erkennbar, mit zwei Rätebewegungen zu tun: Beim Beispiel Hamburg sind es die aktiven politischen Kräfte, die sich temporär in die Neuordnungsdebatten nach dem Ende des Kaiserreichs einmischen. Diese Räte hatten sich in Berlin schon am 10. November 1918 in den »Rat der Volksbeauftragten« eingegliedert, getragen von Mehrheitssozialdemokraten (MSPD) und Unabhängigen Sozialdemokraten (USPD). Daneben – und zunehmend dagegen – formierten sich die aus den Spartakusbünden heraus entstandenen kommunistischen Räte. Ein Tag der Entscheidung wurde der 16. Dezember 1918. In Berlin trat der Reichsrätekongress zusammen. Gefordert wurde die Abschaffung der bisherigen Heeresverfassung und die Einführung eines Volksheeres mit gewählten Offizieren, politische Vorstellungen, die denen der Räte entsprach: Der Antrag der USPD im Rat der Volksbeauftragten, am Rätesystem als Grundlage der Verfassung der Republik festzuhalten und den Räten die legislative und exekutive Gewalt zuzugestehen, wurde abgelehnt. Die zunächst stark erscheinende Position der Vertreter eines Räte-Modells wich auf.

Die Unabhängigen verließen den Rat der Volksbeauftragten am 29. Dezember, weil sie ihr Ziel, Deutschland in Richtung eines Rätestaats zu verändern,

9 | Ebd., S. 96.

nicht erreichen konnten. Dafür traten zwei Mehrheitssozialdemokraten hinzu. Die Unabhängigen verbanden sich jenseits des Rates der Volksbeauftragten mit den Spartakisten, die, zur kommunistischen Partei weiterentwickelt, mit ihren politischen Vorstellungen die Zukunft Deutschlands bestimmen wollten.

Drei politische Rätemodelle entwickeln sich parallel. Sie sind temporär unterwegs, wie die Hamburger, oder parteipolitisch etabliert, wie die Bremer und Berliner. Hinzu kommt die Entwicklung z.B. in München, wo eine dritte, aus libertär-sozialistischen und anarchistischen Kreisen kommende Rätebewegung hinzukommt.[10] Sie waren unter sich nicht kompatibel, hatten aber in diesen frühen Monaten des Jahres 1919 einen gemeinsamen Feind, der zugleich der alte war: den preußischen Militarismus! Wie sich diese divergierende Interessenlage in konkreten politischen Aktionen auswirkte, zeigte sich mit den Vorgängen in Bremen.

In Bremen wurde am 10. Januar 1919 die Räterepublik ausgerufen.

Abbildung 12: Plakat: Aufruf an die Einwohner der Stadt Bremen im Kontext der Rätebewegung

Einwohner Bremens!

Die Entscheidung ist gefallen! Um nicht mit in den selbstmörderischen Zusammenbruch der kapitalistischen Wirtschaftsordnung hineingerissen zu werden, hat das werktätige Volk Bremens, das revolutionäre Proletariat, sein Schicksal in die eigene Hand genommen!

Ueber Bremen ist das Standrecht verhängt!

Die gesamte wirtschaftliche und politische Macht liegt in den Händen der proletarischen Volksregierung.

Bremen ist eine selbständige sozialistische Republik.

Der Senat ist abgesetzt!

Nach diesem Termin in unerlaubtem Besitz von Waffen betroffenen Personen verfallen dem Standrecht!

Diebstahl, Raub, Plünderung

sind Verbrechen gegen die sozialistische Gemeinschaft!

In Ausübung dieser Verbrechen betroffene Personen werden sofort erschossen!

Jeder gegenrevolutionäre Versuch wird als Hochverrat mit sofortigem Erschiessen geahndet.

Im Interesse der öffentlichen Sicherheit wird die Polizeistunde vorläufig auf 9 Uhr abends festgesetzt und der Ausschank von Wein und Spirituosen verboten!

Einwohner Bremens!

Der Rat der Volkskommissariate.

Die Hamburger waren so beunruhigt, dass der erste Vorsitzende des obersten Soldatenrats, Walther Lamp'l, in einer Rede sofortige Vorbeugemaßnahmen für Hamburg anmahnte: »In Bremen hat gestern die kommunistische Minderheit die Gewalt an sich gerissen. Die Bremer und Berliner Zustände dürfen nicht auf Hamburg übertragen werden.«[11] Er forderte eine »Reinigung des Arbeiter- und Soldatenrats«, um der »Verhetzung der Arbeiter-Organisa-

10 | Vgl. dazu das Kapitel »München zwischen Boheme, Anarchismus und Weißgardisten«.

11 | Hamburger Arbeiter- und Soldatenrat (2013), S. 575.

tionen« einen Damm entgegenzusetzen. Die radikalen Mitglieder, so Lamp'l, müssten sich davon überzeugen, dass »die große Mehrheit der Arbeiter auf dem Boden der Regierung Ebert-Scheidemann stehe«[12]. Ein Zusammengehen der Hamburger und Bremer Räte, gar ein gemeinsames Regierungsprogramm, hätte es nicht geben können.

Die Räterepublik in Bremen dauerte kaum drei Wochen. Am 16. Januar kündigten die Bremer Banken der Räteregierung den Kredit. Daraufhin kam es am 20. und 21. Januar zu einem erneuten kommunistischen Putsch, der mit der Besetzung des Rathauses und der Banken einherging. Chaos brach aus. Am 25. Januar beauftragte Gustav Noske als Oberbefehlshaber der Regierungstruppen seinen General von Lüttwitz, die Ordnung in Bremen wiederherzustellen. Am 4. Februar marschierten Regierungstruppen in Bremen ein und bereiteten der Republik ein Ende.

Die Hamburger Räte beobachteten den Bremer Rätekommunismus mit Skepsis. Würde es zu einem Übergriff auf die eigene Stadt, auf Hamburg kommen? Das »Hamburger Echo« sprach am 31. Januar 1919 Noske persönlich sein Misstrauen aus. Man habe das Gefühl,

> »dass er unter der geschickten Beeinflussung der Militaristen immer mehr von dem guten Geist proletarischer Revolutionsideen verlassen ist. Und das ist das Furchtbare, dass wir am Ende dieser ganzen unerfreulichen Entwicklungsreihe stehen: die Gefahr, dass der preußische Militarismus wieder drauf und dran ist, die Gewalt in die Hand zu bekommen, mit der er die ganze Revolution abwürgen kann«[13].

In Hamburg gab es keine Solidarität gegen Bremens Räteregierung aus kommunistischer Hand, wohl aber Protest gegen den Übergriff der Regierungstruppen. Damit stellten sie sich indirekt an die Seite der Bremer: Am 30. und 31. Januar 1919 tagte in Altona der Soldatenrat des IX. Armeekorps und legte gegen das Vorgehen der Reichsregierung Protest ein. Es verlangte den Abzug der Regierungstruppen.[14] Am 3. Februar verabschiedete der Arbeiter- und Soldatenrat nahezu einstimmig eine Resolution, mit der die »Anwendung von Mitteln des alten militaristischen Systems« scharf verurteilt wurde. In einem gemeinsamen Protesttelegramm an die beiden sozialdemokratischen Fraktionen in der Nationalversammlung in Weimar und die Reichsregierung wurde in aller Entschiedenheit der Rückzug der Division Gerstenberg, die Noske

12 | Ebd.

13 | »Wollen wir vom Militarismus die Revolution abwürgen lassen? in: Hamburger Echo Nr. 50 v. 31. Januar 1919.

14 | Hamburger Arbeiter- und Soldatenrat (2013), S. 97.

entsandt hatte, gefordert. Im Telegramm hieß es: »Sachliche Differenzen bestehen nicht mehr, haltet uns nur den alten Militarismus fern«.[15] Doch man fürchtete weiter den Übergriff der Regierungstruppen. Am 5. Februar gab es eine Massenversammlung, am 6. Februar eine wilde Selbstbewaffnung der Arbeiter, Stadthaus und Kasernen wurde besetzt und Munitionsdepots geplündert. Die Situation drohte zu entgleisen. Um zukünftigen Aktivitäten der Reichsregierung vorzubeugen, wurde die Einrichtung einer »Volkswehr« beschlossen. Durch sie sollte, laut Beschluss der 59. Sitzung des Arbeiter- und Soldatenrates vom 6. Februar 1919, »die militärische Kraft des arbeitenden Volkes zur Abwehr gegen jeden Militarismus mobilisiert« werden können.

Letztlich entschieden die Bürgerschaftswahlen im März, die mithilfe der Räte vorbereitet worden waren. Die äußerste Linke wurde an den Rand gedrängt und die Räteorgane verloren ihre militärischen Kompetenzen durch die Volkswehr. Schon am 1. März wurde in der Vollversammlung der Soldatenräte ein »Kommandantur-Rat« gewählt, der an die Stelle des bisher als Inhaber der obersten Kommandogewalt auftretenden Siebener-Ausschusses des Soldatenrats treten sollte. Lamp'l wurde von Noske zum Kommandanten von Hamburg ernannt. Die Kommandogewalt der Räte war damit beseitigt, der gesamte Übergang ging relativ reibungslos vonstatten, da mit Lamp'l der Oberbefehl in der Hand des bisherigen Vorsitzenden des Soldatenrates blieb.

Schließlich siegt der »Burgfrieden« – in Hamburg wie vielerorts. Im Ergebnis kam es mit der Gründung der Weimarer Republik zum Kompromiss zwischen den revolutionären Forderungen und den Interessen der bürgerlichen Kräfte in Deutschland, zuweilen mithilfe eines ›Linsengerichts‹, wie in Hamburg mit der Versorgung Lamp'ls. Der Verlust des revolutionären Impetus ging einher mit einem sich Beugen vor dem Militarismus, dessen Mythos keineswegs am Ende war, dessen Gewalt wiedererstarken und sich, z.B. mit den Freikorps neu und zugleich traditionalistisch formieren würde und gegen den bürgerlichen Kräfte, einschließlich eines linken Flügels, letztlich nichts ausrichten konnten – es sei denn, sie hätten das republikanische und demokratische Denken und Handeln schon beherrscht.

---

15 | Ebd., S. 98.

Berlin und Weimar

Die zweifache Republik

Berlin steht im Januar 1919 im Zeichen der Leichen! – Für nichts und niemanden war gesorgt – Ab dem 1. Januar wird der Rat der Volksbeauftragten zur Reichsregierung – Ab dem 1. Januar 1919 gab es die KPD – Am 15. Januar 1919 werden Rosa Luxemburg und Karl Liebknecht ermordet – Vom Chaos in Berlin nach Weimar – Weimar und Friedrich Ebert müssen sich arrangieren – Man spielte das symbolische Kapital Weimars – Am 6. Februar tritt die Nationalversammlung zur ersten Sitzung zusammen – Am 21. August 1919 tritt die Nationalversammlung zum letzten Mal in Weimar zusammen – Notstände müssen behoben werden – War Weimar der Auftakt zur Demokratie? – Offene Angriffe von Rechts – Der Name »Weimarer Republik« hat überlebt

Berlin steht im Januar 1919 im Zeichen der Leichen! Das Kaiserreich eine Leiche, die Revolutionshoffnungen mit den Leichen von Rosa Luxemburg und Karl Liebknecht im Landwehrkanal entsorgt, der gewesene und verwesende Soldat als Phänotyp dieser Stunde: eine literarische »Leiche«...

Letzterer war geradezu zum Synonym geworden für eine bemerkenswerte ›Materialästhetik‹, die jeder Krieg produziert, doch die mit diesem Krieg in eine Brutalität umgeschlagen war, mit der jede Norm eines humanitären Denkens aufgehoben wurde. Bertolt Brecht hatte in seiner »Legende vom toten Soldaten« den toten Helden wieder zusammengeflickt, in einer grotesken Form des Recyclings frisch erneuert erneut in die Schlacht geworfen. Wir finden das Gedicht als Leitmotiv im 1919 entstandenen Drama »Trommeln in der Nacht« wieder. »Spartakus«, so der ursprüngliche Titel, liefert, wenn auch literarisch verfremdet, ein Spiegelbild für das Berlin im Januar 1919. Wir erfahren wenig von den politischen Argumenten der widerstreitenden Parteien, nichts vom Konzept der Spartakisten, wohl aber begegnen wir den Protagonisten, die sich hier wie in einem Psychogramm der Zeit aufstellen:

Da ist Anna, die »Betthäsin«[1], im Doppelpack von Hure und Heilige steht die im Drama unsichtbare Rosa Luxemburg neben ihr. Karl Balicke, der Vater, der sehen muss, wie er seine Tochter unter die Haube bekommt und der deshalb gegen Andreas Kragler ist, einer jener »Frontsoldaten, verwilderte, verlotterte, der Arbeit entwöhnte Abenteurer, denen nichts mehr heilig ist.«[2] Die bevölkern die Straßen und Kneipen, stinken nach schlammigen Erdlöchern, noch schlimmer: nach Leiche. Was macht man, wenn die eigene Tochter vier Jahre auf den Verlobten gewartet hat und nun kommt der als lebendig Toter zurück? Das bewegt Amalie Balicke, Annas Mutter, diese »Affenliebe zu dem Leichnam«[3]. Dann doch besser den Murk. Friedrich Murk weiß, wie man den Krieg gewinnt: »Was ein Mann ist, kommt durch. Ellbogen muss man haben, genagelte Stiefel muss man haben und ein Gesicht und nicht hinabschauen.«[4] Er weiß auch, wie es weitergeht: »Höchstens noch ein paar Wochen Bürgerkrieg, dann ist Schluss!«[5] Hatte er im Krieg seinen Schnitt gemacht mit »Geschosskörben«, sattelt er jetzt um auf »Kinderwägen«, die braucht man für die Zukunft, und »weiße Manschetten«[6]! Wo bleibt die Botschaft? Im leitmotivischen Gestammel des »Besoffenen«?

»Meine Brüder, die sind tot
und ich selbst wär's um ein Haar
im November war ich rot
aber jetzt ist Januar.«[7]

Kragler, weil Brecht ihn als Komödienheld und nicht als tragische Figur vorgesehen hat, hält dagegen. Er ist nicht der »Besoffene Mensch«, erst recht ist er nicht für Botschaften, Heilslehren, Versprechungen. Er ist Realist: »Mein Fleisch soll im Rinnstein verwesen, dass eure Idee in den Himmel kommt! Seid ihr besoffen?«[8] Immerhin hat ihn der Krieg etwas gelehrt: »Es ist gewöhnliches Theater. Es sind Bretter und ein Papiermond und dahinter die Fleischbank, die allein ist leibhaftig.«[9] Keine Verführung durch die »Trommeln in der Nacht«, die zur Revolution rufen und wie ein Ostinato das Stück durchziehen.

1 | Bertolt Brecht: Trommeln in der Nacht, in: Gesammelte Werke, hg. v. Suhrkamp Verlag in Zusammenarbeit mit Elisabeth Hauptmann, Bd. I, Frankfurt a.M. 1967, S. 81.

2 | Ebd., S. 77.

3 | Ebd., S. 89.

4 | Ebd., S. 77.

5 | Ebd.

6 | Ebd., S. 109.

7 | Ebd., S. 112 u. 114.

8 | Ebd., S. 123.

9 | Ebd.

Er klopft sich ab: »meine Haut habe ich noch, meinen Rock ziehe ich aus, meine Stiefel fette ich ein«[10]– nicht zu vergessen die Botschaft an das Publikum: »Glotzt nicht so romantisch«.[11] Das Happy End mit Anna ist nicht aufzuhalten »Jetzt kommt das Bett, das große, weiße, breite Bett, komm!«[12]

Die Besetzung der Szene können wir der Bildwelt eines George Grosz und Otto Dix ablesen.

Für nichts und niemanden war gesorgt: keine Versehrtentechnik, keine Versorgungssysteme für Kriegswitwen, keine für leierkastenspielende Kriegsblinde, vor denen sich hungrige Grüppchen Überlebenswilliger im Angesicht einer tristen Ästhetik formierten, erst recht keine Traumatherapie. In Tollers Drama »Der deutsche Hinkemann« muss sich der im Schützengraben seiner Männlichkeit verlustig gegangene Held, Inbegriff der geschundenen Kreatur, zum Überleben als Sensation in einem Kuriositätenkabinett auf dem Jahrmarkt zeigen. Nicht nur ein privates Schicksal: Der ›deutsche‹ Hinkemann, eine verletzte Nation, lächerlich und bar jeder Würde! Dennoch: es geschah einiges.

Ab 1. Januar wird der Rat der Volksbeauftragten zur Reichsregierung, ausgestattet mit der höchsten Regierungsgewalt. Dieser Machtzuwachs war nicht vom Volkswillen getragen, sprach den revolutionären Hoffnungen Hohn. Als revolutionäres Organ in der Novemberrevolution entstanden, sollte der Rat der Volksbeauftragten die Regierung beaufsichtigten. Eine von den Arbeiter- und Soldatenräten begründete und eingesetzte Übergangslösung, der Rat der Volksbeauftragten, nahm den Druck der Revolutionäre im Innern, der Spartakisten, zum Anlass, die Errungenschaften der Revolution, allen voran das Ende des Militarismus, aufzugeben und mithilfe einer Re-Militarisierung genau das zu machen, was mit der Revolution an ein Ende gekommen zu sein schien. Realsatire!

Von Unruhe getrieben, mit allzu wenig politischem Gespür nahm Ebert das schon im November 1918 erhaltene Unterstützungsangebot Wilhelm Groener, General der kaiserlichen Armee an – zwangläufig (wohl unbedacht) verbunden mit dessen dahinterstehenden Motivation, »der Revolution zum Trotz das beste und stärkste Element des alten Preußentums in das neue Deutschland« hinüber zu retten.[13] Diese situative Schadensbegrenzung hatte Folgen für die entstehende Republik. Das Feindbild, der Spartakusbund und eine Räterepub-

10 | Ebd.

11 | Ebd.

12 | Ebd.

13 | Wilhelm Groener: Lebenserinnerungen. Jugend, Generalstab, Weltkrieg. Göttingen 1957, S. 467f.

lik nach russischem Muster, erwiesen sich als dominant, so dass eine differenzierte Sicht auf die Bedingungen für eine Demokratie kaum möglich schien.

Ab dem 1. Januar 1919 gab es die KPD, begründet auf der Reichskonferenz des Spartakusbundes in Berlin. Zählte der Spartakusbund zunächst zur 1917 von der SPD abgespaltenen, antikriegsorientierten USPD, hatte er sich nun daraus gelöst. Karl Liebknecht hatte kurze Zeit nach Philipp Scheidemann am 9. November 1918 eine »Freie Sozialistische Republik« ausgerufen, doch die Kooperationsbereitschaft des Großteils der Räte im »Rat der Volksbeauftragten« verweigerte sich dem linken Flügel, solche Ziele durchzusetzen. So vereinigte sich der Berliner Spartakusbund mit den Bremer Linksradikalen und weiteren Splittergruppen.[14] Wichtigster Beschlusspunkt: die KPD lehnt die Beteiligung an den Wahlen zur Nationalversammlung ab. Obwohl die Ultralinken den am 30. Dezember 1918 begonnenen Parteitag dominierten, wurde Rosa Luxemburgs Programmentwurf angenommen. Luxemburg hatte für die Wahl gestimmt, auch demonstrativ jede Terroraktion abgelehnt.

Die Stimmung war aufgeladen, Gewalt drohte! Straßenkämpfe, flächendeckende Bevölkerungsaufmärsche, Aufruhr – so gestaltete sich der »Januaraufstand«: Am 4. Januar verfügte die Regierung die Entlassung des Berliner Polizeipräsidenten Emil Eichhorn, ein Mitglied der USPD, mit der Begründung, er begünstige die Politik der Spartakisten. In dieser aufgeheizten Situation schürte sie damit das Feuer. Die Bevölkerung reagierte schon am 5. Januar. Tausende von Arbeitern forderten in einer Massendemonstration die Rücknahme der Entlassung Eichhorns. Bewaffnete Gruppen besetzen das Verlagsgebäude des SPD-Zentralorgans »Vorwärts« und weitere Druckhäuser Berliner Zeitungen. Schon einen Tag später, am 6. Januar, erklärten je ein Vertreter der USPD, der KPD und des aus revolutionären Vertrauensleuten gebildeten »Revolutionsausschuss« die Absetzung des Rats der Volksbeauftragten und die Übernahme der Regierungsgeschäfte. Die Regierung rief zu einer Gegendemonstration auf. Gustav Noske wurde als Leiter des Militärressorts im Rat der Volksbeauftragten mit der militärischen Niederschlagung des Aufstands beauftragt.

Der Straßenkampf begann! Am 9. Januar folgte der Generalstreik – mit Solidaritätsbekundungen in zahlreichen Städten.

Die Gewaltbereitschaft der Regierung und, dank ›Ebert-Groener-Pakt‹, die Präsenz der Truppen siegten. Mit Noskes scharfem Vorgehen wurde man Herr der Lage. 165 Menschen kamen ums Leben.

Am 15. Januar 1919 werden Rosa Luxemburg und Karl Liebknecht ermordet. Die beiden bekanntesten Führer der Spartakisten sind durch Angehörige der

14 | Vgl. dazu das Kapitel »Kiel, Bremen und die Räte«.

Garde-Schützen-Kavallerie-Division, einem der gerade entstehenden antidemokratischen Freikorps gefangengenommen worden. In diesem Fall ist es der legendäre Waldemar Pabst, der bereits ca. 40.000 Gleichgesinnte zusammengetrommelt hat, um der Republik schon einmal die unabhängige Justiz auszutreiben.[15] Luxemburg und Liebknecht erhalten kein Standgericht, sondern werden ermordet, ihre Leichen in den Landwehrkanal geworfen.

Abbildung 13: Franz W. Seiwerts Holzschnitte Rosa Luxemburg *und* Karl Liebknecht *erschienen mit den Porträts weiterer Märtyrer der Revolution, darunter* Gustav Landauer, *in der 1919 entstandenen Mappe Lebendige*

Unwidersprochen darf die Presse am 16. Januar berichten, Karl Liebknecht und Rosa Luxemburg, die Spartakistenführer, seien der Volkswut zum Opfer gefallen, denn vor dem Hotel Eden, in das sie nach ihrer Verhaftung in Wilmersdorf eingeliefert wurden, seien sie buchstäblich in Stücke gerissen worden. Die später folgenden Prozesse gegen die Mörder Luxemburgs und Liebknechts werden nicht ernsthaft betrieben, die Verzahnung der Interessen von militaristischen Kräften und Hardlinern in der Regierung sind eng. Die Leiche Rosa Luxemburgs wird erst am 31. Mai entdeckt.

Mit dem Tod der herausragenden Köpfe der Spartakusbewegung ist der Straßenkampf nicht beendet. Im März folgt eine weitere Welle. Unter der Parole »Alle Macht den Räten« wird der Generalstreik ausgerufen. Ein offener Aufstand beginnt. Der zum Reichswehrminister ernannte Noske verkündet, dass jeder bewaffnete Aufständische sofort zu erschießen sei. Noske siegt! In diesen »Märzunruhen« gibt es 1200 Tote.

15 | Vgl. dazu Klaus Gietinger: November 1918. Der verpasste Frühling des 20. Jahrhunderts, Hamburg 2018; für diesen Hinweis danke ich Ludolf von Eckardstein.

Karl und Rosa werden zu Märtyrern der Revolution. Eine Madonna und ein Christus. Was machte sie dazu? Dem letzten Band der Tetralogie »November 1918« hat Alfred Döblin den Titel »Karl und Rosa« gegeben. Zärtlichkeit und Respekt, wo andere hingerichtet werden: »Sie flattern an, die beiden Schmetterlinge, Karl und Rosa – Karl ein Trauermantel mit schwarzen, weit entfalteten Schwingen; Rosa schillernd bunt, ihre Flügel schlagen heftig. Sie spielten um den stumpfen, schweren Block, der Ebert hieß, und stießen gegen die Helmspitze des Großen Generalstabs.«[16] Für jeden Schritt und jede halbherzige Entscheidung, die Ebert fällt, ließe sich mit einem Redeausschnitt Rosa Luxemburgs antworten und schon scheinen zwei Welthälften zusammenzuprallen. Hier trafen der kleine Blick, eine Weltansicht über die eigene Schuhspitze gedacht, und ein Wissen um den Zusammenhang des Lebens aufeinander. Rosa Luxemburg konnte im Blick auf die wenigen entscheidenden Wochen von Revolution und Hoffnungen, nicht ohne das Wissen um vier Jahre des Erdgemetzels sagen: »Die Missachtung des Lebens und die Brutalität gegen den Menschen lassen die Fähigkeit des Menschen zur Unmenschlichkeit erkennen. – Sie kann und darf kein Mittel irgendeiner Konfliktlösung sein und bleiben.«[17] Hermann Hesses Nachruf vermerkt den Verlust: »Wahrlich, hätten eure Bürger zu ihren anderen Talenten einen kleinen, einen kleinsten Teil dieser Kraft, so wäre euer Vaterland gerettet.«[18]

Als alles geschehen war, Karl und Rosa tot, blieb wenig übrig. Noch am 14. Januar 1919 hatte sie in ihrem in der »Roten Fahne« erschienenen Artikel »Die Ordnung herrscht in Berlin« in der ihr eigenen Mischung aus offensiver Politik, die gegnerische Sprache aufgreifend, und Grundsatzerklärung geschrieben: »Eure ›Ordnung‹ ist auf Sand gebaut. Die Revolution wird sich morgen schon ›rasselnd wieder in die Höh' richten‹ und zu eurem Schrecken mit Posaunenklang verkünden: ›Ich war, ich bin, ich werde sein‹.«[19]

Der Tod der beiden Politiker war ein immenser Verlust für die politische *und* kulturelle Landschaft!

Mit dem ungesühnten, von der Regierung nicht in der nötigen Schärfe aufgegriffenen Mord waren die besten Chancen für eine politische Auseinandersetzung, die die Demokratiekompetenz der nun agierenden Politiker hätte beweisen können und müssen, vergeben. Döblin greift dies in seinem Roman

16 | Alfred Döblin: November 1918. Eine deutsche Revolution, Bd. 4, München 1978, S. 150.

17 | Inschrift auf der Gedenktafel am Landwehrkanal.

18 | Hermann Hesse: Zarathustras Wiederkehr. Ein Wort an die deutsche Jugend, Flugschrift 1919.

19 | Rosa Luxemburg: Die Ordnung herrscht in Berlin, in: Die Rote Fahne Nr. 14 v. 14. Januar 1919. Für diesen Hinweis danke ich Jochen Heitmann.

»November 1918« auf und deutet die Vorgänge: aus der Sicht Eberts habe sich die günstige Gelegenheit ergeben, nun endgültig mit den Aufrührern Schluss zu machen, »Endlich.«[20] Döblin zögert nicht, in Eberts Verhalten dessen Dilemma auszumachen, zwischen der Wiederherstellung der ›Ordnung‹ und der zielorientierten Durchsetzung einer zukunftsfähigen Politik entscheiden zu müssen. Im literarischen Bild, das er zeichnet, vermittelt er den Anachronismus, mit dem sich zwei Systeme begegnen, die in dieser Situation unvereinbar sind, auch ahnen lassen, dass hier kein Konsens erkennbar ist. Döblin zeigt einen Ebert, der kurz vor dem Ausrücken der Truppen zur Niederschlagung des Januaraufstands die Militärs in Parade an sich vorbeiziehen lässt: »Der Präsentiermarsch tönte. Wuchtig schlugen Soldatensohlen den märkischen Boden, der diesen Schlag wie eine Liebkosung empfand. In Feldgrau gekleidet, unter Stahlhelmen, marschieren die Landesjäger an Friedrich Ebert vorbei, mit grauen, unbeweglichen, in Stein geschnittenen Gesichtern. Es war das erste Mal in der Geschichte des Landes, dass preußische Truppen an einem Zivilisten vorbeidefilierten. Sie taten es in Scham und Verachtung. Ebert, im dicken Wintermantel, hielt den Zylinder in der Hand.«[21] Zwei Systeme, die sich in dieser Zeit feindlich gegenüberstehen mussten, sahen sich aufeinander angewiesen, eine Konstellation, die schon hier, im Fehlen einer gegenseitigen Akzeptanz, das immanente Problem zukünftiger Politik offenbarten.

Vom Chaos in Berlin nach Weimar: die Lage schien unbezwingbar, die Nationalversammlung zog um. Man kam *nicht* nach Weimar um des Bauhauses wegen, folgte *keinem* Ruf einer Moderne, die als Aushängeschild die Wahl Weimars entschieden hätte! Man hoffte, hier das zu finden, wonach jeder in diesen Tagen dürstete – einen *locus amoenus,* der ganz nebenbei auch noch genug an symbolischem Kapital mit sich führte. Weimar wurde zum Sehnsuchtsort. Ein Eintrag Konstantin Fehrenbachs, des Präsidenten der Nationalversammlung, ins Gästebuch erlaubt einen Blick in die mentale Verfasstheit des zur temporären Absenz vom Chaos in der nominellen Hauptstadt gezwungenen Politikers: »Von Berlin geflüchtet haben wir hier eine sichere, trauliche Stätte gefunden. Mögen dem schönen Weimar und unserem lieben Vaterland bald bessere Tage werden!«[22] Nicht von ungefähr gewinnt der nahe und zugleich ferne Ort in der politischen Lyrik und im Kabarett einen respektablen Stellenwert. Walter Mehring, der in dieser Zeit zum herausragenden Autor für das

20 | A. Döblin: November 1918, Bd. 4, Karl und Rosa, S. 272.

21 | Ebd.

22 | Zit. in: Justus H. Ulbricht: Panorama der Erinnerung, in: Weimar 1919. Chancen einer Republik, im Auftrag der Stadt Weimar hg. v. Justus H. Ulbricht, Köln u. Weimar 2009, S. 141-163, hier S. 148.

entstehende politische Kabarett[23] wird, hat im satirischen Angriff auf die politische Lage ein Potpourri aus den Bedeutungsfeldern Weimars zur Goethezeit bis zur gegenwärtigen Lage gemixt. Bemerkenswert in dieser Profilierung ist die Anspielung auf die vom Kaiserreich überkommene schwarz-weiße Reichskriegsflagge, mit der Noske kokettiert, obwohl die schwarz-rot-goldene Nationalflagge zum symbolischen Kapital der jungen Republik zählte. Die gezielte Sexualisierung erscheint wie die Weiterschreibung der sich mit dem Krieg flächendeckend verbreitenden Brutalisierung in Sprache und Denken:

Der Coitus im Dreimäderlhaus
(Mein neuestes Gedicht mit einer Einlage: Die neue Nationalhymne)
Peitsch Dir den Hintern lila, mein süßer Fratz
Mondschein die kahle Platte (und ich lausche dem Graswuchs)
Wo einst das Halali der Hofjagd – –
(Läuse sind phänomenalstes Dammwild)
Du Staatskokotte *Germania* [...]
Hab Dir nich Kleene
Immer feste druff
(Sprach Prinz Eugen der edle Ritter
Pour le merite vom Gardekorps)
Und Zieten aus dem Busch
Auch die Republik braucht Soldaten
(Noske lächelt verschämt
Wenn der Deutschnationale schwarz-weiß flaggt)
Cäcilie mein Engel,
Lüfte das Hemd, Heut ist Kaisers Geburtstag
Wir machen 'ne Extratour
Nach Amerongen
Hintenrum
Alte *175er*
Ich rechne auf Euch!
Regiment Reinhard wohldiszipliniert mit fünf Mark täglicher Löhnung
(Nicht zu verwechseln mit Arthur Kahane vom Deutschen Theater)
Und die Büchse der Pandora
Oder Allzeit
. . . . .Schußbereit
Ja der Deutsche Soldat trifft immer ins Schwarze
Wo es am blondsten ist.
Sei gegrüßt Du mein schönes Sorrent
Ach kitzle mir mal am Hosenlatz

23 | Vgl. dazu das Kapitel »Berlin. Schall und Rauch und der Tanz auf dem Vulkan«.

Mensch Ebert in Weimar!
Na Dickerchen willste mal
Letzte Liebe von Joethe
Kinder und Volksbeauftragte die Hälfte
Ohne Trinkgeldzwang
Ober 'ne Schale Jungfernhaut
Und tüchtig Melange drüber
Der Herr ist noch neu
Und denn rin ins Vergnügen!
Familienbad die Nationalversammlung.

Es braust ein Ruf wie Donnerhall
Wie Schwertgeklirr und Wogenprall:
Ein deutsches Weib, ein deutscher Suff,
Ach Männe hak mir mal die Taille uff![24]

Weimar und Friedrich Ebert müssen sich arrangieren. In gewisser Weise ähneln sich Weimar und Versailles: Einblicke waren verwehrt. Ist es dort die internationale Siegergemeinschaft, die hinter verschlossenen Türen tagt, werden die Ergebnisse der durchaus fleißigen Erstparlamentarier wie als Vorgänge in einem fernen Land erlebt – die zeitlich verzögerten Möglichkeiten der Printmedien tragen zu diesem Eindruck bei. Eine Menge an Photopostkarten vermittelten Eindrücke aus der Provinz, darunter ein Photo, das den Reichpräsidenten Friedrich Ebert an seinem Arbeitstisch im Schloss zu Weimar zeigt:

Abbildung 14: Friedrich Ebert an seinem Schreibtisch im Weimarer Schloss

24 | Walter Mehring: Der Coitus im Dreimädlerhaus, in: Jedermann sein eigener Fußball, Nr. 1, 1919. Für diesen Hinweis danke ich Günther Horn.

Was suggerierte es? Aus heutiger und kulturwissenschaftlicher Sicht könnte man der These, hier werde die Deutungshoheit eines Fürstentums demokratisch überschrieben, einen gewissen Charme zusprechen, aber suchten damalige Betrachter diesen Bescheidenheitsgestus? Vergeblich wird man nach Signalen Ausschau halten, die hier im biederen und fleißigen, ersten gewählten Repräsentanten eines republikanischen Systems einen Sieger, Eroberer oder Träger einer politischen Botschaft ausmachten. Ein solcher Zugriff auf Weimar, wie ihn das Photo anbietet, barg bedenkliche Implikationen, zählten doch zum Standard der Adelskultur Herrscherbilder, die dies vermittelten. Heute hätte man einiges zu bieten an Formaten, um eine *corporate identity* zu zaubern, auch aus den Parametern, die zu dieser Initiationsphase der Demokratie gehörten. Man würde sich mit der Moderne verbünden, würde nach Zeugen und Bürgen Ausschau halten, auch aus dem Volk, und, man hätte diesen Schritt nach Weimar nicht mit hochexplosivem Gepäck getan. So, wie sich Ebert ins Bild setzte, ließ sich damals eher herauslesen: siehe da, das Schloss, es ist doch noch nicht alles verloren, zumal bekannt war, dass Ebert für die Zeit nach dem Ende des Kaiserreichs eine parlamentarische Monarchie als Lösung wünschte. Döblin, der den politischen Wechsel miterlebt hatte, kommt mit seiner Diagnose der Befindlichkeit der Zeit und der Rolle, die Ebert darin verkörperte, wohl recht nahe: »Friedrich Ebert ließ sein Antlitz über dem herrenlosen Land leuchten. Ihm lag daran, hier nicht zu stören. Ihm lag daran, zu verhindern, dass etwas geschah, und was geschehen war, ungeschehen zu machen.«[25]

Hier, im Bild, fehlt dem Reichspräsidenten jede selbstreferenzielle Attitüde. Entsprechend unprätentiös hatte sich Ebert auch in Badehose fotografieren lassen. Wir können es aus heutiger Sicht sympathisch, ja authentisch finden, doch damals galten andere Regeln. Gerade hinsichtlich der Wahrnehmungssensibilität für öffentliche Symbole hatte man eine hohe Kompetenz und entsprechend weitaus differenziertere Erwartungen. Man war in puncto Herrscherkult verwöhnt und dürstete nach sichtbaren Zeichen! Die Tatsache, dass sich die Republik mit Art. 109 der Reichsverfassung Orden und Ehrenzeichen generell verbot, dürfte aus heutiger Sicht das Maß an Ablehnung, das sich damals ergab, mitbewirkt haben.[26]

Man spielte das symbolische Kapital Weimars, nicht als Fürstenresidenz, man spielte den Mythos Weimar als Gral des Geistes. Gerade daran hatte Ebert, der die Entscheidung für Weimar selbst getroffen hatte, auch appelliert. Er sah, wie viele, in der Wahl der Stadt Goethes und Schillers ein Mittel, dem Ausland demonstrativ und gegen das militaristische Preußen mit Berlin als Zentrum, den Friedenswillen Deutschlands zu bekunden: »Es wird in der gan-

25 | Alfred Döblin: November 1918, Bd. 4, Karl und Rosa, S. 107.

26 | Für diesen Hinweis danke ich Gerd Krumeich.

zen Welt angenehm empfunden werden, wenn man den Geist von Weimar mit dem Aufbau des neuen Deutschen Reiches verbindet.«[27] Dass man dagegen gerade schon verstoßen hatte, wurde in dieser gewaltgesättigten Zeit wohl den Wenigsten bewusst!

Dass »die Stadt Goethes« wirklich, wie Philipp Scheidemann meinte, »ein gutes Symbol für die junge deutsche Republik«[28] sei, wurde kaum bezweifelt.

Die Gastgeber hatten es an nichts fehlen lassen, um die Gunst der Stunde zu nutzen. Auch für Weimar hatte es am 9. November 1918 die entscheidende Weichenstellung zur Demokratie gegeben. Großherzog Wilhelm Ernst hatte auf den Thron verzichtet. So war der Freistaat Sachsen-Weimar-Eisenach entstanden. Der Machtwechsel vor Ort war friedlich verlaufen, dank der Besonnenheit des SPD-Abgeordneten August Baudert, nicht minder des Großherzogs. Am 13. November war Erich Kloss (SPD) kommissarischer Bürgermeister im fortbestehenden Gemeinderat geworden. Einen Tag später löste sich der sachsen-weimarische Landtag auf, um den Weg für Neuwahlen freizumachen.

Schon am 17. November wurde das ehrwürdige »Großherzogliche Hoftheater Weimar« umbenannt in »Landestheater in Weimar«. Ab dem 1. Januar 1919 übernahm der von der provisorischen Landesregierung eingesetzte Schriftsteller Ernst Hardt die Generalintendanz. Das war keine ungeschickte Wahl, denn der neuklassische Autor, der später als Intendant der WERAG (Westdeutsche Rundfunk A.G.) im Rheinland Karriere machte, war eine präsentable Erscheinung mit inszenatorischem Geschick. Er nutzte die Gunst der Stunde: In einer Festveranstaltung am 19. Januar 1919, dem Tag der Wahlen zur Nationalversammlung, einen Tag vor der offiziellen Bekanntgabe der provisorischen Reichsregierung, dass die Nationalversammlung in Weimar Zuflucht suchen werde, tritt Hardt vor Beginn der Aufführung des »Wilhelm Tell« mit seiner Botschaft auf die Bühne und erklärt das »Landestheater in Weimar« zum »Deutschen Nationaltheater Weimar«. Mehr hätte nicht sein können an symbolträchtiger Ausgestaltung dieser Sternstunde nationaler Emphase: der Beginn einer neuen Zeit, die Geistesheroen Goethe und Schiller in Bronze vor der Tür des Theaters in antikisiertem Stil, Schillers heroischer Gestus als Modell einer Verschwörung der nationalen Gemeinschaft gegen jede Tyrannei – auch dem so empfundenen ›Versailles‹! Jeder konnte verstehen, dass es vor allem gegen die Spartakisten und Kommunisten in Berlin ging. Weimar führte sich quasi selber vor: als historischer Mythos und in der Bekennerschaft seiner sinnstiftenden Ambitionen! Der Tagungsort der Nationalversammlung: das Nationaltheater. Es wundert nicht, dass der Spottname ›Theaterrepublik‹ die Runde machte.

27 | Friedrich Ebert, zit. in J. Ulbricht: Weimar 1919, S. 147.

28 | Philipp Scheidemann, zit. in ebd.

Der Weimarer Einstieg in die Republik verströmte Hoffnungen, gestaltete sich zu einer eigenen Initiationsphase. Kaum jemand wartete da auf eine Republik, oder auf die Demokratie und wollte sie begrüßen, es war überall und vor allem: Frieden! In dieser ungewöhnlichen Stunde tat sich so etwas wie kollektive freudige Erwartung in Weimar auf, bis an die Grenze zur grotesken Provinzposse. Am 1. Februar erklärte der Soldatenrat, er wolle den Schutz der Abgeordneten der Nationalversammlung selber übernehmen und entwaffnet vorübergehend die als Vorkommando von Berlin nach Weimar entsandte Ehrenkompanie. Auch hier ging die Klärung friedlich ab, nachdem der »Zentralrat der Arbeiter- und Soldatenräte« in Berlin seine Kontrollrechte auf die Nationalversammlung in Weimar übertragen hatte. Es galten ab sofort für die Versammlungstage Ausnahmeregeln für die Stadt, so z.B. in Bezug auf das Aufenthaltsrecht. Nachdem am 5. Februar ein erster regelmäßiger ziviler Kurierflugdienst für den Posttransfer eröffnet worden ist, standen die Chancen gut.

Weimar richtete sich ein, ja, fast scheint es, als habe man mit Weimar ein Provisorium gefunden, das sich, so, wie später im Fall Bonn, als Glücksgriff erweisen würde. Harry Graf Kessler notierte in Berlin am 3. Februar in sein Tagebuch: »Die Reichsregierung ist heute früh nach Weimar abgereist. Ob sie jemals wiederkehrt, scheint mir unsicher.«[29]

Am 6. Februar tritt die Nationalversammlung zur ersten Sitzung zusammen. An diesem Donnerstagnachmittag erleben 397 Abgeordnete, einzeln verlesen, die Republik im Feierzustand.

Abbildung 15: Die Nationalversammlung in Weimar

29 | Jens Riederer u. Christine Rost: Die Verfassungsgebende Nationalversammlung in Weimar 1919. Eine Chronik für die Stadt und die Republik, in: Ulbricht, Weimar 1919, S. 73-99, hier S. 76.

Eberts Eröffnungsrede setzt Marken:

»Wie der 9. November 1918 angeknüpft hat an den 18. März 1848, so müssen wir hier in Weimar die Wandlung vollziehen vom Imperialismus zum Idealismus, von der Weltmacht zur geistigen Größe. [...] Jetzt muss der Geist von Weimar, der Geist der großen Philosophen und Dichter, wieder unser Leben erfüllen. Wir müssen die großen Gesellschaftsprobleme in dem Geist behandeln, in dem sie Goethe im zweiten Teil des ›Faust‹ und in ›Wilhelm Meisters Wanderjahren‹ erfasst hat. Nicht ins Unendliche schweifen und sich nicht im Theoretischen verlieren. Nicht zaudern und schwanken, sondern mit klarem Blick und fester Hand ins praktische Leben hineingreifen.«[30]

Ebert hatte alles vermieden, was in dieser mental aufgewühlten Lage die Gemüter hätte erregen können. Der Rückgriff auf die 1848er Revolution sollte dem Unternehmen Republik eine tragfähige Traditionslinie verpassen. Doch ans Eingemachte ging Ebert nicht. Der angekündigte Idealismus, der es richten sollte, lag den in der Stadt residierenden Geistern[31] näher als jedem Zukunftsziel, das man hätte erfahren können. Damals wie heute war es angesagt, den Willen des Volkes als Zeugen anzurufen, um diesem Begriff »Republik« Leben einzuhauchen. Stattdessen berief Ebert die Zeugen der Vergangenheit. Welch ein Defizit, welch eine Sprache des Ausklammerns!

Der positive, vor Ort signalsetzende Aspekt war einzig der Pragmatismus, das ›Zupackende‹, das er versprach. Er blieb es, rund sieben Monate lang.

Am 21. August 1919 tritt die Nationalversammlung zum letzten Mal in Weimar zusammen, bevor sie im September wieder im nunmehr beruhigten Berlin präsent ist. In dieser 86. Sitzung wird Friedrich Ebert als Reichspräsident der Deutschen Republik vor der versammelten Volksvertretung vereidigt. Parlamentspräsident Fehrenbach nutzt die Gelegenheit, eine Danksagung an den Tagungsort auszusprechen: »Wir sind vor mehr als einem halben Jahr der Großstadt und ihren Gefahren aus dem Wege gegangen und haben für unsere Arbeit das kleine, aber jedem Deutschen ans Herz gewachsene Weimar auserlesen, als eine Stätte, in der von jeher die Werke des Friedens blühten, die Offenbarungen hoher geistiger Kultur ihre Entstehung feierten. [...] Was wir von Weimar erhofften, haben wir gefunden, und unser Abschied vollzieht sich nicht ohne eine gewisse Wehmut.«[32]

Graf Kesslers Eintragung in sein Tagebuch dient einem komplexeren Bild der Veranstaltung und ihrer Bedeutung: »Die Bühne war festlich geschmückt mit den Reichsfarben, Blattpflanzen und Blumen, Gladiolen und Chrysan-

30 | Zit. in: J. Riederer u. Ch. Rost: Weimar Chronik, S. 76.

31 | Vgl. dazu das Kapitel »Weimar und der Krieg der Geister«.

32 | J. Riederer u. Ch. Rost: Weimar Chronik, S. 98.

themen, unter denen ein Theaterteppich, offenbar der Moosboden aus dem ›Sommernachtstraum‹ ausgebreitet war. Die Orgel spielte, und alles drängte sich in schwarzem Rock zwischen den Blattpflanzen wie bei einer besseren Hochzeit. Das Haus war dicht besetzt bis auf die Deutschnationalen [DNVP] und die Unabhängigen [USPD].« Lässt das Fehlen dieser politischen Farben bereits Perspektiven der Zeit nach Weimar erkennen, erlaubt das Urteil Graf Kesslers einen Blick in das Innenleben dieser Republik, ihren Habitus: »Alles sehr anständig, aber schwunglos wie bei einer Konfirmation in einem gutbürgerlichen Hause. Die Republik sollte Zeremonien aus dem Weg gehen; diese Staatsform eignet sich nicht dazu. Es ist, wie wenn eine Gouvernante Ballett tanzt. Trotzdem hatte das Ganze etwas Rührendes und vor allem Tragisches. Dieses kleinbürgerliche Theater als Abschluss des gewaltigsten Krieges und der Revolution! Wenn man über die tiefere Bedeutung nachdächte, hätte man weinen mögen.«[33] Es musste nicht unbedingt die Weltläufigkeit eines Grafen Kessler sein, doch wie konnte man mit dieser altbackenen Ausstattung, ohne Inspiration – obwohl es kaum je so viele allerorten gab – die Zukunft dieses Deutschlands meistern? Ob Weimar das richtige Signal war?

Notstände müssen behoben werden. War Weimar ein Erfolg? ›Zupackend‹ kümmerte man sich um die katastrophale Ernährungslage. Die Lebensmittelknappheit ließ sich von Weimar aus nicht wie das aus dem Hut gezogene Kaninchen wieder wegzaubern, doch immerhin ließen sich aus der Distanz die Defizite und Nöte deutlicher sehen und in Erlasse ummünzen. Reichsernährungsminister Robert Schmidt identifiziert in einer Parlamentsrede vom 10. März 1919 sowohl innen- als auch außenpolitische Konflikte, die die angespannte Lebensmittelsituation weiter verschärften. Inländisch macht er die vielen Streiks dafür verantwortlich, dass wichtige Werke und Infrastruktur, die die Lebensmittelproduktion und -verteilung sichern sollten, lahmgelegt wurden. Die Problemlage erwies sich als komplexes Zusammenspiel, denn um etwas einkaufen zu können, brauchte man eine kompatible Währung, doch, so Schmidt, »das Ausland will unser entwertetes Geld nicht, sondern unsere Produkte.« Es war unmöglich, die Probleme parlamentarisch zu lösen. Das Ende der Wirtschaftsblockade der Entente war eng an die laufenden Verhandlungen in Versailles gekoppelt. Dennoch versuchte man zu handeln, wo immer es möglich war.

Das Parlament nahm sich in vielen seiner Sitzungen der Problemlage an: Am *1. März* stellen die weiblichen Abgeordneten parteiübergreifend den Antrag, die Alliierten um Beendigung der Hungerblockade und Freilassung der 800.000 deutschen Kriegsgefangenen zu bitten. Er wird einstimmig angenommen. Am *10. März* fordern DDP und DNVP die Beendigung der Zwangs-

33 | Harry Graf Kessler: Tagebuch, Eintrag vom 21. August 1919, zit. in ebd., S. 99.

bewirtschaftung von Lebensmitteln. Eine Debatte über das Recht auf Streiks im Angesicht der »Brotnot«[34] prägt die lebhafte Aussprache. Am *11. April* wird eine bessere Versorgung der Kriegsbeschädigten und Hinterbliebenen und die Bekämpfung von Agrarplünderungen[35] beschlossen, am *14. April* Maßnahmen gegen »Schleichhandel« und »Zuckernot«. Die Zwangsbewirtschaftung von Eiern[36] wird aufgehoben.

Schon im *Juli* werden Zukunftsperspektiven zur Lösung der Ernährungsproblematik beschlossen, so gibt es eine »Verordnung zur Beschaffung von landwirtschaftlichem Siedlungsland. Zur Aktivierung der Selbstversorgung sollen Kleinbetriebe unterstützt und der Siedlungsbau gefördert werden.«[37]

Dank einer durchaus engagierten, um mit Ebert zu sprechen, ›zupackenden‹ Parlaments- und Regierungsarbeit konnte die Lage sichtlich unter Kontrolle gebracht werden.

Tatsächlich hielt die Entente die Wirtschaftsblockade bis zum 12. Juli 1919 als Druckmittel zum Friedensschluss aufrecht. Erst eineinhalb Monate später, nach der Unterzeichnung des Versailler Vertrags am 28. Juni, konnte Deutschland wieder auf Lebensmitteleinfuhr aus dem Ausland gegen Bareinzahlung hoffen. Die American Relief Administration unter Leitung des späteren U.S.-Präsidenten Herbert C. Hoover setzte sich zunächst auf staatliche Weisung, später karitativ für die Lebensmittelversorgung im (Nachkriegs-)Europa ein und lieferte mehrere Millionen Tonnen Lebensmittel zu den europäischen Alliierten. Bis zur Unterzeichnung des Versailler Vertrags waren die gegnerischen »Verlierer« des Krieges, Deutschland, Österreich-Ungarn, Bulgarien und die Türkei, von diesen Lieferungen allerdings ausdrücklich ausgeschlossen.

War Weimar der Auftakt zur Demokratie? Auffallend häufig wird *ein* Schuldiger für die Problemlage benannt: im parlamentarischen Diskurs, der im bürgerlichen Weimar so festlich begonnen hatte, standen die, die schon im Gründungsakt außen vor gelassen worden waren, implizit auf der Anklagebank, so in der o.a. Rede des Reichsernährungsministers: »Ich frage mich vergeblich, meine Damen und Herren: sehen denn unsere Arbeiter nicht, dass in dieser Zeit jeder Streik uns härtere Entbehrungen auferlegt? Fühlen sie denn selbst

34 | Reichstagsprotokolle DNV, Bd. 2, S. 324-364; abgerufen www.reichstagsprotokolle.de/Blatt2_wv_bsb00000010_00633.html v. 22. August 2018.

35 | Ebd., Bd. 3, S. 181-220; abgerufen www.reichstagsprotokolle.de/Blatt2_wv_bsb00000010_00633.html v. 22. August 2018.

36 | Ebd., S. 248-292; abgerufen www.reichstagsprotokolle.de/Blatt2_wv_bsb00000010_00633.html v. 22. August 2018.

37 | Ebd., S. 484-528; abgerufen www.reichstagsprotokolle.de/Blatt2_wv_bsb00000010_00633.html v. 22. August 2018.

nicht, dass sie am schwersten darunter leiden? Und wie eigenartig, nach jedem Streik fast kommen die Arbeiter in das Reichsernährungsamt und fordern stärkere Belieferung mit Lebensmitteln, nachdem sie mir die Zahlungsmittel: Kohle, Kalk und Eisen, aus der Hand geschlagen haben. [...] Aber auch die Verteilung der Lebensmittel wird in Frage gestellt. Verbrecherischerweise ist der Eisenbahnbetrieb bei vielen Streiks unterbrochen. Ich weiß nicht mehr, wie ich die Versorgung der Großstädte regeln soll, wenn diese Zustände länger andauern. [...] Ich sage es hier vor aller Öffentlichkeit: ich kann die Verantwortung nicht mehr übernehmen, [...] wenn nicht auf der anderen Seite Vernunft und Einsicht endlich wieder einkehren.«[38] Hier bewies sich, wieder einmal, was an ›Einsicht‹ wirklich fehlte: die streikenden Massen wollten mehr, trugen ein politisches Votum auf die Straße. Wieder einmal lässt sich der Erkenntnissatz der in Sachen Demokratie weiterentwickelten Briten zitieren: »Self governed ist better than well governed« – nach einem solchen, Republik und Demokratie fundierenden Bewusstsein wird man in den Protokollen der sechsundachtzig Sitzungen der Nationalversammlung in Weimar vergebens suchen!

Letztlich glaubt Schmidt, wie wohl viele seiner engagierten Mitstreiterinnen und Mitstreiter, nicht an diese Republik: »aber der Krieg hat Hass und Leidenschaft in den Volksmassen entfesselt, sodass die Stimme der Vernunft erstickt wird und der einzelne nicht mehr zur Geltung kommt. Der Appell an die Menschlichkeit und die Gerechtigkeit, von dem wir gehört haben, verhallt wie die Stimme des Predigers in der Wüste.«[39]

Offene Angriffe von Rechts vermehren sich gleichlaufend mit der Entspannung. Auf der 66. Sitzung der Nationalversammlung am 25. Juli gibt Otto Braun (SPD) als Landwirtschaftsminister einen Bericht über seine Maßnahmen gegen die anhaltenden Landarbeiterstreiks. In der Aussprache kommt es zur Verknüpfung des politischen Diskurses mit pragmatischen Versuchen, die Ernährungskrise zu bewältigen: In der Debatte trägt Albrecht von Graefe eine Generalabrechnung der DNVP vor. Sie gipfelt in den Vorwürfen, erst die Revolution habe die Kriegsniederlage verursacht. Die ›Legendenbildung‹ beginnt als Krieg ganz eigener Art! Er greift Matthias Erzberger (Zentrum), den Unterzeichner des Waffenstillstandsabkommens an, durch Verrat einen »Hunger- und Schmachfrieden« ausgehandelt zu haben. Erzberger rechtfertigt ausführlich seine Friedenspolitik und rechnet zugleich mit der kaiserlichen Kriegsführung ab. Eine fortdauernde große Unruhe ist die Folge.[40]

---

38 | Ebd., S. 626, abgerufen www.reichstagsprotokolle.de/Blatt2_wv_bsb00000010_00633.html v. 22. August 2018.

39 | Ebd.

40 | Ebd., Bd. 5, S. 104-199, abgerufen www.reichstagsprotokolle.de/Blatt2_wv_bsb00000010_00633.html v. 22. August 2018.

Der Name »Weimarer Republik« hat überlebt. Ursprünglich auf die Verfassung bezogen, um sie von der Bismarck'schen Reichsverfassung unterscheidbar zu machen, heftete sie sich an die wenigen Monate, in denen Weimar zum Ausweichquartier geworden war. Doch der Name bündelt in besonderer Weise das, was diese erste Republik, von Weimar aus gedacht, ausmachte: ihr Versuch, gegen eine preußisch-militaristische Tradition anzugehen; den Ruf der Deutschen als Dichter und Denker zu reaktivieren; die föderale statt der zentralistischen Staatidee zu stärken. Große Hoffnungen, die enttäuscht wurden. Auch dies nicht, ohne dass Weimar daran einen Teil hatte: die Revolution wurde verdrängt, in Berlin zurückgelassen. Ihre konstruktiven Ansätze von Sozialisierungen bis zur basisdemokratischen politischen Kultur hatten nicht die Chancen, die sie für eine Demokratie hätte haben können. Nicht zuletzt aber enttäuschte sie die, die anderenorts in diesem Jahr 1919 in einer gewaltigen Bewegung unterwegs waren, um Zukunft zu hoffen, zu denken oder zu schaffen. Ihr Ruf drang nicht hierher. Weimar widerlegte Weimar! Der Mythos war, wie sich im Blick auf das kulturelle Profil der Stadt und die Gründung des Bauhauses[41] zeigt, nicht wirklich zukunftsfähig.

41 | Vgl. dazu das Kapitel »Vom Kaiserreich zur Republik«.

München

Zwischen Boheme, Anarchismus und Weißgardisten

»München leuchtete« – Das Vorkriegsmünchen empfand sich anders und eigen – München war, trotz partieller Rückständigkeit, attraktiv – Das »Lumpenproletariat« dominierte die Szene – Die Münchner Räterepublik lag in der Luft – München bot ein alternatives Räte-Modell – Kurt Eisner und Gustav Landauer sind prägende Akteure in München – Zum Geschehensablauf in München mit seinen zwei Räterepubliken – Eisners Tod bildet eine Zäsur – Die Räterepublik beginnt am 7. April 1919 – Was blieb? – Denkmal für Teilhaber an der Münchner Räterepublik

»München leuchtete« - 1902 hatte Thomas Mann seiner Wahlheimat ein poetisches Portrait geschenkt: Der Himmel ist »von blauer Seide, die Kunst blüht, die Kunst ist an der Herrschaft, die Kunst streckt ihr rosenumwundenes Zepter über die Stadt hin und lächelt«, kurz: »München leuchtete«. Das irdische »Eden« war dominant und Paradieszustände in der Selbstverliebtheit der Münchner fest etabliert.[1]

Das Vorkriegsmünchen empfand sich anders und eigen: Bis zum Ende des Kaiserreichs 1918 war München Residenzstadt der Wittelsbacher Herzöge, Kurfürsten und letztlich Könige sowie Hauptstadt Bayerns. Zum Herrschaftsgebiet zählten jeweils historisch gewachsene Regionen mit ihren je eigenen Mittelpunkten: Niederbayern mit Landshut, die Pfalz mit Speyer, die Oberpfalz mit Regensburg, Oberfranken mit Bayreuth, Mittelfranken mit Ansbach, Unterfranken und Aschaffenburg mit Würzburg, Schwaben und Neuburg mit Augsburg. Was für den divergierenden Grad von jeweiliger Modernität galt, traf nicht minder auf München zu. Noch im beginnenden 20. Jahrhundert blieb die Stadt fortgeschrittenes 19. Jahrhundert, war mangels größerer Bevölkerungsdurchmischungen mit sich identisch. Fremd blieb fremd! Epigonentum und Behäbigkeit waren hier ausgeprägter, die Herausforderungen an eine ›Neue Zeit‹ geradezu marginal: Außer dem Eisenbahnbauer Maffei gab es lange Zeit

1 | Thomas Mann: Gladius dei, in: Gesammelte Werke in dreizehn Bänden, Frankfurt a.M. 1974, Bd. VIII; S. 197-215, hier S. 197.

kaum Industrie und damit wenig Zuzug Arbeitssuchender. Man lebte. Man lebte auch von Erinnerungen an besonders lebenswerte Zeiten, etwa die Wittelsbacher Glanzjahre, die der Stadt den großzügigen Baustil beschert hatten. Im Denkbild »Residenz und Museum«[2] gab man – sozusagen als Untertitel des Ortsschildes – die Identität der Stadt an, kein zukunftsfähiges Gegenwartsbild, sondern gedoppelte Erinnerung und Inszenierung. Wenn überhaupt, empfand man sich als »ländliche Großstadt« und »vorindustrielle Metropole«.[3]

Wie wenig hier der Fortschritt Fuß gefasst hatte, ließ sich auch an der beschränkten Offenheit und besonderen Aneignung der Moderne erkennen: Der stilprägende Glaspalast, mit dem die Londoner Weltausstellung 1854 Maßstäbe für die künftige Industriegesellschaft gesetzt und auch in München mit dem ›Glaspalast‹ Nachahmer gefunden hatte, zeigte nicht etwa im Sinn der Weltausstellungen das Neueste aus Technik und Industrie im Ambiente einer avancierten Bauästhetik, sondern machte daraus ein Museum, setzte auf »Kunst«. Anders etwa als im Rheinland, wo die Ausstellungsstädte Köln und Düsseldorf mit der Großen Industrie- und Gewerbeausstellung von 1902 und der Kölner Werkbundschau von 1914 industriellen Wandel aufmerksam reflektierten, konnte man sich in München ein Zusammengehen von Industrie und Kunst noch nicht vorstellen.

München war, trotz partieller Rückständigkeit, attraktiv! Stefan George mit zeitweiligen Jüngerschaften, Rainer Maria Rilke, Erich Mühsam, die Frauenrechtlerin und Photographin Anita Augspurg, Hugo Ball und Josef Ponten zog es dorthin. ›Feenpaläste‹, Varietés, das Überbrettl, die Elf Scharfrichter als vielbeachtetes Cabaret, Karl Valentin und Frank Wedekind, Zeitschriften von der »Jugend« bis zum »Simplizissimus«, all das, was bis heute den Mythos Münchens als attraktive Metropole der Moderne mitprägt, hatte seinen Reiz, gerade im konservativen Milieu der Stadt. Wolf Wucherpfennig schätzt das Besondere treffend ein: »Wir stehen vor etwas, was man als das Münchner Paradox bezeichnen könnte: Herrschaft der Antimoderne im Dienst der Moderne, die Vergangenheit im Dienst der Gegenwart, oder auch: Tourismus durch Historismus. Dieses Rezept war erfolgreich. Die Stadt zog nicht nur Touristen, sondern, selbstverstärkend, auch Künstler an.«[4]

---

2 | Soziale Räume in der Urbanisierung. Studien zur Geschichte Münchens im Vergleich 1850 bis 1933, hg. v. Wolfgang Hardtwig u. Klaus Tenfelde, München 1990, S. 126.

3 | Die Münchner Moderne, hg. v. Walter Schmitz, Stuttgart 1990, S. 23.

4 | Wolf Wucherpfennig: München um 1900, durchleuchtet von Thomas Mann, in: Attraktion Großstadt um 1900: Individuum – Gemeinschaft – Masse, hg. v. Ortrud Gutjahr, Bernd Henningsen, Helmut Müssener u. Otto Lorenz, Berlin 2001, S. 81-103, hier S. 94.

Bohemekultur und die damals dichteste Cabaret-Szene hatten ein eigenes markantes Milieu entwickelt. Hier war der Ort, Farbe zu bekennen: kein verordnetes Feindbild Frankreich, wohl aber eines gegen Preußen, personifiziert in Wilhelm II. Der wichtige Verleger Albert Langen und der noch wichtigere Schriftsteller Frank Wedekind hatten sich im Paris der Montmartre-Boheme kennengelernt und pflegten Freundschaft mit dem Urvater des Pariser Cabaret, Marc Henry, der in München eine »Revue Franco allemande« herausgab und bei den Scharfrichtern auftrat. Das alles passierte in Schwabing, dem literarischen »Wahnmoching«. Im Schlüsselroman »Herrn Dames Aufzeichnungen« wird für Franziska zu Reventlow der fiktive Ort zu einem »Zustand«.

Das »Lumpenproletariat« dominierte die Szene! Erich Mühsam hat mit diesem Begriff in seinen »Unpolitischen Erinnerungen« ein für München passendes Konstrukt gefunden, das Karl Marx seinerzeit herablassend bis respektlos jenseits seiner eigenen politischen Theorie und für deren Umsetzung als gänzlich unbrauchbar befunden hatte. Zur lumpenproletariataffinen Gemengelage der Schwabinger Boheme zählt er: »Maler, Bildhauer, Dichter, Modelle, Nichtstuer, Philosophen, Religionsstifter, Umstürzler, Erneuerer, Sexualethiker, Psychoanalytiker, Musiker, Architekten, Kunstgewerblerinnen, entlaufene höhere Töchter, ewige Studenten, Fleißige und Faule, Lebensgierige und Lebensmüde, Wildgelockte und adrett Gescheitelte«.[5] Diese Ansammlung von Sonderlingen[6] bildete mit Emmy Hennings, der »Muse Schwabylon« und dem Dramaturgen der Kammerspiele, Hugo Ball, Freund und Anhänger Kandinskys, ein hochkarätiges Netzwerk, das weiterzog, den Zürcher Dadaismus begründete und auf dem Monte Verità quasi die dritte Heimat der Münchner Boheme bildete. Im Streben nach Freiheit *und* einer zeitadäquaten Ästhetik ging es vor allem um die Akzeptanz von alternativen, umfassenden Lebensentwürfen. Für diese ›Kunst‹ fand sich im Vorkriegsmünchen die ideale Kombination von urbanem und vergleichsweise noch erhaltenem ruralem Leben. Weniger wichtig schien hier die Suche nach härenen Kitteln wie auf dem ›Monte‹, oder nach »Einsamkeit bei brausender Weltstadt«[7] mit entsprechend blühenden lebensreformerisch spirituellen Heilslehren à la Berlin, kaum prägend schien hier die Suche nach einem Kunststil, der die Sezessionisten in Wien besonders be-

5 | Erich Mühsam: Unpolitische Erinnerungen, Berlin 2003, S. 89.

6 | Vgl. dazu: Franziska zu Reventlow: Herrn Dames Aufzeichnungen oder Begebenheiten aus einem merkwürdigen Stadtteil, in: Sämtliche Werke, Briefe und Tagebücher, hg. v. Andres Thomasberger, Oldenburg 2004, Bd. 2, Romane 2, S. 7-112.

7 | »Natureinsamkeit bei brausender Weltstadt«. Der Friedrichshagener Dichterbund und die Neue Gemeinschaft in Berlin, in: Die Lebensreform. Entwürfe zur Neugestaltung von Leben und Kunst um 1900, Bd.1, hg. v. Kai Buchholz, Rita Latocha, Hilke Peckmann u. Klaus Wolbert, Darmstadt 2001, S. 515-520.

wegte, umso deutlicher kristallisierte sich hier das Bemühen heraus, ein ›zum Kunstwerk gestaltetes Leben‹[8] zu vollziehen.

Die Münchner Räterepublik lag in der Luft! Mit der Boheme! Tatsächlich waren die ›Lumpenproletarier‹ keineswegs unpolitisch. Im Gegensatzpaar Proletariat – Lumpenproletariat verbirgt sich eine fundamentale Differenz politischer Systeme und ihrer Theorien. Hatte Marx mit der Analyse von Klassen der Gesellschaft, darunter das Proletariat, und dem politischen Ziel, die Herrschaftsverhältnisse radikal zu ändern, einen klassenspezifischen Standpunkt eingenommen, entwickelt sich mit dem Anarchismus ein gegenläufiges Konzept. Nicht der Klassenkampf kann eine Gesellschaft verändern, wohl aber das veränderte Bewusstsein der Menschen, der radikale, gewaltfreie Umbau der ›Gesellschaft‹ zur ›Gemeinschaft‹, nach Kriterien, die der Soziologe Ferdinand Tönnies schon 1887 in seiner grundlegenden Schrift »Gemeinschaft und Gesellschaft« als Alternativen herausgestellt hatte. In der ›Gemeinschaft‹ gibt es keinerlei Herrschaftsstrukturen, wohl aber ›freie Vereinbarungen‹ auf der Basis absoluter Gleichheit und basisdemokratischer Entscheidungswege. Landauer war nach einem Gefängnisaufenthalt 1900 nach London gegangen und hatte dort mit dem im Exil lebenden russischen Anarchisten Fürst Pjotr Alexejewitsch Kropotkin eng kooperiert. Dessen *opus magnum* »Gegenseitige Hilfe in der Tier- und Menschenwelt« fundierte den »Sozialistischen Bund«, den er gemeinsam mit Martin Buber und Margarethe Faas-Hardegger 1907 begründet hatte. Der dort festgelegte libertäre Sozialismus sollte Basis zukünftiger Gemeinschaften werden. Nun, mit den Münchner Ereignissen, schien die Zeit reif dafür: Während Faas-Hardegger 1919 in Minusio eine Kommune und anschließend das Projekt Villino Graziella[9] als Siedlung des Sozialistischen Bundes realisierte, Buber im »Bund der Sommerhalde« einen ›sozialistischen‹ Impuls für eine solche Gemeinschaft suchte[10], ging Landauer nach München. Der Reiz mochte groß sein, hier im großen Stil das libertäre Modell umzusetzen, das waren aber Versuchung und Denkfehler, die ihn das Leben kosteten: Ein solch bewusstseinsverändernder Sozialismus konnte kaum mit einem Umsturz gelingen, es bedurfte einer aufbauenden Veränderung, die er selbst

8 | Wolfgang Frühwald: Zwischen Arkadien und Babylon. Münchner Literatur in der Zeit des Prinzregenten Luitpold, in: München – Musenstadt mit Hinterhöfen. Die Prinzregentenstadt 1886-1912, hg. v. Friedrich Prinz u. Marita Krauss, München 1988, S. 258-266, hier S. 260.

9 | Vgl. dazu Regula Bochsler: Ich folge meinem Stern. Das kämpferische Leben der Faas-Hardegger, Zürich 2004.

10 | Vgl. dazu das Kapitel »Jüdische Lichtblicke in Frankfurt, Heppenheim und am Bodensee«.

zum Auftakt seiner Siedlungsidee im Programm »Durch Absonderung zur Gemeinschaft« beschrieben hatte.

München bot ein alternatives Räte-Modell. Die zeitspezifische Differenz lässt sich ausmachen: die Spartakuskämpfe in Berlin, noch mehr die politische Entwicklung in Bremen hatten, wie die politischen Entwicklungen in Russland unter Lenin, mit der Umsetzung des Klassenkampfes begonnen. Die Räte sind in diesem System Kampfeinheiten zur Durchsetzung der politischen Ziele der Partei. Im aktuellen Fall war dies die mit den notwendigen Mitteln vollzogene Entmachtung des bestehenden Systems und die Übernahme der Macht durch die Kommunistische Partei.

Der Anarchismus, wie er vor allem in den intellektuellen Kreisen in Deutschland verbreitet war, ging von dem Idealbild des menschlichen Zusammenlebens aus, für das die Räte das demokratische Muster schlechthin waren. Hier griff einer der drei Parameter, mit denen die Boheme sich definierte: Neben dem Verzicht auf Arbeit als identitätsschaffendem Lebensprinzip und der Ablehnung eines bürgerlichen Lebensstils mit einem festen Wohnsitz, war es als drittes die Überwindung kapitalistischer Geldwirtschaft. Hier trat man für das Genossenschaftswesen als alternative Wirtschaftsform ein. Über die Arts-and-Crafts-Bewegung hatte sich dieses gemeinnützige Prinzip mit der Lebensreformbewegung großflächig verbreitet. Genossenschaftliches Denken gewann insbesondere auch in der Kunstgewerbebewegung, im Reformprojekt der Obstbaukolonie »Eden« bei Berlin und in Schriftstellerkreisen Konturen, z.B. mit dem Zeitschriftenprojekt »Pan«.

Nun ergab sich die Möglichkeit, analog dazu mit dem politischen Anarchismus dieses kollektive Gemeinschaftsdenken im politischen Raum zu etablieren. Auch hier zeigt sich eine Analogie zum Bauhütten-Gedanken. Diese Gemeinschaftsform versteht sich im politischen Kontext als eine geistige *und* politische Kreativgemeinschaft mit einer ganzheitlichen ›Bau‹-Idee: einer ›Räterepublik‹, für die eigene Gemeinschaftsregeln und ein hohes Kohärenzgefühl gelten.

War die kommunistische Bewegung eine Arbeiterbewegung, angeführt von wenigen Intellektuellen und Vordenkern, in Deutschland etwa Karl Liebknecht und Rosa Luxemburg, dominierte im Einflussbereich des Anarchismus/libertären Sozialismus ein international agierendes, komplexes Feld von Intellektuellen, die teils schon seit den 1890er Jahren in diversen Praxisfeldern tätig geworden waren. Für München konnten entsprechend Experten aktiviert werden, z.B. durch Berufung des Schweizer Freigeldtheoretikers Silvio Gesell. Die Professionalität, mit der in diesen wenigen Tagen der Räterepublik bereits an grundlegenden strukturellen Veränderungen gearbeitet wurde, ist symptomatisch und treffender, als dieser politischen Richtung mit der Bewertung, hier seien nur ›Träumer‹ zugange gewesen, das historisch Besondere zu nehmen. Der libertäre Sozialismus mit seinem hohen Ethos war, auch dies sei erinnert, nach Landauers Tod und den wenigen Nachwehen im Jahr 1919, nur noch eine europäische Randerscheinung, entsprechend vom Vergessen betroffen.

Kurt Eisner und Gustav Landauer sind prägende Akteure in München. Sie gewinnen besondere Bedeutung, was ihr Expertenprofil angeht, waren doch beide in zwei unterschiedlichen, doch zusammenhängenden Sozialisationen zu ihren politischen Einstellungen gekommen:

Kurt Eisner vertritt eine Intellektuellengemeinde, die damals in besonderer Weise Spitzenpositionen übernahm und sich einmischt: der Neukantianismus und die daraus abgeleitete Gestaltphilosophie.

Abbildung 16: Kurt Eisner hielt kurz vor seiner Ermordung auf der Internationalen Sozialistenkonferenz in Bern einen 1919 als Broschüre gedruckten Grundsatzvortrag

Die Marburger Schule, die Eisner in seinem Studium kennengelernt hatte, stellte zur philosophischen Fundierung eine Gesellschaftslehre bereit, die das eingreifende Handeln zum kategorischen Imperativ der Moderne entwickelt hatte. In diesem Sinne wird Eisner in München aktiv. Weitere Neukantianer bereichern die Diskurse des Jahres 1919 u.a. Paul Natorp; Hermann Cohen, Franz Rosenzweig und Paul Cassirer. Sie einte ein gesellschaftspolitischer Grundkonsens, dem sie den Auftrag entnehmen, »Gestalt« in die Zukunft Deutschlands zu bringen. Im Weiteren wirkte die neukantianische Schule auf Martin Buber und die diversen Schulprojekte, die in diesem Jahr wie ein Phönix aus der Asche aufsteigen. Nirgendwo ist das Utopische als Teil des Denkens und der politischen Ideen so nah an die Praxis herangenkommen.

Der Neukantianismus verbindet sich in München mit dem libertären Sozialismus Landauerscher Prägung. Hatte Eisner seine Handlungsoption mit der Theorie des Neukantianismus gewonnen, holte er nun Landauer an seine Seite, der mit dem libertären Sozialismus diesem Handlungsauftrag einen Inhalt und eine Zielvorstellung geben sollte.

Gustav Landauer nahm nicht nur Einflüsse aus dem Anarchismus eines Kropotkin auf, sondern entwickelte sein Selbstverständnis als Schriftsteller, Dramaturg und Essayist auch in der engen Freundschaft und Zusammenarbeit mit Fritz Mauthner, einem der frühen Sprachphilosophen und Vorläufer von Ludwig Wittgenstein. Dies prägte seine Vorstellung vom Theater als Ausdruckforum der jenseits der Sprache liegenden Quelle einer Empfindungs- und Erfahrungsebene. Das ›Bühnenspiel‹ bot ein experimentelles Medium und einen eigenen Mikrokosmos, die wesentlich teilhaben sollten an einem (Ver-)Wandlungsgeschehen im Sinne einer zukünftigen Gemeinschaft. Kurz bevor Landauer nach München ging, hatte er sich als Dramaturg ans Reformtheater Louise Dumonts in Düsseldorf verpflichtet und dorthin Uraufführungen des messianischen Expressionismus eines Georg Kaisers, Inbegriff des Bühnenspiels von der Geburt des ›Neuen Menschen‹ vermittelt. Die Bühne sollte die »Geistgemeinschaft des neuen Volkes begründen helfen«[11]. Der Kunst kam so die Aufgabe zu, die »Atomisierung alles Geistigen der wilhelminischen Gesellschaft zu überwinden und eine sozialistische Gemeinschaft herbeizuführen«[12]. Geradezu johanneische Zeiten sollten anbrechen: »Jetzt müsste Schwung und Kraft in dem Hause sein; es müsste wie mit Posaunen voran sein in der zensurlosen Zeit! In diesem Hause müssten jetzt die ›Bürger von Calais‹ und ›Gas‹ von Georg Kaiser aufgeführt werden; und Beethovens Neunte und die Perser von Aeschylos.«[13]

Ein weiterer Impuls: Landauer hatte während seines Gefängnisaufenthaltes den mittelalterlichen Mystiker Meister Eckardt übersetzt und entwickelte daraus die Dichotomie von »Skepsis und Mystik«[14] als zwei Welten und Geisteseinstellungen. Die Mystik als immanente Teilhabe am Weltgeschehen sichert die menschliche Identität, um die es zu kämpfen galt, um Skepsis als das gebrochene Verhältnis zu dieser Welt zu überwinden. Hier verband sich das hohe politische Ethos mit Spiritualität. Mehr noch als die politische Ebene, wurde dieses Spirituelle das Fundament seines revolutionären Handelns.

11 | Ulrich Linse: Gustav Landauer: Der revolutionäre Geist, in: Gustav Landauer und die Revolutionszeit 1918/19. Die politischen Reden, Schriften, Erlasse und Briefe Gustav Landauers, hg., eingel. u. mit einem ausführlichen biographischen und bibliographischen Anhang versehen v. Ulrich Linse, Berlin 1974, S. 32.

12 | Ebd.

13 | Gustav Landauer: Mitteilungen des Vollzugsrats der Betriebs- und Soldatenräte, Nr. 3 v. 16. April 1919, zit. in: U. Linse: Landauer und die Revolutionszeit, S. 74.

14 | Gustav Landauer: Skepsis und Mystik. Versuche im Anschluss an Mauthners Sprachkritik, Berlin 1903.

Ein Blick auf das, was das revolutionäre Geschehen in München ausmacht, lässt erkennen, dass der vom Geist Eisners und im Sinne des Landauerschen libertären Sozialismus geprägte Neubeginn nur einen verschwindend geringen Anteil an einem komplexen Geschehen hatte. Diese Münchner Räterepublik wurde zu einem historisch einmaligen Fall, trotz der in ganz Deutschland verbreiteten politischen Bewegung. Am ehesten lassen sich Vergleiche ziehen zur der von März bis Juli 1793 bestehenden Mainzer Republik oder den revolutionären Gegenregierungen zu den Zeiten der Pariser Kommune, sei es die der Sansculotten von Mai bis Juni 1793, oder die mitten im deutsch-französischen Krieg etablierte von März bis Mai 1871 – allesamt getragen von ebenso utopischem wie idealistischem Geist. Einst und auch jetzt waren solche Revolutionen bald niedergeschlagen. Die Münchner Räterepublik blieb *post festum* das einzige offizielle politische Gebilde, das als alternatives System für diese Nachkriegszeit zu einem kurzen, doch dramatisch ablaufenden Ereignis wurde.

Zum Geschehensablauf in München mit seinen zwei Räterepubliken: Ihnen gingen revolutionäre Ereignisse voraus: Sie beginnen am 7. November 1918, zwei Tage vor den Berliner Ereignissen. Auf einer Friedensdemonstration von MSPD und USPD eskaliert die Situation, Kurt Eisner (USPD) proklamiert den »Freistaat Bayern« und erhält den Vorsitz im Arbeiter-, Bauern- und Soldatenrat. Es ist der erste »Freistaat«, ein Begriff, den Eisner in die Welt setzt. Er spiegelt das ›libertäre‹ Moment, das in diesen Zeiten mit dem Anarchismus verbreitet war, konkret aber auch idealiter die hohe Motivation, die diesem Akt inne lag: 1. die Befreiung von der Monarchie, 2. die Befreiung von Preußen, 3. die Wiedererweckung und Stärkung des Föderalismus, in diesem Fall die Stärkung eines ›freien‹ Bayern. Der in politischen Kreisen als ›Moralapostel‹ verschriene Eisner glaubte an den Kairos, der ihm in Form eines politischen Vakuums nach der gleichzeitigen Auflösung von Kaiserreich in Berlin und der Adelsherrschaft in Bayern begegnet war – zumindest sich anzukündigen schien!

Schon am folgenden Tag wird er im provisorischen Nationalrat zum Ministerpräsident und Außenminister gewählt, sein Kontrahent Erhard Auer (SPD) wird Innenminister.

Bei einer Revolutionsfeier am 17. November im Nationaltheater profiliert sich Eisner mit einer markanten Rede, einer ›Bayern‹-Botschaft: »Wir grüßen, die unsere Feinde waren. Wir senden unserer Grüße zu den Völkern Frankreichs, Italiens, Englands und Amerikas. Wir wollen mit Ihnen gemeinsam die neue Zeit aufbauen. [...] Die Freiheit erhebt ihr Haupt, folgt ihrem Rufe!«[15]

15 | Zit. in: Volker Weidermann: Träumer. Als die Dichter die Macht übernahmen, Köln 2017, S. 73.

Eisner lehnt die Waffenstillstandsbedingungen der Alliierten zwar ab, ist aber überzeugt von der deutschen Kriegsschuld und glaubt seine Position durch die Veröffentlichung der bayerischen Gesandtschaftsberichte zum Kriegsausbruch zu stärken. Diese Provokation motiviert rechtskonservative Kreise, ihn öffentlich als Verräter anzugreifen. Eisners Position wird zunehmend schwieriger.

Die Wahlen vom 12. Januar, bei der Frauen zum ersten Mal zugelassen waren, ergeben eine katastrophale Wahlniederlage für die USPD (3 Sitze USPD, 61 Sitze SPD, 66 für BVP, 25 für DVP, 16 für Bayerischen Bauernbund, 9 für die Mittelpartei). Eisner sieht sich zum Rücktritt gezwungen. Am 21. Februar will er auf der konstituierenden Sitzung des neugewählten Landtages seinen Rücktritt verkünden, wird aber auf dem Weg dorthin auf offener Straße von Anton Graf von Arco auf Valley erschossen. Bei der nachfolgenden Schießerei im Landtag wird Erhard Auer schwer verletzt. Der Zentralrat der Arbeiter-, Soldaten- und Bauernräte bildet noch am selben Tag eine vorübergehende Regierung unter Ernst Niekisch, SPD. Der bayerische Landtag wählt am 17. März eine neue Landesregierung, die unter dem SPD-Politiker Johannes Hoffmann bis zum 17. August 1919 regiert. Erst damit wird der Zentralrat der Arbeiter-, Soldaten- und Bauernräte abgelöst.

Die Ära Eisner geht schon mit dem feigen Mord vom 21. Februar zu Ende. Schon am folgenden Tag wird der Ministerpräsident beerdigt, begleitet von großen Protestdemonstrationen. Über der Trauergemeinde kreist ein Doppeldeckerflugzeug, der »Roten Flieger«, mit dem Spruchband »Verschont Graf Arco nicht!«

Eisners Tod bildet eine Zäsur. Pläne zur Begründung eines süddeutschen Separatstaates, die er gemeinsam mit Graf Kessler, dem Kreis um die »Freie Zeitung« in Bern und württembergischen Politikern voranbringen wollte, sind *ad acta* gelegt. Bayern hätte davon profitiert. Der Freund Schickele betonte in seinem Nachruf Eisners Verdienst um Bayern: »Der ›Freistaat Bayern‹ ist sein Kind, auch wenn das heute nicht alle gerne hören. Die Liebe des in Berlin geborenen Preußen Kurt Eisner zu Bayern wurde schon damals nur bedingt erwidert.«[16] Ein besonderes emphatisches Gedenken kam von Annette Kolb, die sowohl Schickele als auch Eisner freundschaftlich verbunden war. Sie nahm auch das Paradox, dass der preußische Eisner sich für seine selbst gewählte bayerische Heimat stark machte, sehr ernst, ja, sie durchschaute das sich daraus entwickelte problematische Verhältnis:

16 | René Schickele zit. in: Albert M. Debrunner: Freunde, es war eine elende Zeit! – René Schickele in der Schweiz 1915-1919, Frauenfeld 2004, S. 262f.

»Eisners romantische Schwäche für Bayern verriet sich sogar in einem hin und wieder freiwillig angeschlagenen Dialekt, dessen Unnatur etwas Rührendes hatte. Und so war es mit der Revolution; sie war das Abenteuer seines Herzens, sein Geniestreich, was aber an dem Bilde fehlte, aber die Kenntnis Bayerns: die Bayern, die sich hinreißen lassen, sind nicht dieselben, die sich wieder eines anderen besinnen...«[17]

Am 16. März hält Heinrich Mann im Odeon, bei voller Präsenz der Münchner Boheme, die Gedächtnisrede auf Kurt Eisner. Er stellt die Leistung des Politikers heraus: »Die hundert Tage der Regierung Eisners haben mehr Ideen, mehr Freuden der Vernunft, mehr Belebung der Geister gebracht, als die fünfzig Jahre vorher. Sein Glaube an die Kraft des Gedankens, sich in Wirklichkeit zu verwandeln, ergriff selbst Ungläubige.« In biblischer Sprache würdigt er am Ende seiner ergreifenden Rede Eisners Lebenswerk. Er sieht es als das eines Propheten und Leidenden. In Analogie zu Christus und in einem Vermächtnis endet die Grabrede des Freundes: »... er ist vollendet. Möge den Leib die Flamme verzehren; die Flamme seines Geistes lebt in Ewigkeit.«[18]

Der kurze offizielle Auftritt, der Eisner als bayerischer Ministerpräsident in der deutschen und europäischen Geschichte vergönnt war, lässt kaum von seiner Wirkung, wohl aber vom Verlust reden, der mit seinem Tod zu verzeichnen war.

In der »Weltbühne« hat Kurt Tucholsky unter seinem Pseudonym Kaspar Hauser ein Porträt im Kontext vermittelt, das *post festum* klarstellt, was verlorenging und wie sehr dieser Tod im Zusammenhang der Morde steht, die das Jahr 1919 bis Ende Februar bereits gekostet hatte.

Eisner

Da war ein Mann, der noch an Ideale glaubte
und tatkräftig war.
In Deutschland ist das tödlich. Denn wir haben
entweder rohe Kraft, die wir mißbrauchen,
die Gattung nennt man Patrioten – oder aber
wir haben feine Sinne und ein zart Gewissen
und richten gar nichts aus. Der aber, tatenfroh beflügelt,
hieb fest dazwischen – und daneben, freilich![19]

17 | Annette Kolb: Zarastro, zit. in: Ebd. S. 263.

18 | Heinrich Mann: Gedächtnisrede auf Kurt Eisner, gehalten am 26. Februar 1919 bei der Totenfeier im Münchner Ostfriedhof, zit. in U. Linse: Landauer und die Revolutionszeit S. 1531-58, hier S. 158.

19 | Kaspar Hauser alias Kurt Tucholsky: Eisner, in: Die Weltbühne v. 27. Februar 1919, Nr. 10, S. 224.

Die Räterepublik beginnt am 7. April 1919, ausgerufen durch die USPD-Mitglieder des Zentralrats der Arbeiter-, Soldaten- und Bauernräte, nachdem die politische Atmosphäre in der Stadt eskaliert war. Der Zentralrat besteht aus fünf USPD-Politikern, zwei Bauernbündlern und fünf Parteilosen, darunter Ernst Toller, Gustav Landauer, Erich Mühsam und Silvio Gesell. Kommunisten sind an dieser Räteregierung nicht beteiligt. Die SPD-Regierung unter Hoffmann weicht nach Bamberg aus. Der Zentralrat formiert zum Schutz der Räterepublik die Rote Armee. Hoffmann schickt am 12. April von Bamberg aus die Republikanische Soldatenwehr nach München, um die Räterepublik zu stürzen. Der Putsch wird von der Roten Armee verhindert und misslingt.

Am 13. April 1919 putschen die Kommunisten und rufen die zweite, eine kommunistische Räterepublik aus. Zu ihr gehören Eugen Leviné, Max Levien, Ernst Niekisch und Ernst Toller. Landauer hatte angeboten, seine aufbauende Arbeit fortzusetzen, wurde aber von der kommunistischen Führung abgelehnt. Er distanzierte sich von dieser Räterepublik, da sie auf bloßen Umsturz, nicht aber auf aufbauende Arbeit setze. Am 16. April liefern sich die Rote Armee und die Reichswehrtruppen bei Dachau Kämpfe. Mithilfe preußischer, württembergischer und bayerischer Truppen wird ein Belagerungsring um München etabliert. Toller, Leviné und Levien treten am 19. April zurück, nachdem sie keine Mehrheit im Zentralrat hinter sich vereinen konnten. Johannes Hoffmann erteilt Rudolf von Sebottendorf, dem Begründer der völkischen und antisemitischen Thule-Gesellschaft, von Bamberg aus die Erlaubnis zur Aufstellung eines »Freikorps Oberland«. Am 27. April kommt es zu einem erneuten Machtwechsel: Ernst Toller, der mittlerweile die USPD anführt, wird wieder in sein Amt eingesetzt. Wegen der drohenden Lebensmittelknappheit und Ernährungskatastrophe in München will Toller mit Hoffmann verhandeln. Die Rote Armee unter Stadtkommandant Rudolf Eglhofer übernimmt die Leitung eines von 29. April bis 1. Mai ausgerufenen Generalstreiks. Am 30. April erschießt die Rote Armee acht Mitglieder der Thule-Gesellschaft sowie zwei preußische Soldaten, die als ›Geiseln‹ im Luitpold-Gymnasium festgehalten wurden. Die Lage eskaliert weiter. Hoffmann lehnt am 1. Mai politische Kompromisse mit den Räterevolutionären ab. Mehrere Freikorps zerschlagen die Rote Armee und ersetzen die rote Fahne auf dem Turm der Frauenkirche durch die weiß-blaue Fahne Bayerns. Der am Vortag im Haus Kurt Eisners verhaftete und ins Zuchthaus Stadelheim gebrachte Gustav Landauer wird am 2. Mai auf dem Gefängnishof schwer misshandelt und anschließend durch zwei Schüsse liquidiert.

Das Standrecht wird verkündet. Dem »weißen Terror« fallen etwa 1.000 Zivilisten, Arbeiter, Gesellen und politisch Aktive zum Opfer.

Abbildung 17: In München wird Ernst Toller nach der Niederschlagung der Münchner Räterepublik steckbrieflich gesucht

Sonderblatt.
Bayerisches Polizeiblatt.
10000 Mark Belohnung.
Wegen Hochverrats
Ernst Toller.
zehntausend Mark

Was blieb? Gustav Landauer hatte sein bayrisches Engagement als Experiment für ein politisches Programm verstanden, das für ganz Deutschland gelten sollte. In der Rückschau verblüfft, mit welchem Tempo er mit der Umsetzung begann: In den wenigen Tagen der ersten Revolution brachte er etliche wegweisende Kulturprogramme auf den Weg.[20] Darüber hinaus entwickelte er in seiner politischen Eigenschaft als »Volksbeauftragter für Volksaufklärung« umfassende Schul- und Bildungsprojekte. Sie spiegeln die Reformideen, die vom Weimarer Bauhaus bis in die analogen Aktivitäten flächendeckend mit Engagement vertreten wurden und die vom Gedanken einer zukunftsweisenden ›Architektur‹ von Gemeinschaften als ideellem ›Bau‹ für die Nachkriegsgegenwart und Zukunft Deutschlands belebt waren.[21] Landauers Ideen wirkten auch nach seinem Tod weiter.[22]

Kurt Eisner machte sein Wirken topographisch fest. Er wollte vor Ort politisch wirken, dem Preußen-Deutschland etwas entgegensetzen. Seine Ideen wirkten in paradoxer Weise weiter –in Bayern eröffnete er eine neue, unschöne Ära: Seine mangelnde Kompetenz in Regierungsgeschäften, vor allem die Tatsache, dass sich hier ein Preuße *und* Jude eingemischt hatte, machten das Schuldenpaket rund. Die Symbiose-Formel »Preiß und Jud«[23] setzte sich als Unwort frei. »München leuchtete« war einmal! Der besondere ›Zustand‹ kam nicht zurück,

20 | Vgl. dazu: U. Linse: Landauer und die Revolutionszeit.

21 | Vgl. dazu das Kapitel »Stuttgart, Hamburg und andere ›Bauhäuser‹«.

22 | Vgl. dazu das Kapitel »Simonskall. Die Welt zum Staunen. Zwischen ›Kosmischem Kommunismus‹ und Liturgien«.

23 | Vgl. dazu: Victor Klemperer: Man könnte immer weinen und lachen in einem. Revolutionstagebuch 1919, mit einem Vorwort v. Christopher Clark, Berlin 2015, S. 49.

die Zeiten wurden hart, grau und immer brauner, bis die Lichter nach 1933 erst recht ausgingen! Kurt Eisner, Teil des Milieus, musste bei der Verklärung der vorrevolutionären Zeit, die in den frühen zwanziger Jahren immer stärker ins Bewusstsein drang, den Bösewicht abgeben. Man hielt ab sofort Ausschau nach den ›Verdächtigen‹, latent sozialistisch/bolschewistisch/revolutionsnahen Berlinern. München fühlte sich nun als »Ordnungszelle Bayern«, pflegte einen spezifischen ›Separatismus‹ als Abkapselung des besseren Teils von Deutschland! Die Folge war, dass Chauvinisten und Rechtsradikale nach Bayern strömten und dort ein Klima schufen, das für den Aufstieg Hitlers mitverantwortlich wurde.[24] Ernst Bloch hat Hitlers Aufstieg am Einstieg in der Münchner Räterepublik festgemacht: »Dieselben Menschen, welche bei Eisners Begräbnis in zahllosen Trauerzügen die Straßen geschwärzt hatten, brüllten den Sozialisten nach dem Hosiannah das Kreuzige, hetzten die Führer von gestern in den Tod.«[25]

Es bleiben erinnerungswürdige Tote und Überlebende, ein Panorama von Persönlichkeiten, die 1919 in die Geschichte zu wirken versuchten: libertäre, alternative, originelle und unorthodoxe Charaktere, die in einer bemerkenswerten Konstellation zusammengekommen waren.

Denkmal für Teilhaber an der Münchner Räterepublik:

- *Anita Augspurg:* Frauenrechtlerin
- *Theophil Christen:* Schweizer Arzt, Anhänger der Ernährungsreform
- *Silvio Gesell:* Mitbegründer des Schweizer Freigeld- und Freilandbundes
- *Gusto Gräser:* Mitbegründer der Kommune Monte Verità
- *Oskar Maria Graf:* Schriftsteller, Freund von Kurt Eisner
- *Felix Fechenbach:* USPD, Journalist, Mitarbeiter Eisners
- *Leonhard Frank:* Schriftsteller, Mitglied im Vollzugsausschuss
- *Hans Hansen:* Kölner Architekt, sollte als Experte berufen werden
- *Annette Kolb:* in München geborene Schriftstellerin, Pazifistin
- *Max Levien:* russisch-deutscher Student, Mitbegründer der KPD
- *Eugen Leviné:* Kommunist, im Gefängnis ermordet
- *Ret Marut:* Schriftsteller, Herausgeber des »Ziegelbrenner«
- *Erich Mühsam:* Gründer Vereinigung Revolutionärer Internationalisten
- *Ernst Niekisch:* Politiker mit Nähe zum hitlerkritischen Strasser-Flügel
- *Rainer Maria Rilke:* Schriftsteller
- *Bruno Taut:* Architekt, sollte als Experte berufen werden
- *Ernst Toller:* Schriftsteller

24 | Die Zusammenhänge zwischen dem politischen Handeln Eisners und dem Aufstieg Adolf Hitlers verdeutlicht Michael Appel: Die letzte Nacht der Monarchie, München 2018.

25 | Ernst Bloch: Hitlers Gewalt, in: Das Tage-Buch 5 (12. April 1924) Heft 15, S. 474-77; abgedruckt in: Ernst Bloch: Gesamtausgabe, Band 4: Erbschaft dieser Zeit, Frankfurt a.M., 1962, S. 160-64, hier S. 163.

Politik und Kultur

Das Rheinland

Adenauer und die ›Entpreußung‹

Das Rheinland wurde 1919 zum Spielball zwischen den politischen Fronten – Die Franzosen entwickelten im besetzten Rheinland eine zielorientierte Politik – »Deutscher Rhein – fremder Rosse Tränke?« – Die Rechnung der Franzosen ging nicht auf – Der rhetorische Abwehrkampf – Heimatsschau und Weltsuche bei rheinischen Dichtern setzten dagegen – »Reich« wird zum Doppelbegriff – Konrad Adenauer kommt ins Spiel! – Adenauer wird der Gewinner des Jahres 1919 – Adenauer etablierte ein ›rheinisches Bauhaus‹

Das Rheinland wurde 1919 zum Spielball zwischen den politischen Fronten. Hier war der Krieg im November 1918 nicht zu Ende, ja, ein ganz eigener begann, denn nun wurde das Rheinland das Pfand zur Durchsetzung der Interessen der Siegermächte.

Zunächst begann die faktische Besetzung, ihr folgte eine Art geistiger Besetzungskrieg. Dieser faktische und taktische Übergriff der Franzosen dauerte bis zum Ende der Ruhrbesetzung im Jahr 1924. Die Folgen des Versailler Vertrages blieben darüber hinaus dem Rheinland treu: das Jahr 1926 brachte erste Teilabzüge, doch die Besetzung endete erst mit nationalistisch aufgeladenen, mit einem Auftritt des Reichspräsidenten Hindenburg geschmückten »Befreiungsfeiern« am 22. Juli 1930 in Koblenz, dem ehemaligen Verwaltungszentrum der »Preußischen Rheinprovinz«.[1]

Die politische Lage im Rheinland war unmittelbar abhängig von den politischen Entscheidungen der Siegermächte. Und da in diesem ungeübten ›Friedens‹-Spiel und komplizierten Machtgerangel wenig Rationales durchsetzbar zu sein schien, breitete sich Unruhe aus. Die Lage im Rheinland war kaum mit anderen vergleichbar, nicht einmal mit der ebenfalls schwierigen Situation in den oberschlesischen Gebieten rund um die dort anstehende Volksab-

1 | Vgl. dazu: Jahrtausendfeiern und Befreiungsfeiern im Rheinland. Zur politischen Festkultur 1925-1930, hg. v. Gertrude Cepl-Kaufmann, Essen 2009 (Düsseldorfer Schriften zur neueren Landesgeschichte und zur Geschichte Nordrhein-Westfalens 71).

stimmung im Jahr 1921, auch nicht mit dem Saargebiet, das unter die Aufsicht des Völkerbundes gestellt wurde. Hier, im Rheinland, brauten sich bedrohlich dunkle Wolken zusammen! Die Kölner Dada-Zeitung »Der Ventilator« gibt ein Stimmungsbild:

> Februar in Mitteleuropa
> Die Vorstädte wollen nicht mehr und gehn
> In die blanke Stadt, die ihnen gehört.
> Bis Aachen sind die Vorstädte umgelegt und geleert.
> [...]
> Von Kopenhagen bis München
> Suchen die Uhren *einen* Schlag –
> Ihr müsst die guten Menschen schneller lynchen!
> Patrioten waschen ihr blutiges Stärkehemd für Den Haag.
> Die höheren Schichten machen Musik und Kunst,
> Versicherungsbeamten streiken,
> Die Sommerreisen sind verhunzt;
> Geht doch wenigstens in unsere populären Symphoniekonzerte ...!
> Spartákus duckt sich, wenn die Truppe kommt –
> Spartákus lauert, wann die Welt verkommt –
> Und keiner will mehr Pfaffenlatein
> Nirgendwo hören.
> Von dem Lande,
> Aus dem Sande
> Flieht der Bauer
> In das Stadtgemauer.
> Von Weimar kommt wöchentlich noch ein Renner
> Mit dem Kurszettel der Nationalversammlung
> Seit der Generalversammlung
> Der parlamentarischen Geleise.
> Weise, weise
> Nistet der Mitropa-Zug in Weimar.
> Für den Kinotrust spielt Heimar
> Sölljen angenagt den Kavalierropäer.
> (Das Kino ahnt den Lauf der Welt!)
> Damit es jenen Typus, eh' er
> *Zerplatzt*, der Welt im Film erhält! –[2]

---

2 | Februar in Mitteleuropa, in: Der Ventilator 1 (1919), Nr. 4; das Gedicht erschien anonym, Wortwahl und Stil sprechen für die Autorschaft von Theodor Baargeld, der den Ventilator auch finanzierte hatte.

Das Jahr 1919 wird quasi enträtselt: Ab Mitte der zwanziger Jahre intensivierte sich tatsächlich der Run auf die Städte, was bis Ende des Jahrzehnts Berlin zum Mittelpunkt der *roaring twenties* machte. Aber schon vorher herrschte im Rheinland ein kreatives Chaos, es gab Schmuggel und Hunger, dennoch boomten Kunst und Leben. Der »Februar in Mitteleuropa« bringt Fetzen von Politik, Den Haag ist zuständig für den Völkerbund; Spartakus wirkt als ein Gespenst des nahenden Kommunismus, politische Extreme einerseits, andererseits Weimar und die Nationalversammlung! Die Welt ist fragil, ›schein‹-bar gilt nur das Kino als mediale Referenzebene!

Die Franzosen entwickelten im besetzten Rheinland eine zielorientierte Politik. Völkerrechtlich hatten sie nicht alleine zu entscheiden, dennoch waren sie bereits vor Unterzeichnung des Versailler Vertrages im Sommer 1919 in das linksrheinische Gebiet einmarschiert. Gerne wären sie noch weitergegangen, so, wie es der französische Marschall Foch 1918 zunächst gefordert hatte. Er hatte für die Gründung eines von Frankreich abhängigen und vom Reich unabhängigen Rheinstaates mit deutscher Sprache und deutscher Verwaltung plädiert. Foch konnte seine Regierung, vor allem Clemenceau, für diese Vorstellung gewinnen.[3] Der Plan scheiterte am Veto der übrigen Siegermächte.

Obwohl sie nun bereits das Rheinland besetzt und bei den Verhandlungen im Spiegelsaal ihres Schlosses alle Register gezogen hatten, konnte Frankreich im Versailler Vertrag seine Erwartungen einer Gebietsabtretung nicht durchsetzen. Doch auch ohne diese Härte hatte der erzwungene Friedensschluss den Westen Deutschlands schwer belastet: der Rhein wurde internationalisiert, das Territorium bis zu einer Demarkationslinie etwa 50 km östlich des Rheins entmilitarisiert, Elsass-Lothringen kam zurück an Frankreich und das Saarland wurde mit der Aufsicht des Völkerbundes faktisch jedem nationalen Interesse entzogen.

Das gesamte Rheinland war in Besatzungszonen der Siegermächte aufgeteilt worden, die erst nach fünf, zehn bzw. fünfzehn Jahren geräumt werden sollten. Frankreich hatte darüber hinaus die schon während des Krieges verfolgte Annexionspolitik in die Friedensverhandlungen von Versailles quasi durch die Hintertür einbringen können, denn es sicherte sich eine Konzession zur Besetzung durch die enge Koppelung an die vertraglich festgelegten Reparationslieferungen. Der Motor für die Problemlage, in die das Rheinland geraten war, ist aus heutiger Sicht evident: Clemenceau hatte über die wirkli-

3 | Vgl. Jacques Bariéty: Die französische Besatzungspolitik im Rheinland nach dem Ersten Weltkrieg. Historisch-politische Mythen und geostrategische Realitäten, in: Das Rheinland in zwei Nachkriegszeiten. 1919-1930 und 1945-1949. Ergebnisse einer Tagung des Bundesarchivs in der Universität Trier 1994, hg. v. Tilman Koops u. Martin Vogt, Koblenz 1995, S. 7.

chen Ziele seiner Politik keinen Zweifel gelassen, wenn er im vertrauten Kreis bekannte, »[i]ch sage voraus: Deutschland macht Konkurs und wir bleiben, wo wir sind.«[4] Da von Anfang an, auch bei den Siegermächten, keinerlei Zweifel daran bestand, dass eine Erfüllung der Verpflichtungen faktisch nicht zu leisten war, folgte der Beweis prompt. Eine Konferenz in London im Frühjahr 1921 beschloss bereits als ›Sanktion‹ wegen Nichteinhaltung der Reparationsbedingungen die Besetzung rechtsrheinischer Städte wie Düsseldorf und Duisburg, später Mülheim und Oberhausen. Die Besetzer errichteten eine Zollgrenze gegenüber dem übrigen Reich, was besonders die pekuniäre Lage im Rheinland empfindlich traf. Die stärksten Einschränkungen ergaben sich 1923 mit der Ruhrbesetzung.

»Deutscher Rhein – fremder Rosse Tränke?«, solche Titelzeilen füllten als symbolische Abwehrstrategie die Tageszeitungen.[5]

Die Franzosen umschmeichelten den »Erbfeind« mit ausgewählter Taktik. Eine Politik der »pénétration pacifique« sollte dazu führen, »auch ohne die im Friedensvertrag verweigerten staatsrechtlichen Änderungen dennoch die Herzen der Rheinländer für sich zu gewinnen«[6]. Schon 1919 entstand als Instrument einer solchen Kulturpropaganda der »Services Presse et Information«, der Materialien zum Nachweis der gemeinsamen Geschichte der Rheinländer und Franzosen bereitstellte. Ebenfalls ab 1919 erschien die anspruchsvolle zweisprachige Monatsschrift »Revue Rhénane – Rheinische Blätter«.

Über die offizielle Politik hinaus wurden symbolische Kämpfe inszeniert: Die historisch-ethnologische Auseinandersetzung hatte auf französischer Seite mit dem Symbollisten Maurice Barrès einen streitbaren Kämpfer gefunden. Er unternahm einen Werbefeldzug besonderer Art.[7] Seine Idee, die Rheinländer seien ein Volk »plus gentile« als der Rest der Nation, mochte den Rheinländern geschmeichelt haben, verführte sie aber dennoch nicht zu einer Hingabe an Frankreich, wie sie der französische Schriftsteller schmackhaft zu machen

4 | Zit. in: J. Bariéty: Die französische Besatzungspolitik, S. 11.

5 | Vgl. »Deutscher Rhein – fremder Rosse Tränke?« Symbolische Kämpfe um das Rheinland nach dem Ersten Weltkrieg, hg. v. Dieter Breuer u. Gertrude Cepl-Kaufmann, Essen 2005.

6 | Klaus Pabst: Die »Historikerschlacht« um den Rhein, in: Historische Debatten und Kontroversen im 19. und 20. Jahrhundert. Jubiläumstagung der Ranke-Gesellschaft in Essen, 2001, hg. v. Jürgen Elvert u. Susanne Krauß, Wiesbaden 2003 S. 70-81, hier S. 75.

7 | Vgl. dazu: Norbert Oellers: Rhein-Streit 1921/22. Maurice Barrès, Ernst Robert Curtius und Ernst Bertram, in: »Deutscher Rhein – fremder Rosse Tränke«, S. 69-80.

versuchte.[8] Barrès vermittelte seine Ideen in öffentlichen Auftritten in Paris, einer Vortragsreihe an der Universität Straßburg und mit der Bestsellerschrift »Génie du Rhin«[9].

Abbildung 18: Weit über das Jahr 1919 hinaus, bis zur endgültigen Befreiungdes Rheinlands im Jahr 1930, wurde die Rheinpropaganda gepflegt, vornehmlich in westdeutschen Zeitungen, hier der Neuwieder Zeitung *v. 1. Dezember 1929*

Der frankophile Romanist Ernst Robert Curtius hielt dagegen, ebenso der Schriftsteller Ernst Bertram, unterstützt vom Freund und Vertrauten Thomas Mann. Bertram zerpflückt die Argumentation, die Rheinländer seien doch eigentlich, wie die Franzosen, Keltoromanen.[10] Ein medialer Schlagabtausch folgt, so mit der Zeitschrift »Die Westmark. Monatsschrift für Politik, Wirtschaft und Kultur«. Der Konflikt stärkt die Abwehrkräfte und so erscheinen ab 1925 die vom Düsseldorfer Museumsdirektor Karl Koetschau herausgegebenen »Westdeutschen Monatshefte für das Geistes- und Wirtschaftsleben in den Ländern am Rhein«. Sie beriefen sich mit dem Titel auf die grenzüber-

8 | Maurice Barrès: La France dans les Pays Rhénane, Paris 1919; der.: Discours sur la politique Rhénane, prononcé à la séance de la chambre des Députe du 29. Aout 1919, einer Separatschrift aus dem Journal officielle du 30. Aout 1919.

9 | Maurice Barrès: Le Génie du Rhin, Paris 1921; vgl. Maurice Barrès: La politique rhénane. Discours parlementaires, Paris 1922.

10 | Ernst Bertram: Rheingenius und Génie du Rhin, Bonn 1922.

schreitende Zusammenarbeit der Städte am Rhein, wie sie bereits der 1904 gegründete und noch immer aktive alternative Kunstverein der Reformbewegungen unter dem Titel »Verband der Kunstfreunde in den Ländern am Rhein« gesucht hatte. Ihm lag die Idee zugrunde, der Rekurs auf die vornationale Geschichte müsse wieder an die kulturelle Identität der Rhein-Regionen von der Quelle bis zur Mündung anknüpfen und damit, vergleichbar der mittelalterlichen Hanse, auch die westeuropäische Wirtschaftskraft stärken.[11]

Die Rechnung der Franzosen ging nicht auf! Mitte Juli 1924 begannen bessere Zeiten: Die Inflation wurde mit der Einsetzung der Rentenmark beendet, mit dem Dawes-Plan flossen amerikanische Dollarmillionen zur Ankurbelung der Wirtschaft nach Deutschland, die Konferenz von Locarno legte im Oktober 1925 die Reparationszahlungen und den Abzug der Besatzer definitiv fest. Nicht zuletzt erhielt Deutschland mit der Aufnahme in den Völkerbund eine Chance, wieder ein anerkannter Partner in der Völkergemeinschaft zu werden. Die Politik Aristide Briands und Gustav Stresemanns tat ein Übriges, die guten Jahre der ersten deutschen Republik vor allem durch den Versuch einer Aussöhnung der beiden Länder diesseits und jenseits des Rheins einzuläuten.

Die Separatistenbewegung verlor ihre selbsternannte Deutungsmacht über die Zukunft des Rheinlandes. In wechselnden Regionen und von wechselnden Aufrührern verantwortet, waren die Versuche, das politische System zu torpedieren, von Frankreich lanciert worden. Mit der Entwicklung nach der Konferenz von London liefen auch diese Bestrebungen ins Leere, auch wenn sie jahrelang die Menschen entlang des Rheins hatten spüren lassen, in welch gefährdeter Lage sie sich befanden. In Wiesbaden wurde am 1. Juni 1919 eine »Rheinische Republik« ausgerufen. Hans Adam Dorten gründete 1920 eine »Rheinische Volksvereinigung«, Joseph Smeets versuchte im Köln-Bonner Raum eine »Rheinisch-republikanische Volkspartei«, Josef Friedrich Matthes in Düsseldorf einen »Rheinischen Unabhängigkeitsbund« zu etablieren. Sie hofften vergeblich auf Unterstützung in der Bevölkerung, trotz propagandistischer Vorstöße in ihrer Zeitschrift »Rheinischer Herold« und trotz des Rückhalts von französischer Seite durch das »Comité de la Rive gauche du Rhin« und die »Ligue Franco-Rhénane«. Noch im Oktober 1923 sollte es, diesmal mit Unterstützung der Belgier, in Aachen eine »Rheinische Republik« geben, in Speyer sogar einen »autonomen Pfalzstaat«. Der Separatismus hatte wenig mit seriöser Politik zu tun, ihre Anhänger formierten sich immer mehr zu Abenteurer- und Schlägertrupps. Um diese Klein- und Grabenkriege abzuwehren, bildete sich Ende August 1923 eine Abwehrtruppe namens »Rheinlandschutz«. In eindrucksvoller Erinnerung blieb die »Schlacht am Ägidienberg«. Noch heute kann der Besucher des klei-

11 | Vgl. dazu das Kapitel »Straßburg. Ich muss Dich lassen«.

nen, aber feinen Siebengebirgsmuseums nachvollziehen, wie die Dorfbewohner mit Harken und Forken – weil ja eine Armierung mit kriegsfähigerer Ausrüstung von den Alliierten verboten war – den Eindringlingen den Garaus machten.

Wenn Waffen verboten waren – mussten geistige Waffen geschmiedet werden. Eine kollektive Abwehrfront aus Hochschulhistorikern und Archivleitern entwickelte Geschichts-Konstrukte und Identitätsnarrative. Die »Gesellschaft für rheinische Geschichtskunde« gab den Auftrag für das erste Sammelwerk zur rheinischen Geschichtskunde mit eindeutiger Botschaft: Diese geschichtsträchtige Erfolgslandschaft war immer eine Kernregion des Deutschen Reiches und ist es bis heute! Der Kölner Stadtarchivar Joseph Hansen hatte in einem Vorwort die brisante Situation in den Blick genommen:

»Wenn infolge des verlorenen Krieges ganz Deutschland wieder der Tummelplatz fremdländischen Machtstrebens geworden ist, so muss das von den Armeen unserer Kriegsgegner besetzte Rheinland jetzt den Kelch politischer Demütigung bis zur Neige leeren, und die Unversehrtheit des nationalen Territoriums scheint hier auf das äußerste gefährdet. Seit dem Jahre 1919 macht sich zudem im Rheinland eine ausländische Propaganda geltend, die den nationalen, den deutschen Charakter der rheinischen Vergangenheit zu trüben sucht.«[12]

Die Flut von Schriften, Broschüren, Kalendern, Anthologien, Programmen und Katalogen füllte schließlich eine eigene, üppige Bibliographie.[13]

Der rhetorische Abwehrkampf wurde zu einem Großteil in einem chauvinistischen Geist geführt. Allen voran war es Paul Stegemann, dessen zweibändige Programmschrift »Der Kampf um den Rhein«[14] zum Sprachrohr wurde. Eine eigene, geopolitische Forschung in zunächst moderaten Töne entstand. Der Wirtschaftswissenschaftler der 1919 neugegründeten Kölner Universität, Bruno Kuske, vertrat einen geopolitischen Ansatz, der in dieser Zeit größtes öffentliches Interesse fand. Er setzte in einem Maße auf die Medien der Zeit und wechselte von der wissenschaftlich-universitären Diskurs- auf die der Vermitt-

12 | Geschichte des Rheinlandes von der ältesten Zeit bis zur Gegenwart, bearb. v. H. Aubin, Th. Frings, J. Hansen, J. Hashagen, F. Koepp, B. Kuske, W. Levison, W. Platzhoff u.E. Renard, Bonn u. Essen 1922.

13 | Vgl. dazu Georg Reismüller u. Josef Hofmann: Zehn Jahre Rheinlandbesetzung. Beschreibendes Verzeichnis des Schrifttums über die Westfragen mit Einschluss des Saargebiets und Eupen-Malmedys, Breslau 1929.

14 | Hermann Stegemann: Der Kampf um den Rhein. Das Stromgebiet des Rheins im Rahmen der großen Politik und im Wandel der Kriegsgeschichte, Stuttgart 1924.

lungsebene, wie man es bisher nicht kannte.[15] Kuskes Wissenschaftskonzept beeinflusste die sich in den zwanziger Jahren etablierende, der völkischen Idee des Nationalsozialismus zuarbeitenden »Westforschung«.[16] Ein schwieriges Kapitel! Sie hatte eine ihrer wissenschaftlichen Hochburgen in dem 1920 unter Hermann Aubin an der Universität Bonn gegründeten »Institut für Rheinische Landeskunde«. Volle Fahrt nahm die vornehmlich in europäischen Grenzräumen blühende Vorstellung interdisziplinär zu betreibender ideologisch fundierter Erarbeitung von Kulturräumen, die der Auswärtigen Politik durchaus auch Vorgaben für ihren Umgang mit den benachbarten Ländern geben müsse, erst mit Franz Petri auf. Doch Stellungnahmen kamen auch aus anderen politischen Lagern und Regionen: 1919 erschien eine nur 27 Seiten umfassende, aus der Berliner Reichsdruckerei stammende, anonyme Schrift »Geschichte der linksrheinischen Gebietsfragen. L'histoire des questions teritoriales de la rive gauche du Rhin«[17]. Niemand geringeres als der Historiker Friedrich Meinecke kommentierte hier die historische und rechtliche Lage. Ihm folgten weitere renommierte Kollegen wie Hans Delbrück[18], Hermann Oncken[19] und – mit ergiebigen Quellen – Joseph Hansen[20].

Heimatsschau und Weltsuche bei rheinischen Dichtern setzten dagegen. In ihren Projekten dominierte das Versöhnungsmoment, oft im Rekurs auf den

15 | Vgl. dazu Marc Engels: Die »Wirtschaftsgemeinschaft des Westlandes«. Bruno Kuske und die wirtschaftswissenschaftliche Westforschung zwischen Kaiserreich und Bundesrepublik, Aachen 2007; ders.: Medien als Ressource. Der Kölner Wirtschaftsraumforscher Bruno Kuske und die Medialisierung der Wissenschaft 1919-1955, in: Geschichte im Westen. Zeitschrift für Landes- und Zeitgeschichte 23 (2008), S. 69-88.

16 | Vgl. dazu: Der Griff nach dem Westen. Die »Westforschung« der völkisch-nationalen Geschichtsschreibung zum nordwestdeutschen Raum, hg. v. Burckhardt Dietz, Helmut Gabel u. Ulrich Tidau, Münster 2003.

17 | Anonym (i.e. Friedrich Meinecke): Geschichte der linksrheinischen Gebietsfragen. L'histoire des questions territoriales de la rive gauche du Rhin, o.O., o.J. (Berlin 1919).

18 | Hans Delbrück: Frankreichs Kampf um Freiheit und Gerechtigkeit, o.O., o.J. (Berlin 1922, 16 S.).

19 | Hermann Oncken: Brulez le Palatinat! Eine Rede zum Pfalztage 1925; ders.: Die historische Rheinpolitik der Franzosen, Gotha 1922, 16 S., erschien auch in englischer Sprache, New York 1923.

20 | Joseph Hansen: Rheinland und Rheinländer, in: Westermanns Monatshefte, H. 3, Bonn 1925, S. 273-312, Hansen veröffentlichte von 1931 bis 1938 eine reichhaltige Publikation zur Widerlegung der Gebietsansprüche der Franzosen: Quellen zur Geschichte des Rheinlandes im Zeitalter der Französischen Revolution 1780-1801. Vgl. dazu: »Deutscher Rhein – fremder Rosse Tränke?« Dort auch weitere Literatur zur Geschichtskultur des Rheinlands und um das Rheinland.

Urvater Europas, Karl der Große, der angerufen wird für eine friedenssichere Zukunft. Schriftsteller, die sich in diesen Jahren immer mehr zu einer Gruppe »rheinischer Dichter« zusammenschließen, bekennen sich zu der von Romain Rolland angeführten »Liga zur Beförderung der Humanität«, darunter Alfons Paquet, Fritz von Unruh und Herbert Eulenberg. Die Nähe zu Republikanischen Ideen, wie sie in Darmstadt vertreten werden, sind evident.[21] Der frankophile Jakob Kneip beschwört in seinem Appell »An Frankreich« spirituelle Denkbilder, wenn er Brot und Wein aus Frankreich in Beziehung setzt zur Versöhnungsidee des Abendmahls. Paul Bourfeind, Kölner Stadtratsmitglied der SPD, widmet 1919 diesem Versöhnungsprojekt das Drama »Völkerfrühling«. Der Aachener Schriftsteller Josef Ponten vertritt als »*Ponten rhenanus*« eine geopolitisch fundierte Vision eines Europa als grenzüberschreitender Stromlandschaft.

Im November 1919 kommt es zum wirkmächtigsten Ereignis: Der Kölner Galerist Karl Nierendorf lädt Alfons Paquet zu einer Rede über die Rheinlandproblematik ein. Unter dem Titel »Der Rhein als Schicksal« wird daraus eine anhaltend wirkende Botschaft.[22]

Hier verbinden sich Gedanken einer zukünftigen grenzüberschreitenden Wirtschaftspolitik nach dem Muster der Hanse, weitergeschrieben für eine urbane Industriegesellschaft, mit modernen, international wirkungsvollen Ausstellungen, die die Bedeutung Westeuropas bekannt machen, verbunden mit der Vorstellung einer Respiritualisierung, einer Erneuerung des christlich fundierten Menschenbildes, das nicht mehr vom Machtapparat einer Kirche dominiert wird, sondern sich als ›Johanneisches Christentum‹ von der Idee eines erneuerten Gemeinschaftsdenkens leiten lässt. Die Fülle der Bekenntnisse zeigt aus der Rückschau, wie existenziell sich insbesondere rheinische Intellektuelle betroffen fühlten, auch herausgefordert, ihre Ohnmacht angesichts der restriktiven Maßnahmen der Besetzer in aktive, wenn auch nur gedankliche Gegenwehr zu übertragen, sei es mit der Reaktivierung von Mythen der Abendlandidee und der in die rhetorische Schlacht eingebrachten historischen Kaisermacht eines Karl des Großen. *Last but not least* zu nennen ist hier ein mit dem Freund Walter Benjamin vorangebrachtes Versöhnungskonzept, das Florens Christian Rang herausbringt: den Ruf nach einer »Deutschen Bauhütte«[23], in die die europäisch schöpferische Kraft der Kathedralidee hi-

21 | Vgl. dazu das Kapitel »Darmstadt. Vom Salonwagen zum republikanischen Impuls«.

22 | Vgl. dazu die Forschungen des Instituts »Moderne im Rheinland« an der Heinrich-Heine-Universität Düsseldorf, zu den Versöhnungsaktivitäten bes. Gertrude Cepl-Kaufmann: Der Bund rheinischer Dichter 1926-1933, Paderborn 2003, S. 37-89.

23 | Florens Christian Rang: Deutsche Bauhütte. Ein Wort an uns Deutsche über mögliche Gerechtigkeit gegen Belgien und Frankreich und zur Philosophie der Politik. Mit

neinspielt und die zugleich einen materiellen Ausgleich für die Verletzungen fordert, die Deutschland dem westlichen Nachbarn Frankreich zugefügt hatte.

Abbildung 19: Alfons Paquet hielt im November 1919 in der Kölner Gesellschaft der Künste seine nachhaltig wirkende Rede Der Rhein als Schicksal

»Reich« wurde zum Doppelbegriff. Er durchzieht wie ein Ostinato die Versöhnungsprojekte und Entwürfe eines zukünftigen Deutschland: Die Autoren sprechen von »Reich« und beziehen sich angesichts der aktuellen Problematik und in unmittelbarer Auseinandersetzung mit den Separatistenbewegungen auf das zweite, preußisch dominierte, von Berlin aus regierte Kaiserreich, meinen aber, im Subtext, in der Substanz und den zitierten Bildern der Erinnerungskultur entsprechend, das erste, mittelalterliche Reich, in dem der Westen Deutschlands links und rechts des Rheins zur zentralen Landschaft Europas geworden war!

Konrad Adenauer kommt ins Spiel! Träume von Freiheit, Erinnerungen an bessere Zeiten, programmatische Rettungsphantasien waren die eine Seite, praktische Politik die andere. Man war auf Berlin, das Reich angewiesen. Ohne das dort damals eingerichtete »Ministerium für die besetzten Gebiete«

Zuschriften von Alfons Paquet, Ernst Michel, Martin Buber, Karl Hildebrandt, Walter Benjamin, Theodor Spira, Otto Erdmann. Leipzig 1924.

hätte man nicht überleben können. Doch Adenauer begab sich über das Tagesaktuelle hinaus auf die Suche nach einem zukunftsfähigen, authentischen Rheinland. Ihm gelang es, politische Ämter und konkrete Zielvorstellungen zu verbinden. Seit 1917 Oberbürgermeister von Köln und ab 1921 in Berlin Präsident des preußischen Staatsrates, sortiert er in ganz eigenwilliger Weise das, was vom Scherbenhaufen um ihn herum zu zukunftsfähiger Politik taugte, begnadet mit einem hellsichtigen Pragmatismus, fundiert vom offenen Geist eines ›köllschen‹ Katholizismus, angetrieben von einem ebenso heimataffinen wie europäischen und weltsichtigen politischen Denken. Er wusste, dass man über die politisch eindeutige Meinung hinaus auch symbolische Kapitalien brauchte! Sie musste viel mit der Verknüpfung der Interessen an einer Zusammenarbeit von Industrie, Wirtschaft, Kultur und Politik zu tun haben. Tatsächlich bestimmte ein solches Format Adenauers Politik seit dem Jahr 1919 und darüber hinaus.

Mit einer einzigen Rede (er-)fand Adenauer eine Rhetorik der ›Entpreußung‹ und entwarf zugleich eine zukunftsfähige Europavision.

Adenauers Rede hatte einen dezidiert reichspolitischen Kontext: Am 1. Februar 1919 sprach er vor der »Versammlung der linksrheinischen Abgeordneten zur preußischen Landesversammlung«[24] im Hansasaal des Rathauses in Köln.

Die Rede beginnt mit der Darstellung der Ausnahmesituation, die sich nach dem Ersten Weltkrieg in und um Preußen ergeben hatte. Das Rheinland stehe im Beziehungsgefüge zum Reich, immer in der Gefahr der Annexion durch Frankreich, müsse sich aber gerade deshalb einer für es schlüssigen Zukunft bewusstwerden. Was blühe, so fragt er rhetorisch, einem von der dynastischen Übermacht Preußens befreiten Rheinland in der Zukunft? Es müsse, so Adenauer, sich einer ganz anderen Option zuwenden als dem uralten Problem, das sich mit Frankreich ergeben hatte und das sich im Begriff »Erbfeind« bis in die Gegenwart niederschlug. Angesichts der täglichen Pressionen, denen sich seine Landsleute ausgeliefert sahen, war ein solcher Tenor von einer kaum zu überschätzenden politischen Brisanz. Die Rede ist, so lässt sich heute mit Fug und Recht sagen, eine erste, ungemein weitsichtige Europarede *ante festum*! Das macht Adenauer, indem er den Blick auf eine erkennbare, in seinen Augen vorstellbare Zukunft richtet, in der die Nachbarn vergleichsweise unwichtig werden würden im Vergleich zu aufstrebenden europäischen Mächten, allen voran England. Das im Rheinland seit dem Wiener Kongress 1815 allgegenwärtige Preußen wird in der Rede desavouiert als »der böse Geist Europas«. Das Interessante dabei ist, dass Adenauer das Verdikt nicht selbst vertritt, sondern sich nur zum Sprecher macht. Er geht auf die Annexionsgelüste Frankreichs ein und spielt damit auf die auch in diesem Zusammenhang relevante Politik der »pénétration pacifique« an. Adenauer instrumentalisiert diesen Diskurs,

24 | www.konrad-adenauer.de/dokumente/reden/rede-hansasaal v. 18. Januar 2018.

baut ihn aber kontradiktorisch geradezu genüsslich aus als »Gedankengang unserer Gegner«, die behaupten, dass Preußen »eine kriegslüsterne, gewissenlose militärische Kaste und vom Junkertum beherrscht« sei. Darauf lässt sich Adenauer gar nicht ein, sondern optiert, wie es in einer Parteienrede sein muss, *pro domo* unter bloßer, dennoch erbarmungsloser Instrumentalisierung solcher Argumente. Frankreich ist damit – verbal – in die Ecke gestellt!

Abbildung 20: Konrad Adenauer im Jahr 1917

Aus dieser Perspektive ist der Ruf nach einer »Rheinischen Republik« zu sehen. Der Gedanke einer vom Reich losgelösten »Rheinischen Republik« ging damals durchaus um, insbesondere auch in Kreisen der Wirtschaft.[25] Auch für Adenauer war das ein willkommenes Denkmodell, konnte aber keine wirklichkeitsangemessene Perspektive sein. Tatsächlich wurde eine solche Politik eher von der »Kölnischen Volkszeitung« vertreten als vom Oberbürgermeister. Die bereits 1860 von der katholischen Verlegerfamilie Bachem begründete Tageszeitung war in dieser Umbruchphase am 1. Januar 1919 von einer Gruppe von Kommunalpolitikern übernommen worden und fungierte als Parteiorgan des

25 | Vgl. dazu Clemens von Looz-Corswarem: »Eine reinisch-westfälische Republik«. Die Düsseldorfer Handelskammer und die politischen Verhältnisse 1919, in: Krieg und Utopie. Kunst, Literatur und Politik im Rheinland nach dem Ersten Weltkrieg, hg. v. Gertrude Cepl-Kaufmann, Gerd Krumeich, Jamin Grande u. Ulla Sommers, Essen 2006, S. 116 – 128.

»Zentrums«.[26] Sie forcierte solche separatistischen Strömungen, indem sie die Nachricht abdruckte, Adenauers Rede habe zum alleinigen Tagesordnungspunkt die ›Gründung einer Rheinischen Republik‹. Das entsprach deshalb nicht dem politischen Votum Adenauers, weil er statt retrospektiver Abrechnungen anderes im Sinn hatte: die Stärkung föderaler Strukturen in einem zukünftigen Deutschland. Adenauers ›Separatismus‹ war nichts mehr aber auch nichts weniger als eine angemessene Wahrnehmung autonomer Interessen einer im Deutschen Reich respektablen politischen Landschaft – dem Rheinland!

Im Blick auf Adenauers Politik der zwanziger Jahre bestätigt sich dieser föderative Ansatz, der ihn leitete: Nachdem er mit Unterstützung von Zentrum, SPD und DDP Präsident des preußischen Staatsrats geworden war, begann die schlagzeilenfüllende Kontroverse mit Otto Braun. Der aus Königsberg stammende Sozialdemokrat war mit nur kurzen Unterbrechungen Ministerpräsident des Freistaates Preußen und sah in eben diesem zentralen Preußen ein Bollwerk der Demokratie. Bis vor den Staatsgerichtshof für das Deutsche Reich wurde der Konflikt getragen. Braun wurde so etwas wie der prototypische Gegner, denn genau diese Optionen wären für Adenauer nie in Frage gekommen: Zentralismus und Dominanz des Preußentums!

Verbündete fand Adenauer in den Kollegen der Städte entlang der Rheinschiene. Die Freiheit und Chance zur Durchsetzung eigener Ziele mangels hemmender Machtträger und kompetenter politischer Eliten, die ihm 1919 ohne eigenes Zutun beschert worden waren, optimierte er insbesondere durch Kooperationen mit Robert Lehr in Düsseldorf und Karl Jarres in Duisburg. Als Vorsitzender des Staatsrates suchte er die Stärkung der urbanen Kompetenzen, die das Föderale mit Leben füllen mussten. Ein »entpreußtes«, auch nicht von Frankreich vereinnahmtes Rheinland verdankt sich der entscheidenden Weichenstellung im Jahr 1919. Den Politiker aber zeichnet aus, dass er das ›Volk‹ hinter sich brachte, indem er als die wahren Sieger die Rheinländer selbst ausmachte als »starke Kraft, die auch nicht etwa durch Agitatoren in die Bevölkerung künstlich hereingetragen worden ist, sondern die aus dem innersten Wesen des Volkes heraus entstanden ist.«[27]

26 | Andreas Burtscheidt: Die Geschichte der »Kölnischen Volkszeitung« 1860-1941, in: Internetportal Rheinische Geschichte des Landschaftsverbands Rheinland, www.rheinische-geschichte.lvr.de/Epochen-und-Themen/Themen/die-geschichte-der-"koelnischen-volkszeitung«-1860-1941/DE-2086/lido/57d1298b7c01f6.32960731 v. 18. Januar 2018.

27 | www.konrad-adenauer.de/dokumente/reden/rede-hansasaal vom 18. Januar 2018.

Adenauer wird der Gewinner des Jahres 1919. Der Einfluss, den er verbuchen kann, kam nicht von ungefähr: Schon in den letzten Kriegsjahren hatte sich Konrad Adenauer zunehmend einen Namen gemacht. Als Beigeordneter zuständig für die Sicherung der Versorgung, erfand er gemeinsam mit der Kölner Bäckerfamilie Oebel 1917 und 1918 »Verfahren zur Herstellung eines dem rheinischen Schwarzbrot ähnelnden Schrotbrotes« auf die sie Patente erwarben. Am 28. August 1919 folgte der Eintrag eines Wurstersatzproduktes als Patent GB131402l, »Erfinder: Konrad Adenauer«. Das war, wenn es seinem Erfinder auch wegen der Kargheit der Lösungen den Spitznamen »Graupenauer« einbrachte, lebensrettend!

Nun, als Oberbürgermeister, galt es erst recht, rettend *und* gestaltend tätig zu werden. Adenauer machte genau das, was ihm schon vor dem Ersten Weltkrieg angesagt schien: Er hielt Ausschau nach Möglichkeiten, der Stadt Köln einen positiv konnotierten Öffentlichkeitsrang zu erobern. Früh erkannte er, wie das zu machen war, nämlich im Blick auf die Nachbarstadt Düsseldorf, die sich mit den großen Ausstellungen seit der Jahrhundertwende europaweite Anerkennung verschafft hatte. Mit der aus technischen Gründen notwenigen Verlegung der zunächst in Düsseldorf realisierten »Sonderbund«-Schauen nach Köln hatte sich 1912 und mit der Werkbund-Ausstellung 1914 gezeigt, wie sich ein solches europäisches Format auch für die Domstadt erreichen ließ und dass gerade die Kultur der »Rheinischen Moderne« tragfähig war. Niemand geringeres als Edvard Munch hatte es damals auf den Punkt gebracht: »Hier ist das Wildeste versammelt, das in Europa gemalt wird – [...]. Der Kölner Dom wankt in seinen Grundfesten.«[28] Die Erkenntnis aus dieser Erfahrung setzte er bis in die berühmte PRESSA von 1928 um.

Adenauer etablierte ein ›rheinisches Bauhaus‹: Als sich Walter Gropius Frau, die Journalistin Ilse Frank,[29] gegen Ende der Bauhaus-Ära in Weimar und angesichts der sich dort anbahnenden Probleme für eine medizinische Behandlung ins Rheinland begeben hatte, eröffnete Adenauer ihr bei einem Gespräch, dass Köln zur Übernahme des Bauhauses bereit sei[30]. Dies geschah im Blick auf die erfolgreiche Tradition der Reformbewegung im Rheinland. Aus der Bauhaus-Übernahme wurde nichts, doch die Kunstgewerbeschule, die schon vor dem Ersten Weltkrieg geplant, doch nicht mehr zustande gekommen war, betrieb er danach mit großem Elan. So entstanden, unmittelbar neben der 1919 gegründeten Universität, 1926 die »Kölner Werkschulen« mit den Klassen für

28 | Edvard Munch, zit.n. Stefanie Stadel: Die Sehnsucht vor dem Rausch, in: K-West. Das Kulturmagazin des Westens 10 (2012), S. 8.

29 | Sie nannte sich nach ihrer Heirat mit Gropius Ise Gropius.

30 | Vgl. dazu Nicolas Fox Weber: The Bauhaus-Group. Six Masters of Modernism, New York 2009, S. 81.

Architektur, Innenarchitektur, Malerei, Bildhauerei und Bauplastik, Bühnenbild, Kostümbildnerei und Paramentik. Doch schon ab 1917/1919 gab es Initiativen zur Begründung einer spezifisch rheinisch fundierten ›Bauhaus‹-Idee mit dem »Institut für religiöse Kunst«[31], das in die Werkschulen integriert wurde. Das »Hillige Köln« kultivierte damit nicht nur eine der christlichen Tradition entsprechende Variante der 1919 aus dem Boden schießenden Schulprojekte, sondern reagierte auf den unmittelbar in der Nachkriegszeit einsetzenden Kirchenbauboom. Föderale Strukturen konnten und mussten Akzente setzen!

31 | Vgl. dazu das Kapitel »Stuttgart, Hamburg und andere ›Bauhäuser‹.

Hannover

Zwischen Silbergäulen, Merz und Kathedralen

Hannover trotzte den Stürmen der Zeiten – Hannover hatte einen eigenen, konstruktiven Diskurs der moderaten Moderne – Die Szenen in Darmstadt und Hannover wiesen Gemeinsamkeiten auf – Paul Steegemann vollzog einen Blitzstart als Verleger – Christian Morgensterns »Galgenliedern« inspirierten die Reihe »Die Silbergäule« – Kurt Schwitters war bürgerlich – Schwitters wurde der spätberufene Entdecker der Sturm-Wortkunst – Schwitters wurde der Universalkünstler der Moderne. Er war Universalist! – Aus Commerz wurde Merz, aus Merz eine ›Bauhütte‹ für die »Kathedrale des erotischen Elends«

Hannover trotzte den Stürmen der Zeiten. Einst gehörte es zu Chur Braunschweig-Lüneburg und war damit als neuntes Kurfürstentum des Heiligen Römischen Reiches, inoffiziell auch Kurhannover genannt, durchaus bedeutend. Der Welfenfürst Georg Ludwig avancierte 1714 per Erbfolge zum britischen Thronerben und verlegte, nachdem er als George I. den englischen Thron bestiegen hatte, den Hauptsitz der Welfen nach London. Die Personalunion endete im Jahr 1831. Ein Gewinn: Hannover stieg in der europäischen Adelshierarchie auf, wurde Königreich. Mit der Thronbesteigung Ernst Augusts als König von Hannover konnte sich das kleine Reich einen ansehnlichen Platz erobern, doch diese Welfenherrschaft war nicht von langer Dauer. Im Krieg von 1866 hatte sich Hannover auf Seiten des Deutschen Bundes und Österreichs gegen Preußen gestellt und wurde nach dessen Sieg zu einer der Preußischen Provinzen. Trotz der Wirtschaftsimpulse, die die neue Herrschaft einbrachte, spielte Hannover keine politische Rolle und galt im Vergleich als durchaus provinziell.

In der Novemberrevolution 1918 mussten die Welfen die politische Szene endgültig räumen, doch die Rätebewegung kam nur kurz einmal vorbei. Scheinbar reduzierten sich die Kämpfe auf die Tage vor der Ausrufung der Republik durch Philipp Scheidemann, denn schon am 8. November berichtete der Hannoversche Kurier: »Die Ordnung ist vollkommen wiederhergestellt.«[1]

---

1 | Hannoverscher Kurier v. 8. November 1918, Nr. 34095, S. 3.

Henning Rischbieter hat im Rahmen der Ausstellung »Die zwanziger Jahre in Hannover« klug diagnostiziert, dass es nur ein schmales Zeitfenster für Offenheit gab.[2] Am 16. November wandte sich ein »Rat geistiger Arbeit« mit einem politischen Appell an die Öffentlichkeit, einem zahmen Bekenntnis, das mit dem Tenor der politischen Rätebewegung, etwa im nahen Bremen, zwar den Namen gemeinsam hatte, aber weder gedanklich noch praktisch mit ihm übereinstimmte.[3]

Der Aufruf, gezeichnet u.a. auch vom zukünftigen Verleger Paul Steegemann, lenkt den Blick auf die Moderne, die sich nach der Jahrhundertwende auch hier bemerkbar gemacht hatte: Die 1916 gegründete Kestner-Gesellschaft, die sich als Kunstverein in Hannover zur Förderung moderner, internationaler Kunst zusammenfand, zeigte beachtenswerte Ausstellungen. Namenspatron war Diplomat, Kunstförderer und Sammler August Kestner, seit der gemeinsamen Zeit am Wetzlarer Reichkammergericht ein Freund Goethes. Zwar gab es keine radikal linke, sich in die realen und ideologischen Kämpfe einmischende Politik, doch eine selbstbewusste Positionierung der aufgeschlossenen Hannoveraner kulturellen Oberschicht: 1919 gab Paul Erich Küppers »Das Kestnerbuch« heraus. Aufgenommen wurde eine Verortung der zeittypischen Ästhetik des linksintellektuellen Dresdner Künstlers Conrad Felixmüller, die wesentliche expressionistische Elemente spiegelt, indem sie das Politische ins Ästhetisch-Weltanschauliche transformiert:

> »Des Künstlers Gestaltung ist das innere Gesicht – dieses ist seine Wahrheit. Diese Wahrheit ist Kreuzung von Wirklichkeit und Vision. [...] Phantastische Visionen seelischer Art. Verschmolzen im Kunstwerk zum Klang. Erzeugend das Gefühl Kunst. [...] Wir sind nicht einseitig: nicht nur weil wir kubistische Künstler sind – sondern weil wir auch Kubisten des Lebens sind – durchdrungen von Formvorstellungen und auseinandergeworfen im Leben, strudelnd im Strom der Zeit! [...] Vertieft, durchdrungen die Seelen und Körper – Dynamisierung allseitig. Explosive Kraft als Illusion, nicht als Eindruck (Anschauung), sondern wahrhaft Ausdruck von innen her (Vision).«[4]

2 | Die Zwanziger Jahre in Hannover. Bildende Kunst, Literatur, Theater, Tanz, Architektur. Katalog zur Ausstellung im Kunstverein Hannover 11. August-30. September 1962, hg. v. Henning Rischbieter, Hannover 1962, S. 9.

3 | Zit. in Jochen Meyer: Paul Steegemann Verlag 1919-1955. Sammlung Marzona, Katalog der Ausstellung im Sprengel-Museum Hannover 3. Oktober 1994-5. Januar 1995, Stuttgart 1995, S. 22.

4 | Paul Erich Küppers: Das Kestnerbuch, Hannover 1919, zit. in: Schock und Vision. 1900-1950. Deutsch-französische Avantgarde im Bild. Katalog der ständigen Ausstellung Centre national de littérature, hg. v. Gast Mannes, Maison Servais, Mersch Luxembourg o.J. o. P, Nr. 34.

Aber was ist ein »Kubist des Lebens«? Was verbirgt sich hinter der Transformation eines »Kunstwerk[s] zum Klang«? Der Zusammenhang zu Kandinskys Überlegungen zum »Geistigen in der Kunst« ist evident. Das von Kandinsky herausgestellte Prinzip der »inneren Notwendigkeit« erforderte eine über geltende Normen hinausgehende Differenzierung des produktionsästhetischen und rezeptionsästhetischen Umgangs in allen Bereichen der Kunst und Kultur. Über dieses Empfindungs- und Vorstellungsmuster hinaus lässt sich hier ein Zugang für das Besondere finden, das sich in der Hannoveraner Szene im Jahr 1919 erkennen lässt – gerade auch im Ästhetikkonzept einer Transformation des »Kunstwerk[s] zum Klang«! Das Empfindungspotential musste in der Abstraktion in ganz neue Dimensionen vorstoßen.

Hannover hatte einen eigenen, konstruktiven Diskurs der moderaten Moderne, entsprechend seiner ausgeglichenen politischen Landschaft. Mochte sie sich noch so sehr als »strudelnd im Strom der Zeit« diagnostizieren, so zeigte sich doch hier eher eine stabile Windstille, die zur Besinnung einlud und mithilfe des synthetischen Kubismus nach einem festen Haus suchte, analog zum übrigen Deutschland, einem rettenden, heilenden, zum ›Strudel‹ der Zeit passenden. So jedenfalls erhält Kurt Schwitters‹ Ästhetik den bemerkenswerten Status eines im tosenden Meer, auch der Kunstströmungen, stabilen Inseldaseins, ebenso sinnhaft wie sein Merzbau, die »Kathedrale des erotischen Elends«. Was die einen ersehnten, wie das Bauhaus die »Kathedrale der Zukunft«, und andere erinnerten, wie die retrospektiven Kathedralutopien im Rheinland, das baute Schwitters sehr gegenwärtig und in Harmonie mit dem Kosmos.

Die Szenen in Darmstadt und Hannover wiesen Gemeinsamkeiten auf, ja, sie verbanden sich zu einem Netzwerk. Hier trug z.B., von Darmstadt kommend, Kasimir Edschmid Gedanken zur »neuen Dichtung« vor. Auch in Hannover zeigte sich die Bereitschaft zur politischen Stellungnahme. Im Heinrich Böhme-Verlag erschien 1919 Rudolf Leonhards Anthologie von Kriegsgedichten unter dem Titel »Chaos«. Der Pazifist, Mitglied der USPD, dann Spartakist und mit Rosa Luxemburg und Karl Liebknecht im Berliner Straßenkampf aktiv, vermittelte hier lyrisch, was Ernst Toller in die Form des expressionistischen Stationendramas »Die Wandlung« brachte.[5] Im selben Jahr wurde der Linksintellektuelle, der wie so viele auch dem kommunistischen Russland seinen Tribut zollt, in mehreren Städten mit seiner flammenden Rede »Kampf gegen die Waffe« aktiv. Sie erscheint 1919 als dritte Flugschrift in Rowohlts Reihe »Umsturz und Aufbau«, bereits versehen mit der Widmung »Dem Prophetengeist Gustav Landauers und dem Herzen der Jünglinge, die von den Waffen

5 | Rudolf Leonhard: Chaos, Hannover 1919, Vorwort o. P.

der Gegenrevolution fielen«[6]. Auch Paul Steegemanns Verlagsprogramm wartet auf mit einem Titel dieses »Außenseiter[s] der Gesellschaft« – so eine seiner bekanntesten Publikationen.

Mit Leonhard und im Blick auf die Leipziger Szene um den Kurt Wolff Verlag wird ein besonderer Status für das Jahr 1919 bestätigt: die politischen Impulse, mit denen Autoren in die Öffentlichkeit drängen, formieren sich neu. Leipzig verliert die Deutungshoheit in Sachen Literatur des Expressionismus, in Berlin gelingt es Rowohlt und Kurt Pinthus ein enges Gemeinschaftsgefühl verlegerisch zu intensivieren. In Hannover zeigt sich die starke Nähe zu Darmstadt, das gerade einen paradigmatischen Wechsel vollzieht von der lokalen Ebene hin zu grenzüberschreitenden pazifistischen Kreisen, zur »Clarté«. Hier, in Hannover, sucht der Verleger Paul Steegemann eine Metaebene. Er erkennt früh, schon 1919, die Phalanx der auch europäisch vernetzten Linksintellektuellen, die sich in den zwanziger Jahren um die »Weltbühne« und in der »Gruppe 25« zusammenfinden und gegen den zunehmenden Rechtsruck Stellung beziehen. So wie Kurt Wolff als Verleger der Gründerära der Expressionisten in Leipzig abtritt und mit dem Wechsel nach München aus der innovativen literarischen Szene ausscheidet, Rowohlt diese Rolle in Berlin mit zeitkritischer Zuspitzung aktualisiert und mit seinem Verlag die politisch bekennerischen Stimmen vertritt, bündelt Steegemann in Hannover die ab Ende des Jahres 1918 erkennbare Vielfalt und Offenheit und macht genau diese zum Habitus seines Verlages.

Paul Steegemann vollzog einen Blitzstart als Verleger in einer kleinen, aber feinen Zeitschriftenszene: der »Agathon«, der lange dem »Kultus des Schönen« huldigte und gar »heidnisch-sinnlich«[7] sein wollte, druckte jetzt Zeitgedichte, von Untergang und/oder Aktivismus geprägte Texte von Kurt Hiller, Yvan Goll, Georg Trakl und Carl Maria Weber. »Das hohe Ufer«, betitelt nach einer erst 1912 so benannten Straße am östlichen Ufer der Leine, liest sich mit Beiträgen der Frühexpressionisten wie eine nachgeholte Epoche, die nun auch regionale Vertreter einbezieht. Doch der Tenor einer nachkriegstypischen »geistigen Erregung, des emphatischen Aufschwungs, die nach der Revolution durch die Lande gingen«[8], ist deutlich vernehmbar. Der Herausgeber Hans Kaiser war Ausstellungskritiker, die Nähe zur Kunst und damit auch zur Architektur wird deutlich. Wir finden z.B. Texte von Bruno Taut. Das Aprilheft 1919 führt Walter Gropius mit seinem Aufsatz »Der neue Baugedanke« an.

6 | Ders: Kampf gegen die Waffe (Rede), Dritte Flugschrift der Reihe »Umsturz und Aufbau«, Berlin 1919.

7 | Die Zwanziger Jahre in Hannover, S. 87.

8 | Ebd.

Der kurzlebigere, von Christof Spengemann herausgebrachte »Zweemann« kommt im November 1919 auf dem Markt. Kompetent in Sachen Weltliteratur, bezieht er provokativ das lokale Milieu ein, steuert Glossen bei, die die latent spießige Atmosphäre spielerisch auf die Schüppe nehmen: »Honover, O Insel der Bierseligen, [...] seit 1914 ist vieles anders geworden. Nur das Geistige: status quo. Kondensierte Familienatmosphäre.«[9] Und Spengemann-Freund »Curt« Schwitters ergänzt die Diagnose: »Frida! Die Filzschuhe!«[10] Hier, im Zweemann, findet Schwitters mit Spengemann seinen frühen Interpreten. Als eine der letzten Veröffentlichungen erscheint aus seiner Feder »Die Wahrheit über Anna Blume. Kritik der Kunst Kritik der Kritik Kritik der Zeit«.[11]

Steegemanns Verlag war kein »typischer spätexpressionistischer Provinz-Verlag«[12], eine Art Nachläufer oder Epigone, wie Günther Erken ihn mit dem Forscherblick seiner Zeit charakterisiert, vielmehr die Institution einer der aktuellen Gegenwart verpflichteten Kultur: sein Verlag bildete eine szenenahe Metaebene, auf der sich die Ereignisse gedruckt neu präsentierten.

Steegemann erlebte als Kind eines Photographenbudenbesitzers auf Kirmesplätzen einen ganz eigenen Kosmos, in dem Pferdekarussell, Panorama, Schießbude und Luftschaukel die Anti-Welt zum zeittypischen autoritären Erziehungsprogramm abgaben. Er leitete daraus ein Geschäftsmodell ab, das kongenial in dieses Jahr der Zeitenwende passte. Er scheute kein Risiko, hatte Respekt vor den Intellektuellen und Schriftstellern seiner Zeit, korrespondierte mit Gustav Landauer, Kurt Hiller, Walter Hasenclever und machte sich als Dandy mit Cutaway, Monokel und gelben Stiefeln im Café Kröpke auch optisch unübersehbar. Im April 1919 gegründet, erschienen ab Oktober bis zum Jahresende in kürzesten Abständen die Bände der Reihe »Die Silbergäule«. Bis ins darauffolgende Jahr erschienen in rascher Folge weitere Titel. Schon das Programm für 1921 kam mit glatteren Wogen daher. Der Markt war in mehrfacher Hinsicht verändert: Utopische Programme waren unverkäuflich geworden, vieles von dem, was 1919 die Gemüter bewegt hatte, schien gelöst, besser: Ungelöstes und Unerlöstes siedelten sich in der Abstellkammer namens Desillusion und Hoffnungslosigkeit an. Umso wichtiger ist Steegemanns Beitrag zum verlegerischen Aufbruch im Jahr 1919.

9 | Kurt Schwitters in: Der Zweemann. Monatsblätter für Dichtung und Kunst, Heft 3, 1919/20.

10 | Ebd.

11 | Die Zwanziger Jahre in Hannover, S. 87.

12 | Günther Erken: Der Expressionismus – Anreger, Herausgeber, Verleger, in: Handbuch der deutschen Gegenwartsliteratur, Bd. 2, München 1970, S. 335-364, hier S. 354f.

Christian Morgensterns »Galgenlieder« inspirierten die Reihe »Die Silbergäule«. Sie signalisiert auch dessen leidenschaftliche Hingabe an die Theosophie und die geistige Führerschaft eines Rudolf Steiner, dem er sich anschloss. Hier, wie in vielen der Programme und Projekte dieser Zeit spielen esoterische Denkbilder hinein. Für Hannover werden sie von diesem offenen, nüchternen Geist der Stadt gemildert, auch dank der Klarheit eines Kurt Schwitters.

»Wir häuten uns täglich: von Laotse bis Dada.«[13] Mit diesem Satz erhob Steegemann 1919 die scheinbare Wahllosigkeit seiner Silbergäule zum System. Sie berge, so der Verleger, »das große Chaos unserer geistigen Struktur«[14]. So kamen zusammen: Bremer und Worpsweder Rätebewegung und Kommunismus; Expressionismus; Aktivismus und Linksintellektuelles; Demokraten und Europäer; literarische Tradition; Dadaismus; Messianismus; Phantasten und Groteske; Veröffentlichungen der »Novembergruppe«.

Kurt Schwitters war bürgerlich, genau das Gegenteil von Steegemann. Trotzdem war er in die Avantgarde-Szene der Stadt eingebunden, er hatte sogar Vogeler auf dem Barkenhoff in Worpswede besucht und seine Begeisterung in ein Gedicht über »Die rote Marie« verwandelt.[15] 1919 hatte er sich zum ersten Mal an einer Kunstausstellung der Sezessionisten beteiligt. Nach einer Jurysitzung traf man sich zum geselligen Beisammensein, bei dem Schwitters, wie es ein zeitgenössischer Bericht vermittelt, etwas von seinen Qualitäten preisgibt, die ihm einen besonderen Platz in dieser Runde sichern: »Schwitters liest keine fremden Bücher und diskutiert nicht, sondern erfindet eigene Denkspiele zu seinem eigenen Vergnügen.«[16] Von einem der »glorreichen Abende im Tivoli« blieb unvergessen, als Schwitters »aufsteht, wie Rubens aussieht, von Rembrandt, Bismarck [...] spricht und ein Wort- und Ideengebäude improvisiert, das zwei Stunden lang währt und immer höher zu Wortsymbolik und Scholastik hinauf und immer tiefer in den wundervollen Unsinn hineinführt.«[17]

Schwitters, schon 1887 in Hannover geboren, wurde erst mit 32 Jahren ein Newcomer! Eine bürgerliche Herkunft sicherte ihm bis zur Emigration ein auskömmliches Leben mit vier Häusern, darunter sein Wohnhaus in der Waldhausenstraße, in dem er seinen ersten »Merzbau« anlegte. Von 1908 bis 1909 hatte er zwar die Kunstgewerbeschule besucht, brachte also einen gesamtkunstwerklichen ästhetischen Ansatz mit, doch auch die Jahre des anschließenden Studiums an der Königlichen Kunstakademie Dresden von 1909 bis 1914 verliefen ohne besondere Kontakte zur dortigen Kunstszene, z.B. den

13 | Paul Steegemann Verlag 1919-1955, S. 27.

14 | Ebd.

15 | Vgl. dazu das Kapitel »Worpswede«.

16 | Die Zwanziger Jahre in Hannover, S. 40.

17 | Ebd.

Malern der Brücke. 1915 war er eine bürgerliche Ehe mit Helma Fischer eingegangen, bewohnte mit seiner jungen Familie das Elternhaus und arbeitete als Graphiker und Typograph für eine Werbeagentur.

Schwitters wurde der spätberufene Entdecker der »Sturm«-Wortkunst. Was hatte Schwitters aus seiner bürgerlichen Bahn gebracht? Blickt man auf das Bauhaus im Gründungsjahr 1919, so fällt auf, dass Schwitters, der mit seinen zeitgleich produzierten Texten und künstlerischen Projekten wie dem Merzbau in vielerlei Hinsicht gedanklich mit dem Weimarer Avantgarde Projekt verknüpft sein könnte, es dennoch nicht ist! Schwitters avantgardistische Anfänge 1919 waren eng an die Entdeckung des »Sturm« gebunden. Das Avantgardeprojekt wurde sein Bekenntnis. Ein bemerkenswerter Anachronismus, denn Herwarth Walden hatte schon 1910 mit der Herausgabe der Zeitschrift »Der Sturm« die Moderne begründet. Sie war zunächst an die Literatur geknüpft, hatte sich dann aber, beeinflusst vom Besuch Waldens in der Sonderbund-Ausstellung in Köln im Jahr 1912, immer mehr der Kunst zugewandt. Mit den Kunstaktivitäten war Walden international bekannt geworden, doch das eigentliche Verdienst in Sachen Literatur hatte er nicht aus den Augen verloren. Im Kontext der »Wortkunst« war Schwitters bei einem Lyrik-Vortrag Rudolf Blümners in der Kestner-Gesellschaft im Januar 1918 auf den »Sturm« aufmerksam geworden. Blümner, der kongeniale und charismatische Interpret dieser zur Kunstform entwickelten Klangsprache, traf alle Sinne. Schwitters fuhr umgehend nach Berlin, um Walden zu treffen. Ab sofort wird Schwitters Waldens Verbindungsmann in Hannover und Schwitters der begeisterte Anhänger der Wortkunst sein – bis in die Symbiose von Laut und Musik in der »Ur-Sonate«. Die Ästhetik dieser Klangkunst öffnet eine Traditionslinie vom romantischen Eichendorff-Ton »Schläft ein Lied in allen Dingen«, über Arno Holz' »Revolution der Lyrik« bis zu Kandinsky. Laut und Rhythmus werden in der Moderne zum Leitprinzip, wenn die Dinge zum Ausdruck drängen. Hier erhält der Verlust der Erkenntnisfunktion des Ich, den der von Ernst Mach kongenial analysierte ›Empiriokritizismus‹ mit sich gebracht hatte, einen positiven Impuls. Die normierende Kategorie Zeit wurde ersetzt durch das Bewusstsein der Simultaneität des Daseins, die man künstlerisch gestalten konnte. Den nicht minder entschwundenen festen Raum ersetzte der Dynamismus, die Bewegung, früh erkannt im Futurismus.

Die enge Nähe von Schwitters zu Walden führt auch über Steegemann und hängt mit dem Einstiegserfolg des Hannoveraner Autors zusammen: »Anna Blume«. In der ersten Ausgabe der »Anna Blume«, die Steegemann in die Reihe »Die Silbergäule« aufnahm, findet sich auf der Rückseite des Titels der Hinweis »Die Merzbilder von Kurt Schwitters sind ständig ausgestellt in der

Kunstausstellung »Der Sturm«, Berlin, Potsdamerstr. 134a – und bei Paul Steegemann, Hannover, Marienstr. 33.«[18]

Abbildung 21: Anna Blume wurde zum Markenzeichen für Kurt Schwitters, nicht minder Aushängeschild des Paul Steegemann-Verlages

Zur Vorgeschichte und Etablierung der »Anna Blume«: in einem der vielen in der Zeitschrift »Der Sturm« ausgetragenen Streite ging es um einen Beitrag des Kunstkritikers Ernst Cohn-Wiener, der die Abdrucke von Schwitters Text-Bild-Collagen im »Sturm« als Provokation gegenüber etablierten Modernen wie Kokoschka oder Feininger empfand, konkret, das Collagebild »Konstruktion«. Darin hatte Schwitters ein Textelement eingefügt, den legendären, mit Kreide auf eine Planke geschrieben Satz: »Anna Blume hat ein Vo-

18 | Kurt Schwitters: Anna Blume. Dichtungen, Hannover 1922, Rückseite des Titelblatts.

gel«. Schwitters reagierte mit einem fingierten Interview zwischen sich und Cohn-Wiener und hängte das Gedicht Anna Blume an. Das öffentlich ausgetragene Spiel, dass auch die Gestaltung der Anna Blume Dichtungen als Heft 39/40 in der Reihe »Die Silbergäule« prägte, entwickelte sich zu einem seriellen Muster. 1919 gab es Anschläge an Litfaßsäulen und Annoncen, die Anna Blume zum Ereignis machten.

Hier setzte ein Streit um die künstlerische Handschrift des Expressionismus ein: Cohn-Wiener, der später eine erste Geschichte über »Die jüdische Kunst« herausbrachte und darin das Mystische als herausragendes, jüdisch geprägtes Indiz der Epoche festlegte[19], fehlte hier eine entsprechende expressionistische Bildsprache. Das aber war nicht Schwitters' Ästhetik und auch nicht die der Literatur des »Sturm«. Tatsächlich hatte sich die Wortkunstbewegung zeitgleich mit dem pathetischen Expressionismus als sein abstraktes Gegenstück, dem Schwitters begeistert anhing, herausgebildet. Cohn-Wieners Kritik traf ins Leere, denn tatsächlich gab es zwischen dem pathetischen und abstrakten Expressionismus einen wesentlichen Unterschied, der sich im Kontext des Ereignisses »Anna Blume« nachvollziehen lässt: Expressionismus als »Ausdruckkunst« geht von der produktionsästhetischen Maxime aus, der Künstler und Schriftsteller verleihe seinem inneren Erleben einen »Ausdruck«. Ganz anders die Wortkunst: Sie nimmt die Sprache als Material und erzeugt mit ihr in einem »Artefakt« eine eigene künstlerische Wirklichkeit. Wie Schwitters mit der Wirklichkeit im Fall des Gedichtes »Anna Blume« umging, lässt dies nachvollziehen: Hannover hatte 1912 einen Kriminalfall, der über Monate hinweg die Schlagzeilen füllte. Eine gewisse Dorothee Buntrock schaltete unter dem Namen Anna Blume eine Anzeige, in der ein »alleinstehendes Mädchen im Alter von 15-21 Jahren, am liebsten Waise, für eine Dame als Reisebegleiterin mit hohem Gehalt und freier Station«[20] gesucht wurde. Es meldeten sich Dora Vogel und Emma Kiste. Beide wurden von Dorothee Buntrock und ihrem Liebhaber Franz Kaltenglut bestialisch ermordet. Sie schnitten Dora Vogel mit einem Schlachtmesser den Kopf ab, Emma Kiste wurde mit einer Schlinge erdrosselt. Kaltenglut durchtrennte mit einer Säge den Körper, schnitt Hände und Ohrläppchen ab, um an den Schmuck zu kommen und Buntrock nahm die Kleider und den Hut an sich.[21]

Schwitters transferiert die Elemente in eine ganz eigene Welt, die nicht minder eine reale Vorlage hat und wesensmäßig mit seinem eigenen Selbstverständnis zu tun hat: die Cabaret- und Varietéwelt der Zeit. Inspirierend wirkten Handtänzerinnen, zersägte Damen, Schlangentänzerinnen, Bauchredner und

19 | Vgl. dazu: Ernst Cohn-Wiener: Die jüdische Kunst. Ihre Geschichte von den Anfängen bis zur Gegenwart, Berlin 1929, hier bes. S. 264.

20 | Schock und Vision. 1900-1950, Nr. 36.

21 | Ebd.

Dialoge mit Papageien. Artistinnen trugen damals traditionell rot-weiße Faltenröckchen. Schwitters macht daraus eine Groteske. Sie nimmt nicht Bezug zur ›entfremdeten‹ Welt, die Wolfgang Kayser seiner Definition der Groteske zu Grunde legt, sondern konterkariert sie mit der alternativen Welt des Jahrmarkts, des Zirkus, des Spiels. Schwitters folgt einer Anthropologie, für die der niederländische Kunsthistoriker Johan Huizinga in seinen Betrachtungen zum »Ursprung der Kultur« den »homo ludens« ins Recht setzt: ein abendländisch fundiertes Denkbild (Huizingas *opus magnum* »Herbst des Mittelalters« erschien 1919!), das sich bald mit Max Schelers *homo faber* messen muss und bis in Max Frischs Roman und darüber hinaus für Sinndiskurse virulent bleibt.

»An Anna Blume
Oh Du, Geliebte meiner 27 Sinne, ich liebe Dir!
Du, Deiner, Dich Dir, ich Dir, Du mir, ---- wir?
Das gehört beiläufig nicht hierher!
Wer bist Du, ungezähltes Frauenzimmer, Du bist, bist Du?
Die Leute sagen, Du wärest.
Laß sie sagen, sie wissen nicht, wie der Kirchturm steht.
Du trägst den Hut auf Deinen Füßen und wanderst auf die Hände,
Auf den Händen wanderst Du.
Halloh, Deine roten Kleider, in weiße Falten zersägt,
Rot liebe ich Anna Blume, rot liebe ich Dir.
Du, Deiner, Dich Dir, ich Dir, Du mir, ----- wir?
Das gehört beiläufig in die kalte Glut!
Anna Blume, rote Anna Blume, wie sagen die Leute?
Preisfrage:
1. Anna Blume hat ein Vogel,
2. Anna Blume ist rot.
3. Welche Farbe hat der Vogel?
Blau ist die Farbe Deines gelben Haares,
Rot ist die Farbe Deines grünen Vogels.
Du schlichtes Mädchen im Alltagskleid,
Du liebes grünes Tier, ich liebe Dir!
Du Deiner Dich Dir, ich Dir, Du mir, ---- wir!
Das gehört beiläufig in die ---- Glutenkiste.
Anna Blume, Anna, A----N----N----A!
Ich träufle Deinen Namen.
Dein Name tropft wie weiches Rindertalg.
Weißt Du es Anna, weißt Du es schon,
Man kann Dich auch von hinten lesen.
Und Du, Du Herrlichste von allen,
Du bist von hinten, wie von vorne:

A------N------N------A.
Rindertalg träufelt STREICHELN über meinen Rücken.
Anna Blume,
Du tropfes Tier,
Ich-------liebe-------Dir!«[22]

Schwitters wurde der Universalkünstler der Moderne. Er war Universalist!
1919 veröffentlichte Schwitters im Juliheft des »Sturm« einen Beitrag zum Thema »Die Merzmalerei«. Parallel dazu hatte er seine zweite Ausstellung in der Galerie Sturm: »Ich nannte es Merz, es war aber mein Gebet über den siegreichen Ausgang des Krieges, dennoch einmal hatte der Frieden wieder gesiegt. Kaputt war sowieso alles, und es galt aus den Scherben Neues zu bauen.«[23] In gewisser Weise ergibt er das Gegenstück zu Walter Benjamin. Der wurde zum Prototyp seiner Zeit, dem Flaneur: ortlos, unstet, ein, um es mit Benjamins Selbstdeutung zu ermessen, ›Lumpensammler‹ der Geschichte. Er sieht sich am unteren Ende der abfallenden Straße (der Geschichte), unter ihm der Kanaldeckel – eine unsichere Existenz. Schwitters dagegen ist das Flaneurdasein gänzlich fremd. Er hat im wahrsten Sinne des Wortes ein Haus um sich und agiert vom festen Aussichtspunkt. Beide stehen für grundsätzliche Einstellungen zum Leben, die in diesen Tagen in besonderer Weise abgefragt werden müssen.

Mit Gewinn lässt sich an dieser Stelle Walter Benjamin ein weiteres Mal hinzuziehen. Beim Erscheinen von Alfred Döblins Roman »Berlin Alexanderplatz« hatte Benjamin bereits einleitend den fundamentalen Unterschied ausgemacht, den Zeitgenossen in ihrer literarischen Produktion haben konnten:

»Das Dasein ist im Sinne der Epik ein Meer. Es gibt nichts Epischeres als das Meer. Man kann sich natürlich zum Meer sehr verschieden verhalten. Zum Beispiel an den Strand legen, der Brandung zuhören und die Muscheln, die sie anspült, sammeln. Das tut der Epiker. Man kann das Meer auch befahren. Zu vielen Zwecken und zwecklos. Man kann eine Meerfahrt machen und dann dort draußen, ringsum kein Landstrich, Meer und Himmel, kreuzen. Das tut der Romancier. Er ist der wirklich Einsame, Stumme. Der epische Mensch ruht nur aus. Im Epos ruht das Volk nach dem Tagwerk; lauscht, träumt und sammelt. Der Romancier hat sich abgeschieden vom Volk und von dem, was es treibt. Die Geburtskammer des Romans ist das Individuum in seiner Einsamkeit, das sich über

22 | Kurt Schwitters: Anna Blume, in: Der Sturm 10 (1919), S. 72.
23 | Kurt Schwitters: Die Merzmalerei, in: Der Sturm 10 (1919), S. 61.

seine wichtigsten Anliegen nicht mehr exemplarisch aussprechen kann, selbst unberaten ist und keinem Rat geben kann.«[24]

Schwitters war ebensowenig wie Döblin der Romancier, der Einsame. Er erzählte von dem, was ihm die Brandung der Zeit aufs Papier und in den Raum, konkret, den Merzbau spülte. Jemand, der Auskunft geben konnte und wollte. Das tat er in mehreren Sinnen – Komplexen mit je eigenen ästhetischen Macharten:

Die Sammlung der i-Gedichte wird zu einem eigenen Genre. Sie folgen dem ästhetischen Prinzip der Verfremdung, analog zur sprach- und literaturwissenschaftlichen Schule des russischen Formalismus, die ab 1914 in St. Petersburg die Abweichungen von der Alltagssprache untersuchte und den Begriff der Verfremdung entwickelte. Bert Brecht hat in der Ästhetik seines epischen Theaters damit operiert, doch die Dadaisten hatten vorweg ihren Reiz erkannt und umgesetzt. Die Gedichte vermitteln keinen Inhalt, sondern setzen Worte in eine rhythmische Folge, um den Klangwert zu nutzen. Der Vortrag ist Teil des ästhetischen Konstrukts. Hier konnte Schwitters zurückgreifen auf die Simultan- und Lautgedichte der Zürcher Dadaisten, deren legendäre Vortragskunst natürlich in Hannover bekannt war. Mit der Merzdichtung verlässt Schwitters das zu enge Korsett der Sprache. Im »Sturm« kommentiert er:

»Die Merzdichtung ist abstrakt. Sie verwendet analog der Merzmalerei als gegebene Teile fertige Sätze aus Zeitungen, Plakaten, Katalogen, Gesprächen und so weiter mit und ohne Abänderungen. (Das ist furchtbar!) Diese Teile brauchen nicht zum Sinn zu passen, denn es gibt keinen Sinn mehr. (Das ist auch furchtbar!) Es gibt auch keine Elefanten mehr, es gibt nur noch Teile des Gedichts. (Das ist schrecklich!) Und ihr? (Zeichnet Kriegsanleihe!) Bestimmt es selbst, was Gedicht und was Rahmen ist.«[25]

Aus Kommerz wurde Merz, aus Merz eine ›Bauhütte‹ für die »Kathedrale des erotischen Elends«. Abgeleitet vom Namen »Commerzbank« hatte Schwitters den Verfremdungsprozess bewusst vollzogen und kommentiert: »Das Wort entstand organisch beim Merzen des Bildes, nicht zufällig, denn beim künstlerischen Werten ist nichts zufällig.«[26] Merz wurde ein Lebensprinzip, ein Fundament für seine *corporate identity*: »Merz heißt Beziehungen schaf-

24 | Walter Benjamin: Krisis des Romans. Zu Döblins ›Berlin Alexanderplatz‹, in: Die Gesellschaft. Internationale Revue für Sozialismus und Politik 7, Nr. 6, Berlin 1930, S. 562-566, hier S. 562.

25 | Kurt Schwitters: Nachwort zum Selbstbestimmungsrecht der Künstler (1919), zit. in: ders: Das literarische Werk, hg. v. Friedhelm Lach, Bd. 5, Köln 1981, S. 38.

26 | Ders., in: Julia Nantke: Ordnungsmusterbim Werk von Kurt Schwitters zwischen Transgression und Regelhaftigkeit, Wuppertal 2017, S. 147.

fen, am liebsten zwischen allen Dingen der Welt.«[27] Mit dieser Variation der schöpferischen Aktivitäten und der Entwicklung der dazu passenden Formate hat sich Schwitters konkret und sehr eng an sein großes Vorbild, Herwarth Walden angeschlossen. Walden lebte das, was ihn die monistischen und in Dimensionen des Kosmischen beheimateten Welt*anschauungs*zirkel der Jahrhundertwende als innere *Anschauung* des Kosmos gelehrt hatten und machte entsprechend in der Weiterentwicklung auch den »Sturm« zum »Ort kosmischen Geschehens«[28]. Was Walden über Jahre hinweg organisch weiterbaute – von der Musik, die er als Pianist und Komponist mitbrachte, über die Literatur, die Wortkunst, die Kunst, die Bühnenkunst und die Kunsttheorie, zu der er bedeutende Texte verfasst hatte, das schuf nun Schwitters alles alleine, alles mit dem Jahr 1919, seinem ›Schöpfungsjahr‹ beginnend – nur die Kunsttheorie reduzierte er auf das Gestische, die verbale Brücke zum Verstehen, was er verstanden hatte. Was daraus wurde? Ein Gegenstück zum Bauhaus, das den »Bau« als übergeordnetes Denkbild verstand, so wie Gropius es mit der These »Das Endziel aller bildnerischen Tätigkeit ist der Bau!«[29] seinem Bauhaus-Manifest vorangestellt hatte. Was dort in Werkstätten und Bauhütten erst gelehrt werden sollte, wurde zeitgleich in Hannover errichtet: die Kathedrale der Moderne!

27 | Ebd., S. 144.

28 | Vgl. dazu: Götz-Lothar Darsow: »Der Sturm« als Ort kosmischen Geschehens, in: »Der Sturm«. Zentrum der Avantgarde, Begleitband zur Ausstellung im von der Heydt-Museum Wuppertal 2012, Bd. II, Aufsätze, hg. v. Andrea von Hülsen-Esch u. Gerhard Finckh, Bönen (Westfalen) 2011; S. 381-395; Darsow geht in seiner Darstellung weit über die Zeitschrift hinaus und erfasst die spirituelle Grundschicht der Zeit.

29 | Vgl. dazu das Kapitel »Weimar und der Krieg der Geister«.

Abbildung 22: Kurt Schwitters verstand seinen Merz-Bau, den er 1919 begann, als Kathedrale des erotischen Elends. Kathedralen finden sich in vielen seiner Texte und als Bildmotiv

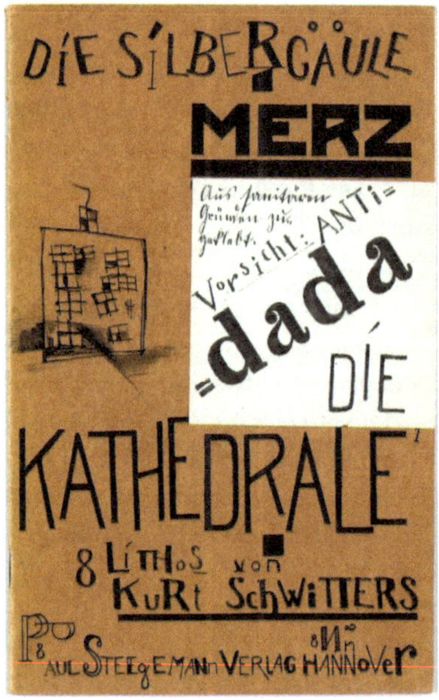

1919 entsteht das Kathedral-Gedicht »kaa gee dee.« Mit der lautlichen Anspielung gewinnt Schwitters eine der vielen Varianten, die so etwas wie den Horizont »Kathedrale« abgeben. Er spielt auch hier, löst jedes mimetische Sinnangebot auf, ohne es zu leugnen und macht daraus ein Simultangedicht:

kaa gee dee takepak tapekek

katedraale take tape

draale takepak kek kek

kaa tee dee takepak tapekek

kateedraale take tape

draale takepak kek kek

(alle:) oowenduumir

kaa tee dee diimaan tapekek

kateedraale diimaan tape

draale diimaan kek kek

diimaan ------ diimaan

diimaan

(alle:) aawanduumir[30]

Der Merzbau wird in diesem organischen Bauprojekt Gesamtkunstwerk und abstrakte Kathedrale mit der Option, die Generierungsregeln von Kathedrale zugleich mit dem Bau zu liefern. Niemals würde sie fertig werden, das Haus würde sie sprengen, bis zum Himmel wachsen... Eine idealtypischere Hommage an das große Bauvorbild und Denkbild für Spiritualität und nie erreichbare Universalität hätte es kaum geben können.

Für die Jahre ab 1919 wurde die Arbeit am Merzbau zum zentralen Projekt. Es folgte der Utopie einer verlorenen Einheit, mit Schwitters Votum von 1920 formuliert: »Die Kunst stellt ein Gesamtweltbild vor«. »Mein letztes Streben«, so Schwitters, »ist die Vereinigung von Kunst und Nichtkunst zum MERZgesamtweltbilde.«[31] Für diese Ästhetik sind keine feststehenden Normen auszumachen, wohl aber Einstellungen: Es gilt das Gegenständlichmachen der eigenen Existenz und der Erinnerung, aber auch der Projektionen; die Bereitschaft zur Annahme von Fundsachen, die Lust an der Verfremdung des Banalen; die implizite Infragestellung überlieferter Wertekanons und Konventionen, eine letztlich romantische Überhöhung der verwandelten Wirklichkeit. Gesucht wird die Vieldeutigkeit gegenüber der Eindeutigkeit der Alltagssprache. So, wie die Kathedrale als Denkbild für die Metamorphose der Materie zum Geistigen stand, von der profanen Welt weg führte in die sakrale, musste sie für die Gegenwart zum ästhetischen Projekt einer Einheit mit dem Kosmos werden. Dazu Schwitters: »Kunst ist ein Urbegriff, erhaben wie die Gottheit, unerklärlich wie das Leben, undefinierbar und zwecklos.«[32] Hier, im Hang zum Kosmischen als dem ganz Anderen, trafen sich Schwitters und Walden. Für das Bauhaus blieb in diesem symbiotischen Bau kein Raum frei.

30 | Kurt Schwitters, zit.in: Werner Hoffmann: Die Moderne im Rückspiegel – Hauptwege der Kunstgeschichte, München 1998, S. 311.

31 | Kurt Schwitters: Das literarische Werk, hg. v. Friedhelm Lach, Bd. 5, Manifeste und kritische Prosa, Köln 1981, S. 79.

32 | Kurt Schwitters: MERZ, in: Ararat 2 (1921), Nr. 1, S. 3-9.

Worpswede

Vom Hedonismus zur kommunistischen Arbeitsschule

In Worpswede bricht 1919 eine ›Neue Zeit‹ an – Die ›Überflussgesellschaft‹ der Vorkriegszeit hatte in Worpswede Verbündete – Die rote Marie war Teil der damaligen Emanzipation der Frauen – Heinrich Vogeler und Marie Griesbach arbeiteten eng zusammen – Vogeler verfasst einen Friedensappell an Wilhelm II. – Die »Arbeitsschule« auf dem Barkenhoff – Das ›Barkenho(f)fprojekt‹ lässt sich auf dem Feld der damaligen politischen Bekenntnisse verorten – Broschüren zur Verbreitung der Projektidee »Arbeitsschule«

In Worpswede bricht 1919 eine ›Neue Zeit‹ an, sie beginnt mit einer Legende – der »roten Marie«. Sie bringt Heil und Segen!

Im April 1919 begegneten sich Heinrich Vogeler und Marie Griesbach im politisch immer noch aufgeheizten Bremen. Er kommt von Worpswede und ist in Bremen kein Unbekannter, im Gegenteil: der herausragende Künstler hat das Kleinod in der nahen Hansestadt, die »Güldenkammer« im Rathaus gestaltet. Viel verbindet ihn mit diesem norddeutschen Zentrum der Reformbewegung, wo noch heute mit der Böttchergasse, einschließlich des in den 1920er Jahren von Bernhard Hoetger gestalteten »Atlantishaus« mit seinem damals hochmodernen, mit Glasbausteinen sternengeschmückten »Himmelssaal« etwas vom utopischen Geist, den sich der kulturaffine *global player* Ludwig Roselius für seine Heimatstadt ausgedacht hatte, spürbar ist. Der erfolgreiche Kaffeehändler hatte Vogeler in vielfacher Weise protegiert und ihn immer wieder von Worpswede ins städtische gesellschaftliche Leben zu locken versucht. Auch aus persönlichen Gründen fühlte er sich ihm nahe, hatte doch der wie ein lebendig gewordenes Jugendstilportrait wirkende Künstler die attraktive, legendäre, Kostbarkeit im Übermaß verströmende Wohnung Alfred Richard Heymels, des Adoptivsohnes eines Freundes mitgestaltet. Der in Bremen aufgewachsene und mit dem Erbe seines Adoptivvaters zu riesigem Vermögen gekommene Heymel war in München der szenebeherrschende Lebemann, wurde Rennstallbesitzer und gab gemeinsam mit dem kongenialen Vetter Rudolf Alexander Schröder die Jugendstilzeitschrift »Die Insel« heraus. Ein personifiziertes Gesamtkunstwerk, ein Überfluss-Modell in Stilkunst, das wie kein vergleichbarer Habitus die exzentrische, hochinszenierte Vorkriegszeit spiegelte. Hier hatte Vogeler monatelang Jugendstil in Hochkultur geschaffen.

Die ›Überflussgesellschaft‹ der Vorkriegszeit hatte in Worpswede Verbündete. Klaus Modick hat, mit Rückblicken auf Vogelers Münchener Zeit im Umfeld des aus dem »Insel«-Projekt entstandenen Verlags und der Zeitschrift »Jugend« mit ihrer an Oscar Wilde geschulten ›Überflussästhetik‹ – ›umgebt mich mit Luxus – auf Notwendiges kann ich verzichten!‹ – die konträre, seltsam windstille, dennoch stilisierte Atmosphäre im Teufelsmoor, rund um Vogelers Worpsweder Landsitz, den Barkenhoff, differenziert beschrieben:

»Er öffnet die Flügeltür zum Balkon und blickt über den noch dunklen Boden des Blumengartens zum Birkenhain, dem das Haus seinen Namen verdankt – Barkenhoff. Auch die Bäume hat er vor Jahren selbst gesetzt, Stämmchen für Stämmchen, damit man das Haus von der Landstraße aus durchs Raster einer feinen Schraffur sieht, als zeichne die Natur sich ihr eigenes Bild. Aber im Zwielicht ist das frische Grün der Blätter noch vom grauen Mehltau der Nacht überzogen, und die hellen Stämme treten zu schwarzem Gitterwerk zusammen. Sperrt es die Welt aus? Oder sperrt es ihn ein in sein eigenes Werk, in Haus und Hof mit Frau und Kindern und Pferden und Hund und den vielen Gästen, die kommen und gehen?«[1]

Modicks subtiler Einblick kommt Vogeler und der Worpsweder Welt nahe, vermittelt durch das kulturhistorisch evidente, faszinierende Portrait, das Vogeler von dieser Gesellschaft gemalt hatte. Ein Bild im Bild: »Konzert ohne Dichter«. Zentriert, auf den Stufen des Landhauses: Barsoihündin Karla – ein Tiffany-Schmuck auf einem Heidehof! »Das Konzert« wird Vogelers *opus magnum*, ein Schlüsselbild!

Es begegnen: seine sylphidenhafte, Jugendstil pur ausstrahlende Frau Martha, die Malerin Paula Modersohn-Becker und ihre Freundin Clara Westhoff-Rilke. Vogeler hat sich eingereiht in das im Abseits musizierende Ensemble – einer fehlt: der getilgte, wieder hineingemalte, letztlich als offene Wunde suggestiv provozierende, eigentlich hineingehörende Rainer Maria Rilke, imaginär und doch präsent links der Mitte. Nicht ohne Grund: Der schmarotzende, omnipräsente Dichter mutete im kargen Worpswede und dem nahen Westerwede, wo er mit Frau Clara und Kind bescheiden lebte, als eine Art Wortgebärer an. Hier, in diesem kargen Naturraum eines inszenierten Heide-Paradieses ist er monatelang als artifizieller Antipode des naturverbundenen Vogeler im Ort und bei Tisch anwesend, abhängig von einem erfolgreichen Künstler, der ihn

1 | Klaus Modick: Konzert ohne Dichter. Roman, Köln 2015, S. 9f. Für Hinweise danke ich Gerd Acker.

nun finanziert. Bald wird er aufbrechen aus seinem Barkenhoff-Asyl und dem Ehe- und Familienexperiment.[2] Dass hier, in dieser weltfernen Idylle 1919 eine kommunistische Arbeitsschule entstehen sollte, das hätte sich keiner der Porträtierten und keine der damaligen, europäisch agierenden Überflussgesellschaften vorstellen können. Der Blick auf diese avancierte Gesellschaft bestätigt aus der Rückschau einmal mehr, dass selbst ein Heideort à la Worpswede Teil der damaligen überaus elaborierten Zivilgesellschaft sein konnte.

Abbildung 23: Auf Heinrich Vogelers Oelbild Das Konzert findet sich, mit Ausnahme von Rainer Maria Rilke, die Worpsweder Kerngruppe vor dem Barkenhoff, v.l.n.r. Paula Modersohn-Becker, Agnes Wulff, Clara Rilke-Westhoff, Otto Modersohn, Martha Vogeler; rechts im Ensemble: Heinrich Vogeler (Cello), Franz Vogeler (Geige), der Schwager Martin Schröder (Flöte)

Wer waren sie und was passierte? Tatsächlich: das als Fortschrittsmodell begonnene Projekt eines ästhetisierten Worpswede zerbrach. Am Anfang: Roselius, der norddeutsche Mäzen der Moderne. Er hatte, wie die rheinischen Industriellen seiner Zeit, die Poensgen und Lueg in Düsseldorf, Karl Ernst Osthaus in Hagen und Eduard von der Heydt in Elberfeld, auch das Adelspendant, Großherzog Ernst Ludwig zu Hessen und bei Rhein in Darmstadt, eine Idee: diese Gesellschaft vom Ästhetischen her zur fortschrittlichsten in Westeuropa zu machen, ein auch marktwirksames Vorbild für andere industriell avancierte Länder. Der Werkbund und eine elaborierte Ausstellungskultur waren ihre Markenzeichen – am besten beides zusammen. Qualitätssteigerung und Erfolge durch die Zusammenarbeit von Industrie und Handwerk hatten, auf

2 | Ebd., S. 223.

Anregung des Architekten Hermann Muthesius, der als preußischer Staatsbeamter für die Kunstgewerbeschulen verantwortlich zeichnete, des Heilbronner Politikers Friedrich Naumann und Henry van de Veldes in München 1907 zur wirtschaftskulturellen »Vereinigung von Künstlern, Architekten, Unternehmern und Sachverständigen«, der Gründung des »Deutschen Werkbundes« geführt. 1914 hatte diese weit ins vor allem westeuropäische Ausland wirkende, normsetzende Vereinigung in der Kölner Werkbundausstellung ihr Potential zur Gestaltung der Zukunft gezeigt. Dass die Ausstellung, die van de Veldes einzigen realisierten Theaterbau, Walter Gropius »Musterfabrik« und Bruno Tauts berühmtes »Glashaus« zu einer Schau der Superlative gemacht hatte, kriegsbedingt schließen musste, weil die Gebäude für die Sammlung der in den Krieg ziehenden Soldaten benötigt wurden, mag man als Menetekel des Untergangs einer Ära, die es gewagt hatte ›Schönheit und Fortschritt‹ in eins zu setzen, verstehen. Vogeler war in einem solchen Projekt wie ein Sahnehäubchen!

Doch Vogeler leidet schon lange. Wer hält es schon als gefeierter »Märchenprinz«[3] im Reich der Schönheit aus, zumal wenn statt der adäquaten Inhalte sich diese fortgeschrittene Gesellschaft, die im kleinsten familiären und dörflichen Raum zu ertragen schon Provokation genug bedeutet, nun auch noch als brutal, hässlich im Geist und, nicht zuletzt mit dem Krieg, als übergriffig erweist. Schon lange quält es ihn: »[N]ur weg von hier [...], heraus aus dem goldenen Käfig. Weg von hier, das ist mein Ziel.«[4] Der Krieg wird für diesen Ausnahmekünstler zum Wandlungserlebnis: vom Saulus zum Paulus seiner Zeit – einem kämpferischen Sozialisten!

Marie Griesbach, die seinen Wechsel sanft, ebenso human empfindend wie mutig begleitet hat, die Revolutionärin, hat einen Platz im Erinnerungsfeld dieses Wandels verdient:

Die rote Marie war Teil der damaligen Emanzipation der Frauen. Sie kam mit einer Delegation der Dresdner Arbeiterjugend zur Trauerfeier für die Opfer der schon am 4. Februar, sechs Tage vor dem mit der Annahme der vorläufigen Verfassung durch die Nationalversammlung in Weimar am 10. Februar 1919 niedergeschlagenen Bremer Rätebewegung in die Hansestadt, schon jetzt von einer Aura begleitet, die sich bald zu einer strahlenden Gloriole formiert, mit der sie pure sozialistische Menschheitsliebe um sich zu verbreiten scheint. Der Ruf einer unerschrockenen politischen Kämpferin eilt ihr voraus, war sie doch 1917 als aktive Pazifistin mit ihren Antikriegsaktionen, der Verteilung von Flugblättern, wegen Hoch- und Landesverrats zu vier Jahren Zuchthaus verurteilt worden. Die Haftzeit hatte sie im Frauengefängnis von Delitzsch

3 | So der Waschzettel zu Modicks lesenswertem Roman.

4 | K. Modick: Konzert, S. 229.

verbracht – und genutzt, um ihren Bildungsstand zu verbessern und nachzudenken. Ihre sensible, künstlerisch-poetische Neigung und ihre Affinität zur Lebensreform jedenfalls gingen nicht verloren. Mit Kriegsende partizipierte sie von der Generalamnestie für politische Gefangene und, so im Geistigen, insbesondere auch Feministischen gestärkt, wurde sie nun erst recht eine leidenschaftliche, aber sanfte Revolutionärin. Frauen waren in und um die Bremer Rätebewegung besonders aktiv geworden, bei der Konstituierung als Gruppe »Internationaler Kommunisten« gingen sie entschieden voran, bei der am 11. November 1918 organisierten, über zweitausend Teilnehmer zählenden Räteversammlung waren hauptsächlich Frauen zusammengeströmt. Wie die rote Marie pochten Mitstreiterinnen wie Elise Kesselbeck, Anna Stiegler und Käte Ahrens, die Herausgeberin der Zeitung »Der Kommunist«, auf Frauenrechte.[5] Die Zeiten waren günstig. Ein Markt schien überall zu sein, in Wirtshaussälen oder auf offener Straße traten sie für ihre Rechte und die für die Zeit angesagten Normen der Freiheit, vor allem der Gleichheit ein. Der Grad weiblicher Emanzipation, der bereits mit den internationalen, doch auch mit den nationalen kämpferischen Frauenvereinigungen schon vor dem Krieg ausgeprägter war, als dies im öffentlichen Bewusstsein von heute bekannt ist, feierte in diesem Jahr 1919 mit dem Wahlrecht für Frauen einen Erfolg. Die rote Marie war in diesem Kreis die Seele und personifizierte Tatkraft und steht darüber hinaus für diese starke Bewegung.

Heinrich Vogeler und Marie Griesbach arbeiteten eng zusammen. Er war fasziniert von dieser Ausstrahlung, Gesinnung und Persönlichkeit. Ein Porträtthema! 1919 malt Heinrich Vogeler Marie Griesbach, »Die rote Marie«, in Öl.

Ein lyrisches Pendant, zwischen ›rotem‹ Bekenntnis und poetisch blau, als bezopftes Gretchen der Moderne widmet ihr Kurt Schwitters ein dadaistisches Gedicht:

> Die rote Marie: Sengen Fragen deine blauen Zöpfe
> (Entgegen den Bestimmungen der Mehrheitssozialisten)
> Denn du bist das Band
> Wirren Köpfe Geifer irr
> Irren Form
> Du blühst große Augen frage Frage
> Zwölf Uhr uhren alle Uhren.[6]

---

5 | Heike Hey: »Die »Rote Marie« und andere Frauen in der Bremer Räterepublik«, in: unsere zeit v. 20. Februar 2009, abgerufen in: www.dkp-online.de/uz/4108/s1502.htm; 18. August 2018.

6 | Kurt Schwitters: Die rote Marie, in: Der Sturm 10 (1920), S. 141.

Abbildung 24: Heinrich Vogeler hielt Die rote Marie *in einem Ölbild fest*

Marie folgt Vogeler nach Worpswede. Dessen notorische Eheprobleme führen in diesen Tagen endlich zu der schon lange anstehenden Scheidung. Vogeler ist der roten Marie durchaus freundschaftlich zugetan, auf dem Barkenhoff wird sie zu einer der Urmütter der »Arbeitsschule«, die der politisch bekehrte Künstler 1919 dort einrichtet. Die rote Marie, die Worpsweder Pazifistin, ist zunehmend von der Anthroposophie angetan, heiratet den ebenfalls an der Arbeitsschule tätigen Landwirt Walter Hundt und begründet mit ihm ein eigenes Anwesen im benachbarten Ohlenstedt. Auch nach dem Ende der Utopien pflegt sie unverdrossen ein zeittypisches weibliches Engagement zwischen politisch linkem Pazifismus und alternativer Lebenskultur mit einer der Lebensreform immanenten, monistisch-spirituellen Grundeinstellung. Dass sie selbst auch Gedichte schrieb, machte sie für Worpswede und sein Kulturkonzept zu etwas Besonderem. Für die Rolle der »Roten Marie«, der rebellierenden Frau in diversen Protest- und Problemzeiten gegen die Herrschenden, wird sie jedenfalls ein durchaus erinnerungswürdiges Beispiel. Mit ihr wird die Tradition gesellschaftskritischer weiblicher Emanzipation weitergeschrieben.

Für Vogeler war der Krieg kein Einbruch des revolutionären Chaos in seine Idylle, scheinbar fernab der Zeit, so, wie es seine Kunst vermittelte, denn er hatte sich schon längst eingemischt. Wie die meisten seiner Zeitgenossen hatte er sich 1914 freiwillig zum Kriegsdienst gemeldet und war als Oldenburger Dragoner meist an der Ostfront, vor allem als künstlerischer Kriegschronist unmittelbar beim Generalkommando eines Armeecorps eingesetzt. Das ließ Einblicke zu, die dem ›gemeinen‹ Schützen versagt waren. Erschrocken über die wahren Kriegsmotive und die Lüge vom »großen, grundanständigen feierlichen Volkskrieg«[7], wie Thomas Mann als Stimmführer konservativer Intellektueller das nun ins vierte Jahr gehende absurde Kampfgeschehen gedeutet hatte, wurde er zum Kriegsgegner. Für ihn trat dieser Schwindel drastisch um die Jahreswende 1917/18 bei den Verhandlungen über den Frieden von Brest-Litowsk, den umstrittenen deutsch-russischen Separatfrieden zutage. Die deutsche Reichsleitung hatte auf das sowjetische Angebot eines Friedens ohne Gebietsabtretungen mit extrem annexionistischen Friedensbedingungen geantwortet.

Vogeler verfasst einen Friedensappell an Wilhelm II. Dazu hatte er seinen Heimaturlaub im Januar 1918 genutzt. Den offenen »Brief an den Kaiser« kleidete er in »Das Märchen vom lieben Gott«[8]. In Vogelers poetischem Bekenntnis erscheint Gott am Heiligen Abend auf dem Potsdamer Platz. Der »alte traurige Mann« verteilt Flugblätter: »[o]ben stand Friede auf Erden und den Menschen ein Wohlgefallen und darunter in lapidarer Schrift die zehn Gebote«[9]. Welch eine Provokation! Die Strafe folgt auf dem Fuße – im Märchen wird der ›alte Mann‹ wegen Landesverrats standrechtlich erschossen, die, die ihn verteidigen, landen im Irrenhaus.

»Gott war tot.«[10]

Verwegen hatte Vogeler auf das handschriftliche Schreiben ans obere Ende des Blattes gesetzt: »Ich beete [!] dass diese Worte der Kaiser liest, dann mag er die Feigheit haben, mich erschießen zu lassen. Ich gehe gern bei ihm zu sein, sein ganzes Leben!«[11] Der Brief hat zwar – wie zu erwarten war! – beim

7 | Zit. in: Inge Diersen: Thomas Mann. Episches Werk, Weltanschauung, Leben, Berlin 1985, S. 89.

8 | Vgl. dazu Bernd Stenzig: »Das Märchen vom lieben Gott«. Heinrich Vogelers Friedensappell an den Kaiser 1918, Worpswede 2014, zit nach https://www.heinrich-vogeler.net/friedensbrief, v. 12. August 2018.

9 | Ebd.

10 | Ebd.

11 | Ebd.

so Angesprochenen nicht zum sofortigen Umdenken geführt, wohl aber für den Märchendichter zur unmittelbar nachfolgenden Einlieferung in die Beobachtungsanstalt für Geisteskranke eines Bremer Krankenhauses. Vogeler war damit glimpflich davongekommen, denn Ludendorff hatte seine sofortige Liquidierung gefordert. An die Front zurück brauchte er aber nun nicht, denn schon im April erhielt er ein »Dienstunbrauchbarkeitszeugnis« wegen »temporären manisch-depressiven Irrseins«.[12]

Die »Arbeitsschule« auf dem Barkenhoff verlangte nach der mentalen Umkehr die konsequente Umgestaltung. Mit ihr erhielt das Jahr 1919 eine kleine, sozialistisch-reformerisch ausgerichtete Parallelwelt im Spektrum der vielen Alternativen, die sich in diesem beispiellosen Jahr auf den Zukunftsmarkt begaben.

Zunächst musste das Alte beiseite geräumt werden. Das geschah auch auf eine für den friedlichen Ort im Teufelsmoor ungewöhnliche Weise, denn mit Vogeler war über Jahre hinweg dort ein in Druckgrafik verbreiteter, mit exquisit gestalteten Möbeln, Bestecken, Textilarbeiten und vielem mehr international bekannter Markenname entstanden, mit dem sich auch die Worpsweder und die nahen Bremer Bürger durchaus angefreundet und auch eingedeckt hatten. Doch auch in dieser Stunde der Wandlung zeigte sich die Entschlossenheit und Deutungskompetenz eines Heinrich Vogeler. Es begann mit dem Exodus der in Bremen besonders spartakistisch ausgerichteten Soldaten, die nach der Niederschlagung der dortigen Räterepublik als versprengtes Häuflein das idyllische Worpswede aufmischten – so jedenfalls mussten sie in dieser gegenwartsfernen Atmosphäre des Ortes empfunden werden. Das brachte den inzwischen selber zum Revolutionär und Sozialisten Mutierten nicht von seinem Ziel ab. Im April 1921 schildert Vogeler in einem Brief an den österreichischen Anarchisten Pierre Ramus die Anfänge des Barkenhoff-Projekts im Frühjahr 1919:

»Als im Februar durch mehrheits-socialistische Decrete die Macht der Arbeiter- und Soldatenräte völlig untergraben waren landeten aus diesen Räten die verschiedensten Genossen auf dem Barkenhoff mit der Frage ›Was nun‹. –

---

12 | Vgl. B. Stenzig: Vogelers Friedensappel, hier zit. in: Heinrich Vogeler: »Mehr denn je wissen wir, dass unser Weg recht ist«, in: Weibisch, frankophil und (nicht nur) von Männern gemacht. Denkbilder, Schmuck- und Fundstücke, Randständiges, Hauptsächliches, Amüsantes und Bedenkliches aus der Geschichte des Feuilletons im frühen 20. Jahrhundert, in: Juni. Magazin für Literatur und Kultur 51/52, hg. v. Werner Jung u. Walter Delabar, Bielefeld 2016, S. 291-296, hier S. 295, Anm. 3 (Kommentierung: Walter Fähnders).

Damit begann allmälig nach vielem Wechsel der Personen der Zusammenschluss einer kommunistischen Gemeinschaft, die allen Besitz, alle Produktionsmittel, alles Land vom Barkenhoff erfasste und in Betrieb nahm.«[13]

Gegründet wurden ein Produktionsrat, der für die »Kräfteverteilung, Werkzeug und Arbeitskontrolle« zuständig war, ein »Konsumrat«, der »Küche und Zuführung der Ernährung durch Landwirtschaft und durch die Gelder die der Wirtschaftsfinanzrat aufbringt« unter sich hatte, zuletzt ein »Wirtschaftsrat«, dem der Verkehr mit der »kapitalistischen Außenwelt, Steuern etc.« oblag.[14] In ihm wurde Marie Griesbach aktiv.

Für das Projekt »Arbeitsschule« war zunächst gedankliche Arbeit notwendig, um für die aktuelle Situation eine angemessene Handlungsstrategie zu entwerfen, dem Schul- und Bildungsprojekt eine Fundierung zu geben. So entsteht ein Entwurf, der Zielvorstellungen und Organisationsformen des Unternehmens vermittelt:

Die Schule sollte von Kindern und Erwachsenen besucht werden, wobei dezidiert Bezug genommen wurde auf die Landschulbewegung, an der man sich ausrichten wollte und an den »mustergültig eingerichteten Werkstättenschulen, wie Osthaus-Hagen«.[15] Die Unterrichtspflichtfächer setzten sich faktisch aus den Aktionsfeldern eines ländlichen Lebensraumes zusammen, eingebettet in Vorstellungen vom regionalen Wirtschaftsleben und überregional geltenden kaufmännischen Praktiken. Die Betriebe im Ort wurden unmittelbar einbezogen, aus ihnen rekrutierten sich die Lehrkräfte. Die Betriebe selbst wurden zum Ort eines exemplarischen Lernens. Besonderes Gewicht legte Vogeler auf die Regeln dieser Gemeinschaft: »In der Schulgemeinde dürfen keine Personen in irgendeinem abhängigen dienenden Verhältnis angestellt werden, ein jeder dient dem Ganzen.«[16] Dieses Ganze firmierte als ›Die Kommune Barkenhof‹.[17]

---

13 | »Mehr wie je wissen wir, dass unser Weg recht ist«. Ein Brief von Heinrich Vogeler an den österreichischen Anarchisten Pierre Ramus über die Barkenhoff-Kommune, o. D. (Umschlag mit Zensurstempel v. 28. April 1921), zit. in: »Weibisch, Frankophil und (nicht nur) von Männern gemacht«, Juni, Magazin, S. 291-296, hier S. 291.

14 | Ebd. S. 292f.

15 | Vgl. dazu das Kapitel »Stuttgart, Hamburg und andere ›Bauhäuser‹«.

16 | Heinrich Vogeler: Entwurf für die Errichtung einer Arbeitsschule, in: Juni, Magazin, S. 297-299, hier S. 298.

17 | Ebd.; Vogeler änderte die Schreibweise ›Barkenhoff‹ zu ›Barkenhof‹, verfuhr aber nicht durchgehend so.

Eine »Arbeitsgemeinschaft Barkenhof« klärte die Parameter, nach denen die Arbeitsschule ihre politische Basis erhalten sollte. Hier findet sich eine direkte Verbindung zum anarchistischen Geist Kropotkins, auf den sich vergleichbare Gemeinschaftsprojekte in diesen Tagen berufen haben. Das Programm betonte »das sociale Arbeitsverhältnis der gegenseitigen Hilfe.«[18] Theorien, wie sie Silvio Gesell z.B. in der Münchner Räterepublik umsetzen sollte und wollte, hatten auch hier auf dem Barkenhoff Geltung. Das Programm proklamierte statt der herrschenden Prinzipien der Ausbeutung und Konkurrenz das der gegenseitigen Hilfe.

Erziehungsziel war die Stärkung der individuellen Kraft, die in die Gemeinschaft eingehen konnte, Verantwortlichkeit und »Selbstzucht« mussten betont werden. »So erhalten wir Menschen, die frei sind; Menschen, die nie an eine Autorität glauben; sich aber restlos der Tat, dem lebendigen Beispiel unterstellen; Menschen, die ihr Werk nicht als ihren Besitz, sondern als Ausdrucksmittel ihrer Kraft betrachten, als befreiende Tat, die allen zu gute kommt.«[19]

Das ›Barkenho(f)fprojekt‹ lässt sich auf dem Feld der damaligen politischen Bekenntnisse verorten. Vogeler wandte sich in diesen Tagen der entstehenden kommunistischen Partei zu, suchte die Nähe z.B. zu den Bremer Räten, die letztlich auch der Berliner Spartakus-Bewegung einen wesentlichen Impuls gaben und zur Parteigründung führten. In ihrem Geist ist er später in die Sowjetunion gegangen. Doch noch hielten die Geburtswehen des Kommunismus in Deutschland an, aus zu unterschiedlichen Impulsen kamen Persönlichkeiten und Denkrichtungen zusammen. Auf diesem differenzierten, ja, diffusen Feld zwischen USPD-Nähe, Spartakus und Restbeständen einer revolutionsbereiten Sozialdemokratie, aus Räten aller Art und rasch entstehenden Splittergruppierungen und nicht zuletzt dem Anarchismus, ließ sich zu Beginn des Jahres kaum die reine Lehre ausmachen. Das spiegelte sich in Vogelers Unternehmung. Das Schwanken zwischen einem an Kropotkin orientierten Anarchismus und dem Marxismus, das etliche vergleichbare Zeitgenossen in sich austrugen, z.B. Erich Mühsam in München, Bruno Taut in Berlin oder Otto Freundlich in Köln, gilt auch für Vogeler. Es liegt nahe, die künstlerisch-schöpferische Praxis, von der auch Vogeler herkam, als entscheidendes Kriterium zu beachten: Sie alle dachten, wenn überhaupt, nicht in klassenpolitischen Denkmustern, sondern in den epochalen Geisteshaltungen und ihrer Formenwelt, zu der sie selber beitrugen. Sie zählten zum expressionistischen Messianismus, wenn dieser auch bei Vogeler vergleichsweise rhetorisch reduziert daherkam.

---

18 | Heinrich Vogeler: Die Arbeitsgemeinschaft Barkenhof, in: Juni, Magazin, S. 302.

19 | Heinrich Vogeler: Die Arbeitsschule in [der] kommunistischen Gesellschaft, in: Juni, Magazin, S. 303f., hier S. 303.

Die proletarische, kommunistische Gesamtausrichtung spielte in diesem Projekt durchaus eine Rolle, zumindest in der Programmatik, während der gesamte Geist eher bestimmt wurde von den reformpädagogischen Versuchen, die um die Jahrhundertwende herum bereits etabliert waren. In diesem Fall entstand der Reiz des Projektes aus den Möglichkeiten, die der Ort Worpswede und die Umgebung boten und die selbst Basis des Schulprojektes werden konnten. Hier kam Vogeler die doppelte Identität, die das Leben in Worpswede schon seit langem bestimmte, entgegen: Die agrarisch-handwerkliche Ebene berührte im Alltagsleben auch die künstlerische Lebenswelt. So hatte sich gerade, im Wendejahr 1919, eine erste private Galerie etabliert, die sich, nach dem Muster der norddeutschen Erfolgsmodelle in Hamburg und Bremen, als eine Art ›Worpsweder Kunsthalle‹ verstand. Das Miteinander funktionierte auch hier: wie sich Vogeler weiter als Künstler verstand, schon lange vom Jugendstil zum Expressionismus gelangt war und den Barkenhoff entsprechend ausmalte, waren die ›Kunsthalle‹ und die ortansässige »Buchbinderwerkstatt« in das Projekt einbezogen.

So entstand im und mit dem Ort verbunden ein eigenwilliges Siedlungsexperiment im Kontext vergleichbarer weiterer Experimente als gelebte Utopie. Dazu gehörte schon seit den Tagen der Friedrichshagener und der Neuen Gemeinschaft, inspiriert vom Idealprojekt dieser Zeit, Tolstois Jasnaja Poljana, über ein gesellschaftspolitisches Ziel hinausgehend, das Muster einer autarken Kommune.

Vogeler hatte einiges an Aktivitäten entwickelt, um diese Autarkie zu erreichen. Zum Projekt gehörte ein Gelände von etwa 14 Morgen Gartenland für Gemüsekultur und vier Morgen Acker für Getreide- und Kartoffelanbau. Die nächste Stufe galt dem Handwerk, wobei Schmiede, Tischlerei, Imkerei und, für später vorgesehen, eine Geflügelzucht aufgebaut werden sollten. Verbunden mit der Wirtschaftsebene sollten alle zusammen, Kinder und Erwachsene, als Träger der Gemeinschaftsprojekte, »einen kleinen gemeinwirtschaftlichen Staat aufrichten.«[20] Die »schöpferische Arbeit« sollte der Zugewinn sein. Aus der Arbeitsgemeinschaft entstand so, durchaus parallel zu vielen Bildungsinitiativen dieses Jahres und dieser Zeit, die »Arbeitsschule«.[21]

Vogeler dachte sich sein Schulprojekt nicht als autonomes Einzelprojekt, sondern als Teil einer umfassenden ›proletarischen‹ Kultur, freilich in der für diese Zeit des Umbruchs typischen umgreifenden Sinngebung, die dem ›kommunistischen‹ das ›Kosmische‹ zugesellte, wie es Otto Freundlich tat, und dem Revolutionsbegriff den Aktivismus, der das Aufbegehren und den

20 | Heinrich Vogeler: Die Arbeitsgemeinschaft Barkenhof, in: Juni, Magazin, S. 300-301, hier S. 302.

21 | Ebd.

umfassenden Wandel meinte. So erstellte er noch ein weiteres Papier, in dem er diesen Zusammenhang offenlegte:

»Die proletarische Kultur ist Menschheitskultur, die weder an Rasse, Nation oder an Religion gebunden ist; sie ist Freiheit - Frieden. Die Schule der kommunistischen Gesellschaft erkennt keine sogenannte Kultur an, die die Freiheit, die Menschenwürde verneint. Das Selbstbestimmungsrecht, die Selbstzucht, Selbstverantwortung muss die Grundlage der Erziehung sein; jeder Autoritätsglaube muss immer wieder zerstört werden. Die Bildung darf niemals äußere Form bleiben, ungenutztes Kapital an Wissen, das nicht im Leben verankert ist, muss als überflüssig vernichtet werden. Aus ihm wird die Freiheit des Willens geboren, die Entscheidung zur Tat.«[22]

Broschüren zur Verbreitung der Projektidee »Arbeitsschule« erschienen in Fülle zwischen 1919 und 1922.

Abbildung 25: Heinrich Vogeler veröffentlichte bei Paul Steegemann Schriften zu seinem Arbeitsschul-Projekt

22 | H. Vogeler: Arbeitsschule, S. 303.

Vogeler hoffte, überregional mit diesem Experiment Nachahmer zu finden. Sie haben oft nur wenige Seiten Umfang, sind häufig mit einer Umschlag-Illustration des Künstlers versehen und sollten zur Verbreitung der sozial- und kulturrevolutionären Ziele dienen. In ihrem durchweg manifestartigen, begrifflich oft nur schwer nachvollziehbaren Duktus berühren sie sich mit dem expressionistischen Pathos dieser Jahre, aber auch dem linksradikalen revolutionären Utopismus, wie bereits die einschlägigen Titel erkennen lassen: »Über den Expressionismus der Liebe« (1918); »Das Neue Leben. Ein kommunistisches Manifest« (1919); »Siedlungswesen und Arbeitsschule« (1919); »Proletkult. Kunst und Kultur in der Kommunistischen Gesellschaft« (1920); »Expressionismus. Eine Zeitstudie« (1920); »Die Freiheit der Liebe in der kommunistischen Gesellschaft« (1920); »Die Arbeitsschule als Aufbauzelle der klassenlosen menschlichen Gesellschaft« (1921); »Kosmisches Werden und menschliche Erfüllung« (1921); »Friede« (1922).

Walter Fähnders hat in seinen Forschungen eine Fülle weiterer Publikationen, mit denen Vogeler Gleichgesinnte zu erreichen suchte, entdeckt, »Dutzende von Zeitungs- und Zeitschriftenartikeln, die ebenfalls von politischen, sozialen und kulturell-künstlerischen Themen handeln«[23]. Sie erschienen teils als Auszüge aus seinen Broschüren, aber auch als Originalbeiträge. Erschienen sind sie in den sich damals rasant ausbreitenden, oft nur als ›graue Literatur‹ erscheinenden linken Publikationsorganen, den Periodika der anarcho-syndikalistischen Arbeiterbewegung, aber auch in Publikationen aus dem Umfeld der Jugendbewegung. Ein besonderes Format stellen die »Rundschreiben der Barkenhoff-Kommune« dar.

Vogeler hat sich nicht nur als Künstler, zum Politischen bekehrter Zeitgenosse und Kommunarde verstanden, sondern letztlich als *praeceptor germaniae*, in einer vom Alten losgesagten Gemeinschaft der Zukunft, zu der er als Lehrer wirken wollte, als Führer in eine Zukunft, die ihr Bild vom ›Geist der Utopie‹ dieser Tage empfangen hatte. Doch diese konkrete Utopie der Barkenhoff-Kommune endete 1922/23. Vogeler übersiedelte nach Berlin, später nach Sowjetrussland.

Eine der Publikationsforen hat Vogler besonders intensiv genutzt: eine Parallelwelt zur politischen, die der avantgardistischen Verlage. So gewinnt die Buchreihe der »Silbergäule« im Hannoveraner Paul Steegemann-Verlag eines ihrer Profile vom freundschaftlich verbundenen Heinrich Vogeler. Sie verweisen auf die Nähe, die sich um 1919 zwischen künstlerisch und politisch tätigen Zeitgenossen ergab. Neben Vogeler ist Herwarth Walden, in der Nachfolge

23 | Walter Fähnders: Heinrich Vogeler und die Barkenhoff-Kommune. Unveröffentlichter Vortrag vom 24. 09. 2016, abrufbar unter https://www.heinrich-vogeler.net/wp-content/uploads/faehnders_die-barkenhoff-kommune_vortrag-barkenhoff.pdf v. 7. August 2018.

Lothar Schreyer zu nennen, der in diesen Tagen sein Kulturmachertalent für eine Sturm-Kunstschule nutzt.[24] Sie ist in dieser Zeit analog zur »Arbeitsschule« ein ganzheitliches ›Bildungsprojekt‹ in dem Sinne, wie sich die Utopieprojekte der Zeit, z.B. Siedlungsprojekte wie die »Freie Erde« in Düsseldorf-Eller oder Simonskall, auch das Osthaus-Projekt, auf das Vogeler selber verweist, empfunden haben: eine am Denkbild ›Bilden-Architektur‹ und am Künstlerbild ›Baumeister‹ ausgerichtete Schöpfungstheorie und -praxis. Konkret: eine antiautoritäre, auf dem Räteprinzip des Anarchismus gegründete Utopie vom Neuen Menschen und einer Neuen Gesellschaft.[25]

24 | Vgl. dazu das Kapitel »Stuttgart, Hamburg und andere ›Bauhäuser‹«.

25 | Vgl. dazu das Kapitel »München zwischen Boheme, Anarchismus und Weißgardisten«.

Enklaven und Denkinseln der Utopie

Frankfurt, Heppenheim und am Bodensee

Jüdische Lichtblicke

Heinrich Heines Romanfragment »Der Rabbi von Bacharach« – Die Erfolgsgeschichte der Juden in Frankfurt – Frankfurt prägt auch politisch Deutschlands urbanen Westen – Für die beginnende Republik ist die Stadt wie kaum eine andere gerüstet – Max Beckmann – Alfons Paquet – Die jüdische Tradition der Stadt wird 1919 aktiviert – Franz Rosenzweig – 1919 zeigt sich die Aktualität des »Systemprogramms des deutschen Idealismus« – Von der »Judenschaft« zum »Judentum« – Rosenzweig arbeitet 1919 an seiner reformtheologischen Schrift »Stern der Erlösung« – 1919 entsteht der Plan zum jüdischen »Lehrhaus« – Die jüdische Bildungsarbeit im christlichen Europa – Martin Buber wird zeitgleich aktiv – Der »Bund der Sommerhalde« – »ecclesia und synagoge«, das Figurenpaar mittelalterlicher Kathedralen

Heinrich Heines Romanfragment »Der Rabbi von Bacharach« lässt seinen Protagonisten den mittelalterlichen Pogromen im Ort entkommen. Der Gesetzeslehrer flieht mit seiner schönen Frau Sarah nach Frankfurt und wird mit allen Regeln jüdischen Gemeindelebens und nicht zuletzt der üppigen Garküche willkommen geheißen, in der von der »Suppe mit schwärmerisch schwimmenden Klößchen« bis zum »Karpfen mit brauner Rosinensauce« immer auch »Sehnsucht« mit am gastfreundlichen Tisch sitzt und »wohlschmeckende Jugenderinnerungen« wach werden, die die »Väter empfanden, als sie zurückdachten an die Fleischtöpfe Ägyptens«.[1] Welch ein umgreifender Entwurf für diesen ersten deutsch-jüdischen historischen Roman! Nicht von ungefähr spielt er am Rhein/Main: Die Stadt Frankfurt a.M. war neben Worms eine der Hochburgen einer elaborierten jüdischen Kultur entlang der mittelalterlichen »Pfaffengasse«, wie man den Rhein nebst Nebenflüssen mit seinen kirchlichen Kurfürstentümern Mainz, Köln und Trier nannte. Letzteres hatte, gerade wegen der politischen Bedeutung der Rheinschiene, seinen Amtssitz

---

1 | Heinrich Heine: Der Rabbi von Bacharach, in: Heinrich Heine. Historisch-kritische Gesamtausgabe der Werke, Bd. 5, Der Rabbi von Bacharach, bearb. v. Manfred Widfuhr, Hamburg 1978, S. 143.

von der Mosel ins rheinische Koblenz verlegt. Die freie Reichsstadt hat Teil am spätmittelalterlichen Bedeutungsgewinn, den die Kurfürsten mit dem »Kurverein zu Rhense« 1338 erreichen. Sie wird zum weithin anerkannten Marktplatz im Westen des Reiches. Frankfurt war Wahl-, der Dom Krönungsort. Mit einer solchen Akkumulation von kirchlicher und politischer Macht entwickelte sich die Stadt am Main zu einem europäischen Machtzentrum. Große Handelshäuser entstehen und begründen das wirtschaftliche Fundament für Jahrhunderte. Nach dem Reichsdeputationshauptschluss 1803 bleibt die Wirtschaftsmacht. Wo anderswo symbolstrotzend weiter die Kirche im Dorf steht oder sich ein Ort um Burg oder Schloss gruppiert, findet sich in Frankfurt ein »Römerberg«, gekrönt vom »Römer«, dem Amtssitz einer selbstbewussten Stadtregierung.

Die Erfolgsgeschichte der Juden in Frankfurt prägte die Stadt. Mussten die Protestanten ihre Gemeinde jenseits von Bockenheim, also außerhalb der Stadt etablieren, blieb die jüdische Gemeinde da, wo sie über Jahrhunderte weg das Leben mitbestimmte. Auch hier können wir Heine zum Zeugen aufrufen. In seiner »Denkschrift« »Über Ludwig Börne« hat er der »Freien Reichs- und Handelsstadt« ein deutsch-jüdisches literarisches Denkmal gesetzt. Beginnend mit Erlebnissen um 1815 reflektiert er die nationaldemokratischen Bewegungen der Opposition in Deutschland. Der Spott trifft den intellektuellen Gegner, zeichnet aber auch das Bild einer Stadt in ihrer Offenheit im Nebeneinander der jüdischen und christlichen Bevölkerung. Nicht zuletzt im metaphorischen Sprachgestus gibt es einen bemerkenswert einigenden Habitus. Heine spottet über das jüdische »Mauscheln«, bemerkt aber zugleich, dass dieselben Praktiken übergreifend in Handelskreisen üblich sind:

> »Von der Schnurgasse bis zur Börse mussten wir uns durchdrängen, hier fließt die goldene Ader der Stadt, hier versammelt sich der edle Handelsstand und schachert und mauschelt [...]. Was wir nämlich in Norddeutschland mauscheln nennen, ist nichts anderes als die eigentliche Frankfurter Landessprache und sie wird von der unbeschnittenen Population ebenso vortrefflich gesprochen, wie von der beschnittenen.«[2]

Zur Symbiose zählen Familien wie die Brentanos, Goethes, Textors, inklusive der Frauen als Kulturagenturen: Frau Aja, Goethes Mutter, und, im nahen Ehrenbreitstein, Sophie von La Roche, die Großmutter der Dichterkinder Clemens und Bettine Brentano, mit der ersten Frauenzeitschrift »Pomona« die »Erzieherin von Teutschlands Töchtern«.

2 | Heinrich Heine: Ludwig Börne. Eine Denkschrift, in: H. Heine: Historisch-kritische Gesamtausgabe, Bd. 11, Ludwig Börne. Eine Denkschrift und Kleinere politische Schriften, bearb. v. Helmut Koopmann, ebd., S. 24.

Die Tradition der pekuniär reichen Bürgerkultur mit ausgeprägt jüdisch-christlicher Geisteskultur bleibt erhalten, auch eine großzügige, lebensoffene Geschäftigkeit, als Bismarck die alte Reichsstadt annektiert und sie nach dem Krieg von 1866 an Preußen anschließt. Was man bisher durch offizielle Kulturförderung in der Stadt bewegte, betreibt man danach als Mäzenatentum. Man legt Stiftungen auf, baut Krankenhäuser, Bibliotheken, Museen, Theater und macht Kunstsammlungen zugänglich. Eine der bis heute nachwirkenden Stiftungsinitiativen wurde das von dem jüdischen Industriellen und Mäzen Wilhelm Merton 1890 begründete »Institut für Gemeinwohl«, das, weiterentwickelt, als Hochburg der Soziologie, der linksintellektuellen »Frankfurter Schule« weit in die Bonner Republik hineinwirken wird.[3]

Frankfurt prägte auch politisch Deutschlands urbanen Westen. Man fand einen eigenen, selbstbewussten Weg. Die Frankfurter wählen bis 1918 mehrheitlich die antipreußische Demokratische Volkspartei, darunter als Parlamentarier ein jüdischer Bankier, der zugleich einer der Mitbegründer der international ausstrahlenden Frankfurter Zeitung war: Leopold Sonnemann, Freimaurer in der Loge »Zur aufgehenden Morgenröte«, geprägt durch das Paulskirchenparlament, das er als junger Mann miterlebte, der Kultur wie der technischen Moderne zugetan. Durch seine Frau war er mit der Schriftstellerin Else Lasker-Schüler verwandt, nicht von ungefähr. Hier bündelt sich das, was avanciertes jüdisches Bürgertum in Deutschland ausmachte: Liberalität, Weltoffenheit, die Engführung merkantiler und kultureller Interessen *und* der Tradition jüdischen Denkens, quasi in Jahrhunderten in die Stadt hineingewachsen. Entsprechend hatte Frankfurt dem Antisemitismus, der sich zunehmend in Europa ausbreitete, einiges entgegenzusetzen, auch und gerade mit Sonnemann. Er hatte mit der Frankfurter Zeitung ein Blatt begründet, das immer auch diesem Rassismus Paroli geboten hatte. 1919 war sie bereits in die Hände der Enkel Kurt und dem in der Öffentlichkeit überaus engagierten Heinrich Simon übergegangen. Auch er holt offene, kritische Stimmen in das Blatt. 1919 nutzt der Theologe und Kulturphilosoph Ernst Troeltsch die Frankfurter Zeitung für seine Zeitkritik. Hier bietet sich ihm ein der Demokratie zugewandtes Medium, das keine Maulkörbe verteilt, offen für die Annahme des Versailler Vertrages plädiert und die Außenpolitik Stresemanns unterstützt. Für Troeltsch, der vom Februar 1919 an unter dem Pseudonym »Spectator« in der Münchner Zeitschrift »Der Kunstwart und Kulturwart« die Ergebnisse seiner intensiven Beschäftigung mit dieser Zeit veröffentlicht, zählt zu dem, was dieses Umbruchjahr und die Probleme der Zukunft in der Republik an-

3 | Theodor Eschenburg: Das gesellschaftliche und politische Milieu Frankfurts 1915-1933, in: ders., Die Republik von Weimar. Beiträge zur Geschichte einer improvisierten Demokratie, München u. Zürich 1984, S. 109-119.

geht, auch die offene Wunde, die Deutschland angesichts seines ungeklärten Verhältnisses mit dem jüdischen Teil der Bevölkerung hatte. Troeltschs Diagnose differenziert die Situation, sieht Unterschiede in einzelnen Regionen in Deutschland. In Frankfurt fehlten die im ausgehenden Jahrhundert aus Osteuropa z.B. nach Berlin und ins dortige »Scheunenviertel« drängenden, den Pogromen entflohenen Juden. Folgt man der klugen Analyse Troeltschs[4], so wird die Initiative der jüdischen Intellektuellen, um 1919 von Frankfurt aus Impulse für eine veränderte Integrationsstrategie zu entwickeln, schlüssig. Wenn sich der Status der jüdischen Bevölkerung in der beginnenden Republik gegenüber dem Kaiserreich verbessern sollte, war Frankfurt als Reformzentrum ideal.

Für die beginnende Republik ist die Stadt wie kaum eine andere gerüstet! Mit Berlin oder dem Rheinland war die Lage nicht zu vergleichen. Es gab zu kaufen, die »Eintracht« spielte wieder Fußball und in drei Theatern der verschiedenen Bühnen bot die Saison 1919/20 Gemischtes: vom Urfaust bis zur Pension Schöller, Mozart-Opern bis zur Fledermaus, Schnitzler, Shaw, Hauptmann und Wedekind. Eingestreut ins Programm: »Sondervorstellung für die kriegsbeschädigte Arbeiterschaft«[5]. Das Leben schien sich wieder (fast) gut anzulassen. Vieles blieb außen vor, Räterepubliken kannte man 1919 nur durch die Zeitung, der Separatismus hatte es nur bis ins linksrheinische Wiesbaden geschafft. Frankfurt hatte einen Ruf als »Türpfosten des Reiches«, war »Weltort, bekannt den fernsten Erdteilen«.[6] Von den Intellektuellen und Künstlern, die im Kontext des Endes der Kampfhandlungen auf dem Weg waren, um sich in diesem aufgewühlten Deutschland einen identitätsstiftenden Ort zu suchen, sind zwei der 1919 Zugezogenen als Chronisten Frankfurts von herausragender Bedeutung: Max Beckmann und Alfons Paquet.

Max Beckmann hat erst in den zwanziger Jahren in der avancierten Städel-Kunstschule unterrichtet, denn die war 1919 noch nicht so weit, um in Konkurrenz zum Bauhaus zu treten. Er hält Frankfurt in einer Vielzahl von

4 | Spectator alias Ernst Troeltsch: Vorherrschaft des Judentums? Brief v. 20. Oktober 1919, zit.n.: Ernst Troeltsch: Die Fehlgeburt der Republik. Spektator in Berlin 1918-1922, zusammengestellt und mit einem Nachwort versehen v. Johann Hinrich Claussen, Frankfurt a.M. 1994, S. 91-99.

5 | Frankfurter Theateralmanach von 1919. Amtliche Ausgabe, Frankfurt 1919, o. P.

6 | Alfons Paquet: Wort und Geist in Frankfurt. Seit langem bis heute, in: ders: Frankfurt a.M. einst und jetzt, Frankfurt a.M.1931, S. 234-254, hier S. 250; vgl. auch Sabine Brenner, Gertrude Cepl-Kaufmann u. Martina Thöne: »...ich liebe nichts so sehr wie Städte«. Alfons Paquet als Schriftsteller, Europäer, Weltreisender (= Frankfurter Bibliotheksschriften 9), Frankfurt 2001.

Bildern fest, doch 1919 gibt er seinen Einstand in das Thema und die Identität Frankfurts mit dem Ölbild »Die Synagoge in Frankfurt«.

Abbildung 26: Max Beckmann zog 1919 in die Mainmetropole und malte dort Die Synagoge in Frankfurt

Der Börneplatz mit seiner mächtigen Synagoge bietet dazu einen interessanten biografischen Hintergrund: drei Personen, die Freunde Ugi und Friedel Battenberg sowie Beckmann selbst. Das Trio, offensichtlich frühmorgens auf dem Heimweg nach einer Karnevalsnacht, wird überhöht mit rätselhaften Anspielungen, einem Grammophontrichter, einem Fesselballon und es scheint der zweifache Mond, zu sehen auch die Litfaßsäule: Assoziationen, die auch in Otto Dix' Bildwelt, mit denen er das chaotische Düsseldorf und später das chaotischere Berlin festgehalten hat, zu finden sein könnten. Doch hier ist es die im Stadtbild präsente jüdisch-christliche Identität, die Frankfurt ausmacht. Beckmann ist in der westeuropäisch-rheinmainischen Stadt angekommen!

Alfons Paquet hatte es vom nahen Geburtsort Wiesbaden nicht weit, dafür hatte der Journalist und Schriftsteller seinen politischen Blick als Weltreisender gerade erst mit einer Fahrt nach Palästina, danach über Stockholm nach Russland, wo er Zeuge der Revolution geworden war, geschärft und ließ sich 1919 in Frankfurt nieder.

Abbildung 27: a) Alfons Paquet trug ab 1919 zum ulturellen Profil Frankfurts bei; b) Martin Buber beeinflusste von Heppenheim aus den deutsch-jüdischen Diskurs. Paquet und Buber trafen sich im Bund der Sommerhalde

Auch er mischt sich ein, kümmert sich um die Altstadtsanierung, die Besucherströme im Goethe-Haus am Großen Hirschgraben und bereichert den Honoratiorenstammtisch »Weisheitsbembel«. Für ihn ist die Stadt ein »Begegnungsort der Geister«[7]. Er macht das Besondere Frankfurts für 1919 fest: »Alle Fragen der Zukunft standen offen. Man spürte sie wie im besetzten Rheinland, das am Rande der Stadt begann. Aber man konnte sie erörtern, wie es dort nicht möglich war. Und wie es in solcher Weise an keinem anderen Ort im Reich geschah. [...] Berlin hüllt sich in einen grauen Nebel. Kommt eine

7 | A. Paquet: Wort und Geist in Frankfurt, S. 250.

Neuordnung des Reiches? Soll doch einmal die alte Hoffnung in Erfüllung gehen, die Frankfurt zum Kulturmittelpunkt des Westens, zur geistigen Hauptstadt erhebt?«[8] Der weltläufige Neu-Frankfurter Autor hatte eben das gelernt: die politischen Topographien zu unterscheiden. So lehnte er die hektischen und militaristischen Ereignisse in Berlin ab, auch eine zwar für Russland zukunftsschaffende, aber nicht hierher übertragbare Revolution. Die Stadt mit ihrem intellektuellen Potential und der herausragenden Frankfurter Zeitung, an der er selbst, zeitweise neben Walter Benjamin und Siegfried Kracauer tätig wird, könnte ein »Welt-Bürgertum des deutschen Volkes« anführen, mit dem es »Träger des neuen Europas« werden könne, fernab von »Rassenfeindschaft« und Militarismus, umso mehr getragen vom »Humanismus der westlichen Nationen« und dem daraus resultierenden »revolutionären Idealismus«[9]. Dem reizvollen Hinweis auf das politische Modell eines »Weltreichs« am Rhein, wie es Friedrich Schlegel 1803 in der Zeitschrift »Europa« entwickelt hatte, ließe sich mit Gewinn folgen, doch, so politisch-romantisch man auch damals dachte, das Heute von 1919 war doch von einer ganz anderen Sehnsucht beseelt. Der Baptist Paquet artikulierte, nicht zuletzt mit Artikeln in der Frankfurter Zeitung das, was dem Wunsch und der Hoffnung des intellektuellen Frankfurt entsprochen haben muss. Auch hier, und erst recht hier war die »Geburt der Idee einer neuen Menschheitsepoche«[10] angesagt. Die Utopien, die wie ein Sternenmeer am Himmel zu erscheinen schienen, sollten retten, was nicht zu retten war: das Bürgertum als politisch handelnde und normsetzende Instanz.

Die jüdische Tradition der Stadt wir 1919 aktiviert. Im Blick auf Frankfurt lässt sich herauskristallisieren, welcher Anteil jüdischen Denkens in die Utopien von 1919 einfloss. Das 20. Jahrhundert hat sich mit der Vernichtung der europäischen Juden um einen Teil seiner Geschichte gebracht, umso mehr bedarf es der Wiederentdeckung. Für das geistige Profil des Jahres 1919 ist die Bedeutung kaum zu überschätzen.

Franz Rosenzweig machte Ernst mit einer Wandlung jüdischen Denkens. Mit ihm beginnt die Genese des Freien Jüdischen Lehrhauses – doch bis dahin war für einen assimilierten Juden ein schwerer Gang zu tun. Als das Ende des Ersten Weltkrieges absehbar und die Offensive, die Deutschland nach Wilsons 14-Punkte-Plan vom Januar 1918 startete, das Land in die Lage des Verlierers brachte, hatten die Juden in Deutschland schon verloren! Schon längst war

8 | Ebd., S. 246f.

9 | Alfons Paquet: Der Geist der russischen Revolution, Leipzig 1919, S. 27; vgl. dazu die reiche Arbeit von, Oliver M. Piecha: Der Weltdeutsche. Eine Biographie Alfons Paquets, Berlin 2016, S. 93ff.

10 | Ebd., S. 33.

sichtbar, dass das »Burgfriedens«-Versprechen, das der Kaiser im August 1914 auch den Juden zugesagt hatte, nicht eingelöst worden war, eine Erfahrung, die Ernst Toller im Drama »Die Wandlung« thematisiert.[11] Für eine der Persönlichkeiten, die in besonderer Weise zum Zeugen einer deutschen intellektuellen Kultur geworden war, wurde eine Entscheidung fällig – Franz Rosenzweig. Sollte er der Idee der Assimilation weiter folgen, oder die Konsequenzen aus den Erfahrungen des eigenen Lebens und das seiner jüdischen Zeitgenossen und Geistesverwandten ziehen?

Der Panorama-Blick auf das Frankfurt des Jahres 1919 und auf eine Persönlichkeit wie Franz Rosenzweig gewinnt exemplarischen Charakter: Vor fast einem Jahrhundert hatte der intellektuell ebenso wie gesellschaftlich hochstehende Teil der Juden in Deutschland, allen voran Moses Mendelssohn, im aufklärerisch-jüdisch geprägten Berlin versucht, mit der Etablierung der Wissenschaft vom Judentum die eigene Geschichte zu historisieren und in der Gastkultur Aufnahme zu finden. So waren es die Intellektuellen, die dank der talmudischen Schriftkultur eine ganz eigene Logik, Hermeneutik und Rhetorik des Denkens entwickelten und damit zur Genese des deutschen Mythos vom Land der Dichter und Denker erheblich beigetragen hatten – freilich, ohne dass dieser Kulturtransfer öffentlich thematisiert, geschweige denn angemessen gewürdigt worden wäre. Rosenzweig hatte mit seiner an Kant und dem nachfolgenden Idealismus geschulten akademischen Bildung diese Repräsentanz nationaler Identität lebendig füllen können. Die existenziell wichtigen Gespräche, die er selber kurz vor dem Krieg geführt hatte, brachten ihn im Spannungsfeld von Abbau des eigenen Judentums, Konversion und dem zu dieser Zeit bereits existierenden Zionismus in ein Problemfeld, in dem es sich nun zu verorten galt. Dass Rosenzweig sich mit seiner geplanten Konversion, vergleichbar mit Heinrich Heine, ein ›Entreebillet zur europäischen Kultur‹ schaffen wollte, war also durchaus zeittypisch. Bemerkenswert ist die Lösung, die Rosenzweig findet: Der selbstbewusste Denker wartete mit einer Idee auf, in der das jüdische Denken *und* die religiöse Identität als Ergänzung der Honoratiorenkultur zu einem modernen und ethisch hochstehenden christlich-jüdischen kultursoziologischen Modell im damaligen Deutschland werden müssen. Dafür hat er um das Jahr 1919 konkrete Strukturen entwickelt.

Franz Rosenzweig kam aus einer assimilierten, arrivierten Familie, war 1912 in Freiburg bei Friedrich Meinecke promoviert worden und hatte danach begonnen, seine Dissertation über Hegels Staatsverständnis zu einer Habilitationsschrift auszubauen. Im Kontext der Hegel-Recherchen hatte er handschriftliche Aufzeichnungen aus dem Nachlass des Philosophen, die erst kurz zuvor von der königlichen Bibliothek in Berlin erstanden worden waren, gesichtet. Das vierseitige, für die deutsche Geistesgeschichte überaus wichtige

11 | Vgl. dazu das Kapitel »Berlin. Schall und Rauch und der Tanz auf dem Vulkan«.

Fragment von unbekanter Hand, das Rosenzweig darin fand, gab er 1917 unter dem Titel »Das älteste Systemprogramm des deutschen Idealismus« heraus. Das Systemprogramm vertritt eine Position, die ideal und eng mit der Denk- und Sprachtradition des Judentums verbunden werden konnte. Es belässt die Deutungshoheit über das Wesen der Welt und den Sinn der Geschichte nicht den Theologen, auch nicht den Philosophen, sondern legt sie in die Hände einer Vermittlungsinstanz, deren Leistungskraft erst 1735 mit Alexander Gottlieb Baumgartens ›Ästhetik‹ als Teilbereich der Philosophie, als »Schwesternkunst« legitimiert worden war: der Dichtung.

1919 zeigt sich die Aktualität des »Systemprogramms des deutschen Idealismus«. Die Vermittlungsebene der Weltdeutung verschob sich:

»Die Poësie bekömmt dadurch eine höhere Würde, sie wird am Ende wie-/der, was sie am Anfang war – Lehrerin der ~~Geschichte~~ Menschheit;/denn es gibt keine Philosophie, keine Geschichte mehr, die dichtkunst allein/wird alle übrigen Wissenschaften und Künste überleben.«[12]

Das schöpferische Ich, der Dichter, tritt der Natur als schöpferischer Geist entgegen.

Das »Systemprogramm« hatte einst der christlichen Romantik zugearbeitet, doch, so musste sich Rosenzweig fragen, war nicht gerade die jüdische Schriftkultur, die Bedeutung, die Sprache, Gebet und Buchstabe im Judentum hatten, eine ideale Ergänzung? Konnte dieses Systemprogramm nicht gerade den jüdischen Denkern und der ihnen eigenen Sprache einen ganz neuen Auftrag für ihre Zeit geben? So wie Novalis, die Schlegels, Schelling, ja die gesamte romantische Philosophie der Dichtung universale Kraft aus dem Geist des Christentums zugesprochen hatte, baute das Judentum ja seit Anbeginn seiner eigenen Geschichte auf die Tradition des Erzählens. Das Alte Testament als Fundus von Geschichten hatte es zum Fundament seines Glaubens gemacht. So, wie das »Systemprogramm« damals eine Mythologie der Dichtung[13] geschaffen hatte, ließe sich auch jetzt, in dieser besonderen Umbruchzeit eine ›neue Mythologie‹ schaffen, so lässt sich Rosenzweigs Denken weiterführen. Sie könnte, so wie es im jüdischen Glaubensvollzug war, als ein neu verstandenes Judentum die »Judenheit« über sich aufklären, darüber hinaus aber im Konzert der Religionen eine neue Mythologie schaffen, der es gelingen müss-

12 | Franz Rosenzweig: Das älteste Systemprogramm des deutschen Idealismus. Ein handschriftlicher Fund, Heidelberg 1917 (Sitzungsberichte der Heidelberger Akademie der Wissenschaften, phil.-hist. Klasse 8).

13 | Vgl. dazu Manfred Frank: Der neue Gott. Vorlesungen über die Neue Mythologie, Frankfurt 1982.

te, *alle* gegenwärtigen Gruppen über sich selbst aufzuklären und ihnen mit der Kategorie einer neuen, *gemeinsamen* Meistererzählung eine Basis ihres spirituellen Selbstverständnisses zu schenken. Es ist, ließe sich aus dem Frankfurter Kontext schließen, der ›Geist der Utopie‹, der gerade jetzt, nach dem Krieg, ins Recht gesetzt, als Mythos für eine gemeinsame Zukunft der Religionen und der Gesellschaft tragfähig sein müsse. Es erscheint geradezu schlüssig, die Schlusssequenz des damals gerade erst bekannt gewordenen, 1917 von Rosenzweig veröffentlichten »Systemprogramms« als Votum für die aktuelle Lage von 1919 und Denkbild von Utopie in diesen Diskurs einzubringen:

»Nimmer/der verachtende Blik, nimmer das blinde Zittern des Volks vor seinen/Weisen und Priestern, dann erst erwartet uns gleiche Ausbildung/aller Kräfte, des Einzelnen sowohl als aller Individuen. Keine Kraft/wird mehr unterdrükt werden, dann herrscht allgemeine Freiheit und Gleich-/heit der Geister! – Ein höherer Geist vom Himmel gesandt, muß/diese neue Religion unter uns stiften, sie wird das lezte, gröste Werk/der Menschheit seyn.«[14]

Von der »Judenschaft« zum »Judentum«, so lässt sich Rosenzweigs Weg mit der von ihm aktivierten Begrifflichkeit kennzeichnen. War die »Judenschaft« der ethnisch herausgestellte Teil der Bevölkerung in Deutschland, müsste ein neues Judentum mit seiner Geschichte und Denkart einen spezifischen, geistigen Anteil in dieser Bevölkerung gewinnen. Die Tradition jüdischer Gelehrsamkeit sprach dafür, vom Bereich Bildung auszugehen und die Rolle des Rabbi weiterzuschreiben.

Hier, im Bereich Schule und Bildung trafen sich um 1919 die Interessen: der unterschiedlichen Religionen, der politischen Einstellungen und kultursoziologischen Gruppen. Gleich war ihnen dieser Bildungshunger nach dem Krieg, die Perspektive, dass nur über Schulen, insbesondere neue Schulkonzepte und neue Lernformen, auch neue Gemeinschaftsformen, ein grundlegender Wandel der Gesellschaft möglich sei. Parallel dazu entwickelte sich ein ausgeprägter Glaube an die Jugend, die gegen das abgewirtschaftete Zivilisationsmodell der Elterngeneration nun diesen Wandel vollziehen müsse. Flächendeckend und in allen Utopieprojekten wurden Hilferufe wach, in Walter Rathenaus schon 1918 erfolgtem Aufruf »An Deutschlands Jugend« ebenso wie in den »Flugblätter[n] an die deutsche Jugend« des Eugen Diederich Verlages, allesamt Bekenntnisse der eigenen Defizite und Hoffnungen, dass das nicht einmal konkret Benennbare, die Utopie, Wirklichkeit werden würde.[15]

Hier allerdings konnte Rosenzweig mit Vorstellungen aus jüdischer Religiosität und jüdischer Sicht etwas einbringen, das ideal in diese Zeit hinein-

14 | F. Rosenzweig: Das älteste Systemprogramm.

15 | Vgl. dazu das Kapitel »Stuttgart, Hamburg und andere ›Bauhäuser‹«.

passte: Sowohl die elaborierte Lehr- und Bildungskultur, als auch ein ausgeprägter Gemeinschaftssinn, nicht zuletzt das Messianische, die Heilszusage, waren Teil der jüdischen Identität. Für eine neue Gemeinschaft von Juden und Christen standen die Zeichen gut.

Rosenzweig arbeitet 1919 an seiner reformtheologischen Schrift »Stern der Erlösung«. Im dritten Band entwickelt er eine Phänomenologie der jüdischen und der christlichen Glaubensgemeinschaft.

Abbildung 28: Franz Rosenzweig erarbeitete mit der Trilogie Der Stern der Erlösung *ein reformjüdisches Projekt. Es fundierte damit das von ihm initiierte Jüdische Lehrhaus in Frankfurt*

Wir können sie heute lesen als die damals höchst aktuelle Antwort auf die Herausforderung, die sich in den messianischen Diskursen zeitgleich in verschiedenen Zentren abspielt. Zu nennen sind der Kreis um Ernst Bloch und Walter Benjamin in Bern, das Ausstellungs- und Buchprojekt Gustav Friedrich Hartlaubs »Kunst und Religion« in der Mannheimer Kunsthalle (das ein eigenes Kapitel verdiente!) und die katholische Liturgische Bewegung, nicht zuletzt das Umfeld der Landauer-Rezipienten. Insgesamt haben wir es mit einem evidenten Kulturmuster des Jahres 1919 zu tun. Es reicht vom expressionistischen Messianismus zur Spiritualität und Esoterik im Bauhaus, der Gläsernen Kette Bruno Tauts und seiner ›Ordensbrüder‹, über christliche Heilsbotschaften des Weißen Reiter, in den Klöstern Beuron und Maria Laach und anderswo. Zu hören ist der Ruf nach einem »Johanneiischen Christentum« bei Paquet und den rheinischen Dichtern. Es begegnen die Institute für Religiöse Kunst, die Christus-Bilder der Dadaisten bis ins 50 Seelendorf Simonskall und seiner mit Carl Oskar Jatho eingebrachten Reformtheologie des Protestantismus. Von diesen Projekten ist an anderen Stellen des Buches die Rede.

Eine Wandlung war angesagt, Rosenzweig machte sich an die Arbeit, um dem persönlichen und gewissenhaft vollzogenen Prozess der Selbsterkenntnis ebenso konsequent die Praxis folgen zu lassen. Er entschied sich gegen die zunächst geplante Konversion zum Christentum, um diesem Judentum, das so offensichtlich in diesem Weltkrieg verraten worden war, eine selbstbewusste Plattform zu schaffen.

1919 entsteht der Plan zum jüdischen »Lehrhaus«. Rosenzweig geht mit einer ersten Schrift an die Öffentlichkeit, einem schmalen Bändchen, im Titel auf den 118. Psalm anspielend: »›Zeit ist's…‹ Gedanken über das jüdische Bildungsproblem des Augenblicks«[16]. Rosenzweig entwickelt praxisnah das Programm des jüdischen Religionsunterrichts an Gymnasien mit dem Ziel, eine »jüdische Sphäre«[17] müsse legitimer Teil der Gesellschaft werden. Bezogen auf eine feste Stundenzahl in einem neunjährigen Schulverlauf skizziert er die jeweils zu vermittelnden Anteile im Lehrplan, die jüdischen Schülern ein neben den christlichen Religionen gleichwertiges, sie ergänzendes Bildungsprofil schafft. Von den »Zwerglektionen«[18] bis zur Ausbildung jüdischer Lehrer in einer eigenen »Akademie« ist alles planerisch vorbereitet. Er macht sich sogar Gedanken über die Größenordnung der Lehrerschaft, die, entsprechend einem aufgeklärten und modernen Verständnis des Judentums nicht die Rabbis seien, sondern »150 wissenschaftliche Arbeiter«[19]. Die Kosten bezifferte er auf 10 Millionen, was der Gesamtsumme der Etats der jüdischen Gemeinden entsprechen würde, bzw. dem Militäretat von 1913.

Eine Utopie stand am Ende der nüchternen Betrachtung: Die akademischen Lehrer würden letztlich nicht nur vor Ort angedockt sein, sondern sich auszeichnen durch eine »Zugehörigkeit zu einer großen, das ganze Reich, ja vielleicht, je nach Entwicklung der europäischen Dinge im Friedensschluss, das ganze Mitteleuropa umschließenden gelehrten Körperschaft«[20]. Gemeinderäume und Bibliotheken nach dem Vorbild des Berliner Instituts für die Wissenschaft vom Judentum sollen hinzukommen. Nicht zuletzt wird der Lehrer

16 | Frank Rosenzweig: »Zeit ist's« (Ps. 119, 126). Gedanken über das jüdische Bildungsproblem des Augenblicks, Berlin 1918.

17 | Ebd., S. 14.

18 | Ebd., S. 16.

19 | Ebd., S. 29.

20 | Ebd., S. 24.

das geistige Leben der Gemeinde nach außen repräsentieren. Hier gewinnt Rosenzweigs Zukunftsvorstellung ihr Format an der bildungsbürgerlichen Honoratiorengesellschaft, die wesentlich im 19. Jahrhundert ausgeprägt worden war: Er sieht schon in den kleinen Städten, die keine Universität haben, diesen wissenschaftlichen Lehrer des Judentums als »Orientkenner« bewundert und akzeptiert.

Die jüdische Bildungsarbeit im christlichen Europa, die Rosenzweig zum Ziel hat, nimmt dank der Zusammenarbeit mit Martin Buber schon bald Gestalt an. Sie verbindet Heppenheim und Frankfurt, denn um Buber hat sich in dessen Haus an der Bergstraße ein eigenes Zentrum gebildet. Er lebt sozusagen das »dialogische Prinzip«[21], das er als Philosoph mit seinem Wissenschaftsprogramm vertritt und mit dem er nicht nur hier eine zeitadäquate Antwort auf die Probleme der Moderne geben wollte. Schon lange vor der Idee, in einem jüdischen Lehrhaus Raum zu schaffen für das Gespräch als diskursive Form des Miteinander, hatte Buber mit seiner Dialogphilosophie ein Modell geschaffen, das für die Begegnung mit dem Anderen, der anderen Denkart, der anderen Religion das Verstehen-Wollen zum Prinzip erhoben hatte: »Beziehung ist Gegenseitigkeit. Mein Du wirkt an mir, wie ich an ihm wirke.«[22] Begegnungen wirkten immer reziprok.

Martin Buber wurde zeitgleich aktiv: im Bund der »Sommerhalde« und im Projekt »Freies Jüdisches Lehrhaus«. Der Unterschied zwischen beiden Projekten zeigt differenziert die Ansätze und Dimensionen, die auf dem Markt der Ideen waren: Positioniert sich das jüdische Lehrhaus im Kontext der Bildungsgeschichte Deutschlands einerseits und der Geschichte des jüdischen Denkens darin, hatte eine Initiative wie der 1919 nach einem Aufruf an Gleichgesinnte entstandene »Bund der Sommerhalde« einen konfessionsunabhängigen, nur sehr begrenzten, aktuellen Kontext.[23] Wollte Rosenzweig, mit ihm auch Buber, mit dem Lehrhaus eine langwirkende Reform strukturell absichern, stand Buber als Mitglied des »Bund der Sommerhalde« ganz unter dem Eindruck des Zeitgeistes, wollte unmittelbar Einfluss nehmen auf die anstehende Gestaltung von Deutschlands Zukunft.

---

21 | Martin Buber: Das dialogische Prinzip, Gütersloh 1973.

22 | Martin Buber: Ich und Du, Heidelberg 1974, S. 23.

23 | Vgl. dazu: Gertrude Cepl-Kaufmann: Gemeinschaftsutopien am Rhein. Wilhelm Schäfer und der »Bund der Sommerhalde«, in: Schwabenspiegel. Literatur vom Neckar bis zum Bodensee 1800-1950, hg. v. Manfred Bosch, Biberach a.d. Riß 2006, S. 703-717.

Der »Bund der Sommerhalde« erhielt seinen Namen von Wilhelm Schäfers Wohnsitz am Bodensee. Der Bund war nur eine der vielen Sammlungsbewegungen des Jahres. Überall in Deutschland wurden mit Leidenschaft Debatten darüber geführt, wie die ›Geistigen‹ in die Geschicke Deutschlands eingreifen könnten. Der »Bund der Sommerhalde«, der hier exemplarisch in den Blick gerät, war einer der kurzlebigen, symptomatischen Initiativen. Zum Kern zählten Alfons Paquet, der Marburger Philosoph und Erziehungstheoretiker Paul Natorp und Wilhelm Schäfer, Buber wurde hinzugewonnen. Im April 1919 wurde ein Programmpapier entworfen, das sowohl der internen Verständigung in der Gruppe diente, als auch für politische Aktionen gedacht war und unter dem Titel »Aufruf der geistigen Arbeiter zum Sozialismus« firmierte. Es folgten weitere Titelvarianten, die das Tastende dokumentieren, das einer solchen spontanen Bund-Idee anhaftete: »Aufruf der geistigen Arbeiter zum Sozialismus«; »Aufruf des deutschen Geistes zum Sozialismus«; »Aufruf des deutschen Geistes zur Genossenschaft«; »Aufruf zur Genossenschaft«. Genossenschaft – Bund – Räte – alle drei Bezeichnungen wurden 1919 zum Denkmodell. Ihre Reichweite differierte von einer Weiterschreibung des »Sozialistischen Bundes«, den Landauer bereits 1908 gemeinsam mit Martin Buber und Margarethe Faas-Hardegger ins Leben gerufen hatte, bis hin zu Ideen eines Einstiegs in ein Rätesystem als »primitive Verwirklichung des Völkerbundgedankens«[24]. Favorit im »Bund der Sommerhalde« wurde der Begriff »Orden« als Leitbild. Die Mitglieder sollten in »Bundeshäusern« leben, die man sich als eine Art modernes Kloster vorstellte. Ein letzter Aufruf, den Martin Buber unterschreibt, erscheint in Eugen Diederichs Zeitschrift »Die Tat«[25], doch mit dem abnehmenden Jahr versiegten die Aktivitäten.

Das am Bodensee ausgedachte Projekt »Sommerhalde« wollte den ›Geistigen‹ in dieser Zeit Gehör verschaffen, blieb letztlich aber nur eine Kopfgeburt. Das »Freie Jüdische Lehrhaus« sollte ein erster Schritt zur Reform des Judentums sein und wurde tatsächlich realisiert. Der Lösungsansatz, für den sich Rosenzweig einsetzte, zeugt vor allem vom Selbstbewusstsein, mit dem sich jüdische Denker damals in den Diskurs eingemischt haben. 1919 geplant, konnte die Schule 1920 eröffnet werden. Es gibt kein eigenes Haus, die Kurse, an denen Juden und Nichtjuden gleichberechtigt teilnehmen konnten, finden in angemieteten Räumen statt. Das Programm bestimmen die Teilnehmer mit, die Bezahlung richtet sich nach den jeweiligen finanziellen Möglichkeiten.

Im »Freien Jüdischen Lehrhaus« werden Bibel- und Sprachkurse für Hebräisch angeboten, doch auch Themen, die zur Sensibilisierung der Religions-

24 | A. Paquet: Geist der russischen Revolution, S. 20.
25 | Die Tat. Monatsschrift für die Zukunft deutscher Kultur 10 (1919), S. 613-615.

thematik und kulturellen Identität geeignet sind, werden behandelt. Zu den dort Vortragenden zählten neben Rosenzweig und Martin Buber der Chemiker und Philosoph Eduard Strauss, Ernst Simon, Siegfried Kracauer, Erich Fromm und Alfons Paquet, Leo Löwenthal und die Feministin Bertha Pappenheim, der Rabbiner Leo Baeck, der Kabbala-Spezialist Gershom Scholem, die Journalistin und Essayistin Margarete Susman, Nathan Birnbaum und Nahum N. Glatzer.

»ecclesia« und »synagoge«, das Figurenpaar mittelalterlicher Kathedralen, blieb, bezogen auf das Frankfurter Experiment, letztlich nur Allegorie. Das »Jüdische Lehrhaus« bestand zwar über Rosenzweigs Tod hinaus, doch seine Idee ließ sich nicht durchsetzen. Nicht zuletzt das erhöht die Bedeutung, die das Lehrhaus um 1919 im Konzert der Bemühungen einnahm, die Zukunft Deutschlands vom jüdischen Denken her mitzugestalten. Dass diese Initiative zustande kam, verdankt sich der im Vergleich zu vielen Regionen Deutschlands bedeutungsrelevanten mittelalterlichen Geschichte, der urbanen Tradition, dem Nebeneinander von Kathedralen *und* Synagogen, die schon im Figurenensemble der mittelalterlichen Kathedrale als *ecclesia* und *synagoge* präsent waren. Standen sie einst sinnbildlich für die siegreiche Kirche und die unterlegene Synagoge, sollten sie nun hier, in Frankfurt, versöhnt in die Republik weitergeschrieben werden.

Stuttgart, Hamburg und anderenorts

›Bauhäuser‹ in ganz Deutschland

Weimar bekam ein Bauhaus – ›Bauhäuser‹ sprossen ringsum! – Das System Bildung steht 1919 zur Disposition – 1914 schon wurde die Universität Frankfurt begründet – Die Kölner Universität verdankt sich Konrad Adenauer – In Hamburg gingen die Uhren anders – Aby Warburg und Ernst Cassirer – 1919 bot sich im Blick auf Deutschland ein Panorama neuer Schulen, getragen von Utopien – Zwischen Schule und Universität tat sich lange Zeit nichts – Gustav Landauer wurde in der Münchner Räterepublik ›Volksbeauftragter für Volksaufklärung‹ – Karl Ernst Osthaus und Bruno Taut planen für Hagen – Stuttgart und die Waldorfschule passten zusammen – In Darmstadt entstand 1919 eine »Schule der Weisheit« – Die »Kampfbühne« in Hamburg wurde zur ›Außenstelle‹ der Berliner ›Sturmschule‹ – Die Ugrino-Bewegung in Hamburg – In Köln entsteht das »Institut für religiöse Kunst« – Die Schulprojekte verbindet das Denkbild ›Bau‹ und die Leitdisziplin Architektur – Schulneugründungen waren zugleich Appelle an die Jugend

Weimar bekam ein Bauhaus – ›Bauhäuser‹ sprossen ringsum! Die Kunstschule in Weimar nannte sich »Bauhaus«, doch ebenso wie das ehrgeizige Projekt, für das Walter Gropius außer dem Namen auch Ideen und Symbolelemente der Architekten- und Handwerkergemeinschaft der »Bauhütte« in die Gegenwart weitergeschrieben hatte, entstanden anderenorts Künstlergemeinschaften und Schulen, die auf den mittelalterlichen Kathedralbau zurückgriffen. Einst hatte die schöpferische Gemeinschaft rund um die in Jahrzehnten, ja Jahrhunderten entstehenden Gotteshäuser der Gotik Kunst, Handwerk und das mit dem Baustil symbolisierte ›siderische‹ Haus, die Verifikation des himmlischen Jerusalem, Diesseits und Jenseits mit diesem Architekturprogramm verbunden. Die Schulgründer von 1919, Vordenker und engagierte Zeitgenossen, fanden nun zum Reiz solcher Kreativ- und Glaubensgemeinschaften zurück. Und auch sie suchten über die Praxis hinaus nach einem höheren Sinn. Die ›Kathedrale‹ wurde zum Denkbild. Wenig blieb dabei vom Gotteslob, wenig von der institutionalisierten Kirche, doch die ›Bauaufgabe‹ war überall präsent: Zukunft musste erstehen. Gemeinsam wollte man am ›Morgen‹ bauen, auch politisch, so, wie es Lyonel Feininger mit dem Titelholzschnitt »Kathedrale des

Sozialismus« im Weimarer Bauhaus-Projekt zu benennen versucht hatte. Es war nur eine der unzähligen künstlerischen und literarischen Visionen einer solchen ›Kathedrale der Zukunft‹.

1919 entstanden Ideen und Projekte zum ›Bau‹ der Zukunft gleichzeitig und an verschiedenen Orten, oft in ein Netzwerk eingebunden. Sie gehören zum Bildungsprogramm der Zeit, darüber hinaus hatten sie teil am Ideenprofil des Jahres. Schauen wir auf Worpswede – Hagen – Weimar: ein bemerkenswertes ›Weimarer Dreieck‹! Es überspannt Zeiten, verbindet Personen und Ideen von Zukunft. Vogeler in Worpswede beruft sich in seiner Arbeitsschule auf Bruno Tauts Kooperationsprojekt mit Karl Ernst Osthaus in Hagen, der wiederum hat Reformimpulse von Henry van de Velde in Weimar erhalten. Zum synchronen Muster kommt das diachrone: die Kontinuität der seit der Jahrhundertwende blühenden Lebensreform wird erkennbar. Impulse der damaligen Siedlungsgemeinschaften, etwa der »Neue[n] Gemeinschaft« in Berlin oder der Kommune Monte Verità in Ascona werden gegenwartsadäquat weitergeschrieben. Dies lässt sich, wie Vogeler zeigt, über die Gestaltung einer Gesellschaft in enger Bindung und mit der Natur schaffen, die Lösung gelingt aber insbesondere durch die weiterentwickelten Architektur-Ideen van de Veldes, die mit Gropius im Bauhaus Gestalt gewinnen, ebenso wie mit Tauts und Osthaus' analoger Vorstellung von einem umfassenden »Bau« als Gesamtwerk. Form und Inhalt kommen zusammen. Bau – Werkstätte – Gemeinschaft sind die Schlüsselbegriffe der Schulprojekte des Jahres 1919.

Das System Bildung steht 1919 zur Disposition. Wie soll die Schule dieser Nation aussehen? Wie soll die Schule für eine Republik überhaupt aussehen? Ist das, was sich vorfinden lässt, eine gute Basis? Wo, mit wem, womit und wie ließe sich der Geist der neuen Zeit etablieren? 1919 wird Schule selber ein Denkbild für das Jahr.

Vergleicht man die Bildungssysteme, lässt sich ein genereller Unterschied auszumachen: Die Reformschulbewegung hatte sich an markante Vorzeigeprojekte wie die Odenwaldschule oder die Freie Schulgemeinde Wickersdorf in Thüringen gebunden. Sie stand gegen ein von oben diktiertes, zur Lernschule reduziertes Schulsystem und hatte seit der Jahrhundertwende eine breite Basis gewonnen. Ihr Geist ist durchgehend bis 1919 präsent und wird auch die Schul- und Bildungslandschaft der Republik beeinflussen. Insofern gebührt den Reformschulen ein hohes Maß an Anerkennung schon für den hohen Standard, den sie nun in die Bildungslandschaft brachten.

Die Universitäten als Eliteinstitutionen dagegen hatten mit ihrem nationalistischen Geist zwar die bellizistische Atmosphäre des frühen Jahrhunderts mit befördert, aber den befreienden Geist der Revolution in keiner Weise mitgeprägt. Ihre klassische Funktion als Orte der Reflexion und Kritik spielte kaum eine Rolle, mit Ausnahme einzelner Hochschullehrer wie Max Weber, Paul Natorp, Ernst Troeltsch und wenige andere. Die 23 in Deutschland vorhandenen Universitäten bestanden aus zwölf preußisch-reichsdeutschen Einrichtungen, die vom Geist des Kaiserreichs geprägt waren und es im Wesentlichen auch blieben. Umso mehr gilt es, die Ausnahmen herauszustellen.[1] Das Beharrungsvermögen solcher Mega-Strukturen ist immens, und so waren es erkennbar die Neugründungen, die sich der Herausforderung stellten und zeitgemäße Antworten suchten.

1914 schon wurde die Universität Frankfurt begründet, geprägt durch die der Stadt eigenen Traditionen. Zwei weitere Hochschulen haben Teil an den innovativen Bewegungen im Jahr 1919: Köln und Hamburg.

Die Kölner Universität verdankt sich Konrad Adenauer. Bisher galt Bonn als universitäre Hochburg im Rheinland. 1819 begründet vom protestantischen Preußen, das in die ihm mit dem Wiener Kongress zugesprochene »Preußische Rheinprovinz« einzog. Es war Preußen gelungen, mit der Etablierung eines ersten, im katholischen Rheinland fehlenden Lehrstuhl für evangelische Theologie ein Signal zu setzen. Mit Karl Heinrich Sack, der als erster den Lehrstuhl einnahm und zugleich eine protestantische Gemeinde in Bonn aufbaute, kam preußischer Reformgeist hierher. Die Bonner Friedrich-Wilhelms-Universität prägte den bürgerlichen Geist der ersten Hälfte des 19. Jahrhunderts. Gottfried Kinkel und der »Maikäferbund« gaben um 1840 in Bonn den liberalen Lebensstil vor. Mit ihm hatte wenig später, in der Revolution von 1848, republikanisches Denken einen Ort in den rhein- und frankreichnahen Ländern bis ins Badische am Oberrhein gefunden. Dem Niedergang des Preußischen Reformgeistes konnte aber auch die Bonner Universität sich nicht entziehen.

In Köln sollte nun der Geist der *neuen* Zeit Einzug halten. Wieder geschah dies über die Etablierung von Fächern und ausgewählten Professoren: So entstand das Fach Wirtschaftswissenschaften auf der Basis einer linkskatholischen Soziallehre und geopolitischer Einflüsse. Daneben die Philosophie mit ebenfalls einer stark katholisch-phänomenologischen Ausrichtung. Die Lehrstühle besetzten Bruno Kuske und Max Scheler. Beide wirkten weit über Köln hinaus.

1 | Vgl. dazu Jürgen John: »Land im Aufbruch«. Thüringer Demokratie- und Gestaltungspotentiale nach 1918, in: Weimar 1919. Chancen für die Republik, hg. v. Justus H. Ulbricht, Köln u. Weimar u. Wien 2009, S. 17-46, hier S. 23.

Abbildung 29: a) Bruno Kuske; b) Max Scheler. Kuske prägte das geopolitische Projekt der Wirtschaftswissenschaften, Scheler die phänomenologisch ausgerichtete Philosophie an der neubegründeten, von der Stadt finanzierten Universität in Köln

In Hamburg gingen die Uhren anders. Schon lange hatte die Hamburger Oberschicht den ursprünglich seit den Erfolgszeiten der Gewürzimporte allen Hansestädten zugedachten Spottnamen »Pfeffersäcke« an sich gezogen. Hier waren Handel, Fleiß und Weltoffenheit eine produktive Allianz eingegangen. Bei allem Bürgerstolz waren die Hamburger aber nicht so selbstbewusst, wie sie sich gaben, denn über Jahre hinweg hatten sie sich gegen die Etablierung einer Universität in ihrer Stadt mit einem noch heute die Archive füllenden Schriftwechsel[2] gewehrt, weil sie die dominierende Rolle als Handelsmetropole in Gefahr sahen. Dabei hatte man viel ›Moderne‹ zu bieten. 1919 bildete sich hier, wie an vielen Orten, eine der späten Sezessionen. Doch schon vor dem Krieg boomte die Kunst, z.B. mit Alfred Lichtwark, dem Direktor der Hamburger Kunsthalle, einem Vorkämpfer der Reformbewegung. Auf sie berief sich auch die Schrebergartenkolonie »Fortschritt und Schönheit« im Vorkriegsbarmbek. Was treibt einen Verein, der ein paar, von keinem Architekturpreisausschreiben ästhetisch konzessionierte Holzbuden entlang der Schienengeleise aufrichtet, zu einem solchen grotesken Aushängeschild? Auch die Hamburger Klein-Kolonisten offenbarten sich mit einem zeittypischen Zugriff auf das Evolutionsdenken, das vom 19. Jahrhundert kommend die Erfolgszeiten der Gesellschaft ausmachte. Auch sie wollten mit ihrer vollmundigen Selbstpositionierung im Kontext der Fortschrittseuphorie, die sich über das Ästhetische

2 | Für diesen Hinweis danke ich Dr. Ina Ewers-Schulz.

weiterschrieb, etwas vom Kuchen abhaben, der in dieser Zeit allenthalben Glück versprach.

Aby Warburg und Ernst Cassirer repräsentierten in der Hamburger Universität von 1919 den neuen Geist.

Warburg, bis heute nachwirkender Pionier für die Entdeckung des Archivs als Erinnerungsträger, lebte mit dem europäisch-abendländischen Wahlspruch: ›Jude von Geburt, Hamburger im Herzen, im Geiste Florentiner‹. Er begründete ein »Archiv der Menschheit«, mit umfassender Bibliothek und dem berühmten »Mnemosyne-Bilderatlas«. Das kollektive Gedächtnis wurde modern weitergedacht und auf Bildwänden, die Teil dieser Bibliothek waren, erfasst. Kulturwissenschaft sollte, anders als es sein intellektueller Widerpart Heinrich Wöfflin mit der Erkenntnismethode des reinen Sehens und dem Glauben an die Existenz des autonomen Kunstwerks vertrat, als sozialer Prozess verstanden werden, in den alle Disziplinen, einschließlich der Mode, Werbung und Alltagskultur mit hineingehörten. Er bildete mit diesem von der Antike abgeleiteten Denken einen Gegenpol zum damaligen Irrationalismus mit seiner Vorstellung, dass es einen ewigen Pendelgang zwischen den magischen und den rationalen Kräften in der Welt gebe, und dass die Deutung dieses Prozesses zugleich das Vermögen stärken müsse, die Gefahr dieses Irrationalismus zu bannen. ›Athen‹ müsse, so Warburg, immer wieder neu aus ›Alexandrien‹ zurückerobert werden.

Ernst Cassirer war Neukantianer aus der Marburger Schule. Entsprechend arbeitete er geradezu symbiotisch mit Warburg zusammen. Seine Vorstellungen einer »Philosophie der symbolischen Formen« verstand sich als bedeutungstheoretische Lehre von der Gestaltung der Wirklichkeit durch den Menschen. Dabei betonte er, in Abgrenzung und Weiterschreibung der kantischen Ideen, die Verschiedenartigkeit von Zugangsweisen zur Welt wie den Mythos, Religionen, Wissenschaft, Sprache und deren Ausdrucksebenen und Symbole. Sowohl Warburg als auch Cassirer hatten großen Einfluss auf auf Kurt Eisner und wirkten weiter in das Jahr 1919 und darüber hinaus.

Zwischen Schule und Universität tat sich lange Zeit nichts, bis die Lebensreformer und Monisten Wilhelm Bölsche und Bruno Wille in ihrem weltanschaulichen Umfeld der 1890er Jahre die ersten Freien Schulprojekte entwickelten, Urform der von Skandinavien inspirierten ›Volkshochschule‹ für die außeruniversitäre Erwachsenenbildung: ›Freie Hochschulen‹ richteten sich, wie die ›Freien Schulen‹ gegen die verkrusteten Institutionen, nicht nur im Bildungsbereich, sondern in Staat, Kirche und Schule, fundiert mit Willes 1894 erschienener Schrift »Philosophie der Befreiung durch das reine Mittel. Beiträge zur Pädagogik des Menschengeschlechts«. Begonnen hatten die Spätnaturalisten im Kontext der Freidenkerbewegung, des Monismus und der freireligiösen Gemeinden mit alternativem Religionsunterricht. 1919 lassen sich diese frühen Grundlagen wiedererkennen. Es werden weitere Volkshochschulen, z.B. in Essen gegründet. So, wie der im Umfeld der Sozialdemokratie entstandene Volksbildungsgedanke im Berliner Entstehungskontext der frühen 1890er Jahre mit der Volksbühnenbewegung einherging, waren die vernetzten Akteure auch nach dem Krieg wieder auf dem Plan. Die »Volksbühne« in Berlin nahm ab dem Ende der Spielzeit 1919/20 auch mit ihren immanenten Bildungsprogrammen einen großen Aufschwung. 1919 entstand analog dazu der eher vom christlichen Reformdenken geprägte »Bühnenvolksbund«.

Eine bemerkenswerte Kontinuität ergab sich mit den Akteuren von 1919. So finden sich, neben der jüngeren Generation, Persönlichkeiten, die sich bereits im Kontext der Szene der Neunzigerjahre aus dem Arbeiterbildungsmilieu kannten und gegenseitig beeinflussten: Gustav Landauer, Martin Buber, Rudolf Steiner, Herwarth Walden und Louise Dumont. Auch wenn die Protagonisten jeweils eigene ästhetische und weltanschauliche Programme vertraten – gleich blieb ihnen allen die Fundierung im Monismus, der Welteinheitslehre, der Einfluss von Nietzsches Lebensphilosophie, das Interesse für ostasiatische Religionen und Philosophien und damit die Bereitschaft, Lehr- und Lernideen zu vertreten, die bewusst *nicht* aufbauten auf der Tradition eines aufklärerischen Denkens, sondern alternative Fundierungen wählten!

1919 bot sich im Blick auf Deutschland ein Panorama neuer Schulen, getragen von Utopien. Alle suchten sie zugleich nach einem konkreten Weg zur Bildung eines zukünftigen Menschen. Vier von ihnen werden an anderer Stelle ausgiebiger vorgestellt: die kommunistische Arbeitsschule in Worpswede, das Jüdische Lehrhaus in Frankfurt, das Weimarer Bauhaus und die Vereinigung von Kunstgewerbeschule und Kunstakademie in Düsseldorf. Zwei weitere fielen der Zeit zum Opfer. Ihre Ideengeber sind zugleich zwei der präsentesten Persönlichkeiten des Jahres 1919. Sie haben Teil an der gedanklichen Metabasis eines »Baus«, der die unmittelbare Kriegsvergangenheit und den gegenwärtigen Zustand der Gesellschaft durch Zukunft überwinden müsse, eine Vision, die die oft beschwerdereiche Arbeit an der Basis dennoch in sich trug: Gustav Landauer und Karl Ernst Osthaus.

Gustav Landauer wurde in der Münchner Räterepublik ›Volksbeauftragter für Volksaufklärung‹. In den wenigen Tagen seiner Tätigkeit hat er ein umfassendes Bildungsprojekt entwickelt. Einer der Kernsätze: »Architektur: Die neue Ära der Menschheitsgeschichte hat in den Monumenten und öffentlichen

Gebäuden, die von jetzt ab errichtet werden, ihren Ausdruck zu finden.«[3] Landauer wurde wenig später ermordet.

Karl Ernst Osthaus und Bruno Taut planen für Hagen. Auf Osthaus' Landsitz Hohenhagen soll die »Folkwang-Schule« mit Museum, Werkstätten und Gartenstadt[4] entstehen. Mit dem frühen Tod von Osthaus bleibt es bei der Utopie. Sie hätte einen Bogen gespannt vom Projekt Mathildenhöhe im Darmstadt der Vorkriegszeit bis zum aktuellen Projekt Bauhaus in Weimar.

Stuttgart und die Waldorfschule passten zusammen! Hier gelang ein Schulexperiment, weil die Voraussetzungen in diesem mit Versorgungs-, Selbstfindungs- und Positionskämpfen reich bestückten Jahr stimmten.

Rudolf Steiner und der Besitzer der Zigarettenfabrik Waldorf-Astoria trafen sich in günstiger Zeit und in idealer Kombination. Der weitsichtige liberale Unternehmer Emil Molt und seine Frau waren hochmotiviert, die katastrophalen Zustände nach dem Krieg durch eine zukunftsorientierte Firmenpolitik, die auch die Würde der Arbeiterschaft sichern müsse, zu überwinden. Er schuf die ersten Betriebsräte und dachte darüber nach, wie man das ideale Verhältnis zwischen der Produktivität eines Betriebes und der geistigen, seelischen und körperlichen Gesundheit der Arbeiter schaffen könne und bot Ihnen Vorträge. Auch Steiner, der charismatische und rhetorisch eindrucksvolle Anthroposoph, sprach dort zur »Menschenkunde als Grundlage der Pädagogik«. Die Molts hatten das gefunden, was sie suchten: eine Erziehungsidee, die bei dem Bild eines ganzheitlich geprägten Menschen ansetzte, von dem her die Struktur von Schule und Unterricht abgeleitet wurde. Im März 1919 brachte Emil Molt bei einer Betriebsratssitzung, an der auch Steiner teilnahm, seine Idee vor, eine Schule für Arbeiterkinder zu gründen. Steiner nahm das Angebot zum Aufbau einer solchen Schule, der »Waldorfschule« an. Schon am 7. September 1919 wurde die erste Waldorfschule, eine »Einheitsschule«, eröffnet.

Steiners Anthroposophie war über mehr als zwei Jahrzehnte gewachsen. Als Redakteur der Weimarer Sophien-Ausgabe hatte er die naturwissenschaftlichen Schriften bearbeitet und brachte Goethes Ideen zur Metamorphose der Pflanze als Denkbild mit, als er Anfang der 1890er Jahre nach Berlin wechselte und dort, gemeinsam mit dem Kreis der Berliner Naturalisten in der Arbeiterschule der Sozialdemokraten ein umfassendes bildungsbürgerliches Programm anbot. Im Synkretismus der Jahrhundertwende verbanden sich Ideen einer ›Pflanz-

---

3 | Gustav Landauers Kulturprogramm (Auszug), in: Das Forum 4 (1919/20), H. 8, S. 577-599.

4 | Birgit Schulte: Auf dem Weg zu einer handgreiflichen Utopie. Die Folkwang-Projekte von Bruno Taut und Karl Ernst Osthaus, Hagen 1994.

schule‹ mit freisozialistischen Idealen und östlich inspirierten Heilslehren. Steiner hatte daraus eine stark ostasiatische, z.B. mit der Karma-Lehre beeinflusste Anthroposophie als ein ganz eigenes Projekt herauskristallisiert.

Abbildung 30: a) erstes Goetheanum in Dornach; b) Einsteinturm in Potsdam. Beide Gebäude prägten den alternativen Baustil der Reformästhetik

Die ganzheitliche Vorstellung von der Einheit von Leib, Seele und Geist prägte das Schulprogramm. Klassenspiele als Theateraufführungen, Schülerkonzerte von Klassenorchestern, Monatsfeiern, in denen in der Schulöffentlichkeit Arbeitsergebnisse aus dem Unterricht vorgetragen wurden, Schulfeste, der künstlerisch-praktische Unterricht und der Gartenbau verbanden sich zu einer Ganzheit. Wissenschaft und Lebenspraxis gehörten zusammen.

Die Parallelen zum Bauhausgedanken sind evident: Auch hier galt ein Werkstatt-Gedanke, auch in Steiners Schulprojekt dominiert das Architektur-Moment. Beeinflusst von den zeittypischen Reformbewegungen, doch stärker noch auf der Suche nach einer biomorphen Formensprache und naturnaher, von Goethes Farbenlehre inspirierten Farbsymbolik, die Haus und Räume prägen sollte.

Schon in Stuttgart entsteht ein besonderer Bau auf der Uhlandhöhe. Konkret wird die Bauidee im »Goetheanum«, dem Sitz der Anthroposophen in der Schweiz.

Der Bau erlaubt nicht von ungefähr Assoziationen zum 1919 entstandenen »Einsteinturm« in Berlin, dem Sitz des Physikers Albert Einstein. Auch dieser sah die Naturwissenschaften als ordnende, sinngebende Instanz, in der die Menschengesellschaft ihren Platz haben musste. Auch er sah sich wie Steiner und befreundete, bekannte, respektvoll beachtete Zeitgenossen, von Martin Buber bis Thomas Mann, berufen, zur Sinngebung einer Neuen Zeit beizutragen. Die Netzwerke, in die beide eingebunden waren, ergeben *in toto* einen Fundus von Ideen, vitalem Engagement und Bekenntnisfreude, mit der diese utopiekompetente Zeit besondere Konturen für das gesamte Jahrhundert erhielt.

In Darmstadt entstand 1919 eine »Schule der Weisheit«, eine Weltanschauungsschule für Erwachsene. Ihr Erfinder war, gegenüber der hier zu nennenden Kohorte engagierter Intellektueller, eher der Monolith, der Einzelkämpfer.

Die Schule verdankt ihre Existenz dem Zerfall Europas und der Russischen Revolution, die den baltischen Adeligen Hermann Graf Keyserling 1918 aus seiner Heimat Livland auf Einladung des Großherzogs nach Darmstadt führte. Der promovierte Geologe hatte sich auf einer Weltreise mit Religionen und Philosophien, bevorzugt den fernöstlichen Kulturen beschäftigt. Der Großherzog hatte zunächst gedacht, Keyserling könne das Projekt Mathildenhöhe um den Bereich Philosophie ergänzen, doch dem baltischen Grafen war ein solches Gemeinschaftsprojekt nicht elitär genug, war er doch ein ausgemachter Aristokrat.

Für eine Karriereplanung war das Jahr 1919 mit seiner unvergleichlichen Offenheit ideal. Der Verlust der Lebensressourcen, die ihm mit dem familiären Vermögen bis dahin sicher waren, zwang ihn zum Umdenken. Mit seinen ausgedehnten Reisen hatte er allerdings einen Erfahrungsschatz zusammengetragen, der als neues Vermögen einsetzbar war. Um Keyserlings Projekt einzuschätzen, empfiehlt es sich, sowohl den Titel mit der ostentativen Ichbezogenheit seiner kleinen, 1919 in Darmstadt entstandenen Schrift »Was uns not tut. Was ich will.«[5] als auch das Motto seines *opus magnum* ernst zu nehmen: »Der kürzeste Weg zu sich selbst führt um die Welt herum.«

Keyserlings Schulprojekt folgt der eigenen Wanderung als Ichsuche. Mit seinem Programm der Selbstverwirklichung steht er nicht allein. Wir finden

5 | Hermann Graf Keyserling: Was uns not tut. Was ich will, Darmstadt 1919.

es auch bei Hermann Hesse, doch während dieser die ansozialisierten ostasiatischen Heilslehren, denen er lange Jahre nah stand, in diesem Prozess zunehmend überwunden hatte,[6] adaptiert Keyserling den Proteus-Mythos, um die Verwandelbarkeit zu einer Art Basiskompetenz zu machen, verbunden mit der Theorie der »Metempsychose«, der Reinkarnations- und Seelenwanderungslehre (was ihn nicht hinderte, die reine Lehre gegen den im nahen Stuttgart gerade schulgründenden Rudolf Steiner zu behaupten und diesen heftig zu attackieren). Sie konkretisieren sich in den Begegnungen mit alternativen Kulturen und ihren metaphysischen Systemen. Erziehungsziel ist es, mit eben diesen Begegnungen das eigene Ich zu finden: »Ich, als Wesen, bin der gleiche geblieben, ob ich als Inder oder Chinese, als Christ oder Buddhist empfand; ich weiß jetzt aus lebendiger Erfahrung, dass die wesentliche Wahrheit jenseits der Sphäre bestimmter Gestaltung lebt.«[7]

Die »Schule der Weisheit« versteht sich als Vermittlungskonzept für »Lebenskunst«. Diesen Entwurf hat er einem weiteren, auf das Schulprojekt bezogenen *opus magnum*, der »Philosophie als Kunst« vorangestellt. Seine Vorstellungen basieren auf einer Glücksutopie, jenem einen Harmoniezustand jenseits der Sprache, den er dennoch sehr konkret und durchaus autoritär protestantisch-deutsch an die Musik Bachs bindet. Bach ist für ihn einem »Metaphysiker« kongenial, der den Bass zu spielen habe in der Symphonie des »erkennenden Geistes«, die Grundtöne zur »Musik der Welt« sind.

Es wäre ein Leichtes, sich mit Kurt Tucholsky über den bekenntnisfreudigen Grafen zu amüsieren. Der hatte seine Werke beim Reichl-Verlag, der in dieser Zeit von Berlin nach Darmstadt wechselte, publiziert und das Signet des Verlages, einen dreiarmigen Leuchter, übernommen. In den zwanziger Jahren hat Tucholsky unter dem Titel »Der Darmstädter Armleuchter« eine ausführliche Kritik geschrieben, die die Runde machte: »Nichts komischer, als wenn ein Mittelmäßiger Genie posiert«.[8]

Die »Schule der Weisheit« wäre nicht mehr als die Kopfgeburt eines Einzelnen, wenn sich Keyserling nicht über das Schulprojekt hinaus als Lehrer der aktuellen Gegenwart verstanden hätte, in einer Weise, die ihn in einen diametralen Gegensatz zur literarisch-intellektuellen Szene in Darmstadt brachte.[9] Hatten von Unruh und Mierendorff seit Anbeginn für die Republik gekämpft, positionierte sich der Graf mit einer politischen Philosophie gegen sie, genauer: erhob sich über sie. Entsprechend gibt er seiner 1919 erschienenen kleinen

6 | Vgl. dazu das Kapitel »Zürich, Bern und Uttwil«.

7 | Hermann Graf Keyserling: Das Reisetagebuch eines Philosophon. Der kürzeste Weg zu sich selbst führt um die Welt herum, Bd. 2, St.Goar 2009, S. 849.

8 | Peter Panter alias Kurt Tucholsky: »Der Darmstädter Armleuchter«, in: Die Weltbühne 24 (1928) und »Le Comique Voyageur«, in: Die Weltbühne 25 (1928).

9 | Vgl. dazu das Kapitel »Darmstadt. Vom Salonwagen zum republikanischen Impuls«.

Schrift den programmatischen Titel »Deutschlands wahre politische Mission«. Sie lässt sich neben Thomas Manns »Betrachtungen eines Unpolitischen« stellen.[10] Beide verbinden ihren Auftrag, in diese Zeit hinein zu wirken, mit einem Völkerstereotyp der Exorbitanz der Deutschen, das selbst Teil des Konstruktes ist, an dem sie sich abarbeiten. Keyserling war bekennender Preußenverehrer: Er entwickelt eine Geschichtsutopie, in der das Politische »unaufhaltsam an Bedeutung verliert«. Hier schlägt die große Stunde der Deutschen, deren »Grundeigenschaften« wie »Organisierbarkeit, Tüchtigkeit, Disziplin« neben der »Wahrhaftigkeit« und der »Objektivität des deutschen Geistes« sie zur »Führerschaft in der neuen sozialistischen Weltphase prädestinieren«.[11]

Die »Kampfbühne« in Hamburg wurde die ›Außenstelle‹ der Berliner ›Sturmschule‹. Die unter der Leitung von Lothar Schreyer stehende Berliner Bühnenklasse des Sturm hatte sich aufgelöst, Schreyer fand eine Lösung mit dem Umzug nach Hamburg, wo er bereits 1911 als Dramaturg tätig gewesen war. Mit ihm verstand sich die »Kampfbühne« weitaus umfassender denn ein Theater. Die Projekte »Schule« und »Bühnenspiel« gingen eine schöpferische Verbindung ein, eine Idee, die Bertolt Brecht mit seinen »Lehrstücken« weiterführen wird. In beiden vollzogen sich ganzheitliche Prozesse: Theater als Gemeinschaftshandeln von der Planung bis zur Aufführung lässt sich als eine Art projektorientiertes Lernen sehen. Gespielt wurde in der Aula der Kunstgewerbeschule am Lerchenfeld, als Bühne musste ein Podest reichen. Kritiker durften dem Ereignis nicht beiwohnen. So entwickelte sich ein Mikrokosmos, der jeden Außenstehenden als Eindringling empfunden hätte. Das realisierte Projekt verstand ein Bühnenspiel als Gesamtkunstwerk und zugleich als persönlichkeitsprägenden Erkenntnisort. Masken, Kothurne und Abstraktionen der Figurinen und Kulissen nahmen Abstraktionselemente der Weimarer Bauhausbühne, in die Schreyer von Gropius im Frühjahr 1920 als Leiter der Bühnenklasse berufen wurde, vorweg. Hier wie dort vereinigte die Werkstättenarbeit alle Elemente der Praxis. Zum ganzheitlichen Kunstbegriff zählen Tanz, Bewegung, Sprach- und Wortkunst, Musik, Lichtregie und Bühnengestaltung, also alle Elemente, die Teil eines komplexen Bühnengeschehens sind.

10 | Vgl. dazu Helmuth Kiesel: Geschichte der deutschsprachigen Literatur 1918 bis 1933, München 2017, S. 177.

11 | Ebd.

Abbildung 31: Lothar Schreyer wurde 1921 von Walter Gropius an die Bauhausbühne berufen. Seine an der Sturm-Schule in Berlin und der Kampf-Bühne *in Hamburg entwickelte Bühnendichtung mit sakraler Konnotation wurde dort abgelehnt*

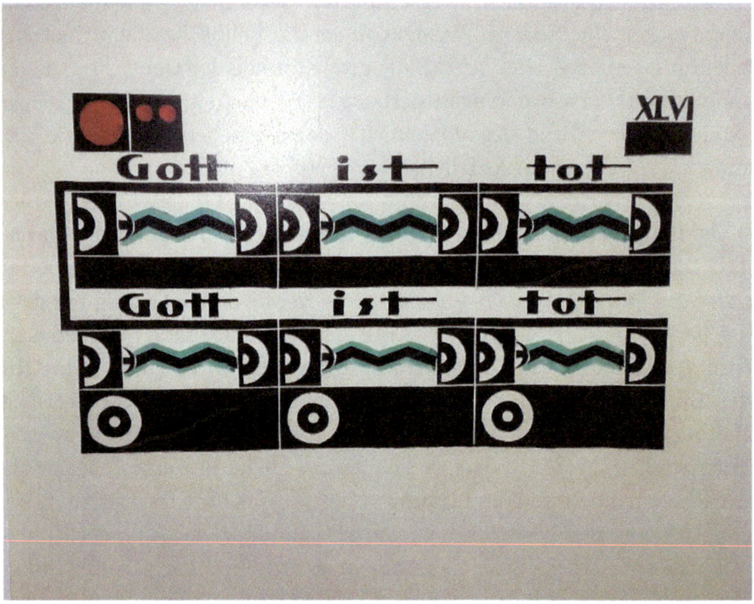

Die »Kampfbühne« war eingebunden in ein esoterisches Weltanschauungskonzept, wie es zeitgleich auch Johannes Itten im Bauhaus vertrat und Schreyer es nach Übernahme der Bühnenklasse dort praktizieren wird. Schon die Stückauswahl gab spirituell und kosmisch inspirierten Texten den Vorzug: Auf den Spielplan kamen am 21. Oktober 1919 August Stramms »Kräfte« und die »Haidebraut«. Stramm hatte die »Wortkunstwerk«-Ästhetik der Zeitschrift »Der Sturm« wesentlich mitbegründet. Aus ihr war die Klangästhetik Rudolf Blümners entwickelt worden, der auch Kurt Schwitters folgte. Die ultimative Selbstdeutung lag in der Idee eines Künstlerpriestertums:

»Mit der Bühnenkunst erobert das Reich des Geistes das Theater. [...] Zwei Menschen verkünden das Reich: der Priester und der Künstler. Beide sind Seher. [...] Der verzückte Künstler ist nicht mehr Mensch. Nur der Verwandelte überwindet sich zur Anschauung des Geistes. Das Werk des Priesters, das Werk des Künstlers verwandelt die Gemeinde zu Gläubigen.«[12]

12 | Lothar Schreyer: »Das Bühnenkunstwerk«, in: Der Sturm. Monatsschrift für Kultur und die Künste 7 (5. August 1916), S. 51.

Es gilt, nicht mehr der Offenbarung Gottes nachzueifern, sondern selbst zum Schöpfer zu werden, eine Ordnung in das Chaos zu bringen. Der neue Universalismus des Theaters ersetzte die Realität. Schreyer verstand sich dabei wie der ›Baumeister‹ einer Monade, die Kern der Welt war. Dafür entwickelt er die Vorstellung eines eigenen Theaters für einen elitären Kreis Eingeweihter.

Die Ugrino-Bewegung in Hamburg ist eine Kopfgeburt, ausgedacht vom Schriftsteller Hans Henny Jahnn, dem Musikforscher und Orgelspezialist Gottlieb Harms, die in einer homoerotischen Bindung zueinander standen, und dem Bildhauer Franz Buse. Der volle Name der Künstlergemeinschaft lässt das Fundament und Ziel der Vereinigung erkennen »Glaubensgemeinde Ugrino«[13]. Motivation für die Vereinigung waren der Hass auf jede Machtstruktur und Institutionalisierung des Lebens. Getragen wurde die Gemeinschaft von Religiosität und Antiklerikalismus; Rigorismus und Selbstprojektion, nicht zuletzt von großer Hingabebereitschaft zu Kindlichkeit und Tod, überhaupt zu einer Archetypik, die auch das literarische Werk des Schriftstellers Hanns Henny Jahnn, z.B. seinen bekanntesten Roman »Fluss ohne Ufer« motivierte. Während des Krieges hielten sich Jahnn und Harms in Norwegen auf und entwickelten Pläne, die zunächst nur auf einen geistigen Habitus ausgerichtet waren. Erst allmählich erhalten sie konkrete Dimensionen im Anwendungsbereich von Baukunst, Literatur, Dramatik und Orgelbau.

1919 bildet sich nach dem Vorbild der mittelalterlichen Bauhütte eine Glaubensgemeinde in einem kleinen Dorf in der Nordheide. In Eckel gibt sich die Gruppe eine Verfassung, die die zukünftige klosterähnliche Siedlung vorwegnimmt. Von den Bauentwürfen wurde nichts realisiert, weil sich die Gemeinschaft schon Mitte der zwanziger Jahre wegen interner Differenzen, sicher auch wegen der rasanten Veränderung des Zeitgeistes auflöste. Umso mehr interessieren die Planungselemente. Dazu gehört ein 1919 entworfenes »Ugrino«-Kastell, dessen zentrales, eine mächtige Etage füllendes Element eine Orgel ist. In Eckel wurde die Glaubensgemeinschaft konkret, beschäftigte sich entsprechend ihrer Talente: Buse schuf in seinem Atelier Plastiken, Jahnn schrieb, Harms beschäftigte sich mit Orgelbau. Das »Ugrino«-Projekt basierte nicht nur auf einer germanisch inspirierten Privatmythologie, sondern erwies sich auch tatsächlich als Eskapismus: »Alle Menschen liefen in Lumpen herum, unterernährt, halb verhungert, verzweifelt. Dauernd fielen Schießereien vor, es war eine sehr bewegte Zeit, das Leben ungemütlich und verwahrlost,

13 | Für diesen Hinweis danke ich Dr. Jasmin Grande.

aber hinter allem lebt doch ein Gefühl, als ob nun endlich die Zeit gekommen sei, einen großen Aufbau zu beginnen«[14].

War die Glaubensgemeinschaft eine Schule? Sie war ein alternatives Lebensmodell, das aber von seinem gesamten Zuschnitt in mehrfacher Hinsicht Analogien aufweist: zum Siedlungsgedanken, zum Orden als Leitbild auch für Gemeinschaften dieser Zeit, zum Bauhüttengedanken, zur Künstlergemeinschaft. Der Übergang von Kunst in den Baugedanken, wie ihn Taut, Gropius und weitere Architekten und Baumeister in dieser Zeit entwickeln, trägt auch diese Glaubensgemeinschaft. Die Orgel als Abstraktionselement der Kathedrale mit ihrem ganzheitlichen Aufbau, die Musik als die eigentliche Königin der Künste sind Teile dieses Denkbildes.

Abbildung 32: a) Der Bauhütten-Gedanke prägte das Ugrino-Projekt; b) Den Entwurf für das nie gebaute Ugrino-Kastell dominiert eine am Kathedralbau orientierte Orgeletage

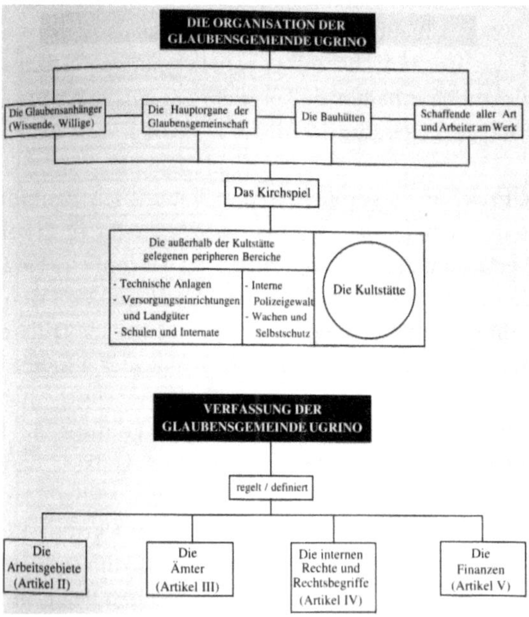

14 | Hans Henny Jahnn. Ugrino. Eine Künstler- und Glaubensgemeinschaft der zwanziger Jahre, Katalog zur Ausstellung in der Niedersächsischen Landesbibliothek Hannover 1991, Hannover 1991, S. 78.

In Köln entsteht das »Institut für religiöse Kunst«, ein Einstieg in die Kölner Werkkunstschulen, die erst 1926 begründet werden können.

Das Institut war ein wichtiger Kristallisationskern für die kirchliche Kunstbewegung im Rheinland, förderte und bündelte die Bemühungen um eine moderne Sakralkunst. Initiator war der 1876 in Dorsten geborene Priester und Kunsthistoriker Fritz Witte. Auf Betreiben des Priesters und Kunstsammlers Alexander Schnütgen wurde Witte 1910 von der Kölner Stadtverwaltung zum Kustos der Schnütgen-Sammlung bestellt. Nach dessen Tod 1918 stieg er zum Direktor des Museums auf. Noch während des Weltkrieges überreichte Witte dem Kölner Oberbürgermeister Konrad Adenauer eine »Denkschrift betreffend die Errichtung einer stadtkölnischen Hochschule für kirchliche Kunst.« Darin führte er aus: »Auch die kirchlichen Kreise, darunter auch mehrfach die maßgebenden, haben sich in den letzten Jahren sichtlich zu der Überzeugung durchgerungen, dass mit einem neuen Zeitgeist eine neue Zeitkunst nicht nur in die privaten Wohnräume und Museen, sondern auch in die Kirchen ihren Einzug halten will.«[15] Auch Witte geht von einem Werkstätten-Projekt aus, mit denen das Institut Antwort auf die drängenden Fragen der Zeit geben soll.

15 | Fritz Witte: »Der Wille zur Tat«, in: Zeitschrift für christliche Kunst 1920, S. 14-21, hier, S. 14.

»Der Zeiger der Schicksalsuhr unseres deutschen Vaterlandes steht auf Mitternacht. – Nun harren wir der Morgendämmerung. Was wird sie uns bringen? [...] Das Weinen haben wir verlernt, wir raffen uns zusammen und besinnen uns auf unsere Pflichten und Aufgaben die sind: Rettung des Volkes, Rettung Unserselbst.«[16] Für Witte bedeutet dies, zuzugehen auf »das Ziel bewussten Kunstwollens, bewusster architektonischer Gesamtwirkung, bewusster Einstellung auf das Leben von heute.«[17]

Auch Witte definierte sich mit der ›Leitdisziplin Architektur‹: »Im Grunde ist eine Kunst aber zweck-ziellos, spannt sie sich nicht in den Rahmen der Architektur, wird sie nicht selbst architektonisch, sagen wir ›angewandte Kunst‹.«[18] Sein Schulkonzept baut auf eine dreijährige allgemeine praktische und theoretische Ausbildung, wie sie in den Kunstgewerbeschulen üblich war. Die künstlerischen Arbeiten sollten in enger Absprache zu den Auftraggebern stehen, »gewinnsüchtiges Unternehmertum«[19] aber vermieden werden.

Witte hatte in einem Lehrplan für die theoretische Abteilung des Instituts einen Katalog von Disziplinen benannt,[20] darunter: die Geschichte der kirchlichen Kunst und Kunstarchäologie unter besonderer Herausarbeitung der Psyche der Stile; die Quellen kirchlichen Kunstschaffens (u.a. Heilige Schrift, Liturgie, Hymnologie, Dogmatik); Ikonographie; Kirchenkunst und Kirchenrecht; der Verkehr mit den Behörden; Kirchenkunst und Denkmalpflege; die Architektur als Mutter der kirchlichen Kunst; die angewandte Kunst in ihrem Verhältnis zur Raumkunst; Seminarübungen im Aufstellen von Gesamtplänen und Kompositionslehre.

Das Institut für religiöse Kunst ist nur ein Beispiel für die Neuansätze, die sich im Spektrum zwischen Theologie und Volksfrömmigkeit erkennen lassen.

Eine eigene Klostertopographie – die Abteien Maria Laach und Beuron wären darin ein wichtiger Part – könnte das zeitliche Umfeld um das Jahr 1919 noch markanter herausstellen.

Die Schulprojekte verbindet das Denkbild ›Bau‹ und die ›Leitdisziplin Architektur‹. In einem mehrfachen Schriftsinn greifen sie in die Sinnstrukturen des Jahres ein, bilden geradezu einen Klimax: zur Profilierung der Schulen und Hierarchisierung der Fächer, Zielorientierung der Bildungsprojekte und ihrem Stellenwert in der Zeit, nicht zuletzt mit dem inneren Bild der Bauhüttenidee als Ort des Heranreifens zukünftiger Persönlichkeiten, die, analog zur

16 | Ebd.
17 | Ebd. S. 15.
18 | Ebd. S. 14.
19 | Ebd., S. 20.
20 | Ebd., S. 20.

Genese freimaurerischer Ideale, sich vom Lehrling zum Meister veredeln und so im Dienste des Humanum Gestalter von Zukunft werden können.

Letzteres verbindet sich, über die konkreten Schulinitiativen hinaus, mit einem weiteren Phänomen, das im Blick auf diese Zeit auffällt. Nicht minder symptomatisch ist das Appellative, mit dem sich die Projekte in die Öffentlichkeit begeben, verbunden mit der Menge an ›Appellen‹ an die Jugend, die 1919 auf dem Meinungsmarkt erscheinen.

Schulneugründungen waren zugleich Appelle an die Jugend. Aus der Fülle der Veröffentlichungen sei »Zarathustras Wiederkehr. Ein Wort an die deutsche Jugend – von einem Deutschen« ausgewählt. Hermann Hesse hatte sie 1919 anonym als Flug(!)Schrift herausgebracht. Er beruft sich darin auf Nietzsche als den freien Geist schlechthin, der sich im Kaiserreich die Freiheit bewahrt hatte, sich nicht anzupassen. Für Hesse hatte seine Generation ausgespielt, nun müsse die Jugend als Problemlöser und Zukunftsträger mutig die Zukunft gestalten.

Der Verleger Eugen Diederichs bringt schon 1915 »Flugblätter an die deutsche Jugend« in Umlauf. Zu den legendären Lauensteiner Kulturtagen lädt er neben Universitätslehrern, Künstlern, Politikern, Industriellen und Schriftstellern, unter ihnen Max Weber, Edgar Jaffé, Werner Sombart, Ferdinand Tönnies, Theodor Heuss und Richard Dehmel, auch Jüngere, z.B. Ernst Toller ein.[21] Toller hatte enttäuscht auf die Ergebnisse der beiden 1917 stattfindenden Lauensteiner Treffen reagiert, doch auch der Verleger selbst erkannte, »dass die weltanschaulich und politisch hoch fragmentierten Bildungseliten ideell nicht mehr konsensfähig waren.«[22] Die konsequente Hinwendung an künftige Generationen war die Folge. In diesem Kontext wurde der Reformpädagoge Gustav Wyneken[23], 1906 Mitbegründer der Schulgemeinde Wickersdorf, mit dem zugleich ein Brückenschlag zur Aktivistenbewegung um Kurt Hiller möglich ist, zum wichtigsten Ansprechpartner für Eugen Diederichs. Diede-

21 | Vgl. dazu: Gangolf Hübinger: Eugen Diederichs' Bemühungen um die Grundlegung einer neuen Geisteskultur, in: Kultur und Krieg. Die Rolle der Intellektuellen, Künstler und Schriftsteller im Ersten Weltkrieg, hg. v. Wolfgang Mommsen, München 1996, S. 259-274.

22 | Zit. In: Meike G. Werner: Gruppenbild mit Mann. Der Verleger Eugen Diederichs, die Frauen... und deren Emanzipation, in: Romantik, Revolution & Reform. Der Eugen Diederichs Verlag im Epochenkontext 1900-1949, hg. v. Justus H. Ulbricht, u. Meike G. Werner, Wiesbaden 1998, S. 175-207, hier S. 193.

23 | Vgl. dazu Gustav Wyneken: Die neue Jugend. Ihr Kampf um Freiheit und Wahrheit in Schule und Elternhaus in Religion und Erotik, München 1919. Der durchaus umstrittene Autor leitete die Reformschule Wickersdorf.

richs hatte bereits die Schriften Wynekens[24] herausgegeben. Nun sammelte Diederichs Zeitgenossen aus den Reformbewegungen und Gleichgesinnte, die den etablierten Institutionen eher kritisch gegenüberstanden und insgesamt zu einem für die damalige Zeit typischen Irrationalismus neigten. Die Flugblätter gewinnen nun noch größere Bedeutung. In bemerkenswerter Weise finden wir im Kreis um Diederichs mit der Herausgabe der Flugblätter an die deutsche Jugend Vertreter freireligiöser Gemeinden, der Freien Studentenschaft und der Jugendbewegung, darunter Hans Blüher, Kurt Hiller, Alfred Wolfenstein und Rudolf Leonhard. Die Flugblätter wirkten bis in das Jahr 1919, in dem sie die Rekordauflage von 181.000 Exemplaren erreichten.[25] Autoren wie Wolfenstein und Leonhard lassen erkennen, dass hier durchaus auch eine linke Ausrichtung gesucht wurde, die zugleich eine Brücke schlagen konnte zum idealistischen Konzept des »Tat«-Kreises, der sich im Umfeld der gleichnamigen Zeitschrift des Verlegers gebildet hatte, mit einer Bereitschaft, auch sozialistische Jugendbewegungen mit einzubeziehen.

Auch hier aber fehlte, bei allem Engagement, Akzeptanz und Kompetenz für die Demokratie und die Republik. Auch der Verleger selber blieb seiner skeptischen Grundhaltung gegenüber der Weimarer Republik treu.

So imponierend das flächendeckende Engagement für Schulneugründungen aus der Rückschau auch ist, lässt es doch auch das Dilemma erkennen, das eng an diese Initiativen gebunden war: In keinem der Programme und/oder Praxiskonzepte wurde die Frage gestellt, geschweige beantwortet, was denn den notwendigen republikanischen Geist fördern, ja überhaupt erst anlegen könne. Die Gemeinschaftsidee, die durchweg in allen Entwürfen erkennbar wird, ist von Exklusivität gezeichnet, lässt im Subtext ein negatives Verhältnis zum Rest der Gesellschaft erkennen. Fast alle Neuansätze schreiben *expressis verbis* oder verdeckt Tönnies Gegensatzpaar »Gemeinschaft und Gesellschaft« weiter, statt Demokratie zum Ziel zu erheben. Das gibt dem Bildungsprojekt, dem ›Bau‹-Gedanken des Jahres 1919 einen paradoxen Grundzug, denn gebaut wird an Utopien – seien sie restaurativ oder progressiv.

24 | Vgl. dazu Kurt Hiller: Gustav Wynekens Erziehungslehre und der Aktivismus, Hannover 1919 (Die Silbergäule 4).

25 | Irmgard Heidler: Der Verleger Eugen Diederichs und seine Welt 1896-1930, in: Romantik, Revolution und Reform, S. 194.

Simonskall

Die Welt zum Staunen.

Zwischen ›Kosmischem Kommunismus‹ und Liturgien

Ein idyllischer Eifelort mit (heute) 36 Einwohnern – Die Theologie wird ›christozentrisch‹ – Zwischen Köln und Eifel: 1919 ein Spagat – Die Kalltalgemeinschaft war mehr als eine Notgemeinschaft – Gustav Landauer wirkte bis in die Kalltalgemeinschaft – Das Nihilismuspostulat der Moderne hat es nie gegeben – Otto Freundlich war ein gern und oft gesehener Gast in Simonskall – Der Einfluss Ludwig Rubiners wird erkennbar – Simonskall, Bauhaus, Bauhütte und Kathedralen – Die apokalyptischen Reiter – Karl Gabriel Pfeill – Pfingsten 1919 wurde zum Symbol – Gedanken von Untergang und Auferstehung des Abendlandes konkurrierten – Pfeills Weißer Reiter konnte Romano Guardini gewinnen – Kloster Beuron wurde zum Zentrum des Geistes der Erneuerung – Die Meistererzählung für dieses Deutschland der Zukunft

Ein idyllischer Eifelort mit (heute) 36 Einwohnern wurde 1919 zur Idealheimat der Avantgarde im Rheinland. Was machte ihn dazu? In der Rückschau erweist sich der winzige Flecken als eine Wiege des Ruhrgebiets, denn unternehmungslustige, durchweg protestantische, zukünftige Industrielle aus meist nordfranzösischen Gegenden machten auf ihrer Wanderung hier Station. Einen »Hoesch-Hammer« gibt es noch heute. Das Ende der frühindustriellen Wanderbewegungen brachte einen Verlust, der durch die Entdeckung der Landschaft im Kontext eines an Rousseau geschulten Blicks kompensiert wurde. Mit der Erschließung der Region seit dem 19. Jahrhundert und dank Zugangs zur Bahnstrecke lohnte es sich, eine touristische Infrastruktur zu etablieren, die mit einer stattlichen Anzahl guter Hotels, Restaurants und Übernachtungsquartieren noch heute das Ortsbild prägt. Mit dem Naturkult des ausgehenden 19. Jahrhunderts zog es Stadtflüchtlinge zur temporären Nutzung der hübschen Fachwerkhäuser, darunter die Familie des Kölner Pfarrers Karl Jatho. Er bezog das »Junkerhaus«.

Simonskall wurde indirekt Zeuge eines bemerkenswerten Rechtsfalls, der die Amtskirche und das Interesse der Öffentlichkeit über das Rheinland hinaus beschäftigte: Karl Jatho, von 1889 bis 1911 Pfarrer der Gemeinde Alt-Köln, faszinierte mit seinen eindrucksvollen und mitreißenden Predigten. Er verkündete Jesus Christus als ›Menschensohn‹ und behauptete, Gott liebe nicht die Institutionen, sondern den einzelnen Menschen, deshalb könne ein Bekenntnis zum Christentum nur in der persönlichen Hinwendung vollzogen werden. Jatho gewann eine große Gemeinde, handelte sich aber auch eine Verwarnung durch die evangelische Amtskirche ein. Aus der Verwarnung wurde eine Anklage. 1911 kam es zum Prozess, der trotz vielfacher Fürsprache aus der Gemeinde und darüber hinaus mit der Entlassung Jathos endete.

Die Theologie wird ›christozentrisch‹, trotzdem, und nicht zuletzt dank der deutschlandweiten Vorträge Jathos und beeinflusst auch von der zeitgleich auf katholischer Seite sich entwickelnden Liturgiebewegung, was bis in die ›christozentrische‹ Architektur des Kirchenbaus der Nachkriegszeit nachvollziehbar bleibt.[1] Jesus wurde zum ethischen Vorbild und Garanten für geistliche *und* geistige Freiheit. Weiterschreibungen Jathos finden sich z.B. in den Aktivitäten Georg Fritzes, des »roten Pfarrers von Köln«, der am Todestag von Rosa Luxemburg einen aufwühlenden Vortrag im Gürzenich hielt, aber auch bei Theologen wie Carl Sonnenschein, die eine enge Verknüpfung von Zeitgenossenschaft, Religion und Kultur suchten.

In Simonskall wird im Jahr 1919 der christologische Diskurs weitergeführt, säkularisiert und, in enger Nachbarschaft zur Siedlungsutopie eines Gustav Landauer und dessen Messianismus, rheinisch adaptiert und amalgamiert.

Zwischen Köln und Eifel: 1919 ein Spagat. Der Hintergrund: Köln ist von den politischen Nachwirkungen des Krieges geprägt,[2] die Versorgungslage extrem schlecht. Carl Oskar Jatho, der Sohn Karl Jathos, und seine Frau Käthe Zimmermann nutzen die familiäre Tradition der Eifelferien und siedeln mit Kind in das Kalltal um. Die Freunde schließen sich an und bleiben einmal für wenige Tage, meist auch Wochen oder Monate. Dazu zählt der Kölner Künstler Franz Wilhelm Seiwert, der schon während des Kriegs durch die Diskussionsabende im Hause Jatho in die Kölner Intellektuellenszene geraten war. Wie in vielen dieser Gruppen gehörten das Vorlesen und der literarische Diskurs zum kulturellen Selbstverständnis. Bei den Jathos war es die gemeinsame Lektüre eines breiten Spektrums von Texten aus Philosophie und Weltliteratur, darunter das Gilgamesch-Epos, die Werke Homers, das Johannes-Evangelium, Darstellungen der Geschichte der Bauernkriege, Tolstoi, Kropotkin, Marx und

---

1 | Vgl. dazu: Johannes van Acken: Christozentrische Kirchenkunst. Ein Entwurf zum liturgischen Gesamtkunstwerk, Theben 1923.

2 | Vgl. dazu das Kapitel »Köln und Düsseldorf zwischen Dada, Jungem Rheinland und Freier Erde«.

Rosa Luxemburg. Zur Diskussion standen die Schriften von Kant, Hegel, Nietzsche, Ernst Marcus, Ludwig Rubiner und Ferdinand Tönnies.[3] Mitnichten war dies eine zufällige Auswahl! Tönnies gab mit seiner bereits 1887 erschienen grundlegenden Schrift »Gemeinschaft und Gesellschaft« die wissenschaftliche Basis, Rubiner mit dem in seiner Publikation pathetisch vertretenen Gemeinschaftsmodell »Kameraden der Menschheit« den zeittypischen Tenor vor. Noch 1930 hat sich Seiwert in der Zeitschrift »a bis z. organ der progressiven künstler kölns« an den Einfluss Rubiners erinnert »wo wir immer während des krieges und bis heute seine stimme hörten, schlug unser herz froh auf. [...] sein werk ist aufschrei der leidenden, aufruf zur befreiung«.[4] Mit einem Textzitat erinnerte er an das expressionistische Bekenntnis Rubiners: »[H]eilig ist, wer zu den handelnden, den bauenden, den unter gröbster Lebensgefahr – einzig schöpferischen gehört.«[5]

Kropotkins in der Übersetzung Gustav Landauers vorliegende Gedanken »Über die gegenseitige Hilfe im Tier- und Menschenreich« wurde zur Bekenntnisschrift, unter der sich die Kalltaler zusammenfanden. Man suchte religiöse Kontexte. Mit dem Johannes-Evangelium gewinnt die Runde einen sehr konkreten Zeitbezug: Der Wechsel vom »Petrinischen« zum »Johanneischen« deutet auf die institutionenkritische Haltung gegenüber der Kirche, zugleich aber auf das innige Bedürfnis, urchristliche Gemeinschaftsformen zu aktivieren.[6] Die Mappe »Sieben Klänge nach dem Evangelium des Johannes«, die auf der in Simonskall vorhandenen Druckerpresse als eine der Publikationen der Kalltalgemeinschaft[7] entsteht, ist Seiwerts künstlerische Antwort auf diesen Diskurs. Miteinander Lesen, Leben und gemeinsam Publizieren prägt das Profil der lockeren Gruppe.

Man lebte nicht weltfremd abgeschlossen, sondern beteiligte sich an den künstlerischen Bewegungen, die hier im Rheinland zusammentrafen. Seiwert pflegte auch enge Kontakte zum Berliner linksintellektuellen Kreis um Franz Pfemfert und die Zeitschrift »Die Aktion«, ebenso zur Berliner Dada-Szene um Hausmann und Schwitters in Hannover. Ins Kalltal kamen und blieben Angelika und Heinrich Hoerle, die zeitgleich in der Kölner Dada-Szene um

---

3 | Uli Bohnen: Franz W. Seiwert. 1894-1933. Leben und Werk, Katalog zur Ausstellung im Kölnischen Kunstverein 27. Januar-27. März 1978, Köln 1978, S. 11.

4 | Franz Wilhelm Seiwert, in: A bis z. organ der gruppe progressiver künstler köln im Februar 1930, S. 18.

5 | Ebd.

6 | In diesem Sinne hatte Alfons Paquet seine Kölner Rede von 1919, »Der Rhein als Schicksal«, angelegt; vgl. dazu das Kapitel »Das Rheinland, Adenauer und die ›Entpreußung‹«.

7 | Vgl. Reinhard Schilf: Die Kalltalgemeinschaft und ihre Presse 1919-1921, Aachen 1998.

Max Ernst, die Zeitschriften »stupid«, das »Bulletin D« und den »Ventilator« aktiv waren. Zum engeren Kreis zählte der Bühnenbildner, Grafiker und Maler Franz Nitsche, der 1914 durch seine Mitarbeit bei der Kölner Werkbundausstellung ins Rheinland gekommen war.

Die Kalltalgemeinschaft war mehr als eine Notgemeinschaft, auch wenn ein Programm zur autonomen Wirtschaftsführung fehlte. Es war, als habe man die Theologie Karl Jathos, der bereits kurz nach seinem Prozess, 1913 gestorben war, als Vermächtnis übernommen. Käthe Zimmermann publiziert unter dem Pseudonym Karl Zimmermann die Schrift »Die Gemeinschaft der Einsamen«. Der Titel korrespondiert mit Jathos Predigt »In Gemeinschaft mit dem Einsamen« ebenso wie mit den politischen, weltanschaulichen und literarischen Schriften, die bereits Teil der Kölner Diskursgemeinschaft waren. Die Künstlergemeinschaft gewinnt zunehmend einen christologischen Zug, die entstehenden künstlerischen Arbeiten adaptieren die Leidensgeschichte. Doch Christus wird auch einer der ›Rufer‹ für eine zukünftige Lebensgemeinschaft. Mit dem Untertitel nennt Käthe Zimmermann, mit einem Hang zum zeittypischen Synkretismus die geistigen Zeugen ihres Denkens: »Eine Huldigung dem Christentum in seinen Genien Platon, Franziskus, Richard Wagner, Friedrich Nietzsche«[8]. Weit entfernt von jeder christlichen Institution gilt Christus als Denkfigur, so, wie sie als Zeitphänomen um 1919 präsent war.

Gustav Landauer wirkte bis in die Kalltalgemeinschaft. Zum Leseerlebnis wurden Kropotkins Schriften in der Landauer-Übersetzung, doch auch persönliche Verbindungen sind nachweisbar. Der Anarchist Ret Marut floh vom ›Schlachtfeld‹ Münchner Räterepublik zu seinem Freund Franz W. Seiwert nach Simonskall. Man kannte sich nicht nur aus dem in der Kölner Moltkestraße begonnenen Gemeinschaftsleben mit Vorträgen, Leseabenden, Zeitkritik und Gedankenaustausch, sondern auch durch eine rege Köln-Düsseldorfer Kulturgemeinschaft. Kurz vor seinem gewaltsamen Tod hatte Landauer, von der Düsseldorfer Theaterprinzipalin Louise Dumont berufen, dort eine Stelle als Dramaturg angenommen. Auch Ret Marut war für das Düsseldorfer Schauspielhaus tätig, dort hatte er seine aus Köln und dem Seiwert-Umfeld kommende Freundin Irene Mermet, eine Schauspielschülerin Louise Dumonts kennengelernt. Persönliches und Weltanschauliches, Politisches und Künstlerisches formierten sich hier zu einer besonderen, exemplarischen Gemeinschaft: Der Kreis zwischen dem messianischen Expressionismus eines Georg Kaiser, dem anarchistisch-jüdisch-messianischen Sozialismus eines Gustav Landauer, dem katholisch-anarchistischen Zuschnitt von Seiwert und Hoerle,

8 | Karl Zimmermann (i.e. Käthe Zimmermann): Die Gemeinschaft der Einsamen, Köln 1919 (Schriften der Kalltalgemeinschaft 8).

dem reformprotestantischen der Jathos schloss sich. Bevor Ret Marut weiterfloh und in Südamerika mit Romanen wie »Das Totenschiff« und »Der Schatz der Sierra Madre« als B. Traven zu Weltruhm kam, wurde in Simonskall die letzte der von ihm selbst betreuten Ausgabe seiner anarchistischen Zeitschrift »Der Ziegelbrenner« gedruckt.

Abbildung 33: Ret Marut druckte eine Ausgabe seiner anarchistischen Zeitschrift Der Ziegelbrenner *auf der Druckerpresse der Kalltalgemeinschaft*

Sie wird zum umfassenden christologisch-anarchistischen Bekenntnis, vergleichbar mit dem Tenor der Kölner Dada-Zeitschrift »Der Ventilator«.

Das Nihilismuspostulat der Moderne hat es nie gegeben, wohl aber Kirchenferne. Umso bemerkenswerter ist die *expressis verbis* postulierte Rückkehr zu einem christlichen Kommunismus. Ihn haben die Mitglieder der Siedlungsgemeinschaft in herausragender Weise gezeigt. Die Mappe »Lebendige« hatte die Toten der Revolution wie Heilige und Märtyrer als Holzschnitt verewigt. Die Mappe »Welt zum Staunen« korrespondiert mit dem ebenfalls 1919 entstandenen Architektur-Drama von Bruno Taut, »Der Weltbaumeister«. Taut hatte seit der Erstellung des Glashauses auf der Werkbundausstellung 1914 einen guten Kontakt ins Rheinland. Die Kölner Gesellschaft der Künste (GdK), Pendant zur Diskursgemeinschaft der Kalltaler und eng verzahnt, wurde 1919 die rheinische Dependance des Berliner »Arbeitsrats für Kunst«. Die Korrespondenzen gehen weit in die Bildsprache hinein: Hier wie dort erleben wir einen künstlerischen Kosmos, füllen Sterne und kristalline Formen den unendlichen Raum. Vergleichbares finden wir bei Otto Dix und anderen Künstlern der Zeit. Dix und die Künstler der Kalltalgemeinschaft kannten einander, nicht zuletzt über ihren gemeinsamen Galeristen und Verleger Karl Nierendorf, Initiator der Gesellschaft der Künste. Doch besondere Relevanz erhält in diesem Kontext das Werk von Otto Freundlich. Mit ihm erhalten die Denkbilder und künstlerischen Motive einen realen Hintergrund. Freundlich schafft ein Schlüsselwerk der Zeit.

Abbildung 34: Franz W. Seiwerts Hymne auf eine kosmische Welt zum Staunen entstand in Simonskall

Otto Freundlich war ein gern und oft gesehener Gast in Simonskall. Er kam aus Stolp, lebte und studierte in München und Paris, war aber vor Kriegsende zum Wehrdienst bei den »Deutzer Kürassieren« nach Köln einberufen worden und blieb für einige Jahre im Rheinland. Hier hatte er enge Kontakte zur Kölner Kunst- und Kulturszene, darunter dem »Gereonsclub«, der GdK, dem »Strom«-Kreis, ebenfalls um Karl Nierendorf, zur Dada-Szene um Max Ernst – und eben zur Kalltalgemeinschaft.

Freundlich war auch international vielfach vernetzt und aktiv. So half er bei der Akquise von Werken der französischen Avantgarde, darunter Picasso, für die größte international bedeutende, bis in Waldens »Ersten deutschen Herbstsalon« von 1913 und die Armory Show in New York wirkende Kunstschau, die Sonderbund-Ausstellung 1912 in Köln. Gleichzeitig intensivierte er die grenzüberschreitenden Kontakte zur europäischen Linksintellektuellenszene mit ihrem damals anarchistischen Selbstverständnis. Mit Ludwig Rubiner verband ihn eine langjährige und bis zu dessen Tod 1920 prägende Freundschaft. Während seiner Pariser Zeit, 1912, lebten auch Rubiner und seine Frau Frieda Rubiner-Ichak dort. Rubiner vermittelte die Bekanntschaft zu Pfemfert und damit zu »Die Aktion«, die für Freundlich ab 1917 zu einem wichtigen Medium seines essayistischen Werkes wurde. Rubiner beeinflusste aber vor allem auch die Gemeinschaftsidee und den Chiliasmus, die Freundlichs Vorstellungen um 1919 prägten. Wie alle Heilslehren, die sich in dieser bekenntnisfreudigen Zeit bemerkbar machten, sind die Einflüsse der naturwissenschaftlich inspirierten, aber vom streng kausalen Denken ins spekulative weiterentwickelten Evolutionstheorie unverkennbar. So wie jede Materie zum Geist drängte, musste sich die Welt zunehmend entmaterialisieren und letztlich im Kosmos aufgehen. Diese Denkbilder waren bei Rubiner mit vitalen Chiffren verbunden, einem Energiemodell, mit dem er die sich fortzeugende Welt ins Bild und in Worte zu fassen versuchte. Hier, in einer immerwährenden höheren Seinstemperatur, sah er, der Aktivist, die Zukunft der Welt. Ihm gegenüber erscheint uns Freundlich geradezu abstrakt, vergeistigt. In Kategorien der ›Schöpfung‹ dachten beide. In diesem Geist schuf Freundlich zwei Schlüsselbilder: 1918/19 entstand das Mosaik »Geburt des Menschen«, 1919 »Die Geburt der Welt«.

Abbildung 35: Otto Freundlich fertigte 1919 das Mosaik Die Geburt des Menschen. *Im zentrierten kosmischen Wirbel wird symbolisch auf das schöpferische Prinzip des Bauens verwiesen*

Das großformatige Bühnenbild lässt in einem Farb-Formenwirbel Urkräfte sehen, die, sich zentrierend, inmitten der bewegten Kräfte Wesenhaftes erkennen lassen. Ist auch die figürliche Andeutung kaum dechiffrierbar, sind es doch die mittig positionieren Dingsymbole: Zirkel und Winkelmaß. Der Baumeister als Schöpfer!

Der Einfluss Ludwig Rubiners wird erkennbar: 1919 erschienen drei Publikationen, eine umfassende Bekenntnisreihe: das Drama »Die Gewaltlosen«, die Anthologie »Kameraden der Menschheit. Dichtungen zur Weltrevolution«, ebenso gedacht als Zündfunke für eine *grenzensprengende* Menschheitsverbrüderung wie auch als Signal für eine *Entgrenzung* der Materie, und die Anthologie »Die Gemeinschaft. Dokumente der geistigen Weltwende«. Darin erscheint Freundlichs Hymnus »Der Bau«[9], der wie kein anderer Text des Künstlers Zeuge der Heilserwartung *und* ihrer Bilder ist, die diese Zeit ausmachte. Bilder vom »Bau« der Welt! Rubiner hatte die Beiträger seiner Anthologie eingeteilt in die Gruppen: 1. »Verzweifelte; gütige Skeptiker; Frondeure [...] die Schöpfer unserer kritischen Einstellungen«, 2. »Aufrührer des Geistes, die den Bewusstseinszustand der Welt umbrachen; seelische Vorbereiter der Wirklichkeitskrise unserer Tage; die Dichter, Maler, Musiker; die Schöpfer neuer Gefühlsgebilde« und 3. »die sozialen Revolutionäre, die Denker der Volksbewegung, Gestalter und Historiker der Massenaktionen, die Sprecher des Proletariats; die Schöpfer der neuen sozialistischen Weltkultur«. Den Freund zählte er zur zweiten Gruppe. Das Schöpferische sollte sich durchsetzen, doch als Gestaltetes, Geformtes, Soziales – ein kollektives Gebilde, das im Begriff »Bau« optimal erfasst wurde. Nicht von ungefähr hatte Walter Gropius dieses Denkbild seinem »Bauhaus-Manifest« vorangestellt: »Das Endziel aller bildnerischen Tätigkeit ist der Bau!«[10] Er hatte es ebenso wenig auf die Architektur beschränkt wie Freundlich. Für Freundlich schafft der Künstler sein Werk aus »dem bewegten Meer des kosmischen Gesamtleibes«[11] dank seiner mit dem Neukantianismus begründbaren Fähigkeit, Wahrnehmung als geistigen Prozess zu vollziehen und als »geistige Kristallisation«[12] in einem Schaffensprozess sichtbar zu machen. Denn, so Freundlich, die »Anschauung ist eine Kraft der Auferstehung«[13]. Um diesen Schöpfungsakt des neuen Menschen möglich zu machen, bedarf es der »Synthese Architektur – Plastik – Malerei«[14]. Der Bau-Gedanke bestimmt Freundlichs und Gropius' utopischen Blick ebenso wie den Rubiners, der die Schöpfungstheorie mit der des Geistes der Gemeinschaft als Entwurf von Welt abrundet: »Ziel des Schreitens, Horizont des Blickens: die Gestaltung der produktiven Menschengemeinschaft über alle

9 | Otto Freundlich: Der Bau, in: Zeit-Echo, 3. (1917), S. 11-12; wiederabgedruckt in: Die Gemeinschaft, Dokumente der geistigen Weltwende, hg. v. Ludwig Rubiner, Potsdam 1919, S. 68-71.

10 | Zum Bauhausmanifest vgl. das Kapitel »Weimar und der Krieg der Geister«.

11 | Otto Freundlich: Die namenlose Welt, in: Der Strom 1 (1919), S. 14-16, hier S. 16.

12 | Otto Freundlich: Zur Synthese Architektur – Plastik – Malerei, in: Die Erde 8 (1919), S. 233-237, hier S. 233.

13 | Otto Freundlich: Der Raum, in: Die weißen Blätter 2 (1919), S. 82-87, hier S. 86.

14 | O. Freundlich: Synthese, S. 233.

Länder hin. Diesem Ziel eines wirklich schöpferischen Lebens aus Erde und Mensch, das unserm Dasein in unendlicher Einfachheit Sinn gibt, ist nicht mehr auszuweichen«.[15] Der »kosmische Kommunismus«[16], den Freundlich in dieser Zeit als sein Ideal proklamiert hat, war das über Rubiner weitergedachte und politisierte Zukunftsmodell. Hier, im Rheinland, kam Nierendorf mit seinem Kairos-Verlag Freundlichs Hang zu spirituellen und utopischen Bilder, seiner Vorstellung einer ›Weltmission‹ entgegen. Auch Nierendorfs Rekurs auf eine frühchristliche, johanneische Gemeinschaftsidee, sein Streben nach einer »religiösen Erneuerung«, gar einem »neuen Orden«, einer »neuen Zeit, deren Inbrunst sich wieder Kanzeln schaffen wird und Altäre«[17], traf sich mit Freundlichs Ideen.

Simonskall, Bauhaus, Bauhütte und Kathedralen verbinden sich über Person und Werk Otto Freundlichs zu einer authentischen Variante zeittypischen Denkens und Kunstschaffens. Die Kölner hatten ihren Dom immer vor Augen, doch Freundlich tat mehr: Er lebte eine Zeitlang in Chartres. Das Leben dort hatte ihn mit der spirituellen Identität der Gotik vertraut gemacht. Die Bedeutung der Glaskunst als Entmaterialisierungsphänomen hatte ihm schon damals viel bedeutet. Im Verbund mit dem Aachener Kunsthistoriker Wilhelm Worringer, dessen Dissertation »Abstraktion und Einfühlung« das Kristalline als Form der Abstraktion herausgestellt, und dessen Forschungen »Bauprobleme der Gotik« die kunsthistorische Plattform bereitet hatte, entwickelte sich die Präferenz für ein spirituell motiviertes Bildprogramm bis hin zum Kathedralbau, für das das katholischen Milieu der Region einen fruchtbaren Boden bot.

Neben der Christus-Emblematik und der Kathedrale, war es das Denkbild »Apokalypse«, das 1919 im Rheinland einen kultursoziologisch evidenten künstlerischen Prozess und Diskurs anregte.

Die apokalyptischen Reiter, deren drei, Krieg, Hungersnot und Tod, die man über Jahre in Permanenz anzutreffen schien, füllten etliche der Mappenwerke zeitgenössischer Künstler. Doch wollte man sich endgültig diesem Untergangsdenken anheimgeben? Flächendeckend flackerte das Feuer der Erneuerungsbewegungen auf, mit denen das archaische Bild der letzten Tage

---

15 | Zit. nach Paul Raabe: Die Zeitschriften und Sammlungen des literarischen Expressionismus 1910-1921. Repertorien zur deutschen Literaturgeschichte 1, Stuttgart 1964, S. 142f.

16 | Vgl. dazu: Otto Freundlich. Kosmischer Kommunismus, Katalog zur Ausstellung im Museum Ludwig, Köln, und im Kunstmuseum Basel, München 2017.

17 | Karl Nierendorf an Alfons Paquet, Brief v. 5. Juni 1919, Nachlass Paquet, Universitäts- und Landesbibliothek Frankfurt, nichtkatalogisierter Bestand, Kapsel »Sommerhalde«.

überschrieben werden konnte. Unmittelbar auf das Untergangsbild reagiert »Der weiße Reiter. Jungrheinscher Bund für kulturelle Erneuerung«.

Abbildung 36: Carl Gabriel Pfeill setzt sein utopisches Projekt Der Weiße Reiter *gegen das apokalyptische Denken seiner Zeit*

Der Ort: Das rheinische Neuss, *castra novesia,* mit den translatierten Gebeinen des Heiligen Quirinus, Römer, Christ und Märtyrer im Quirinus-Dom gebettet – mehr Abendland ging nicht. Erinnerungsbilder: Apokalypse!

Karl Gabriel Pfeill machte als ein ungewöhnlicher Zeitgenosse 1919 in Neuss von sich reden. Er war der Sohn eines Margarinefabrikanten, den es schon sehr früh zu den Künsten zog. Familiäre Sozialisation und rheinisches Milieu legten einen offenen Katholizismus in ihm an, der auch seine künstlerischen literarischen Arbeiten prägte. Die ersten Veröffentlichungen in katholischen Zeitschriften spiegeln das, was auch in literarischen Kreisen Berlins, Wiens oder Kölns in den Blick geriet: »Jesus und Buddha«, »Mahnworte an die Deutschen aus Hölderlins ›Hyperion‹«, »Der Weltkrieg und Goethe«. Doch ein Thema hatte es ihm besonders angetan: die »missliche Lage«[18] der Fla-

18 | Klaus Hohrath: Karl Gabriel Pfeill. Leben und Werk, Neuss 1987, S. 30.

men. Nach dem Einmarsch der Deutschen bildete sich eine eigene Gemeinde der Flamen-Freunde aus, die gegen die nationalistische Ideologie der Zeit im Rückgriff auf vornationale grenzüberschreitende sprach- und kulturhistorische Gemeinsamkeiten eine Sympathie-Gemeinde ins Leben rief. Ab 1915 gab es erste Bestrebungen, 1917 wurde die »Deutsch-flämische Gesellschaft e. V.« gegründet. Pfeill, der nun eine weltanschauliche und politische Motivation für die Intensivierung der Verbindungen gekommen sah, wurde Mitarbeiter, leitete das Archiv und die Bibliothek der Gesellschaft. Auch die Pressearbeit gehörte zu seiner Verantwortlichkeit.[19]

Mit den Flamen fühlte man sich in einem spezifischen Katholizismus verbunden, mit ihnen konkretisierte sich ein antifranzösisches Syndrom, letztlich ließ sich mit dieser Sprachfamilie die Phalanx der mit der Kriegshandlung sich verstärkenden antipreußischen Position nicht minder bedienen. Volksnahe Traditionen, wie sie idealiter in der Bildwelt Breughels Gestalt gewonnen hatten und die nun in christlichen Idyllen und weltlichen Legenden vom »Jesuskind in Flandern« zum Erzählstoff wurden, trafen sich mit dem Interesse an einer friedlichen, wertkonservativen und überschaubaren Welt. Für kurze Zeit kursierte in diesen Kreisen die Vorstellung, der Krieg könne auch ein positives Ergebnis gehabt haben und zur Vereinigung der flämischen Belgier mit Deutschland führen. Ein solches katholisches Staatsgebilde könnte in dieser Stunde der Not das Profil eines zukünftigen Deutschland ausmachen, eine Art ›katholischen Frühling‹ einläuten. Daraus wurde nichts.

Pfingsten 1919 wurde zum Symbol: Pfeill gründete seinen Bund für »christliche Welterneuerung« und nannte ihn »Der Weiße Reiter«. Der Schriftsteller erhebt seine warnende Stimme: »Europa hat keine Zukunft mehr, es sei denn eine christliche!« (Fettdruck i. Text). Er rekurriert auf Novalis' Aufsatz »Die Christenheit oder Europa« von 1799 und entwickelt einen entsprechenden Schöpfungsmythos für diese Zeit, ersehnt die »schöpferische Urtümlichkeit eines großen neuen Menschentums«. Zielvorstellung ist ein »europäischer Stil«, gekennzeichnet durch »jauchzende Bejahung des Lebens«.

Der Gründungstag war mit Bedacht gewählt: »Einmütig harren wir auf ein neues Pfingsten, das mit Sturmesbrausen vieles Alte, Tote und Modrige aus unseren Winkeln fegt und den zweitausendjährigen Baum mit jungen Blütenwundern begnadet. Christliche Erneuerung der Welt durch Erneuerung der Christenheit.«

---

19 | Im Nachlass befindet sich ein ungedrucktes Manuskript »Flämische Bewegung und Deutsch-flämische Gesellschaft e.V.«, abgedruckt in Hohrath, S. 177-181. Der NL befindet sich im Clemens Sels-Museum Neuß.

Pfeill wählt nicht Christus zum Garanten für seine Utopie, sondern den Sozialisten der Liebe, Franz von Assisi, der »allerorten den Kommunismus der heiligen Armut und der christlichen Liebesgesinnung«[20] predigt. Im Pfingst-Mythos vermittelte sich die Utopie einer völkerverbindenden Verstehensgemeinschaft. Bild und Datum gehören zum Symbolarchiv des Jahres 1919: Stefan George versammelt die vom Krieg übriggebliebenen Eingeweihten seines Kreises zu einem zur Erneuerung gedachten »Seelenfest« in Friedrich Gundolfs neuem Domizil in Heidelberg, Der Bund der Sommerhalde trifft sich in der Pfingstwoche 1919 bei Martin Buber im ekstatischen Rausch einer solchen weltverändernden Kraft. In René Schickeles Gedicht »Pfingsten« finden wir Bilder von großer Strahlkraft:

»Gehör und Gesicht kennen keine Grenze,/wir sprechen mit Mensch und Tier./[...] Die Fische schaukeln den Himmel auf ihren Flossen/und sind von blitzenden Horizonten umringt,/[...] Jedes ist nach Gottes Gesicht in Licht gegossen/und weiß es in dieser einzigen Stunde/und erkennt Bruder und Schwester und singt.«[21]

Pfeills »Weißer Reiter« ist Teil der gleichzeitigen reformkatholischen Ansätze, denen er sich anschloss, darunter der Kreis um die Zeitschrift »Hochland«. Viel bewegte sich, Gleichgesinnte zu suchen, wurde zur zentralen Aufgabe. Der Herausgeber Karl Muth scharte, durchaus erfolgreich, kritisch katholische Stimmen um sich. Im Umfeld des von Scheler geprägten Philosophen Peter Wust verbanden sich Neukantianismus und christliche Exietnzphilosophie, in enger Nachbarschaft zur liturgischen Bewegung in Deutschland und der Bewegung des »Renouveau catholique« in Frankreich. Im Abendland-Diskurs, zu dem Pfeills Bemühungen in engem Zusammenhang stehen, kamen gewichtige Stimmen zusammen. Die Monatszeitschrift für Dichtung und Leben, »Der Gral«, herausgegeben vom katholischen Pfarrer und Philosophen Friedrich Muckermann, suchte ebenfalls aus dem Reformgeist des Christentums und der Liturgiebewegung neue Wege. Nicht zuletzt war im Umfeld des Verlegers Eugen Diederichs die Suche nach Antworten auf die drängenden Fragen sozusagen immerwährendes Verlangen. Im Maiheft 1919 war in Diederichs' Zeitschrift »Die Tat« die Erwartung eines neuen Katholizismus, der zugleich »weltbeglückender Frühling« sein könne, ausgesprochen.[22]

20 | Programmprospekt, abgedruckt in K. Hohrath: Karl Gabriel Pfeill, S. 36.

21 | René Schickele: Pfingsten, in: Menschheitsdämmerung. Berlin 1920, zit.n. der Neuausgabe: Menschheitsdämmerung. Ein Dokument des Expressionismus, mit Biographien und Bibliographien neu hg. v. Kurt Pinthus, Hamburg 1959, S. 308.

22 | K. Hohrath: Karl Gabriel Pfeill, S. 49.

Pfeill sucht Verbündete in der Nähe, so in Düsseldorf mit seiner Szene im Umfeld von Schauspielhaus und Kunstakademie. Dazu zählte der Schriftsteller Karl Röttger, Kunstkritiker und Herausgeber der kleinen Zeitschrift »Das Kunstfenster«. Der bekennende Protestant hatte schon früh Christusstudien betrieben. Seine Gottsuche im Umfeld des Charon-Kreises wendete er, wohl auch durch seine Schullehrertätigkeit beeinflusst, in religiös fundierte, hymnische Lieddichtung und Legenden. Als Summe dieser Bewegung erschien später »Die moderne Jesus-Dichtung«, die Einblick in die Bedeutung der Christusthematik für die Gegenwart gab.

Gehen wir ein Stück weit den Rhein herauf, nach Bonn: Die dort 1912 gegründete Schriftstellervereinigung »Werkleute auf Haus Nyland« hatte es schon vor dem Krieg geschafft, eine moderne »Industriedichtung« im Verbund mit Wertstabilität und in christlicher Fundierung zu verbinden. In diesen Tagen arbeitete einer der Protagonisten, der Zahnmediziner und Schriftsteller Josef Winckler, an seinem Roman »Der chiliastische Pilgerzug«, der in ähnlicher Absicht wie Pfeill dazu aufrufen sollte, die Apokalypse durch eine utopische Neubesetzung, romantisch inspiriert, zu überschreiben. Winckler wird in das erste der Sammelbücher des Weißen Reiters aufgenommen.

Gedanken von Untergang und Auferstehung des Abendlandes konkurrierten, fragt man danach, was die unterschiedlichen Initiativen verbunden hatte: Es waren nicht die apokalyptischen Reiter, die den Diskurs bestimmen sollten, kein Oswald Spengler war gefragt. Der Kulturkritiker war von einer Kulturtheorie ausgegangen, die in großen Bewegungen dem Abendland eine organologische Deutung unterlegte, beginnend beim Frühling im germanischen Katholizismus, der Mystik und Scholastik gebracht habe, den Protestantismus im Sommer, den nachfolgenden Herbst im Zeitalter der Sensualisten und Rationalisten, und nun zu einer Welt geworden war, die gerade ihren Winter erlebe: eine sterbende Kultur im unmetaphysischen Weltstädtetum und im Geiste eines ›ethischen Sozialismus‹. Beide ›Verirrungen‹ verwehrten dem Abendland jede tragfähige weitere Zukunft. Gerade hier sahen Künstlerkreise einen Ansatz zur Korrektur der Apokalypse-These. Zu ihnen zählte auch Karl Gabriel Pfeill. Er wollte genau das Gegenteil, »Der weiße Reiter«, ein zukunftsfroher, reformkatholischer Künder! Man wollte ein »positives Christentum«[23]. So sind auch weitere Netzwerke in diesem Kontext interessant. Weitgehend vergessen ist, dass 1919 nicht nur Aufrufe an die Jugend bekannt, sondern auch Organisationen geschaffen wurden. Dazu zählte die im Juli 1919 auf Initiative des Jesuitenpaters Julius Esch vom Kölner Kardinal Felix von Hartmann gegründete Bund »Neudeutschland«. In ihm sammelten sich im Umfeld von Gymnasien Schüler zu Aktionsgemeinschaften im Sinne reformkatholischer Einstellun-

23 | Ebd., S. 46.

gen mit dem Ziel, ihren Beitrag zu einer christlichen Zukunft Deutschlands beizutragen. Schon Ende des Jahres 1919 waren über 100 Gruppen aktiv und der Bund von der Fuldaer Bischofskonferenz anerkannt.

Pfeills »Weißer Reiter« konnte Romano Guardini gewinnen. In seinem Sammelband druckte er Guardinis programmatischen Aufsatz »Liturgie als Spiel« ab. Der charismatische Theologe und Philosoph hatte seine Idee unmittelbar aus der alttestamentarischen Vorstellung vom tanzenden David vor der Arche abgeleitet und meinte damit das vom Utilitarismus der Erwachsenenwelt freie Dasein, das, bezogen auf die spirituelle Handlung des Gottesdienstes zur Gestaltung eines »lebendigen Kunstwerks vor Gott« Raum gebe. In der Auseinandersetzung um ein neues kirchliches Selbstverständnis war die »christliche Kunst« über die Liturgie-Reform flächendeckend zu neuer Bedeutung gekommen. Sie sollte die Gemeinschaft mit Gott in der Gemeinschaft der Gläubigen erlebbar machen. Liturgie wurde als »Gesamtkunstwerk« verstanden, die Messen und Gottesdienste mit der Vereinigung mystischer und ästhetischer Elemente entsprechend inszeniert. Guardini prägte in diesem »Geist«[24] gemeinsam mit dem Kölner Architekten Rudolf Schwarz die Burg Rothenfels als Zentrum der sich entwickelnden Quickborn-Bewegung. Auch der im Kloster Marienthal bei Wesel residierende Pastor Winkelmann wurde reformerisch tätig und holte Künstler wie Helmuth Macke, Ewald Mataré und Carlo Mense zur Gestaltung von Kloster und Friedhof an den Niederrhein. Einflüsse auf und Nähe zur Architektur, vor allem dem in der Zeit blühenden Kirchenbau, etwa durch dem der Liturgiebewegung nahestehenden Dominikus Böhm sind beträchtlich, auch wenn eine entsprechende Bautätigkeit für das Jahr 1919 noch keine Rolle spielt![25]

Kloster Beuron wurde zum Zentrum des Geistes der Erneuerung. Hatte Pfeill mit viel Zivilcourage als Einzelkämpfer mit gelegentlichen Kooperationen seinem Ideal gefrönt, waren im süddeutschen Kloster Beuron, das einst der liturgischen Bewegung wesentliche Impulse gegeben hatte, die Dinge in eine andere Richtung gelaufen. Hier konzentrierte sich eine katholische Friedensbewegung, in der sich Persönlichkeiten aus Kirche und Politik zusammenfanden und ein europäisches Miteinander pflegten. Am 1. August 1917 hatte Papst Benedikt XV. einen Friedensappell in die Welt geschickt und zur Beendigung des Krieges aufgerufen. Im Kloster Beuron wurde noch im gleichen Jahr eine

24 | Romano Guardini: Vom Geist der Liturgie, 1918.

25 | Vgl. dazu: Wolfgang Pehnt: Die Form einer ungeheuren Empfindung. Westdeutscher Sakralbau zwischen 1918 und 1933, in: Christus an Rhein und Ruhr. Zur Wiederentdeckung des Sakralen in der Moderne. Begleitband zur Ausstellung im August Macke Haus Bonn, 29. Mai-13. September 2009, hg. Gertrude Cepl-Kaufmann u. Jasmin Grande, Bonn 2009, S. 64-87.

programmatische Schrift veröffentlicht: »Wir Christen und das päpstliche Friedensprogramm«. Die Friedensinitiative verstärkte sich gegen Ende des Ersten Weltkrieges. Am 2. Oktober 1919 wurde in einer »Konferenz katholischer Pazifisten« in München beschlossen, den Friedensbund auf eine breitere Grundlage zu stellen.

Es war die Rede von Simonskall und der Anbindung an die Christologie des protestantischen Pfarrers Karl Jatho, vom »Weißen Reiter«, der katholischen Liturgiebewegung und der Verbindung zum Kloster Beuron. Es ist ein weiterer Ort auf dieser Karte zu verzeichnen, der es wohl kaum in eine solche bedeutungsschwangere Zeit hineingeschafft hätte, wäre dort nicht ein gewichtiges Einstiegskapitel für einen Wandel in der protestantischen Theologie geschrieben worden: Karl Barth, protestantischer Dorfpfarrer in Safenwil im Schweizer Kanton Aargau, war tief bewegt von den Fragen der Zeit, politisch und theologisch. Er hatte nichts Hinterwäldlerisches im Sinn, ganz im Gegenteil interessierte er sich für die Kommunistenszene um Lenin und bekannte sich zum »Zimmerwalder Manifest«. Von Trotzki verfasst, dokumentierte es die Ergebnisse des geheimen Internationalen Sozialistentreffen 1915 in dem kleinen Schweizer Ort, in dem die endgültige Spaltung in Revolutionäre und Reformer vorangetrieben und die Revolution in Russland vorbereitet wurde. Gleichzeitig beschäftigte er sich mit dem Römerbrief und fand hier das unmittelbare Wirken Christi und damit zu einer christologischen Worttheologie. 1919 veröffentlicht Karl Barth seinen Römerbriefkommentar und bekannte: »Jesus als der Christus ist die uns unbekannte Ebene, die die uns bekannte senkrecht von oben durchschneidet.«[26] Er begründet die dialektische Theologie. Auch zu diesem Denken finden sich in diesem Panoramablick Analogien und gedankliche Nähe, beginnend bei Martin Bubers dialogischer Philosophie bis zur Adaption eines Christusbildes bei den Kölner Dadaisten, die Jesus als Revolutionär wiederentdecken.

Die Meistererzählung für dieses Deutschland der Zukunft lässt sich im Rundumblick erkennen: Wie ein Teppich, Mosaik, Glasbild lag es 1919 über diesem Deutschland: Orte, in die Ideenbilder, Farben und Spruchbänder hineingewebt schienen wie in eine imaginäre Landschaft, um eine sinngebende Topographie und einen Zusammenhalt zu finden. Vieles ist noch zu entdecken wie zum Beispiel das Projekt Loheland bei Fulda. Die Heilsbotschaften, in denen abendländisch christliche Botschaften aufgenommen und neu verkündet wurden, machten darin ein evidentes Grundmuster aus. So begegneten sich utopische Projekte, Denkspiele und Ideen in kirchenfernen Künstler- und Schriftstellerkreisen mit Reformbewegungen im katholisch-konfessionellen Lager, die sich durchaus gedanklich nahestanden und im besten Falle kooperierten.

26 | Karl Barth: Der Römerbrief, zit. in: ders.: Der Römerbrief 1922, Zürich 1984, S. 6.

Neue Gemeinschaften, neue Ästhetik

Dresden, Breslau und überall

Novembergruppen, Arbeitsräte und Aktivisten

Im Abgang zeigt sich Klasse – Sie haben ihren König nicht vergessen – Das ›Inszenierungsprojekt‹ Feudalherrschaft scheiterte, die Kunstakademien und Kunstschulen blieben. – Dresden wurde zu einer Hochburg der Politisierung – Der Sezessionismus lebte 1919 erneut auf – Aufbruch, wohin man schaute – Die ›Aktivistenbewegung‹ – Der »Politische Rat geistiger Arbeiter« – Kurt Hiller wollte nichts weniger als bei lebendigem Leibe ins Paradies – Der »Arbeitsrat für Kunst« (AfK) – Ein Flugblatt vom 1. März 1919 – 1919 war ein Jahr des Runs auf die Deutungshoheit im Experimentierfeld Utopie – Die Novembergruppen – Bruno Taut gründet die »Gläserne Kette« – Ex oriente lux! Gegen die Deutungshoheit Europas – Die Idee der »Stadtkrone« als Architekturutopie – Das Architektur-Schauspiel »Der Weltbaumeister«

Im Abgang zeigt sich Klasse: Kein Regierender hat im November 1918 das politische Parkett so bühnenreif verlassen wie der Wettiner Friedrich August III. Als die Arbeiter- und Soldatenräte den gemütlichen Monarchen des Königreichs Sachsen am 13. November 1918 auf Schloss Guteborn bei Ruhland zum Abdanken zwingen wollten, zeigt er sich allerhöchst verwundert: »Na derfen die denn das?« Ob sie durften? Sie haben nicht gefragt, erst recht ihn nicht. Auch mit Stufe zwei schrieb er sich markant in die Geschichte ein: »Nu, da machd doch eiern Drägg alleene!« Bei Stufe drei des theatralen Abgangs hat der König, obwohl nicht mehr Souverän, doch einen souveränen Eindruck hinterlassen: Wie überall, waren die Untertanen auf diesen Moment der Befreiung von der Herrschaft keineswegs vorbereitet. Friedrich August III., ohnehin nicht so sehr an den Regierungsgeschäften interessiert, verließ Thron und Schloss ohne Widerstand. Am Bahnhof bejubelte ihn eine Menschenmenge und ließ ihn hochleben, was ihn zu der legendenbildenden, gutmütigen Bemerkung hinriss: »Na, ihr seid mir scheene Rebubliganer...!«

Ein ordentliches Quäntchen Wahrheit lässt sich, was das zu dieser Stunde bereitstehende, besser: fehlende Potential für republikanisches Denken angeht, aus der Rückschau heraushören, nicht minder aus der Zuweisung der Revolutionäre zur Spezies der »Heiducken«, der gesetzlosen Banden zur Zeit der Türkenkriege, wie Kurt Tucholsky sie in seinem Gedicht auf das als »Königswort« Geschichte machende Bonmot des sächsischen Königs bewitzelt:

»Das Königswort
Dies ergötzte hoch und niedrig:
Als der edle König Friedrich,
August weiland von ganz Sachsen,
tat zum Hals heraußer wachsen
seinem Volk, das ihn geliebt,
so es billigen Rotwein gibt –
als der König, sag ich, merkte,
wie der innre Feind sich stärkte,
blickt er über die Heiducken,
und man hört ihn leise schlucken...
Und er murmelt durch die Zähne:
›Macht euch euern Dreck alleene!‹

Welch ein Königswort! Wahrhaftig,
so wie er – so voll und saftig
ist sonst keiner weggegangen. [...]«[1]

Sie haben ihren König nicht vergessen: hunderttausende Trauergäste fanden sich in Dresden ein, als ihr ehemaliger König 1932 zu Grabe getragen wurde. ›Glanz und Gloria‹ waren ja in Dresden geradezu erfunden worden, und nach den politischen Wirren seit 1918 und dem rasanten wirtschaftlichen Niedergang sehnten sich die Sachsen, wie viele Menschen in anderen ehemaligen Herrschaften, trotz Republik, in die Zeit der Monarchie zurück. Ob die Anekdote der Wahrheit entspricht? Jedenfalls hatte sie die mentale Realität gut getroffen. Es war nichts mehr mit der Adelskultur. Artikel 109 Abs. 3 WRV regelte endgültig mit deren Inkrafttreten am 14. August 1919 die Abschaffung aller Standesvorrechte und die Egalität aller Bürgerinnen und Bürger. Die unten trauerten, die oben zogen sich ins wohlgepolsterte Private zurück und pflegten ihre Kreise – die Verfassung hatte es versäumt, sie zu enteignen und ihre Adelstitel blieben als Namenstitel erhalten. Die über allem schwebende Geschichtsschreibung musste zurückschauend herausfinden, wie es kommen konnte, dass die Klasse der regierenden Fürsten und des Adels, bestehend aus ca. 60.000 Personen = 1 % der Bevölkerung, innerhalb weniger Wochen von der politischen Bildfläche verschwand. Fast hundert Jahre lang hielt sie sich mit einer umfassenden Analyse zurück.

1 | Kaspar Hauser alias Kurt Tucholsky: »Das Königswort«, in: Die Weltbühne v. 24. April 1919, S. 483.

Lothar Machtan widmet 2016 endlich diesem Ereignis seine Untersuchung »Die Abdankung«[2]. Mit seiner Darstellung der soziologischen, politischen und mentalitätsspezifischen Abläufe und Dispositionen gelingt es ihm, dem Erstaunen über das sang- und klanglose Verschwinden der gesamten in Deutschland residierenden Adelshäuser Verstehen zu unterlegen. Machtan schont sie nicht: Ihr Verschwinden war die Konsequenz eines hypertrophen Kastendenkens und der internen Verständigung darüber. Dem Großteil mangelte es an politischer Kompetenz, politischem Willen und Verantwortungsethik und ihre Rolle stand im Missverhältnis zur sich demokratisierenden Gesellschaft, in der sie einen Anspruch auf Deutungshoheit, freilich ohne jegliche charakterliche und/oder intellektuelle Ausstattung geltend machen wollten. Die Sprengung eines auf Arkandisziplin setzenden Systems in Zeiten zunehmender Medialität war überfällig und in einer Krisenzeit wie der des selbstverschuldeten Krieges wurde das Versagen einer Gesellschaft, die historisch gesehen ihre Vorrangstellung durchaus aus ihrer heldischen Bewährung im Kriegsgeschäft ableitete, offenbar. Machtan differenziert im Urteil, soweit es einzelne Adelshäuser betrifft, sieht jedoch keine Ausnahme. Allesamt konnten sie, privatisiert und vom politischen System einer Republik unbehelligt, ihre Reichtümer und Lebensgewohnheiten beibehalten. Und so liest sich die Liste derer, die sang- und klanglos aufgaben, aber eigentlich privilegiert blieben, obenan der Kaiser, wie das *who is who* einer Parallelgesellschaft, die heute als politischer Bedeutungsträger längst vergessen und nur noch für die Regenbogenpresse interessant ist, doch die damals als solche Bundesfürsten und damit Machtträger bemerkenswert stumm die Zeiten an sich ablaufen ließen!

Innerhalb von sechs Tagen, vom 9. bis zum 15. November endete die Herrschaft von 20 der insgesamt 22 Monarchen, die beiden letzten folgten am 22. und 23. November:

4 Königreiche: Preußen (Hohenzollern); Bayern (Wittelsbacher); Württemberg; Sachsen (Wettiner)
6 Großherzogtümer: Baden (Zähringer); Mecklenburg-Schwerin; Hessen (Hessen-Darmstadt); Oldenburg (Holstein-Gottorp); Sachsen-Weimar-Eisenach (Wettiner); Mecklenburg-Strelitz
5 Herzogtümer: Braunschweig (Welfen); Sachsen-Meiningen (Wettiner); Anhalt (Askanier); Sachsen-Coburg und Gotha (Wettiner); Sachsen-Altenburg (Wettiner)
7 Fürstentümer: Lippe; Waldeck-Pyrmont; Schwarzburg-Rudolstadt; Schwarzburg-Sondershausen; Reuß jüngere Linie; Schaumburg-Lippe; Reuß ältere Linie

2 | Lothar Machtan: Die Abdankung. Wie Deutschlands gekrönte Häupter aus der Geschichte fielen, München 2016; für Hinweise danke ich Peter Cartellieri.

Das ›Inszenierungsprojekt‹ Feudalherrschaft scheiterte, die Kunstakademien und Kunstschulen blieben. So hinterließ der Adel doch ein schönes Erbe, das es ohne seine elaborierte Kultur nicht gegeben hätte. Sie waren über Jahrhunderte die Auftraggeber der Kunst, sie organisierten die Schulen, die Akademien, sie finanzierten Stile und Techniken. Die Künstler kamen damit zurecht, solange es eine konsensfähige Schnittmenge an Interessen gab: sowohl im künstlerischen Bereich als auch in der Adäquatheit von politischem System und Kultur. Diese ungedruckte Übereinkunft war mit dem Anspruch Wilhelms II. über das, was Kunst sei, qua Legitimation des Amtes bestimmen zu können, aufgekündigt worden. Das Verdikt der Moderne *und* der Verlust des Auftraggebers für eine aktuelle Kunst hatte das Verhältnis der geistig und künstlerisch Tätigen zum Staat, spätestens seit dem Enttäuschungsschub, den die kaiserliche Kulturpolitik für die Moderne bedeutete, erheblich verändert und wesentlich zur Bohemebildung beigetragen. Doch was für Berlin galt, betraf nicht automatisch auch die Bundesstaaten, die zwar Preußen die Leitung des Reiches zugestanden und entsprechend den Preußischen König als ihren Kaiser anerkannten, nicht aber ihre Rechte abgegeben hatten, als Fürsten *ihres* Landes über die Kultur zu bestimmen. Harry Graf Kessler hatte hieraus seine Pläne entwickelt, das Großherzogtum Weimar als Ersatz für die fehlende angemessene Kulturhoheit des Reichs aufzubauen. Bis 1918 profitierten davon die starken, vor allem im Osten des Reiches liegenden Residenzstädte mit traditionell elaborierten Akademietraditionen. Natürlich hatte das urbane Berlin als Metropole eine gewichtige Szene, insbesondere mit Literatur und Theater, gerade im Widerstand gegen die oktroyierte Kunstdoktrin, doch kristallisierten sich mit der Moderne einzelne Kunsthochburgen heraus, so dass sich ein flächendeckendes Netzwerk ergab.

Dresden wurde zu einer Hochburg der Politisierung der Kunst in Zeiten des politischen Umbruchs. Die Reformbewegungen wurden auch hier bereits von kulturaffinen Industriellen finanziert, noch heute im Hygiene-Museum nachzuspüren. Das hatte Karl August Ligner finanziert. Der Erfinder des Mundwassers Odol hatte mit der ersten Hygieneausstellung 1911 einen weltweit beachteten Beitrag zur Lebensreform, insbesondere einer auch im Gesundheitsdenken fortschrittlichen Moderne geleistet. Mit der Künstlervereinigung »Brücke« war die Stadt als Zentrum des Frühexpressionismus anerkannt.

Breslau war mit seiner Staatlichen Akademie für Kunst- und Kunstgewerbe ein weiterer wichtiger Standort, der in die Genese einer eigenwilligen politischen Kultur einbezogen war. Bis 1740 Nebenland der böhmischen Krone, zählte Schlesien zum Herrschaftsbereich Habsburgs. Doch auch nachdem der Preuße Friedrich II. im Ersten Schlesischen Krieg in die Stadt eingezogen war, blieb Breslau ein Ort für Kunst. Die Nähe zu Berlin wurde dort geradezu gepflegt, entsprechend den Heimatgefühlen rheinischer Künstler zu Paris. Der in Berlin lebende Schriftsteller Max Hermann hing seinem Namen selbstbewusst den seiner Heimatstadt Neiße an, ohne dies als Bekenntnis zur schlesischen Provinz zu sehen; Ludwig Meidner war im schlesischen Bernburg, in Breslau und Berlin zugleich beheimatet und Walter Meckauer hatte diese traditionelle Nähe auf den Punkt gebracht: »Was ein echter Breslauer ist, wohnt in Berlin!«[3] Einen entsprechend hohen Stellenwert, insbesondere auch im Fach Architektur, hatte die Breslauer Akademie. Hans Poelzig war dort bis 1916 Direktor gewesen, nun war es August Endell. Schon 1919 begann in Breslau eine elaborierte Hochhausbebauung.[4]

In diese ausgeprägte ostdeutsche Topographie gehörte, *last but not least,* Weimar. Die Gratwanderung zwischen der Abhängigkeit vom jeweiligen Hof und dem Bedürfnis nach Autonomie war hier bis in die Zeit des Systemwechsels von der Adelsherrschaft zur Republik erkennbar. Hier hatte der Großherzog erheblich zum Nichtgelingen von Kesslers Plänen, trotz der idealen Besetzung des Mitstreiterpostens mit van de Velde, beigetragen. Nun bewiesen die Genese des Bauhauses und das Engagement seines ersten Direktors, Walter Gropius, dass die Nachadelsgeschichte dieser Hochburgen für das Jahr 1919 eine besondere Topographie ausmachte. Sie konnte, wie im Fall Weimar, für kurze Zeit eine Befreiung bringen, doch Abhängigkeiten blieben. Man war gegenüber den nachfolgenden Herrschaftsstrukturen der Moderne keineswegs automatisch positiv eingestellt.

Insgesamt lässt sich sagen: die politischen Künstlerbewegungen haben in diesen Hochburgen zwischen Berlin, Dresden, Breslau und Weimar ein gegenüber weiteren Kunstzentren wie dem Rheinland, auch kunstaktiven Zentren wie München und Stuttgart, besonders dichtes Netzwerk entwickelt.

Der Sezessionismus lebte 1919 erneut auf. Vom Aktivistenbund bis zu den Novembergruppen handelt es sich um Sezessionismen der zweiten Generation, die am Ende des Krieges und in der Übergangsphase des Jahres 1919 das kulturelle Feld beeinflussen. Der Begriff Sezessionismus wurde dabei raumgreifender. Meinte er zunächst, um die Jahrhundertwende, den Protest und Auszug aus bestehenden Gruppen und Vereinen der meist jüngeren Künstler, die von den zuständigen Hängekommissionen bei der Auswahl der Ausstellungsexponate übergangen wurden, führten nun das Bedürfnis nach einem politischen Ausdruck der Generation zu einer weiteren Welle von Sezessionismen. Für sie war das gemeinsame Erlebnis des Krieges und nun das politische Votum verbindender als ein Malstil. In diesen Sezessionismen um 1919 fanden

3 | Walter Meckauer: Licht in der Finsternis. Fragmente sowie eine ausführliche Bibliographie. Einführung Carel ter Haar, Köln 1988, S. 42.

4 | Vgl. dazu Hochhäuser für Breslau 1919-1932, hg. v. Jerzy Ilkoszy u. Beate Störtkuhl, Delmenhorst 1997.

entsprechend Maler und Schriftsteller oft zusammen. So legte sich eine eigene Metaebene der generationenspezifischen Gruppierungen über eine ›Topographie Deutschland‹. Dies gilt unabhängig von den Aktionsorten, die sich ausmachen lassen.

Aufbruch, wohin man schaute! Bewegung, wo und wann immer sie möglich war! Schon mit dem 9. November 1918, dem Tag der doppelten Ausrufung der Republik durch Scheidemann und Liebknecht, machten sich Künstler, Intellektuelle, Schriftsteller auf, um sich zu formieren. Mit unterschiedlichen Programmen und in varianten Gruppen, die sich zuweilen überschnitten. Was sie einte: ihre revolutionäre Motivation *und* die Enthaltsamkeit, sich als Arbeiter- und Soldatenräte zu bezeichnen oder zu verstehen. Räte ja, aber bitte unter Berücksichtigung der Besonderheit der Arbeit, die sie leisteten: »geistige« Arbeit! Mit ihr, so klang es *uni sono*, konnten sie ein Recht auf Deutungshoheit erheben!

November 1918. Ein groteskes Szenario entstand, z.B. im Berliner Reichstag. Der war okkupiert von den nun überall aktiven Arbeiter- und Soldatenräten. Nun kamen die ›Geistigen‹ hinzu. Sie tagten dort gleichzeitig, aber nicht vereint. Die Aktivisten besetzten einen Raum, im danebenliegenden Fraktionszimmer traf sich der nach Ausbruch des Krieges entstandene pazifistische »Bund Neues Vaterland«. Harry Graf Kessler, der vollendete Ästhet, wurde Zeitzeuge:

> »Das Bild des Reichstags hat sich trotz der strengen Absperrung (man kommt nur noch mit dem roten Passierschein des Soldatenrates hinein) seit der ersten Revolutionsnacht nicht geändert, bis auf den größeren Schmutz, der sich anhäuft. Überall Zigarettenstummel, fortgeworfene Papierstücke, Staub, Straßendreck auf den Teppichen. Gänge und Wandelhalle wimmeln von Bewaffneten, Soldaten und Matrosen. In der Halle stehen auf dem Teppich die Pyramiden zusammengestellter Gewehre; in den Klubsesseln liegen Matrosen. Eine große Unordnung, aber Ruhe. Die alten Diener in ihren Livreen gehen dazwischen machtlos und schüchtern herum als letzter Rest des früheren Regimes. Die Abgeordneten der bürgerlichen Parteien sind ganz verschwunden.«[5]

Noch am Abend des 9. November forderte der um Kurt Hiller und aus den Berliner Expressionistenkreisen entstandene »Rat der Intellektuellen« die Sozialisierung der Theater.

Am 3. Dezember 1918 konstituierte sich aus den Kreisen der »Berliner Secession« die erste »Novembergruppe« mit Max Pechstein und César Klein

5 | Harry Graf Kessler: Das Tagebuch 1880-1937, Bd. 6, 1916-1918, Stuttgart 2006, abgerufen in http://gutenberg.spiegel.de/buch/-4378/1, 18. August 2018.

und beanspruchte als »Kunstrat« Einfluss in allen die Kunst betreffenden politischen Fragen. Hinzu kam der von Bruno Taut und Adolf Behne initiierte »Arbeitsrat für Kunst«, der den Zusammenschluss aller Künstler zu einer künstlerisch *und* politisch tätigen Arbeitsgemeinschaft anstrebte. Das, was wir heute kulturhistorisch, also spartenübergreifend als »klassische Moderne« verstehen, sah sich vereint, wenn auch aus unterschiedlichen Gruppen und Orten kommend, in die Zeit gerufen.

Die ›Aktivistenbewegung‹, angeführt von Kurt Hiller, signalisierte schon mit ihrem Namen Aufbruch. Der mit einem ausgeprägten rhetorischen Talent begnadete und einem scharfen Intellekt glänzende, in Heidelberg zum Dr. jur. promovierte Jurist sah sich geradezu abendländisch motiviert und entwickelte die Idee eines »Herrenhaus des Deutschen Geistes«[6], einer seit Plato kursierenden Idee von der Vorherrschaft der Intellektuellen als Lenker und Deuter des Staates. Im August 1917 bereits war der »Bund zum Ziel« auf einer illegalen dreitägigen Aktivistenkonferenz in Berlin gegründet worden als eine »lose Vereinigung«, jedoch auch »tätige Gemeinschaft geistig gerichteter Menschen, denen Geist [...] sittliche Aktivität bedeutet.«[7] Hiller führt in der Folge als *spiritus rector* in den »Ziel«-Jahrbüchern linksintellektuelle und lebensreformerische Pazifisten wie Max Brod, Gustav Wyneken, Heinrich Mann und Ludwig Rubiner zusammen. 1918 gaben die Novemberereignisse mit der Aufhebung der Zensur und kriegsbedingter Verbote endlich die Möglichkeit zum Handeln. Man mietete sogar eine Wohnung in Charlottenburg. Am 8. November war aus dem »Bund der Geistigen« ein »Aktivistenbund« geworden; am 9. November musste aus aktuellen, politischen Gründen eine erkennbare Nähe zur großen Politik gefunden werden und so wurde daraus ein »Rat geistiger Arbeiter«. Heinrich Mann schlug vor, ihn »Politischer Rat geistiger Arbeiter« zu nennen. Kurt Hiller wurde zum Vorsitzenden gewählt. Abseits von Berlin gab es weitere Filiationen. Heinrich Mann hatte in München ebenfalls eine Gruppierung des Aktivistenbundes etabliert,[8] was nicht ausschloss, dass Lujo Brentano in derselben Stadt einen liberal-konservativen aus der Taufe hob.[9] Im

6 | Kurt Hiller: »Ein Deutsches Herrenhaus«, in: Tätiger Geist! Zweites der Ziel-Jahrbücher, hg. v. Kurt Hiller, München u. Berlin 1918, S. 425.

7 | Kurt Hiller: Logos zit. in: Brigitte Laube: »Dennoch glaube ich an den messianischen Geist«. Kurt Hiller (1885-1972). Aspekte einer deutsch-jüdischen Identität, Essen 2011, S. 293.

8 | Vgl. dazu: Alexandra Gerstner: Neuer Adel. Aristokratische Elitekonzeptionen zwischen Jahrhundertwende und Nationalsozialismus, Darmstadt 2008, S. 444.

9 | Vgl. dazu: Hans-Joachim Bieber: Bürgertum in der Revolution. Bürgerräte und Bürgerstreiks in Deutschland 1918-1920, Hamburg 1992, S. 127.

Düsseldorfer Aktivistenbund hatte man den Namen adaptiert, ihn aber eigenständig weiterentwickelt.

Der »Politische Rat geistiger Arbeiter« gibt sich ein Programm, das noch Ende 1918 in der »Weltbühne«[10] und in der Dresdner Zeitschrift »Menschen« abgedruckt wurde. Es trägt die Handschrift Kurt Hillers. In sieben Kapiteln werden die Leitlinien zusammengestellt: Die »unbedingte Verhinderung des Krieges« sichert ein »Völkerbund mit Völkerparlament«; die »gerechte Verteilung der äußeren Lebensgüter« überwindet alle kapitalistischen Abwege. Gefordert werden Gleichberechtigung und Freiheit des Geschlechtslebens; Abschaffung der Todesstrafe und die »radikale Reformation der öffentlichen Erziehung« durch Begründung einer »Kulturschule«. Die »Trennung von Kirche und Staat« ist Teil zur »Sicherung und Ausbau der gesamtdeutschen sozialen Republik«. Zu den Unterzeichnern zählten Robert Musil, Heinrich Mann, Bruno Taut, Fritz von Unruh und der Vorkämpfer für ein pazifistisches Paneuropa, Nicolaus Graf Coudenhove.

Zur Durchsetzung der Forderungen wird der »Rat der Geistigen« als eine Art Urteilsinstanz gebildet. Auch hier dokumentierte, wie beim »Bund der Sommerhalde,[11] die Variationsbreite der Namensgebung die latente Unsicherheit bei einer solchen Institutionalisierung. Doch klar war, wofür man antrat: »zur Beseitigung der Gefahr einer Beeinträchtigung der Kulturpolitik durch einseitige wirtschaftliche Gesichtspunkte und zur Ausgleichung der Schäden parteibürokratischer Erstarrung.«[12] Der Rat erhebt einen Immunitätsanspruch und den der gänzlichen Unabhängigkeit: »Der Rat der Geistigen [...] entsteht weder durch Ernennung noch durch Wahl, sondern – Kraft der Pflicht des Geistes zur Hilfe – aus eigenem Recht, und erneuert sich nach eigenem Gesetz«.[13] Das Programm versteht sich als politisches Votum, Ansätze zur praktischen Umsetzung gab es nicht, was Ernst Bloch, obwohl selbst Beiträger in den »Ziel-Jahrbüchern«, zur ironischen Kritik motivierte: »Eilige Damen, literaturfreudige Herren tun sich zusammen und geben sich, mit Reichstag im Rücken und Konjunktur im Vordergrund, als ›Rat geistiger Arbeiter‹ ihre Position. Niemand hat diesen Rat beauftragt, niemand betrachtet gar seine Vertreter als

10 | »Rat geistiger Arbeiter«, in: Die Weltbühne 14 (1918), S. 473ff., zit. in: Manifeste und Dokumente zur deutschen Literatur 1910-1920, hg. v. Thomas Anz u. Michael Stark, Stuttgart 1982, S. 288-292.

11 | Vgl. dazu das Kapitel »Jüdische Lichtblicke in Frankfurt, Heppenheim und am Bodensee«.

12 | »Rat geistiger Arbeiter«, in: Manifeste, S. 290.

13 | Ebd.

irgendwie vertretend und kompetent.«[14] Ihm erschien dieses Räteprojekt Alles in Allem als ein »Amalgam aus Sozialismus, Pazifismus und Elitedenken«[15].

Abbildung 37: Einladung zum Aktivistenkongress im Juni 1919 nach Berlin

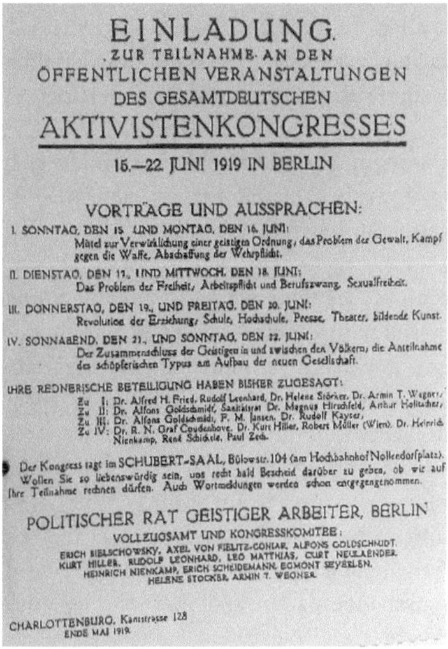

EINLADUNG.
ZUR TEILNAHME AN DEN
ÖFFENTLICHEN VERANSTALTUNGEN
DES GESAMTDEUTSCHEN
AKTIVISTENKONGRESSES

16.–22. JUNI 1919 IN BERLIN

VORTRÄGE UND AUSSPRACHEN:

I. SONNTAG, DEN 15. UND MONTAG, DEN 16. JUNI:
Mittel zur Verwirklichung einer geistigen Ordnung, das Problem der Gewalt, Kampf gegen die Waffe, Abschaffung der Wehrpflicht.

II. DIENSTAG, DEN 17., UND MITTWOCH, DEN 18. JUNI:
Das Problem der Freiheit, Arbeitspflicht und Berufszwang, Sexualfreiheit.

III. DONNERSTAG, DEN 19., UND FREITAG, DEN 20. JUNI:
Revolution der Erziehung, Schule, Hochschule, Presse, Theater, bildende Kunst.

IV. SONNABEND, DEN 21., UND SONNTAG, DEN 22. JUNI:
Der Zusammenschluss der Geistigen in und zwischen den Völkern, die Anteilnahme des schöpferischen Typus am Aufbau der neuen Gesellschaft.

IHRE REDNERISCHE BETEILIGUNG HABEN BISHER ZUGESAGT:
Zu I: Dr. Alfred H. Fried, Rudolf Leonhard, Dr. Helene Stöcker, Dr. Armin T. Wegner,
Zu II: Dr. Alfons Goldschmidt, Sanitätsrat Dr. Magnus Hirschfeld, Arthur Holitscher,
Zu III: Dr. Alfons Goldschmidt, F. M. Jansen, Dr. Rudolf Kayser,
Zu IV: Dr. R. N. Graf Coudenhove, Dr. Kurt Hiller, Robert Müller (Wien), Dr. Heinrich Nienkamp, René Schickele, Paul Zech.

Der Kongress tagt im SCHUBERT-SAAL, Bülowstr. 104 (am Hochbahnhof Nollendorfplatz). Wollen Sie so liebenswürdig sein, uns recht bald Bescheid darüber zu geben, ob wir auf Ihre Teilnahme rechnen dürfen. Auch Wortmeldungen werden schon entgegengenommen.

POLITISCHER RAT GEISTIGER ARBEITER, BERLIN
VOLLZUGSAMT UND KONGRESSKOMITEE:
ERICH BIELSCHOWSKY, AXEL VON FIELITZ-CONIAR, ALFONS GOLDSCHMIDT,
KURT HILLER, RUDOLF LEONHARD, LEO MATTHIAS, CURT NEULAENDER,
HEINRICH NIENKAMP, ERICH SCHEIDEMANN, EGMONT SEYERLEN,
HELENE STOCKER, ARMIN T. WEGNER

CHARLOTTENBURG, Kantstrasse 128
ENDE MAI 1919

Dennoch: Ein Aktivistenkongress markiert den Höhepunkt der Aktivitäten. Vom 15. bis 22. Juni 1919 trafen sich in Berlin Aktivisten aus ganz Deutschland. Beim diesem Juni-Treffen wurden zwar Wirtschaftsräte und Kulturräte bestimmt, die konkret tätig werden sollten, doch letztlich verlief auch hier jede größere Aktivität im Sande. Es war weniger die von Bloch bespöttelte Inkompetenz für praktisch-politisches Handeln als ein spezifisches Rollenbild, das über die starke Persönlichkeit eines Kurt Hiller das Profil der Aktivistenbewegung prägte, zugleich aber auch das Dilemma erkennen ließ. Hiller selbst hat sich in verschiedenen Rollen gesehen: »Redner, Lehrer, Aufklärer, Aufwiegler, Bündebegründer, Gesetzgeber, Priester, Religionsstifter«; seine Mitstreiter waren »Propheten«, »Litteraten«, »Willentliche«, »Voluntaristen«, die sich insbesondere von Wissenschaftlern grundsätzlich unterscheiden. Auch der Begriff

14 | Ernst Bloch: »Zur deutschen Revolution«, in: Revolution 2 v. 30. November 1918, zit. in B. Laube: Kurt Hiller, S. 296.

15 | Ernst Bloch, zit. in Peter Fritzsche: Wie aus deutschen Nazis wurden, Zürich 1999, S 109f. S. 296.

»Eingreifende« war für ihn ein Synonym für Aktivisten. Seine Phantasie in Sachen Sinnkonstruktion und Handlungsoption schien unbegrenzt: so finden wir in seinen Schriften Begriffe wie »junger Politizismus« und »Propaganda der Tat«.[16] Gegen den Ästhet(-en) setzte er den »Eth«. Über allem sah er sich als »Meliorist«. Harald Lützenkirchen umschreibt dieses lebensprägende Selbstverständnis, allen rhetorischen Bombast entfernend, als »Vorsatz, die Welt besser zu machen als sie ist«.[17] Doch mit dem letztlich fehlgeschlagenen Aktivistenkongress im Frühsommer 1919 sah auch Hiller: »Der Rätetraum war ausgeträumt«[18].

Die Aktivistenbewegung wurde eine der ersten, die sich von der allgemeinen Ernüchterung in Sachen Utopie erfasst sah. Hiller selbst blieb seinem kämpferischen Pazifismus lebenslang treu!

Kurt Hiller wollte nichts weniger als bei lebendigem Leibe ins Paradies.[19] Wer hätte das zu diesen schlimmen Zeiten nicht als Sehnsuchtsziel entworfen, war diese Denkfigur doch weit verbreitet. Dieser *Egghead* unter der Vielzahl Gleichgesinnter war heimatlos in diesem Staat, auch in der beginnenden Republik. Tatsächlich rächte sich nun, dass die Schere zwischen einem politisch aktiven Teil der Bevölkerung, verbliebenen ›Untertanen‹, die sich allzu gläubig der Monarchie unterworfen und in ihr wohl gefühlt hatten, nun aber kaum die notwendige Kompetenz für selbständiges, eigenverantwortliches oder gar demokratisches Verhalten bieten konnten, und denen, die sich schon lange als Boheme selbstbewusst abgespalten und alternativ organisiert hatten, irreversibel auseinanderklaffte.

Ihr Potential, das diese Art der Lebensführung jenseits der Gesellschaft ausgebildet hatte, blieb zwar unerhört, war aber unübersehbar Teil dieser historischen Ausnahmesituation. Diese hochgebildete Generation, viele von ihnen Schriftsteller und libertäre Philosophen von Rang, beherrschte einen abendländischen Code vom Feinsten! Ohne konkrete Aufgabe, bekannten sie sich zu einer Form der Ohnmacht – oder praktizierten ihre Utopiekompetenz.

Der »Arbeitsrat für Kunst« (AfK) stand dem Aktivistenbund nahe. Was Hiller für den Aktivistenbund war, war Bruno Taut für den Arbeitsrat – die intellektuelle und persönlichkeitsprägende Spitze der Bewegung. Taut war als Freund des Schriftstellers Paul Scheerbart mit der Berliner Literatenszene verbunden,

16 | Hiller hat sich in einem Rückblick dieser Definitionen erinnert, in: Kurt Hiller: Ratioaktiv. Reden 1914-1964. Ein Buch der Rechenschaft, Wiesbaden 1966, S. 9f.

17 | Harald Lützenkirchen: Logokratie. Herrschaft der Vernunft in der Gesellschaft aus der Sicht Kurt Hillers, Essen 1989, S. 48.

18 | K. Hiller: Logos, zit. in B. Laube: »Dennoch glaube ich«, S. 146.

19 | Kurt Hiller: Der Aufbruch zum Paradies. Sätze, München 1922.

insbesondere den von Herwarth Walden in der Zeitschrift »Der Sturm« sich entwickelnden »Wortkunst«-Bewegung. Ian Boyd Whyte sieht in der mit Taut propagierten Sammlung der Künstler im »Arbeitsrat für Kunst« zu Recht eine »Parallelentwicklung zum literarischen Aktivismus«[20]. Doch schon 1914 stellte Taut in einem Artikel in den Sozialistischen Monatsheften die Leitfunktion der Architektur heraus: »Jede Epoche bringt ihre typischen Bauaufgaben hervor, die den keimtragenden Zeitgedanken entsprechen und das Neue in der Architektur schaffen.«[21] Die Berliner Szene, die »Wortkunst«-Bewegung, eine Ästhetik der Sprache, die Klang, Rhythmus und die Materialität des Wortes analog zur abstrakten Kunst autonom setzt, spezifische Textsorten, die Fülle der Artikel, Manifeste, Briefe, vor allem auch das Architekturdrama »Der Weltbaumeister« und die gemeinsame Arbeit mit Paul Scheerbart, dem ›Erfinder‹ der »Glasarchitektur« und literarisch-utopischer Städte, sprechen für eine Synthese schöpferischer Ideen und Kräfte, für die Taut einsteht. Ein romantisches Ideal der Moderne! Mit Taut verbinden sich die stark literarisch ausgebildeten Gruppierungen des »Politischen Rats geistiger Arbeiter« mit denen der Kunst, wie sie zeitgleich und auch in einer entsprechenden Fülle von Überschneidungen der Mitgliedschaften in den Novembergruppen existierten. Er ist das *tertium datur.* Taut reduzierte seine Ideen nicht auf die Kunst, sondern dachte umfassend. In einem Artikel »An die sozialistische Regierung«, der im November 1918 in den Sozialistischen Monatsheften erschien, betont er, dass es eine höhere Lebenskraft gebe, die Erziehung, Religion und Kunst zusammenführen müsse: »Klar und entschlossen muss der neue Aufbau geleitet werden. Ein großer Gedanke muss alle Kräfte leiten, die Erziehung, Unterricht, Kirche, Kunst im neuen Deutschland beeinflussen, ein Reichsamt für geistige Angelegenheiten, neu in seiner Gedankenwelt und seinem Willen.«[22] Eine höhere Lebenskraft müsse sich, so Taut, »erheben wie ein Phönix aus der Asche der alten, materialistischen Zeit und greifbare Form gewinnen.«[23] Dies würde insbesondere der Architektur gelingen.

Ein Flugblatt vom 1. März 1919 wurde zum Programmpapier: Wie das von Gropius entworfene Flugblatt zur Fundierung des Bauhaus-Programms stellte es ein Prolegomenon voraus: Kunst und Volk müssen eine Einheit bilden. Die Kunst soll nicht mehr Genuss Weniger, sondern Glück und Leben der Masse sein: »Zusammenschluss der Künste unter den Flügeln einer großen

20 | Ian Boyd Whyte: Bruno Taut. Baumeister einer neuen Welt, Stuttgart 1981, S. 9.
21 | Zit. in ebd., S. 31.
22 | I. B. Whyte: Baumeister einer neuen Welt, S. 82f.
23 | Ebd.

Baukunst ist das Ziel.«[24] Politische und ästhetische Zielorientierung gehörten zusammen.

Abbildung 38: Max Pechstein schuf das Emblem für den Arbeitsrat für Kunst

Konkret forderte der »Arbeitsrat für Kunst« (AfK): die Anerkennung aller Bauaufgaben als öffentliche und nicht private Verpflichtung, die Abschaffung aller Beamtenprivilegien, die Auflösung der Akademie der Künste und der Preußischen Landeskunstkommission, die Befreiung des Unterrichts für Architektur, Plastik, Malerei und Handwerk von staatlicher Bevormundung, die Belebung der Museen als Bildungsstätten, die Beseitigung ›künstlerisch wertloser‹ Denkmäler und die Bildung einer Reichsstelle zur Sicherung der Kunstpflege. Der Arbeitsrat erklärt sich dezidiert für das zum Zeitpunkt der Revolution vertretene sozialistische Zukunftsmodell. Dafür sollte es ein ›Volkshaus‹ geben, eine Idee, die Taut 1912 schon von seiner Reise ins Osmanische Reich mitgebracht hatte. Begründet von Bruno Taut, aktiv unterstützt von Karl Ernst Osthaus wurden 1919 Walter Gropius, César Klein und Adolf Behne Vorsitzende. Über hundert Künstler aus dem In- und Ausland gehörten zu den Unterstützern des AfK und zu den Teilnehmern an den Ausstellungen, darunter Lyonel Feininger und Käthe Kollwitz.

Schon im Frühjahr 1921 gibt der AfK seine Existenz auf, von der Zeitschrift »Der Cicerone« betrauert: »Die Auflösung wird mit einem tränenden Auge verabschiedet. Es ist sehr zu bedauern, dass diese Vereinigung so außerordentlicher Kräfte [...] die zweifellos noch Großes hätten leisten können, so rasch

24 | Ebd., S. 84.

und klanglos aus der Welt ging.«[25] Weitgehender, sozialistischer, internationaler, tagesaktueller als die Novembergruppen, war er auch abhängiger vom politischen Wandel. Doch nicht nur die Zeiten hatten sich geändert: Karl Ernst Osthaus war inzwischen seiner schweren Krankheit erlegen, Taut hatte mit der »Gläsernen Kette« einen intimeren Kreis gegründet, eine Art Bruderschaft, so, wie es sich die Idealvorstellungen etlicher Aufbruchsbewegungen des Jahres vorgestellt hatten.

1919 war ein Jahr des Runs auf die Deutungshoheit im Experimentierfeld Utopie. Der Schritt vom Arbeitsrat für Kunst zu den Novembergruppen führt noch einen Schritt zurück: über die »Dresdner Sezession« 1917, die 1919 zum Ableger der Aktivistenbewegung wird. *Spiritus rector* der wachen politisch-künstlerischen Szene um 1917 war Conrad Felixmüller, ihm zur Seite der aus Köln stammende Schriftsteller Walter Rheiner. Von hier aus gab es wichtige Kontakte zur rheinischen Szene, aber auch zu Berlin. Die Zeitschrift »Menschen« aus dem »Dresdener Verlag« mit wechselndem Konzept, doch immer Literatur und Kunst verbindend, entwickelt sich bis ins Jahr 1919, gewinnt im Kontext der politischen Lage ein neues Profil. Sie erscheint nun als »Dresdner Montagszeitung, früher Menschen«, herausgegeben von der »Sozialistischen Gruppe der Geistesarbeiter Dresdens«. Rheiner hatte Position, auch zum Aktivistenbund, bezogen, die Vielfalt künstlerischer Ausdrucksformen als Einheit betont und darüber hinaus zwischen Ästhetikpostulat, Weltanschauung und politischer Stellungnahme die Zielorientierung festgelegt, einen neuen Idealismus!

»Dieser Idealismus heißt in Literatur, Malerei, Musik und Kritik ›Expressionismus‹. Also ist der Expressionismus kein rein technisches oder Form-Problem, sondern vor allem eine geistige (erkenntnistheoretische, metaphysische, ethische) Haltung. [...] In der Politik heißt dieser Idealismus antinationaler Sozialismus, der unbedingt und radikal gefordert wird, nicht nur im Geiste, sondern in der Tat! – Die Zeitschrift ›Menschen‹ versucht, die Vertreter dieses Geistes zu sammeln und zu einen, um den Sieg ihrer Idee, die der Sieg der Menschheit ist, zu beschleunigen.«[26]

Die Politisierungswelle um 1919 entzweite die Künstlerschaft: Mit Conrad Felixmüller, Peter August Böckstiegel, Otto Lange und Constantin von Mitsch-

25 | Der Cicerone. Halbmonatsschrift für die Interessen des Kunstforschers & Sammlers 13 (1921), S. 449.

26 | Menschen. Zeitschrift für Neue Kunst 2. (1919), H. 1, zit. in: Paul Raabe: Die Zeitschriften und Sammlungen des literarischen Expressionismus. Repertorium der Zeitschriften, Jahrbücher, Anthologien, Sammelwerke, Schriftenreihen und Almanache 1910-1921, Stuttgart 1964, S. 72.

ke-Collande, insbesondere auch Otto Dix verstärkt die Sezession zwar den Anteil von Kunst und entfaltet 1919 eine immense Aktivität auf hohem Niveau, doch mit der Beteiligung des Kunstkritikers Will Grohmann wurde genau dies zum *casus belli*. Er editierte grafische Mappen, organisierte Ausstellungen in Dresden, Berlin, Düsseldorf, Chemnitz und in Zusammenarbeit mit den »Unentwegten« in Prag, bot Vorträge, Führungen und Künstlergespräche an, doch der Konflikt war vorprogrammiert. Der Gedanke, im Anschluss an die »Brücke« eine Künstler-Bruderschaft zu leben, ließ sich nicht verwirklichen. Hugo Zehder verließ die Sezession im August 1919. Felixmüller versuchte als aktives Mitglied der KPD die anderen Mitglieder zum Beitritt in die Partei zu bewegen, ohne Erfolg. Felixmüller verließ mit Böckstiegel und Otto Schubert die Sezession. Die Zusammenarbeit mit den Novembergruppen erschien auf dem Hintergrund der Dresdner Entwicklung ein besonderer Gewinn.

Die »Novembergruppe«, benannt nach dem revolutionären Ereignis, hat sich zu einer Künstlerorganisation entwickelt, in der über das Politische hinaus die Selbstorganisation wichtig war und berufsständische Interessen, geknüpft an sozialistische Grundwerte gepflegt wurden. Deshalb löste sie sich auch nicht nach Abschwächung der politischen Hochzeiten der frühen zwanziger Jahre auf, sondern blieb bis 1933 bestehen. Mit wechselnden Bewegungen konnte sie im Verlauf der zwanziger Jahre renommierte Künstler und Architekten an sich ziehen, darunter: Otto Dix, Viking Eggeling, Otto Freundlich, Wassily Kandinsky, Paul Klee, El Lissitzki, Ewald Mataré, Carlo Mense, Ivan Puni, Ludwig Meidner, Max Pechstein und Otto Bartning, Hinzu kamen Künstler und Autoren des »Sturm«, darunter Johannes Molzahn und Walter Dexel, auch die Dadaisten Georg Grosz, Raoul Hausmann und Hannah Höch. Zwischen der Novembergruppe und dem AfK gab es viele personelle Überschneidungen, ja, im November 1919 kam es zu einer Verschmelzung beider Korporationen zu einer Arbeitsgemeinschaft, nachdem die vom AfK beantragte Aufnahme in die Novembergruppe zunächst abgelehnt worden war.

Die Bewegung der »Novembergruppe« ist als Verein gegründet worden und hatte sich eine, verglichen mit den freien utopischen Programmen, moderate Satzung gegeben: § 6: »Der Verein bezweckt den Zusammenschluss der radikalen bildenden Künstler, Maler, Bildhauer und Architekten zu Vertretung und Förderung ihrer künstlerischen Interessen.« Max Pechstein hat in der Rückschau betont, dass es dennoch das perspektivische Ziel gab und sich hier »alles zusammenfand, was Zukunftswege suchte.«[27] »Dreiklang« sollte der Titel für geplante Veröffentlichungen werden, um das enge Zusammenspiel von

27 | Max Pechstein: Erinnerungen, hg. v. Leopold Reidemeister, Wiesbaden 1960, S. 104.

Malerei, Bildhauerei und Architektur, von dem die Mitglieder ausgingen, zu vermitteln.[28] Das Titelblatt hatte Moriz Melzer gestaltet. Rudolf Belling, ebenfalls Mitglied, griff den Titel für seine 1919 entstandene Plastik auf.[29] In einem Rundschreiben vertritt Adolf Behne die neue Position: »Unserer jahrelangen Kampfansage ist endlich der Kampf gefolgt. Die politische Umwälzung hat für uns entschieden. Maler, Bildhauer, Architekten des Neuen Geistes – die Revolution fordert unsere Sammlung.«[30]

Die Novembergruppen suchten Verbindung zu Gleichgesinnten und fanden sie beim »Jungen Rheinland« in Düsseldorf, der »Gruppe Rih« in Karlsruhe und der »Kugel« in Magdeburg. Zum Netzwerk gehörte die »Hallische Künstlergruppe« und Gruppen in Stuttgart, Hannover, Kiel, Wien und Zürich. In Hamburg band sich die Novembergruppenbewegung eng an Lothar Schreyers »Kampfbühne«. Die Zeitschrift »Kräfte« wird zum Organ der Ortsgruppe Hamburg; daneben die Zeitschrift »Die Rote Erde«. Auch die von Theo van Doesburg geführte »De Stijl«-Gruppe trat in Beziehung zur Novembergruppe. Hatte der AfK das geistige *und* politische Profil des Jahres 1919 im Sinne einer Revolutionierung von Kunst und Gesellschaft gesucht, gelang den Novembergruppen eine kohärente Fundierung der ›fortschrittlichen‹ Künstler im Deutschland der Nachkriegszeit.

Bruno Taut gründet die »Gläserne Kette« und setzt damit dieser utopiegeprägten Zeit – im mehrfachen Sinn geradezu symbolhaft – eine ›Krone‹ auf! Zwei Erfahrungen des Jahres 1919 mochten ihn bewogen haben, andere Wege zu suchen als die, die es, auch mit seiner Initiative, im Lauf des Jahres bereits gab:

Der AfK konnte mit der heterogenen Mitgliederschaft Tauts puristische Erwartungen nicht erfüllen, vor allem nachdem Gropius mit einem gemäßigteren Ton den Vorsitz übernommen hatte. Noch stärker traf ihn, dass Hillers Weg offensichtlich nicht auf direktem Weg ins Paradies führte. Doch genau dahin zog es Taut. Er dachte sich als Architekt als eine Art ›Diktator der Lebensformen‹. 1919 war Landauers »Aufruf zum Sozialismus« in zweiter Auflage erschienen – nicht von ungefähr. Das, was der Anarchist zeitgleich in München als quasi Kulturminister der Räterepublik konkret umzusetzen ver-

28 | Vgl. dazu: Dieter Scholz: Sculpturen 1924. Rudolf Belling und die Nationalgalerie, in: Rudolf Belling: Skulpturen und Architekturen, Katalog zur Ausstellung in der Neuen Galerie im Hamburger Bahnhof, 8. April-17. September 2017, München 2017, S. 31-75, hier S. 35.

29 | Vgl. dazu das Kapitel »Berlin. Wandlungen, Schall und Rauch und der Tanz auf dem Vulkan«.

30 | Vgl. dazu: Adolf Behne: Vorwort, in: Menschen, Sonderheft Novembergruppe 2 (Dezember 1919), H. XIV.

suchte, trieb Taut zu einer unermüdlichen Suche: Wie musste der Bau einer Gemeinschaft zur Restitution eines universalen Weltbildes aussehen? Eine ›Geistes‹-Leistung: »Geist ist Erfassung des Ganzen in lebendig Allgemeinem, Geist ist Verbindung des Getrennten, der Sache, der Begriffe wie der Menschen; Geist ist in Zeiten Hinübergangs Enthusiasmus; Tapferkeit; Geist ist ein Tun und ein Bauen.«[31]

Um im Bauen dieses ›Paradies‹, eine neue Welt als Ganzheit zu erreichen, musste Bauen als ein geistiger Prozess *und* ein Handeln vorangebracht werden. In Sachen ›Geist‹ hatte ihn zwar der Aktivismus inspiriert, doch für den Zeitgeist gab es auch das Angebot, worin diese Erwartung zu füllen sei: im Geist der Gotik. 1912 war Wilhelm Worringers Buch »Formprobleme der Gotik« erschienen. Karl Schefflers Weiterschreibung »Der Geist der Gotik« kam 1917 heraus, 1919 schon in zweiter Auflage.[32] Der Bedarf war groß. Diese Zeit suchte nach einer neuen geschichtsphilosophischen Fundierung. Es galt, »von neuem den Einklang herzustellen, der einst zwischen ›Geist‹ und ›Volk‹ bestand, nach dem Untergang der Gotik und dem mächtigen Aufkommen von Individualismus und Realismus«[33]. Tauts Sendungsbewusstsein war stark genug, er befreit sich aus einer Agonie, die ihn Mitte des Jahres 1919 zu beherrschen schien.

Ex oriente lux! Gegen die Deutungshoheit Europas setzt Taut eine alternative Erkenntnis: Für Taut war nicht nur die Gotik ein spiritueller Anreiz, auch der von Scheerbart inspirierte Orientalismus. Hatte dieser im Vergleich von Orient und Okzident allein dem Orient Zukunft zugestanden, bekennt sich Taut nun zum Orient als Morgenland der Menschheit. In seinem Artikel »Ex Oriente Lux« fordert er 1919: »Beugt euch in Demut nieder, ihr Europäer!« Erst Demut erlaube Erkenntnis: »Der Orient ist die wahre Mutter Europas, und unsere schlummernde Sehnsucht geht immer dorthin. Konstantinopel ist in jedem Sinne die Pforte des Orients.«[34] Für Taut eröffnete dieser zeitenübergreifende Orient eine ›Weltperspektive‹. Mochten die Kathedralutopien zeitgleich blühen, das Morgenland reizen, zog es Taut im Konzert der Denkbilder höher hinauf bis in die Metaebene des Utopiediskurses, zu Thomas Morus *opus magnum*, dem dort präsenten Bild der Idealstadt als *axis mundi*, als Sinnbild des Erdballs. So entsteht die Vision einer »Stadtkrone«, deren Zentrum das Paradies als der herausragende Ort des Heils, Konzentrationspunkt des

31 | Gustav Landauer: Aufruf zum Sozialismus. Ein Vortrag, Berlin 1911.

32 | Karl Scheffler: Der Geist der Gotik, Leipzig 1917; Wilhelm Worringer: Formprobleme der Gotik, München 1911.

33 | Zit. in I. B. Whyte: Baumeister einer neuen Welt, S. 67.

34 | Bruno Taut: Ex Oriente Lux – »Das Licht kommt aus dem Orient«, in: Neue Blätter für Kunst und Sichtung 4 (1919), abgedr. in: Die Wirklichkeit einer Idee. Eine Sammlung von Schriften 1904-1938, hg. v. Manfred Speidel, Berlin 2007, S. 73.

Geistes sein müsse. Sich um diesen Kern herum Wohn-, Geschäfts-, Industrie- und Erholungsgebiete vorstellen zu können, fiel ihm als Architekt und Stadtplaner nicht schwer: Das Sakrale *und* das Profane bildeten einen Universalismus der Moderne.

Abbildung 39: Bruno Taut entwarf neben seinen utopischen Bauprojekten Modelle für eine zukünftige Lebenswelt. Sein Denkbild einer Stadtkrone rekurriert auf die Symbolsprache der Johannesapokalypse und verknüpft sie mit den pragmatisch gedachten Institutionen einer Stadt

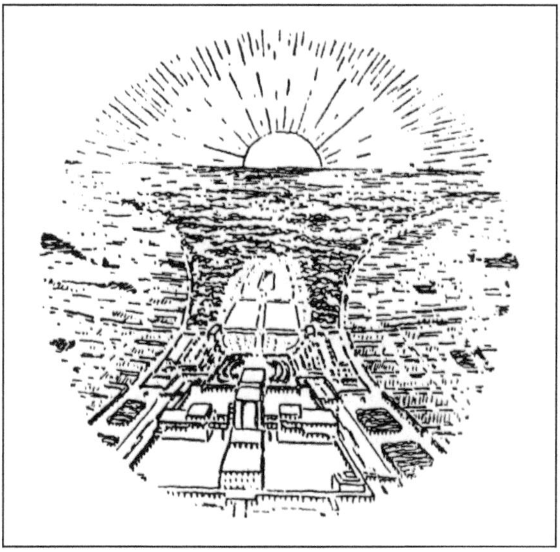

Die Idee der »Stadtkrone« als Architekturutopie, im Sinnbild der Johannesapokalypse wie in der Jesusgeschichte als Mythos abrufbar, wurde auch Ideengeber für Tauts Suche nach einem Kreis Eingeweihter. Es galt, aus einem »Schneekorn« eine »Lawine« anzutreten.[35] Am 24. November 1919 schreibt er an Architekten und Künstler, die sich an der vom AfK veranstalteten Ausstellung »Unbekannte Architekten« beteiligt hatten. Schon im Brief vom 19. Dezember hat er sein Ziel erreicht, die »Gläserne Kette« ist gegründet. War im Namen das Futuristische des Baumaterials mit dem Sinnbild von Gemeinschaft verknüpft, sollten im Inneren das Arkanum und die synästhetische Praxis der Wort- und Bildschöpfung die geistige Revolution voranbringen. Am 27. Dezember erreicht die mit je einem Pseudonym getarnten zwölf Mitglieder dieses Geheimbundes ein weiterer Brief, der mit einem nachempfundenen

35 | Zit. in I. B. Whyte: Baumeister einer neuen Welt, S. 143.

Sinngedicht des schon 1915 verstorbenen Freundes Paul Scheerbart zum »imaginären«, phantastischen geistigen Spiel ansetzt:

»Im Stil ist das Spiel das Ziel
im Spiel ist das Ziel der Stil –
am Ziel ist das Spiel der Stil«[36]

Die Gläserne Kette ist Tauts schöpferisches Projekt, wenn auch im reizvollen Briefwechsel mit u.a. dem Schriftsteller Alfred Brust (Cor), dem Kölner Architekten Hans Hansen (Antischmiz), Hermann Finsterlin (Prometh), Gropius (Maß) und Hans Scharoun (Hannes) eine Fülle von Architekturphantasien, kosmischen Entwürfen, spielerischen Begegnungen und persönlichen Bekenntnissen die Rede ist. Kultursoziologisch verknüpft Taut die Bauhüttenidee mit dem Modell der seit der Antike und nachfolgend der florentinischen »Accademia della Crusca«, den barocken Gesellschaften bis in die Freimaurerei gepflegten Tradition gesellschaftlicher Eliteformationen, auch der Tarnnamen, wobei Taut selbst als »Glas«, Bekenntnis zu seinem geistigen Mentor,[37] geradezu durchschaubar sein geistiges Feld aufmacht.

Das Denkbild Stadtkrone trägt auch diese Gemeinschaft: Taut als ihr Führer, ein Christus im Kreis der zwölf Apostel. Der Erlösungsgedanke durchzieht das gesamte Projekt, wird bildhaft in den Kristallisationen, der Überwindung, mit Nietzsches Begriff der »Erdenschwere« fassbar, in die Sphäre des reinen Seins, der Identität mit Kosmos und Universum. Auch Nietzsches Denkbilder Kristall und Adler als Chiffren kosmischer Entgrenzung und majestätischer Freiheit sind hier wirkungsvoll. Die Fülle der kristallingeschwängerten Bauten bis hin zur phantastischen Ebene einer »alpinen Architektur«[38], die Taut 1920 herausbringt, setzen den Handlungszwängen das freie Spiel entgegen, das schöpferische, prometheische Sein, so, wie Scheerbart es formuliert hatte und wie es zeitgleich in den Taut eng verbundenen Dadaprojekten, insbesondere bei Baader und Hausmann eine alternative Schöpfung ausmachen.

36 | Vgl. dazu Paul Scheerbart: Immer mutig! Ein phantastischer Nilpferdroman mit 83 merkwürdigen Geschichten, Minden 1902, Kap. 54: Meine Tinte ist meine Tinte. Ein Klexosophicum, zit.n. http://gutenberg.spiegel.de/buch/immer-mutig-1741/2 22 v. August 2018.

37 | Vgl. dazu Kristallisationen, Splitterungen. Bruno Tauts Glashaus. Katalog der Ausstellung des Werkbund-Archivs im Martin Gropius Bau, hg. v. Angelika Thiekötter et al., Berlin u. Basel 1994/1993; hier auch zum Einfluss Scheerbarts.

38 | Bruno Taut: Alpine Architektur, Hagen 1919.

Das Architektur-Schauspiel »Der Weltbaumeister« zeigt Tauts Bereitschaft zum symbolischen Handeln, zum visionären Denken und politischen Tun und damit eine letzte Überhöhung. In der Abfolge von untertexteten Bühnenskizzen entwickelt sich quasi eine innere Handlung, die »Geburt eines Sternenreigens«[39], umhüllt mit »sphärischem Klang«. Im »Kathedralenstern« vollzieht sich ein kosmisches Ereignis hin zum warm und gelb »leuchtenden Kristallhaus«, strahlend aus »innerer Würde«. Ein Bühnenbild suggeriert mit einer Fülle von »überall blinkendem Glas« eine orientalisch inspirierte Häuser- und Dachfülle, sich verwandelnd und verdichtend. Das Schlussmoment deutet zugleich das gesamte Geschehen: »Architektur – Nacht – Weltall. Eine Einheit«.

Taut plante eine Aufführung des »Architektur-Schauspiels für symphonische Musik« mit Gustav Pfitzer. Die Utopie blieb Utopie.

39 | Bruno Taut: Der Weltbaumeister. Architektur-Schauspiel für symphonische Musik, Hagen 1920 o. P.

Köln und Düsseldorf

Zwischen Dada, Jungem Rheinland und ›Freier Erde‹

Die Kulturszene Rheinland boomte – 1919: für das Rheinland gilt eine andere Zeitrechnung – Kunst und Markt funktionierten – Das Künstler-Rheinland und Paris – Im Rheinland bildeten sich Sinngemeinschaften – In Düsseldorf begann die neue Zeit Ostern 1919 – Gustav Landauer prägte post mortem den Geist der Siedlung »Freie Erde« – Die Luft am Rhein blieb durchaus revolutionär getränkt. – Kunstakademie und Kunstgewerbeschule wurden 1919 vereint – Im Rheinland war das Abendland zuhause – Bei den Kölner Dadaisten geht der »Revolutionär Christus« um – Köln wurde Kreuzungsort für den Import und Export der Moderne

Die Kulturszene Rheinland boomte: Künstlerfeste, Manifeste, Aktionen, obwohl die Probleme nach Kriegsende in keiner anderen Region Deutschlands, mit Ausnahme Berlins, so offensichtlich und straßenbeherrschend waren. Angesichts der Restriktionen, die hier den Alltag bestimmten, lässt sich fragen nach dem, was diesen »Trotz!« trug.

Wer fand sich hier zusammen, in einem Landstrich, von dem man wusste, wie sehr sich die »Erbfeindschaft« zum Nachbarland Frankreich in den vergangenen vier Jahren so katastrophal ausgewirkt hatte? Es waren nicht nur die verbliebenen Reste an heimischen Künstlern, Schriftstellern und Intellektuellen, die gleich in zwei Hochburgen, in Düsseldorf *und* Köln zu Wort kamen, sondern vor allem die gezielt ins Rheinland wechselnden Zeitgenossen und Besucher, die gemeinsam mit den ›Einheimischen‹ die Szene prägten. So wie sich Max Beckmann bewusst dauerhaft in Frankfurt niederließ, begaben sich anderenorts Künstler auf Heimatsuche, ja, so, wie ganz Deutschland auf dem Weg zu sein schien, erging es den Künstlern. Ob es eine temporäre oder lebenslange Heimat würde, das gehörte zu den offenen Fragen, die sie im Gepäck hatten. Rheinabwärts waren es der Elsässer und Wahlzürcher Hans Arp, der die Kölner Szene belebte, der Berliner Maler Gert Wollheim, der mit Otto Pankok vom ostfriesischen Remels aus nach Düsseldorf kam, und, *last but not least,* Otto Dix von Dresden. An seiner Vita lassen sich die Ereignisse, die das Rheinland über Jahre hinweg interessant machten, zeigen. Biographie und Topographie verzahnen sich zu einem originellen Kulturmuster! Schauen wir einmal aus der kurzen zeitlichen und weiten räumlichen Distanz eines Dix, der neugierig die Dinge verfolgt hatte, die im rheinischen Kollegenmilieu abliefen, bevor er den entschiedenen Schritt gen Westen realisierte und mit dem Umzug von Sachsen ins Rheinland einen paradigmatischen Wechsel vollzog: Ab 1919 beobachtet Dix vom fernen Dresden interessiert, was die rheinische Künstlerszene bewegt, zu Beginn des Jahres 1920 lernt er einige der Kollegen kennen, im November 1920 ein bisschen mehr und ab Herbst 1922 wird er hier landen. Im Herbst 1925 wird er Düsseldorf wieder verlassen. Fast fünf Jahre hielt ihn der Reiz des Rheinlands gefangen, wichtige Jahre für Dix *und* für dieses Kapitel über Kultur und Region im Zeichen der Neuorientierung nach dem Ende des Krieges, insbesondere für die Ausnahmeregion Rheinland.

1919: für das Rheinland gilt eine andere Zeitrechnung. Der Krieg ging weiter, wenn auch mit anderen Mitteln.[1] Er dauerte, wie berichtet, bis zum Ende der Ruhrbesetzung im Jahr 1924. Dennoch war 1919 auch hier, wie überall, ein Schicksalsjahr, nur erlebte man hier nachhaltig eine durchaus annexionistische und von Separatistenkämpfen gezeichneten Politik.

Was war angesagt? Berlin und Weimar, die politischen Ereignisorte des Jahres 1919, lagen weit entfernt, sehr weit, wenn man ins Rheinland kam und nun erlebte, dass die Weimarer Republik in rheinischer Wirklichkeit nur ein scheinbares Ende des Krieges bedeutete. Auch wenn die vierjährige Schreckenszeit, die Dix in Düsseldorf mit 50 Blättern der Mappe »Der Krieg« zu verarbeiten suchte, generell zu Ende war, erlebte man nun die Siegergeschichte, denn nun wurde das Rheinland, wie berichtet, zum internationalen Spielball. Düsseldorf war gleich zweifach besetzt: In Oberkassel saßen die Engländer, im Rest-Düsseldorf die Franzosen. Mitten durch Düsseldorf führte eine ›Mauer‹ aus Drahtverhau und Sperrmarkierungen, die die britische Besatzungszone vom französisch besetzten Teil abgrenzte. Sie animierte Schmuggler und Schieber zu regem Warenaustausch. Oft war Phantasie gefragt, denn auch der Transfer von Geldern stand unter Kontrolle der Besatzer. In vielen Bereichen des öffentlichen Lebens hing man am Tropf von Berlin. Die Verbindungen waren schwierig. Zur Problemlösung gab es das Berliner »Ministerium für die besetzten Gebiete«.[2] Das leistete z.B. auch einen erheblichen Geldtransfer. Dabei waren Überlebensstrategien angesagt. Berlin musste die Beamtengehälter ins

1 | Vgl. dazu das Kapitel »Das Rheinland, Adenauer und die ›Entpreußung‹«.

2 | Vgl. dazu Christoph Steegmans: Die »Rheinlandbesetzung« 1918-1930 im wirtschaftlichen und sozialen Überblick, in: »Deutscher Rhein – fremder Rose Tränke?« Symbolische Kämpfe um das Rheinland nach dem Ersten Weltkrieg, hg. v. Dieter Breuer u. Gertrude Cepl-Kaufmann, Essen 2005 (Düsseldorfer Schriften zur Neueren Landesgeschichte und zur Geschichte Nordrhein-Westfalens 70).

Rheinland schicken; schwierig, wäre da nicht der Trick mit der Beerdigung. Zu den schönsten Geschichten, die damals die Runde machten, zählte die Anekdote, dass dringend benötigte Gelder aus dem Reich, wie die zur Besoldung der Beamten, in einem Leichenwagen ins Rheinland befördert wurden. Dix' Aquarellbild »Düsseldorf« zeigt so kriminelle Gestalten, dass man sich aus der beschaulichen Provinz in ein mit Bildphantasien belebtes Chicago versetzt fühlen konnte. Das Schieber-Thema, Prostitution und Lebensgier, Alkohol- und Rauschgiftexzesse, dafür hatte man hier, im Rheinland, eine realistische Anschauung. Und wenn man die vergessen wollte, gab es den Kintopp, das Kino als der wahre Vertreter für das Leben, eine schöne Seifenblase als Ersatz für eine zerplatzende Welt. Welch ein Traumpalast – auch in Düsseldorf, wo das einst nach der Jahrhundertwende als Varieté berühmte »Apollo« nun jenseits der Graf-Adolfstraße, am blinden Ende der Kö, zu einer solchen Traumfabrik wurde. Kino und Tanz kamen auch hier zusammen:[3] In Düsseldorfs Kabarettszene wird sogar die wegen ihres lasziven Ausdruckstanzes legendäre Anita Berber auftreten und Dix so faszinieren, dass er sie in einem großformatigen Ölbild festhält. Tanz wird auch für ihn, wie für viele seiner Generation, zum Synonym für die Zeit.

Es waren nicht nur die Rheinländer und Hinzugezogenen, die an den Exzessen beteiligt waren: Durch die Besatzungssituation kam es aufgrund geltender Devisenbestimmungen zu einer Überwertigkeit ausländischen Kapitals, Scharen von Einkäufern aus dem benachbarten Ausland führten zu einem wahren Ausverkauf aller Güter. Nicht zuletzt schwemmten sie ein entsprechendes Publikum an Land. Auf der anderen Seite breitete sich neue Armut aus: Betroffen vom Transferverbot von Geldern aus dem Reich, eine schwerwiegende Maßnahme der Ausblutungspolitik der Besatzer, waren vor allem Rentner und das Heer der Arbeitslosen. Sie vermehrten das Bild eines heruntergekommenen Bürgertums und Proletariats, von dem das damalige Düsseldorf beherrscht gewesen sein muss. In keiner anderen Stadt des Rheinlandes gab es so viele rechte und linke Gruppierungen, und dies einige Jahre bevor in ganz Deutschland die politischen Kontroversen zwischen den extremen Lagern die Zeitstimmung und das Straßenbild prägten.

Eine besondere Gruppe im Stadtbild, den Mob der Straße, bildeten auch hier die aus rückströmenden, in keiner Weise honorierten Veteranen. Kriegsversehrte hofften auf eine Zukunft, die nirgendwo in Sicht war. Noch schlimmer waren die dran, die nicht zu sehen waren: die ›Kriegszitterer‹, traumatisierte Soldaten, die die ›Irrenanstalten‹ füllten. Im Rheinland waren sie z.B. in Düsseldorf-Grafenberg und Düren untergebracht. Louise Dumonts Reformthea-

3 | Vgl. dazu das Kapitel »Berlin. Wandlungen, Schall und Rauch und der Tanz auf dem Vulkan«.

ter mit angegliederter »Hochschule für Bühnenkunst«, an der in diesem Jahr Gustaf Gründgens sein Studium aufgenommen hatte und um das sich zugleich die vor Ort formierenden Künstler und Schriftsteller scharten, half mit Sprechkursen für die im Gaskrieg verätzten Stimmbänder oder bot Sonderveranstaltungen zugunsten Betroffener an. Die Künstler schufen »Krüppelmappen«. Dix nahm sich des Themas Kriegsblinde an!

Abbildung 40: Otto Dix erlebte auch die Nachkriegszeit als Zeit der Verletzungen und verarbeitete das Thema Blind mit derselben distanzierten Betroffenheit wie die Schützengrabenimpressionen in seiner 50 Blätter umfassenden Mappe Der Krieg

Kunst und Markt funktionierten. Damit wurde eine Tradition fortgeschrieben: Trotz allem! Was Dix 1919 als junger Künstler suchte und was ihn bewegte, den von seinem Freund Conrad Felixmüller angelegten Verbindungen ins Rheinland zu folgen, waren zwar Gleichgesinnte, doch darüber hinaus Auftraggeber, Kunsthändler und Käufer. In Düsseldorf funktionierte, im Gegensatz zum gerade flächendeckenden Dilemma der wegbrechenden Käuferklientel, ein intakter Kunstmarkt – bezahlt in Dollar. Zu den grenzüberschreitend aktiven Galeristen zählten Alfred Flechtheim in Düsseldorf, Karl Nierendorf in

Köln, zunehmend auch die Kaffeebudenbesitzerin Mutter Ey, die sich gerade anschickte, ihr Gespür für Kunst mit einem ausgeprägt mütterlichen Instinkt in Kulturpraxis zu übersetzen. Sie wurde nicht nur zur Galeristin, noch mehr zur Schaltstelle für anlandende Künstler wie Otto Dix: Der ist da, bevor er da ist! Der Freund Conrad Felixmüller hat ihn im Heft 3 der Galeriezeitschrift »Das EY« vorgestellt:

»Man muss das Leben von der schlechtesten Seite kennengelernt haben und einsam geblieben sein [...]. OTTO DIX ist einsam, verzweifelt und arm. Er weiß, dass ihm seine Bilder kein Mensch abkauft; obwohl sie eine große künstlerische Kraft verraten. [...] Man muss mit ihm Menschengenosse sein, dann ist ihm geholfen.«[4]

Abbildung 41: Otto Dix übernahm mit seinem Wechsel von Dresden nach Düsseldorf den Auftrag für das Bildnis Dr. Koch. *Der Urologe und Galerist zählte zur rheinischen Kulturszene*

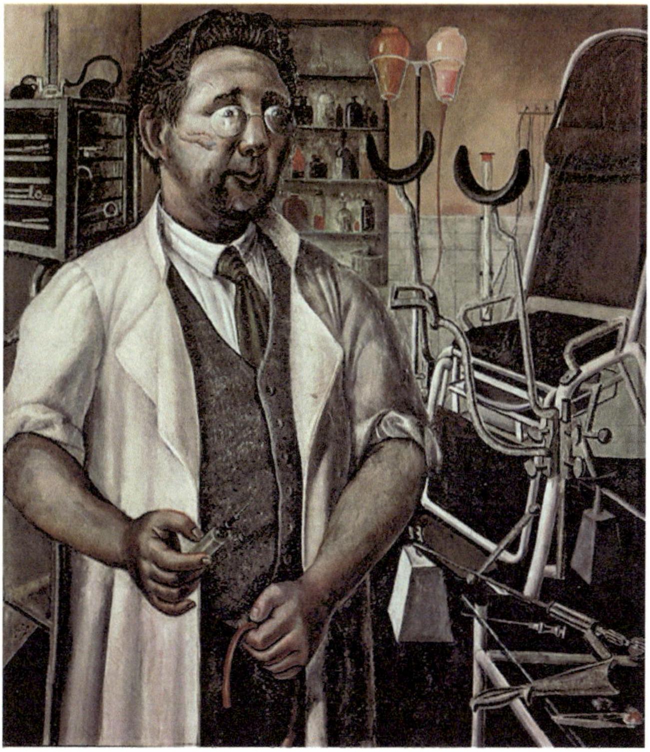

4 | Conrad Felixmüller: OTTO DIX in: Das Ey 1920, H. 3.

Dix reist also an: »Er kam auch bald mit fliegendem Cape, großem Hut und begrüßte mich mit Handkuss, für mich damals etwas sehr Außergewöhnliches«[5], zeigte sich Johanna Ey noch Jahre später mächtig beeindruckt. Im Zimmer hinter dem Laden, der später legendären »Kunsthandlung Johanna Ey«, stand ein Bett für ihn bereit. Hier bezieht Dix Quartier, öffnet sehr zur Überraschung von Frau Ey, der ›mütterlichen Freundin bohèmer Jugend‹, wie Gert Wollheim zu frotzeln pflegte, seinen Pappkarton und zum Vorschein kommen: Lackschuhe, Parfüms, Haarhaube und weitere Accessoires für die Schönheitspflege. Tagsüber widmete er sich seinem Portraitauftrag im Hause Koch, den ihm der Freund Felixmüller vermittelt hatte. Der Facharzt für Blasen- und Nierenleiden Dr. Hans Koch kennt die Szene, ist schon lange mit dem Elsässer Schriftsteller René Schickele befreundet, mit Nierendorf in Köln verwandt, zugleich ambitionierter Kunstsammler und Betreiber des Graphischen Kabinett von Bergh, einem Kooperationsprojekt mit dem Berliner Kunsthändler Israel Ber Neumann. Dix wird Koch nicht nur mit dem »Bildnis Dr. Hans Koch« in die Kunstgeschichte einmalen, er wird auch dessen Nebenbuhler und heiratet nach der Scheidung in Düsseldorf Kochs Frau Mutzli. Der Tanz hatte sie zusammengebracht.

Das Künstler-Rheinland und Paris – die traditionelle Verbindung zu Frankreich lebte wieder auf. Die dichte Nähe zum Land des »Erbfeindes« war, trotz Krieg und offiziell betriebenem antifranzösischem Kurs, nur temporär gestört, blieb im Kern aber erhalten, ja, bot nun gegen die öffentliche Stimmung den Halt, den die Künstler hier im Rheinland suchten. Paul Adolf Seehaus hat 1918 anlässlich der Gedächtnisausstellung »Das junge Rheinland« im Kölnischen Kunstverein, bezogen auf die frühen rheinischen Expressionisten, betont: »Frankreichs Nachbarschaft klingt leise herein«[6]. Diese Ausstellung gab der Künstlervereinigung in Düsseldorf, die sich 1919 als »Das junge Rheinland« bildete, den Namen. Eine bemerkenswerte Analogie zum beschworenen Feinddenken gen Frankreich, denn auch hier, in der bis heute fleißig bedienten These von der Feindschaft der beiden Rheinstädte war damals in Künstlerkreisen das Gegenteil zu sehen: Kölner Künstler wie Franz W. Seiwert waren Mitglieder im Jungen Rheinland, Max Ernst intim mit Mutter Ey und in deren Galerie vertreten, umgekehrt hatte Otto Dix außer Mutter Ey und Flechtheim vor allem Karl Nierendorf zum Händler.

Im Rheinland bildeten sich Sinngemeinschaften. Irgendwie war man eine Familie. Verbunden durch die Landschaft, so wie Franz W. Seiwert es im Nach-

5 | Johanna Ey, zit.n. Annette Baumeister: Treffpunkt »Neue Kunst«. Erinnerungen der Johanna Ey, Düsseldorf 1999, S. 78.

6 | Das Kunstblatt, Bd. II, (1918), zit.n.: Die Rheinischen Expressionisten. August Macke und seine Malerfreunde, hg. v. Dierk Stemmler, Recklinghausen 1980, S. 77.

hinein auf den Punkt gebracht hatte: Der Kölner, im Berliner Kreis um Franz Pfemfert und die »Aktion« ebenso zu Hause wie im Jungen Rheinland, hatte diese rheinisch-topographische Selbstdeutung in der für ihn typischen Kleinschreibung deutlich gemacht:

»wir sind nicht aus zufall hier sitzen geblieben, sondern glauben, hier eine kulturpolitische arbeit zu leisten, die wir an keiner anderen stelle der erde besser leisten können, dass zum anderen wir glauben, dass der geist dieser landschaft in unserer arbeit einen ausdruck sucht, und dass unsere arbeit für den geist der landschaft zeugnis ablegt.«[7]

Abbildung 42: Politisch aktive Künstler und Schriftsteller fanden sich 1919 im Aktivistenbund zusammen. Die Grundsätze des Aktivistenbundes *spiegeln das hohe Ethos der Gruppe*

AKTIVISTENBUND
1919

LEITSÄTZE

1
Der Aktivistenbund ist eine Vereinigung derer, denen die geistigen Energien der Menschheit das allein Wertvolle des Lebens bedeuten.

2
Seine Mitglieder stehen in tätiger Feindschaft gegen die zu seelenlosem Formalismus erstarrte bürgerliche Tradition, die trotz der Revolution Kunst und Kunsturteil im einzelnen und in der Presse fast ausschließlich beherrscht.

3
Wir glauben an die Einheit alles Menschlichen, an die Kraft und Freiheit des Geistes; wir kämpfen für die Brüderlichkeit der Menschen; wir bekämpfen den Ungeist des Genießens des Materiellen in jeder Form als einer unmoralischen Vereinzelung, den Gewissenszwang und die Halbheit.

4
Wir erkennen in der Kunst das stärkste Mittel, die gefesselten Seelen der Menschen zu befreien und zu wahrhaft menschenwürdigem Dasein zusammenzuschließen. Wir vertreten keine Kunstrichtung, sondern jedes starke, junge Wollen, das diesem Ziel in rücksichtsloser Aktivität entgegengeht.

Wollheim hatte in der Zeitschrift »Aktivistenbund 1919« dieses besondere Wir-Gefühl poetisch zu fassen versucht und alle hätten sein Bekenntnis unterschrieben, auch über die Kunststädte Köln und Düsseldorf hinaus, etwa in Si-

7 | Franz W. Seiwert: Rede zur Eröffnung der Ausstellung der »Rheingruppe« in Düsseldorf am 30. August 1930, in:f. w. seiwert: gemälde, grafik, schriften, hg. v. Gerd Arntz, Den Haag 1976, S. 23.

monskall, aber auch im Kreis um Jan Thorn Prikker und den Weißen Reiter in Neuss. Sie überschnitten sich, wie Das EY, das Junge Rheinland und der Aktivistenbund auf der Düsseldorfer Stadtebene. Wollheims emphatisches Bekenntnis ist weder ein ästhetisches Programm noch ein Votum für eine spezifisch politische Einstellung und zeigt damit die unverbindliche Profilierung einer solchen Sinngemeinschaft, symptomatisch für das Rheinland:

»Wir
Also ich gebe jetzt ausdrücklich dem Wort »ich« eine neue Bedeutung. Ich soll heißen: Du da, andere Menschenform und Gedanke.
Du Baum, du Pferd, du Wolke, du Schlamm, du Fisch, du Gott, du All. [...] Seht wir haben unseren Gott verloren, der grüne junge Kastanienzweig
Auf der Allee ausstreckte.
Und haben ihn nun wieder gefunden,
Als er grüne junge Kastanienzweige auf der Allee ausstreckte.[...]
Ihr aber, ihr die ihr mich hört, ihr seid alle meine Gedanken,
die in mir sind, die in mir waren oder sein werden.[...]
Also ich gebe jetzt ausdrücklich dem Wort »ich« eine neue Bedeutung
Eine Bedeutung, die alle gemeinsamen also alle Geschöpfe mit mir tragen zugleich.
An euch aber ihr unfühlbaren unsichtbaren und unerkannten Wesen
Will ich meine Hymne richten.
Ihr sollt unserm Chor lauschen.
Damit ihr niedersteigen möget in unsern Kreis.
Weil ihr lüstern worden seid auf unsere große klingende Gemeinschaft.«[8]

Unmittelbar nach dem Krieg entwickelte sich ein entsprechendes geistiges Zentrum von beachtlicher Qualität. Zu ihm trugen bildende Künstler und Schriftsteller gleichermaßen bei.

In Düsseldorf begann die neue Zeit Ostern 1919, als Alfred Flechtheim in seiner Galerie auf der Königsallee eine Expressionistenausstellung eröffnete, begleitet von einem schmalen Bändchen als Katalog. Mit einem »Vorspruch« bekannte sich der Schriftsteller Herbert Eulenberg zu den Zeitgenossen:

»Kunst und Revolution!
Das passt vortrefflich zusammen.
Ein Maler und ein Musensohn
Steht immerzu in Flammen

---

8 | Gert Wollheim: Das Buch Eins des Aktivistenbundes 1919, o. P.

Glück auf Freund Flechtheim! Hoch die Kunst,
Die weiter wächst und wütet!
In wilder Tage heißem Dunst
Sei Schönes ausgebrütet! [...]

Nur Mut! Die Zukunft scheint nicht warm
Wie einst die Friedenszeiten.
Doch unser Deutschland ist nicht arm,
Wenn Künstler es geleiten.«[9]

Eulenberg wirkte insgesamt szenebildend, bis ins Umfeld der Kunstakademie. Er initiierte gemeinsam mit Otto Pankok und Gert Wollheim den politisch ambitionierten »Aktivistenbund«, der, analog zu den aktivistischen Bewegungen im Reich zu einer geistigen und politisch-weltanschaulichen Erneuerung aufrief. Unter der Ägide des Düsseldorfer Kunstfotografen Erwin Quedenfeld, in dessen Wohnung auf der Rosenstraße der »Aktivistenbund« seine Adresse hatte, kamen Künstler, Schriftsteller, Journalisten, Schauspieler und Linksintellektuelle zusammen »in tätiger Feindschaft gegen die zu seelenlosem Formalismus erstarrte bürgerliche Tradition, die trotz der Revolution Kunst und Kunsturteil im einzelnen und in der Presse fast ausschließlich beherrscht.«[10] Zu ihnen zählte auch der Schriftsteller Karl Röttger, dessen Zeitschrift »Das Kunstfenster« 1920 auf dem Markt Fuß zu fassen versuchte. Die Zeitschrift nennt sich im Untertitel »Düsseldorfer kritische Wochenschrift für die Interessen aller Künste«, gerät aber zwischen alle Lager, da sie gegenüber der künstlerischen Moderne eine halbherzige Stellung bezieht und, dem literarischen Programm ihres Herausgebers entsprechend, eher zur konservativen Seite neigt. Röttger wird sich wenig später im »Bund rheinischer Dichter« noch stärker für die rheinische Sache engagieren.

Während der »Aktivistenbund« sich mehr und mehr überlebte, konnte sich das »Junge Rheinland« weiter behaupten, ja erst eigentlich durchsetzen. Hier zeigt sich die Analogie zum Verhältnis von »Arbeitsrat für Kunst« und Novembergruppen, wobei die ebenfalls aktuelle Selbstpositionierung des Arbeitsrats bereits im Lauf des Jahres 1920 überholt schien, während der mit durchaus berufsständischen Interessen verbundene Zusammenschluss der November-

9 | Herbert Eulenberg: Vorspruch, in: Galerie Alfred Flechtheim, Düsseldorf Königsallee 34. Wiedereröffnung Ostern 1919. 1. Ausstellung Expressionisten, Düsseldorf 1919, S. 45.

10 | Zit. in Ulrich Krempel: Am Anfang: Das Junge Rheinland, in: Am Anfang: Das Junge Rheinland. Zur Kunst- und Zeitgeschichte einer Region 1918-1945, Katalog zur Ausstellung in der Städtischen Kunsthalle Düsseldorf, 9. Februar-8. April 1985, S. 8-41, hier S. 9.

gruppen, wie die des Jungen Rheinland anhaltend aktiv blieb. Die Künstlergruppe setzte bewusst auf die Szene im Westen und sammelte Zeitgenossen, die aus den Erfahrungen des Krieges heraus ein neues, humanes Ethos als Künstler entwickeln wollten, fundiert von der künstlerischen Bewältigung der eigenen Verletzungen. Wollheim verarbeitete sie im Triptychon »Der Verwundete«, Dix in den 50 Blättern seines Zyklus »Der Krieg«[11]. Nun galt es Neues aufzubauen. In diesem Sinne hatten Eulenberg und die Maler Arthur Kaufmann und Adolf Uzarski noch im Kriegsjahr 1918 ihren »Aufruf an die jungen rheinischen Künstler« als Sammlungsappell verfasst. Sie appellierten an alle Künstler, die sich jugendlich fühlten durch »Stärke und Frische des künstlerischen Strebens.«[12] Die Aktion war motiviert durch das Bedürfnis nach Selbstbehauptung, nachdem die »Große Berliner Kunstausstellung« die rheinischen Künstler übergangen hatte. Das Junge Rheinland vollzog mit diesem Schritt eine klassische Sezession. Im Gründungsmanifest vom 24. Februar 1919 wird, in Analogie zur politischen Position des Rheinlandes, das Ziel benannt, »Düsseldorf und das Rheinland dem gesamtdeutschen Kunstwollen anzugliedern.«[13] Doch mit 113 Künstlern bei der im Juni und Juli stattfindenden Präsentation wurde jede Möglichkeit einer zielgerichteten Gruppenprogrammatik zunichte gemacht. So erstaunt es nicht, dass sich in dieser bekenntnisfreudigen Zeit ein politisch engagierter Teil abspaltete. Vom Rheinland aus wurde die Sammlungsbewegung engagierter Künstler gesteuert, hier gewann sie Konturen, die ihr in Berlin versagt blieben. Parallel dazu war es links des Rheins Herbert Saekel, der in seiner von November 1919 bis Mai 1920 in Mönchengladbach erschienenen Zeitschrift »Das Neue Rheinland« nicht nur junge rheinische Dichter vereinte, sondern zugleich das Rheinland als Mittelpunkt für die geistige, politische und kulturelle Erneuerung Deutschlands sah. Das expressionistische Titelblatt seiner Zeitschrift hatte Saekel dem Jungen Rheinland voraus.

Dort fand man schließlich eineinhalb Jahre später eine Entsprechung in der Zeitschrift der Künstlergruppe. Von Oktober 1921 bis Juli 1922 erschien die Monatsschrift »Das Junge Rheinland«, für die Uzarski als Signet einen feuerspeienden Berg entworfen hatte. Er ist es, an dem sich ein Zank bei Mutter Ey um deren Gunst entfacht, die schon 1923 zur Abspaltung der »Rheingruppe« führt.

---

11 | Vgl. dazu den Katalog der 1999 im August Macke Haus gezeigten Ausstellung: Otto Dix. »Der Krieg« – Radierwerk 1924, hg. v. Verein August Macke Haus e.V., Bonn 1999.

12 | Manuskript, Galerie Remmert und Barth, abgedruckt in: U. Krempel: Am Anfang. Das junge Rheinland, hier S. 8.

13 | Ebd.

Abbildung 43: Einer Kölner Ausstellung im Jahr 1918 verdanken die Düsseldorfer Künstler der Gruppe Das Junge Rheinland *ihren Namen*

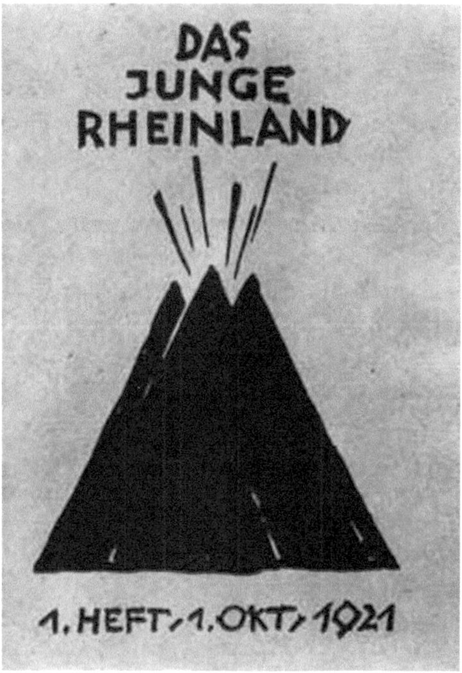

Gustav Landauer prägte post mortem den Geist der Siedlung »Freie Erde«. Die Düsseldorfer Szene war bemerkenswert aktiv in Sachen Revolution, so dass auch weitere Initiativen hinzukamen. Hier gab es die 1921 gegründete anarcho-syndikalistische Siedlung »Freie Erde« in Eller, deren Zeitschrift »Die Schöpfung« ganz den Ton der Zeit traf. Der deutsche Anarcho-Syndikalismus, der im Rheinland einen bemerkenswerten Zulauf hatte, baute wie Landauer auf den ethischen Grundsatz der gegenseitigen Hilfe und berief sich, wie dieser, auf Peter Kropotkins antidarwinistische Untersuchungen zum Sozialtrieb im Tierreich[14] und damit auf das Prinzip des freiwilligen, gleichberechtigten Zusammenschlusses. Einen solchen Föderalismus hatte Landauer, wie dargestellt[15] in seinem Aufruf zum Sozialismus als Organisationsstruktur der Zukunft entwickelt, eine »Gesellschaft von Gesellschaften, Bund von Bünden,

14 | Peter Kropotkin: Gegenseitige Hilfe in der Tier- und Menschenwelt (übersetzt von Gustav Landauer), Leipzig 1908.

15 | Vgl. dazu das Kapitel »München zwischen Boheme, Anarchismus und Weißgardisten«.

Gemeinwesen von Gemeinschaften von Gemeinden.«[16] Landauers Konzept fand damit im Rheinland eine adäquate Umsetzung, nicht in München. Das passte, war doch Landauer 1919 von Louise Dumont als Dramaturg ans renommierte Düsseldorfer Schauspielhaus verpflichtet worden. Die Düsseldorf-Siedlung bot mit einem großen Areal und einer engagierten Gemeinschaft die Voraussetzungen für ein solches Ziel: »Sozialismus kann nur erwachsen aus dem Geiste der Freiheit und der freiwilligen Einung, kann nur entstehen in den Individuen und ihren Gemeinden.«[17]

Die Düsseldorfer Initiative suchte sich einen eigenen Platz im Konzert der politischen Gruppen, die sich 1919 bildeten. Insbesondere die FAUD, die Freie Arbeiter-Union Deutschlands kam ihren Vorstellungen entgegen. Rudolf Rocker hatte in einer »Prinzipienerklärung des Syndikalismus« erklärt, dass »der Sozialismus letzten Endes eine Kulturfrage ist und als solche nur von unten nach oben durch schöpferische Tätigkeit des Volkes geführt werden kann.«[18] Damit gewannen neben, ja, über dem sozialrevolutionären Gewerkschaftsdenken Fragen des ethisch-ästhetischen Selbstverständnisses eine besondere Bedeutung. Darüber reflektierten die Mitglieder der Siedlungskommune in ihrer eigens gegründeten Zeitschrift »Die Schöpfung«. Das Siedlungsprojekt berief sich, noch konkreter als die analoge Gruppierung in Simonskall, auf den Friedrichshagener Dichterkreis und die mit Landauers Reflexionen »Durch Absonderung zur Gemeinschaf« fundierte, nachfolgende »Neue Gemeinschaft«. Dazu zählte auch Otto Erich Hartleben, dessen Gedicht »Es lebt noch eine Flamme« zum »Lied des Trutzes« für die Siedlung »Freie Erde« wurde:

»Es lebt noch eine Flamme
es krönt noch eine Saat,
verzage nicht und bange:
Im Anfang war die Tat«[19]

Das Bekenntnis zum Ideal einer freien Persönlichkeitsentfaltung und des freien Zusammenschlusses »im Geiste Landauers« konnte man auf einem Gedenkstein am Eingang der Siedlung in Düsseldorf-Eller ablesen.

16 | Gustav Landauer, zit.n. Ulrich Klan u. Dieter Nelles: »...es lebt noch eine Flamme«. Rheinische Anarcho-Syndikalisten/innen in der Weimarer Republik und im Faschismus, Grafenau-Döffingen 1986, S. 29.

17 | Zit. in: ebd. S. 38.

18 | Rudolf Rocker: Prinzipienerklärung des Syndikalismus, Berlin 1920, S. 11.

19 | Das naturalistische Lied wurde von Peter H. Ortmann als Mottolied für die Mitglieder der Siedlung Freie Erde vertont; vgl. dazu U. Klan u. D. Nelles: »...es lebt noch eine Flamme«, S. 279f.

Abbildung 44: a) Die Düsseldorfer Siedlung Freie Erde berief sich mit der Inschrift auf einem Gedenkstein auf Gustav Landauer; b) Gustav Landauer. Holzschnitt aus der Mappe Lebendige

In das dichte Beziehungsgeflecht zwischen Düsseldorfer Intellektuellen, Schauspielhaus und Siedlung waren auch die jungen Künstler und Schriftsteller eingebunden. Es gab Benefizveranstaltungen zugunsten der Siedlung, bei denen u.a. Gustaf Gründgens auftrat. Im Juli 1921 inszenierte die »Freie Volksbühne Groß-Düsseldorf« auf ihrer Freilichtbühne Gert Wollheims »Theaterstück im Freien«.[20] Das justizkritische Stück konkretisierte die skeptische Haltung gegenüber der Republik, die die Düsseldorfer Szene zwischen Akademie, Schauspielhaus und dem Siedlungsprojekt auszeichnete.

Die Luft am Rhein blieb durchaus revolutionär getränkt. Ihren Höhepunkt als linke Bewegung erreichte sie 1922, als nicht Berlin, sondern die Stadt an der Düssel die »Erste Große Internationale Kunstausstellung von 1922« im Düsseldorfer Kaufhaus Tietz zeigte und der gleichlaufende »Erste Kongress der internationalen fortschrittlichen Künstler« als linke Sammlungsinitiative realisiert wurde, unterstützt von Kölner Künstlern wie Franz W. Seiwert. Unter den mehr als dreihundert Künstlern finden wir Otto Dix, Max Ernst, Kurt Schwitters, El Lissitzky, Oskar Kokoschka, Wassily Kandinsky, ja, die ein Großteil der heute ›klassischen Moderne‹; im »Ehrenausschuss« die Schriftsteller Romain Rolland, Theodor Däubler und die Rheinländer Kasimir Edschmid, Else Lasker-Schüler und Herbert Eulenberg. Von hier laufen die Fäden zu den Novembergruppen.

20 | Ebd.

In welcher anderen Großstadt Deutschlands hätte ein Warenhaus eine ganze Etage freigeräumt, um jüngste, längst nicht anerkannte Kunst von ›linken‹ Malern auszustellen? Ein Blick auf die widrigen Zusammenhänge, in denen das Bauhaus in Weimar zur selben Zeit seine Tore dichtmachen musste, lässt das Spektrum von Akzeptanz, das die Moderne im Rheinland genoss, ablesen. Hatte schon der damalige Oberbürgermeister Wilhelm Marx, nachdem das von Graf Kessler initiierte und von van de Velde mit dem Entwurf eines Theaterbaus bedachte Reformtheater in Weimar gescheitert war, Anfang des Jahrhunderts Louise Dumont eine Heimat und ein Filetgrundstück in der Nähe der Kö angeboten, offerierte wenig später Adenauer mit Bekanntwerden der Attacken, denen das Bauhaus ausgesetzt war, ebenfalls eine Alternative im Rheinland.[21]

Kunstakademie und Kunstgewerbeschule wurden 1919 vereint. Tatsächlich: das Rheinland hatte eine Tradition weiterzuschreiben, die Kontinuität der Gemeinsamkeit von Wirtschaft, Politik und Kultur, die nun zur Zusammenlegung der beiden Schulen motivierte. Hatten Harry Graf Kessler und Henry van de Velde im Vorkriegs-Weimar vergeblich versucht, einen an den Reformbewegungen abgeleiteten Kunstbegriff, der Kunst und Kunstgewerbe vereinte, durchzusetzen, war das im Rheinland schon 1915 beschlossene Sache, unterstützt vom Architekten Hermann Muthesius, Mitbegründer des Werkbundes und wesentlich beteiligt an der Entstehung der Reformsiedlung Hellerau bei Dresden, von wo aus der Werkbund agierte. Als preußischer Baubeamter zuständig für die Reform der Kunstgewerbeschulen, hatte er die Wiedervereinigung der beiden Schultypen schon früh zu seiner Sache gemacht. Schon während des Krieges verstärkte er seine Bemühungen für eine solche ›Versöhnung‹ in Düsseldorf. Sie kam, kriegsbedingt, nicht mehr zustande. Als es 1919 dann endlich klappte, war Muthesius bereits im Kreis der Architekten-Kollegen in Ungnade gefallen. Seit er sich im Kontext der Werkbundausstellung als autoritär agierender preußischer Beamter gezeigt hatte, war er zu einem Problemfall für die geworden, die sich nach mehr Freiheit von staatlicher Beaufsichtigung sehnten. Seit der Kölner Werkbundausstellung von 1914 wurde die Ablehnung insbesondere vorangebracht von Walter Gropius. Das wirkte sich nun, 1919, aus. Muthesius war *persona non grata*. Dieses Verdikt setzte sich durch, obwohl Muthesius aus Weimar stammte, enge Bindungen an Dresden hatte und immerhin 1919 mit Bauerfolgen wie der Errichtung des Berliner Telegraphenamtes glänzen konnte.

Was war das Besondere an der Zusammenlegung von Akademie und Kunstgewerbeschule? 1919 hat Richard Klapheck, Kunsthistoriker an der Düsseldorfer Akademie, gleich zwei Ereignisse dokumentiert, die genau ein Jahrhundert

21 | Vgl. dazu das Kapitel »Das Rheinland, Adenauer und die ›Entpreußung‹«.

auseinanderlagen und beide in besonderer Weise für eine jeweils moderne Kunst- und Kulturpraxis zeugten: 1819 hatten die Preußen, nunmehr, nach dem Beschluss durch den Wiener Kongress, Herren der »Preußischen Rheinprovinz«, die Kunstakademie in Düsseldorf, die 1805 geschlossen worden war, wiedereröffnet.[22] Wie in der Tradition seit Jan Wellem, dem aus der Pfalz-Neuburger Linie stammenden Wittelsbacher, der 1679 als Herzog von Jülich und Berg nach Düsseldorf gekommen war und dort segensreich auf die kulturelle Entwicklung der Stadt eingewirkt hatte, wurde diese Kunstakademie von einem umfassenden Kunstverständnis geprägt, das Architektur, Kunstgewerbe und Kunst verbunden hatte. Im 19. Jahrhundert hatte sich im Zuge der Autonomisierung der Kunst und der Ausgliederung der Architektur in technische Hochschulen diese umfassende Kulturpraxis aufgelöst. Es blieben die Kunstakademie und ein Restbestand handwerklicher Ausbildung in den Kunstgewerbeschulen. Klapheck kritisiert diese Aufspaltung als Fehlentwicklung. Umso emphatischer kann er die Bedeutung eines Peter Behrens einschätzen, in dessen Zeit als Direktor der Düsseldorfer Kunstgewerbeschule ab 1903 eine Hochblüte der nun auch dort gelehrten Architektur und Gartenarchitektur und weiterer kunstaffiner Disziplinen begann, die einen August Macke, der 1904 zum Studium an die Düsseldorfer Akademie gekommen war, enttäuscht von den veralteten Lehrmethoden an die nun überaus moderne Kunstgewerbeschule wechseln ließ. Die Reintegration der Architektur, die das Jahr 1919 mit dem Bauhaus so bedeutend machte, wurde, wie Klapheck darstellt, faktisch schon Anfang des Jahrhunderts geleistet. So hatte sich Behrens mit Entwürfen für Gartengestaltungen, deren Jugendstilaffinität in dekorativem Laubenstil ihn als »Lattenpitter« rheinisch-weltläufig bekannt machte, 1904 in die Moderne eingeschrieben. Behrens arbeitete mit an einem international angelegten Ausstellungsprofil, z.B. mit dem in Düsseldorf gelehrten Industrie- und Ausstellungsdesign, für das er Anstrengungen für eine moderne Schriftkultur förderte. Das bewährte sich bereits in der ›Sonderbund‹-Ausstellung von 1912, die den europäischen Durchbruch der Moderne schaffte. Zum ersten Mal hatte eine solche internationale Ausstellung eine vom in Düsseldorf lehrenden Schriftexperten Fritz Helmuth Ehmcke entwickelte durchgehende Handschrift realisiert. Köln zeigte 1914 auch die Werkbundausstellung, die drei der Protagonisten der Architektur der Moderne, van de Velde, Bruno Taut und Gropius an exorbitanter Stelle mitbestimmt hatten. Letzterer war wie Mies van der Rohe (und Le Corbusier) im Baubüro von Peter Behrens tätig, bevor sie ihren eigenen künstlerischen Stil fanden. Nun, 1919, waren die damals vereinten Avantgar-

22 | Richard Klapheck: Baukunst und Kunstakademie. Ein Umriss zur Geschichte der Architekturabteilung der Kunst-Akademie zu Düsseldorf. Zum Historischen Jubiläum der Akademie-Neugründung am 1. November 1919, in: Wasmuths Monatshefte für Baukunst IV (1919), H. 7/8, Berlin 1919, S. 195-258.

disten verstreut. In Uttwil, Berlin und Weimar bauten sie auf je eigene Art am Projekt Architektur, Behrens aber kam schon 1921 wieder nach Düsseldorf zurück und übernahm in der vereinigten Kunstakademie die Architekturklasse.

Von dieser Zukunftsmusik ahnte Klapheck natürlich nichts, als er 1919 das aktuelle Ereignis würdigt. Tatsächlich vollzieht das im Abstand von hundert Jahren folgende zweite Jubiläum, das Klaphecks Analyse herausstellt, nur das nach, was seit Behrens schon angelegt war: die 1919 endlich vereinte Kunstakademie, in die die Kunstgewerbeschule integriert worden war. Die fortschrittlichen Errungenschaften der Kunstgewerbeschule und ihr ganzheitliches Kunst- und Kulturverständnis wurden nun für die Kunstakademie fruchtbar gemacht. Kunst blieb ein wesentliches Fach, doch auch Architektur, Gartengestaltung und weitere Werkstätten sollten wieder an die Hochblüte einstiger Kulturpraxis anknüpfen. Im Vergleich zum Bauhaus, das in Weimar die Großherzogliche Kunstschule mit einem grundsätzlich neuen Modell ablöste, modernisierte man hier, ähnlich wie in Karlsruhe, durch die Zusammenlegung zweier Kunstausbildungsschulen. Während die mit dem Bauhaus in Weimar implantierte Fusion der beiden Institutionen auf Betreiben der Lehrer der Kunstakademie schon nach kurzer Zeit zerbrach, blieb die rheinische Zusammenarbeit unbehelligt. Ein weiteres Indiz für einen genuin rheinischen Zuschnitt im Umfeld der Formierung auf dem künstlerisch-ästhetischen Feld lässt sich aufgreifen: Wie 1919 in Köln, das mit dem »Institut für religiöse Kunst« Maßstäbe für den in diesen Zeiten blühenden Kirchenbau setzte und die Ästhetik der Liturgischen Bewegung mitbestimmte,[23] bot auch Düsseldorf den Schülern der Akademie Kurse für religiöse Kunst. Zwar war Köln das unbestrittene Zentrum des Katholizismus, doch ging es nur partiell um die Auftragsarbeiten aus dem kirchlichen Umfeld. Religiosität und eine ihr eigenen Spiritualität trugen unabhängig davon zur Genese eines genuinen ›Rheinland‹-Gefühls bei. Christus-Bilder waren ein durchaus evidentes Motiv der freien Kunst.[24] Es gab hier eine katholische Grundschicht, die immer wieder abrufbar war. War sie im Abwehrkampf gegen Napoleon rheinromantisch geprägt, berief sich auf das deutsche Mittelalter, in dem das ›hillige‹ Köln über Jahrhunderte westeuropäisches Zentrum war, tauchten diese Abwehrstrategien hier wieder auf und verbanden sich mit den politischen Strömungen dieser Zeit.

Im Rheinland war das Abendland zuhause. Was für die Sakralisierung von politischen Denkbildern galt,[25] traf in ganz eigenem Zuschnitt auch die Künst-

23 | Vgl. dazu das Kapitel »Stuttgart, Hamburg und andere ›Bauhäuser‹«.

24 | Vgl. dazu: Christus an Rhein und Ruhr. Zur Wiederentdeckung des Sakralen in der Moderne 1910-1930, Katalog zur Ausstellung im August Macke-Haus v. 29. Mai-13 September 2009, hg. v. Gertrude Cepl-Kaufmann u. Jasmin Grande, Bonn 2009.

25 | Vgl. dazu das Kapitel »Das Rheinland, Adenauer und die ›Entpreußung‹«.

ler. Hier finden wir keine Künstlergemeinde, die sich unter einem Programm wie dem der Künstlergemeinschaft »Die Brücke« im frühexpressionistischen Dresden unter dem Eindruck z.B. des dortigen Völkerkundemuseums mit seinen afrikanischen Exponaten den ›Primitiven‹ zuwendet. Stattdessen aktivierten rheinische Künstler die kollektive Erinnerung. Christliche Emblematiken begegneten im Potpourri unterschiedlicher Formate und Stile, z.B. bei den Lebensgemeinschaften wie in Simonskall und Eller bis in die Kölner Dadaistenszene. In diesen Kreisen gab es kein verpflichtendes Ästhetikideal, doch Tendenzen, die in dieser Evidenz anderswo nicht nachweisbar sind. Was Kunst und Religion angeht, so finden wir hier einen Ansatz, die damalige kulturelle Identität in Deutschland auszudifferenzieren – ohne Kulturkampfpläne oder einen Religionskrieg inszenieren zu wollen. Festmachen lässt es sich in Otto Pankoks über 50 Blätter umfassenden Passions-Zyklus und im Bildmotiv des Holzschnittes zu Rosa Luxemburg von Franz W. Seiwert. Aus der Mappe »Lebendige« und im Widmungsgedicht Pankoks, das Liebe und Andacht für diese besondere Frau ausdrückt.

»An Rosa Luxemburg

Ich winde dir blühende Rosen
Um deine zerschossene Schläfe
Und Lenzlilien
Um deine blutende Kehle.
Mit Flieder bedecke
Ich deine zerfetzte Brust,
Kleine zarte Veilchen
Will ich streuen in dein Haar
Will deine starren Hände decken
Mit meinen Küssen.
Gemartert, zerrissen, tot.
Du Nicht-Ich, du Fremde mir
Du, mir doch so nah
Und tief verwandt
Reich ich dir
Über den Tod meine Hand«[26]

Die Transformation christlicher Frömmigkeit und die Adaption von Vorbildfiguren gingen bis in den Bereich des politischen Denkens hinein. Rosa Luxemburg wurde wie eine Madonna gesehen, die in einer Welt der falschen Ideale ihr Leben einem lauteren politischen Denken geopfert hatte. Die Sinngemein-

26 | Otto Pankok, Buch Eins des Aktivistenbundes o. P.

schaften, die das kultursoziologische Format ausmachen, umfassen auch diese Disposition. In diesem Sinne waren die ›geistigen Verbindungen‹ eine besondere Stärke des Rheinlandes: So wie in Darmstadt verpflichtet man sich auch in rheinischen Schriftstellerkreisen dem völkerversöhnenden Engagement von Henri Barbusse und unterstützt die »Clarté«, die europaorientierte Aktion französischer Linksintellektueller, die auch zu zahlreichen regionalen Sympathisantengruppen in Deutschland motiviert hatte. Auf der Suche nach der Gemeinsamkeit der beiden Völker über das Künstlerische hinaus traf man auf den Rhein, dem man eine geradezu spirituelle Kraft zuordnete. Der »Strom« versinnbildlichte die historische Kraft des Abendlandes, die der notwendigen Erneuerung Deutschlands in einem künftigen Europa Richtung und Kraft geben konnte. Niemand geringeres als Karl Nierendorf, der Förderer und spätere Galerist von Otto Dix, setzte sich mit an die Spitze dieser progressiven Bewegung. In seinem Kairos-Verlag und in seiner Galerie trafen sich die avantgardistischen Schriftsteller und Künstler. Er war das Zentrum des spirituellen Rheinland: dort, wo man sich nach »Kanzeln und neuen Altären«, ja, Orden sehnte.[27]

Die Sinngemeinschaften im Rheinland schrieben die politischen Positionierungen weiter, amalgamierten sie mit der eigenen Erinnerungskultur zu einem christlich-anarchistischen Messianismus. Christus wurde zur Symbolfigur. Dies traf besonders auf die Kölner Szene zu.[28]

Bei den Kölner Dadaisten geht der »Revolutionär Christus« um. Der Messianische Tenor verbindet Köln und Düsseldorf. Walter Ophey, Künstler des Jungen Rheinland, findet das Thema »Grüner Christus«, Seiwert, der Kölner und Simonskaller Maler, fertigt das Glasbild »Christus im Ruhrgebiet«. Max Ernst arbeitet über Jahre immer wieder an seinem Schlüsselbild »Die Jungfrau Maria verhaut den Menschensohn vor drei Zeugen, A.B., P.E. und dem Maler des Bildes«. In das in Paris vollendete Ölbild bezog er André Breton, Paul Eluard und sich selber ein. Auch er hatte Teil an einem rheinisch-katholischen Fundus, der aktiv in die Szene eingebracht wurde. Im Werk von Hoerle, Seiwert und vor allem Max Ernst, dessen Vater als Laienkünstler für seine Heiligenbilder bekannt war, vermischen sich die Einflüsse zu einem rheinisch-katholisch-anarchistischen Gesamtkomplex. Landwehrs »anwesende Abwesenheit der Vergangenheit« macht auch diese Konstellation einer weitergeschriebenen Tradition sinnfällig. In Simonskall hat sich dieser Geist, insbesondere im Um-

27 | Vgl. dazu das Kapitel »Das Rheinland, Adenauer und die ›Entpreußung‹«.

28 | Vgl. dazu Enno Stahl: »Des Knaben Heimat war das Heilige Köln«. Der rheinische Katholizismus im Werk Karl Ottens und Franz Wilhelm Seiwerts, in: Christus. Zur Wiederentdeckung des Sakralen in der Moderne, hg. v. Anne-Marie Bonnet et al., Düsseldorf 2012, S. 323-333.

feld von Otto Freundlich, formiert, hier, in Köln, fand er seine Ausprägung im Dadaismus.

Abbildung 45: Walter Ophey war mit seinem Ölbild Grüner Christus *einer der vielen Zeitgenossen, die sich zum Messianismus bekannten*

Hatte Ret Marut in der Simonskaller Ausgabe seiner anarchistischen Zeitschrift »Der Ziegelbrenner« Seiwerts Holzschnitt »Christus im Ruhrgebiet« abgedruckt, finden wir auf dem Titelblatt der Kölner Dada-Zeitschrift das Pendant – eine provokative Warnung an die Kölner Bürger: »Traut niemandem! Traut nicht dem offenbarsten Augenschein. Es sind Geheimbünde unter euch – traut euch selber nicht.«[29] Der als »Unterhaltungsbeilage zur Tagespresse« getarnte Artikel ist gezeichnet von »Antischmiz«, dem Architekten Hans Hansen, Mitglied in Bruno Tauts »Gläserner Kette«. Wie in dieser Sinngemeinschaft suchte er für Köln die utopische Gemeinschaftsidee, in diesen Zeiten synonym mit einem parteifernen ›Kommunismus‹. Sein revolutionäres Christusbild setzt ein entsprechendes Zeitzeichen: »Christus ist auf der Welt, der Kommunist Christus geht um.«[30]

29 | Der Ventilator. Unterhaltungsbeilage zur Tagespresse. Wochenschrift 1 (1919), Titelblatt.

30 | Ebd.

Köln wurde Kreuzungsort für den Import und Export der Moderne: Hans Arp, Otto Freundlich, Max Ernst sind, exemplarisch verstanden, prägende Künstlerpersönlichkeiten, die für eine europäische Moderne in der Kunst stehen, während Düsseldorf mit Louise Dumont, Gert Wollheim, Gustav Landauer und Gustaf Gründgens Kreuzungsort von Kunst, Theater und Literatur der Moderne war.[31] Prägende Gemeinsamkeiten wie die Ausstellungskultur beider Städte stehen für den hohen öffentlichen Wert, der dieser Moderne zugestanden wurde und die sie auch mit internationalen Standards erreichen konnte. Doch Köln hatte mit Dada ein darüber hinaus gehendes Alleinstellungsmerkmal. Motor war Max Ernst. Gemeinsam mit Johannes Theodor Baargeld entstand eine Kerngruppe, zu der Heinrich Hoerle, Hans Arp und Luise Strauß-Ernst gehörten. Schon ab Februar 1919 erschien die Zeitschrift »Der Ventilator«. Sie wurde noch im selben Jahr verboten. Im November des Jahres zeigten die Dadaisten eine Ausstellung im Kölnischen Kunstverein. Sie wurde von der britischen Militärregierung geschlossen. Erhalten haben sich die Anekdoten wie die vom Einstieg in die Ausstellung über das Fenster des Pissoirs. Der Begleitband zur Kölner Ausstellung »Vom Dadamax zum Grüngürtel«[32], Recherchen zu »Max Ernst in Köln«[33], vor allem die Arbeiten von Jörgen Schäfer[34] und jüngst die von Martin Mittermeier[35] haben dieser rheinischen Variante wesentliche Forschungsergebnisse gesichert. Im Kontext eines Panoramablicks auf Deutschland als Kulturszene interessiert darüber hinaus die Motivation, die im dadaistischen Tun dieser rheinischen Variante in den Texten erkennbar wird. Auch hier zeigt sich das Rheinland als Transferregion, die dieser Kulturströmung eine Art Kommentarfunktion für die Dadaismen weiterer Zentren zuweist.

Max Ernst bringt 1919 Anregungen der *pittura metafistica* ins Rheinland. Gemeinsam mit Baargeld hatte er Paul Klee in München besucht, in der Kunsthandlung Goltz begegnet ihnen im Sommer 1919 de Chirico. So entsteht die Graphik-Mappe *fiat modes – pereat ars,* die im Kölner Schloemilch-Verlag seines Freundes Heinrich Hoerle erscheint. Mit Arp fertigt er »Fatagagas«, kollektiv

31 | Vgl. dazu die virtuelle Ausstellung »Orte der Utopie. Theater- und Raumkonzepte in Zeiten des Krieges«, kuratiert v. Institut »Moderne im Rheinland« an der Heinrich-Heine-Universität Düsseldorf: www.ortederutopie.eu v. 20. August 2018.

32 | Vom Dadamax zum Grüngürtel. Köln in den zwanziger Jahren, Katalog zur Ausstellung im Kölnischen Kunstverein v. 15. März-11 Mai 1975, Braunschweig 1975.

33 | Max Ernst in Köln. Die rheinische Kunstszene bis 1922, Katalog zur Ausstellung des Kölnischen Kunstvereins 7. Mai-6. Juni 1980, Köln 1980.

34 | Jörgen Schäfer: Dada in Köln. Max Ernst, Hans Arp, Johannes Theodor Baargeld und ihre literarischen Zeitschriften, Frankfurt a.M. 1995.

35 | Martin Mittermeier: DADA. Eine Jahrhundertgeschichte, München 2016.

erstellte Text-Bildcollagen, denen sie den Begriff »FAbrication des TAbleaux GArantis GAsometrique« zugrunde legten. Diese künstlerischen Verfahren weisen bereits auf die Nähe zum Surrealismus hin, die den Kölner Dadaismus kulturhistorisch interessant und für das Profil des Jahres 1919 besonders machen. In Köln jedoch werden mit den Dada-Freunden Dada-Positionen entwickelt, die sich von dem, was Dada damals ausmachte, unterscheiden.

Abbildung 46: Auf der Titelseite der Zeitschrift Der Ventilator *warnten die Kölner Dadaisten vor dem Revolutionär* Christus

20 Pfg.

Der Ventilator

WOCHENSCHRIFT

Macchab in Cöln / An die Mütter
?? Die Verfassungslegende ??

Warnung!

Bürger!

Hatten die Dadaisten in Zürich mit der Suche nach sich selber zu tun, um aus den international ins Exil herbeiströmenden Einzelkämpfern eine Gruppe und einen Stil zu generieren und öffentlich zu machen, brachten die nach Berlin ausgezogenen Dadaisten die literarische Protestkultur in die Hauptstadt. Dort formieren sich die jungen Schriftsteller und Künstler im Protest gegen die ›Weimarische Lebensauffassung‹.

Im Rheinland macht man das, was man konnte: Netzwerken, Nabelschau auf hohem Niveau! Mit Hans Arp haben sie einen autochthonen Dadaisten an Bord. So galt es, aus dem engen Panzer einer einsamen Schreibsituation heraus zu kommen. Man fand sich analog zur geistigen Gemeinschaft als Produktionsgemeinschaft zusammen. Kontakte zu Kurt Schwitters nach Hannover verstärkten die Schiene zum Wortkunstwerk. Die literarischen Koproduktionen von Arp und Schwitters, etwa »Franz Müllers Drahtfrühling« oder die »Parabel vom Crocodilcoiffeur und dem Spazierstock« sind zu nennen, in denen mit dem ästhetischen Prinzip des »Zufalls« ebenfalls schon vieles vom Surrealismus erkennbar wurde. Man arbeitete nicht nur kollektiv, sondern fühlte sich in Köln ebenso zu Hause wie in Düsseldorf, bei Kurt Schwitters in Hannover, gemeinsam in Paris und in Tirol. Letzteres war ein Unikum in der dadaistischen Kulturpraxis, so etwas wie der Gegenentwurf zu den mentalen Bedrohungen, denen sich die Berliner Dadaisten ausgesetzt sahen. Das kleine Fatagaga-Lied entstand im Kontext dieses gemeinsam mit Arp konstruieren Phänomens »Dada Tirol«:

»s'Fatagagalied
Erblickest Erna du darin,
Man's nur am stiere findet;
Verstehn muß es die stickerin,
Wenn Erna draus verschwindet.«[36]

Man kann die Szene genüsslich betrachten und sich einrichten. Und das machen die Kölner. Sie registrieren, was anderswo geschieht, skizzieren es dadaistisch in groben Strichen, kollektiv, im Duo oder alleine. Ernst nimmt wahr, was um ihn herum an Trends und Habitus kursieren, ja, macht den zu besichtigenden Dadaismus zum Objekt dadaistischen Interesses!

»Ein großes Dada Dämmern scheint heraufzuziehen Wie im Muspilli gehen die Helden gegeneinander los. Der Huelsenbecker gegen den Hauptgott Tzara; der Präsident des Weltalls wurde desgleichen von Huelsenbeck schwer beschädigt und last not least wendet sich der Dadaistenführer Serner gegen Weltmeister Huelsenbeck und Tzara (Großgroßhaupt)***. Ebengenannter versucht weiter und auch einen Todesstoß dem Weltmeister beizubringen. Großdada Arp (Qualitätsarp), Serner und der Dadafex Maximus (Dadamax Ernst) sollen einem noch nicht bestätigten Gerücht zufolge in einer Nacht zusammengetreten sein, um den neuen Dada-Rütli zu verschwören. Mit äußerster Vorsicht und strengster Geheimhaltung ihrer Pläne treffen diese unvergleichlichen Männer ihre Vorbereitungen. Sie holen, so sagt man, zu dem letzten entscheidenden Schlage aus.«[37]

Ernst und Hoerle haben in der Persiflage »Setzt ihm den Zylinder auf«[38] insbesondere den Berliner Dadaismus im Blick, der sich ihnen auf dem Prüfstand stellen muss: »Der Kurfürstendammdadaismus ist der bemalte Zylinderhut des gerne-einmal-Lustmörders George Groß. Zylinder-dada Zerfrauenhack Edelschweif Groß gerne einmal Zylinderlüftet antibourgoisément pour les autres. 2 Herzfelde = Pleite der Gesinnung Dada.«[39] Max Ernst arbeitet sich in der »Schammade« unmittelbar an der geistesutopischen Denkart ab, die ringsum begegnete, konkret: an Kurt Pinthus' »Rede an die Weltbürger«, die 1919 in der

36 | Hans Arp, Max Ernst: s'Fatagagalied, zit. in: DADA total. Manifeste, Aktionen, Texte, Bilder, in Verbindung mit Angela Merte hg. v. Karl Riha u. Jörgen Schäfer, Stuttgart 1994, S. 284.

37 | Kurt Pinthus: Rede an die Weltbürger, in: Genius. Zeitschrift für werdende und alte Kunst 1 (1919), S. 162-176.

38 | Heinrich Hoerle, Max Ernst: Setzt ihm den Zylinder auf, in: Bulletin D 1 (1919), S. 2.

39 | Ebd.

Zeitschrift »Genius« erschienen war und als kollektiver Aufruf an die Generation der Zeitgenossen Beachtung gefunden hatte. Entschieden wendet sich Ernst damit gegen jede ›Richtungsdichtung‹:

»Antwort der Weltbürger an Kurt Pinthus-Genius
Gaskarmada Seinsgefühl
Gleiches gleichdem ahnbar
Pintus phallus richtungsdichtung
Selbst tum leo ungnem

Gamskarada Gasmaska
Dadamax gamamus
Gamsfurz anton Pintus RA
Antilops tichopans

Fate Mutte genia
Mussich dich felasseh
Zahlbahn balzhahn Ade Mar
Pintus! Madagaskar

Im Auftrage der Menschen aller Völker der Erde
Dadamax«[40]

Über allem: die eigene, topographisch festgemachte Position, die wiederrum nicht ohne Abgrenzungen gegen die Berliner Geistesart auskommt:

»Expressionismus? Warum freßt ihr Briketts?
Werfels Dienstmädchen singt aus dem Lichtschacht:
Es lächelt DER STROM
Er ladet zum Bade
Der Knabe schlief ein
Am grünen gestade
Symphonische Beeren schimmern vom RHEIN
(- DADA)
Schein - dada
Mariengarn heckelt die Welträtsel ein (dada)«[41]

In bekannt dadaistischer Manier werden hier Bildungsgüter wie Schillers »Wilhelm Tell« und Ernst Haeckels »Welträtsel« ad absurdum geführt. Aus diesen Trümmern erheben sich, optisch herausgestellt, »DER STROM«, »RHEIN«

40 | Max Ernst: Antwort der Weltbürger an Kurt Pinthus Weltbürger-Genius, in: Die Schammade 1 (1920), o. P.

41 | Heinrich Hoerle u. Max Ernst: Expressionismus? In: Bulletin D 1 (1919), S. 7.

und »DADA« als identitätsstiftende Trias. »Der Strom« lässt sich dabei zweifellos auf den Rhein beziehen, meint aber vor allem die gleichnamige Zeitschrift, die Karl Nierendorf herausgab und in der die Dadaisten, aber auch der wenig später herausragende engagierte Vorreiter für die rheinische Sache, Alfons Paquet, publizierten.[42]

Hier finden wir die Mitglieder der dadaistischen »Zentrale W/3. W für Weststupidien, 3 für die drei Verschworenen: Hans Arp, J. T. Baargeld und M. E.«, wie Max Ernst, der sich hier selbst zitiert, in seinen »Biographischen Notizen (Wahrheitsgewebe und Lügengewebe)« ausführt.[43]

Letztlich wird Max Ernst mit seinem Umzug nach Paris zum konstruktiven Element der Überwindung dadaistischer Protestkultur zugunsten des beginnenden Surrealismus, der schon 1919 mit André Bretons ersten Attacken einsetzte. Hier mündete der Kölner Dadaismus stufenlos ein und bereicherte die Vielfalt der Ismen, die mit Beginn der zwanziger Jahre Europa prägen. Als Hans Arp und El Lissistzky 1925 ein Buch über die »Kunst-Ismen«[44] herausbringen, bekunden sie die weltoffene, grenzüberschreitende, von der Achse Paris-Rheinland inspirierte Moderne.

42 | Der Strom. Rheinische Zeitschrift für Literatur und Kunst, 1. Jg. 1919/1920, Bd. 1-6, Kairos-Verlag, Cöln-Ehrenfeld. Mehr nicht erschienen. Unter dem gleichen Titel erschien wenig später eine weitere Kölner Zeitschrift, an deren Herausgabe Nierendorf nicht mehr beteiligt war.

43 | Max Ernst: Biographische Notizen (Wahrheitsgewebe und Lügengewebe), zit. in: Max Ernst. Retrospektive 1979, hg. v. Werner Spies, München 1979, S. 139.

44 | Die Kunstismen, hg. v. Hans Arp u. El Lissitzky, Erlenbach-Zürich 1925. Aufgelistet werden 12 Ismen, vom »Abstraktivismus« bis zum »Verismus«.

Berlin

Wandlungen. Vom »Schall und Rauch« zur »Menschheitskathedrale«

Hunger war ein Problem, aber kein Thema. – Dada war übriggeblieben – Dada wird zum utopischen Projekt – Johannes Baader agiert als Architekt und Prophet – Die Theorie der »schöpferischen Indifferenz« – Berlin bot 1919 einen Vorgeschmack auf das Theater der Republik – Das » Deutsche Theater« macht 1919 Geschichte – Das »Schall und Rauch« setzte Maßstäbe – Satire war angesagt – »Tanz auf dem Vulkan« – Theater, Tanz und Film haben 1919 Teil an einer einmaligen Kultursynthese – Filme – Die Uraufführung von Ernst Tollers Drama »Die Wandlung« – Der Bau einer »Menschheitskathedrale« wird zur Botschaft.

Hunger war ein Problem, aber kein Thema. Berlin gab mehr als eine intellektuelle und künstlerische Antwort auf das Chaos, man könnte auch sagen: Gerade weil das Chaos von den nach Weimar gezogenen politischen Eliten in Berlin zurückgelassen wurde, galt es, sich seiner anzunehmen. Trotz Straßenschlachten entstand eine alternative Wirklichkeit, eine Berliner Parallelwelt. Man war politisch, doch erst recht kulturaktiv, oder beides! Trotz bedrängender Not – eines war neu: Freiheit, eine wiedergewonnene, gerade auch in den ›Friedenzeiten‹ nicht gekannte Freiheit, z.B. vom Diktat des Kaisers, der Zensur, aber auch noch Freiheit von künftigen, in Ansätzen sichtbaren Herrschaftsstrukturen.

Dada war übriggeblieben, aus Zürich, hatte sich diversifiziert. Köln, Paris, Hannover – ein Cross-Over-Modell: topographisch simultane Variationen einer Sprache, die sich in diesen Zeiten eines flächendeckenden Empiriokritizismus nicht mehr als Sinnträger verstand, sondern jeden Sinn lustvoll zertrümmerte. Sogar aus der Bleizeile hatte sie sich verabschiedet. Dada-Manifeste waren über die strenge Anordnung der Buchstabenfolge hinaus auf Blatt geworfene abstrakte Bildwelten, in denen die Wörter, Laute, Verballhornungen mit dieser Freiheit spielten und zum autonomen Kunstwerk wurden. Das Problem: Es funktionierte schon lange nicht mehr mit der Mimesis! Was sollte man anschauen, um sich zu verstehen, gar daran zu heilen? Die Gattungen selbst hatten sich aufgegeben. Ihre Deutungsfunktion hatte zuletzt noch Nietzsche zur nachdenklichen Sichtung der »Geburt der Tragödie aus dem Geiste der Musik« motiviert, ein abendländisches Erkenntnismodell seit den Tagen der griechischen Tragödie, das nun ausgedient hatte. Was die wachen und künstlerisch tätigen Zeitgenossen unter dem damals noch nicht als Epochenbegriff verfestigten Titel ›Dada‹ suchten, war optimale Freiheit in Gattungsfragen, der Zuweisung einer Stilrichtung, vom Zwang irgendeiner ›Schule‹. Das hohe Maß an Experimentierfreude ließ zwar vieles zu, hieß aber bei aller Abgrenzung doch auch Stellungnahme zu ästhetischen Möglichkeiten. Mit dem Umzug Richard Huelsenbecks von Zürich nach Berlin kam auch der Dadaismus zum aufgeladenen politischen Klima der Stadt hinzu. Wir finden entsprechende Rollen, die sich auf der imaginären Bühne des Jahres entfalten – je nach Temperament der agierenden Dadaisten, auf je eigene Art Meister der Performance:

Da war der aus Zürich importierte Huelsenbeck-Dada: Der große Negierer war Anfang 1919 nach Berlin gekommen, laut, bruitistisch, mit Bürgerschreckattitude, aber auch als ›Propaganda‹-Chef. Am 22. Januar 1919 schreibt sich Huelsenbeck mit der Inszenierung eines *poète simultan* im »Graphischen Kabinett I.B. Neumann« in Berlin in das dadaistische Tagebuch des Jahres ein. Dazu entwickelt er als ›Snob‹ eine gezielte Arroganz des Vortrags, begleitet von parodierender militaristischer Gestik, mit Reitgerte und einer großen Trommel als Klangkörper.

Franz Jung beteiligt sich im Januar 1919 an den Kämpfen um das Zeitungsviertel und wird Mitbesetzer von Wolffs Telegraphenbüro.

George Grosz und John Heartfield machen Dada zum Geschäftsmodell. 1919 gründen sie die Firma »Grosz-Heartfield concern« für Filmprojekte, Annahme von »Kunst-Eil-Aufträgen« und Werbung in allen Stilen von expressionistisch, dadaistisch, futuristisch bis ›metamechanisch‹.[1] Beide planen eine eigene Trickfilmabteilung bei der Ufa, Projekte wie einen »komischen Puppenfilm über Feldgrau in Italien«.[2] Die Ufa kündigt das Projekt auf, nachdem beide nach den Spartakistenmorden einen Streikaufruf unterstützen. Heartfield arbeitet danach ab Ende 1919 für das »Proletarische Theater« von Erwin Piscator.

Heartfields Bruder Wieland Herzfelde gerät unmittelbar in die Zeitläufte: Als Herausgeber der Zeitschrift »Jedermann sein eigener Fußball« wird er am 7. März 1919 verhaftet, zunächst in das Eden Hotel verbracht, in das auch Rosa

1 | Hanne Bergius: Painter & Paster - George Grosz, in diess.: Das Lachen Dadas. Die Berliner Dadaisten und ihre Aktionen, Gießen 1993 (Werkbund-Archiv 19), S. 166 - 175, hier S. 172f.

2 | Ebd.

Luxemburg und Karl Liebknecht gerieten, dann in die Strafanstalt Plötzensee. Am 23. März 1919 kommt Herzfelde nach Intervention von Harry Graf Kessler wieder frei. Theodor Däubler und Kessler bezahlen die Anwaltskosten. Letzterer unterstützt auch den Druck der »Broschüre Schutzhaft«, die als zweites Heft der Zeitschrift »Die Pleite« mit einem Titelblatt von George Grosz herauskommt und in der Herzfelde seinen Aufenthalt in Plötzensee beschreibt.

Abbildung 47: Die Pleite *war eine der Berliner Dada-Zeitschriften, die unmittelbar mit ihrer Satire polemisch auf die aktuelle Politik reagierten*

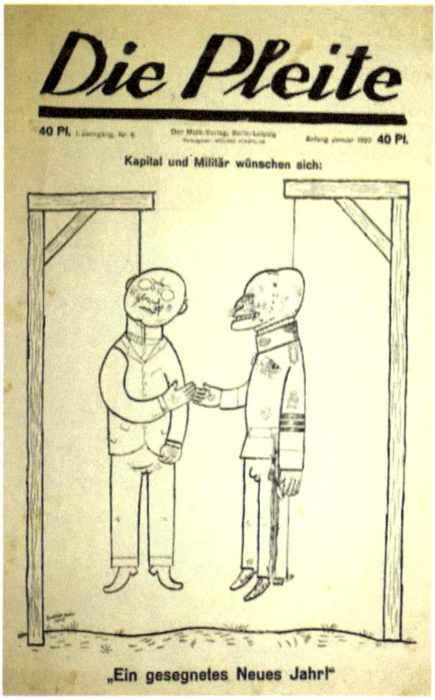

Hannah Höch, die Dadasophin mit Dadapuppen und Ding-Collagen, die Dada zu ihrer Lebensform machte, ist so etwas wie das spielerische Ostinato der dynamischen Dada-Bewegung.

Walter Mehring, der »Pipi-Dada«, der mit seinen Satiren den Übergang vom Amüsier-Cabaret zum politischen Kabarett vollzieht, produziert immense Mengen von Texten mit Skepsis gegen Weimar, die in die thüringische Idylle geflohene Republik.

Dada wird zum utopischen Projekt: Raoul Hausmann entwirft eine Philosophie der ›Empörung‹. Geschult an Nietzsches Voluntarismus, der Bereitschaft gegen das Philistertum seiner Zeit aufzustehen, sieht er das Niedrigste als Provokation für das Höhere. Der ›Empörer‹ sollte der Phänotyp dieser Stunde werden. Der ›Schrei‹ ist die dazu inszenierte Äußerungsform, verstärkt von Hausmann selbst mit dabei aufgerissenen, monokelbewaffneten Augen.[3] Nicht mehr wie bei Edvard Munch sollte der Schrei Ausdruck des Schreckens und der Ohnmacht angesichts der Erfahrung einer entfremdeten Welt sein, sondern Protest und Ruf nach Veränderung, kalkulierter Schock. Rezipiert hatte Hausmann dazu das 1919 erschienene Hauptwerk »Zahl und Gesicht« des österreichischen Kulturphilosophen Rudolf Kassner.[4] Er dachte Kassners Ansatz weiter in einen politischen Protest angesichts der zackigen, übriggebliebenen »Hurra!Hurra!Hurra!«-Parolen[5] im Berlin der End- und Nachkriegszeit, ein Schreien geöffneter Schlunde, denen das eigene Schreien entgegengesetzt wird.

Hausmann hatte sein Ego auf einer Visitenkarte zur Schau gestellt: Mit einem zentrierten Glasauge empfiehlt sich der Allroundkünster, ja, ›Leonardo‹ der Berliner Dadaisten als »Präsident der Sonne, des Mondes und der kleinen Erde (Innenfläche). Dadasoph Raoul Hausmann, Direktor des Circus Dada – Charlottenburg, Kantstr.118/III – Qui bene diagnoscit bene medebitur!«[6]

Abbildung 48: Raoul Hausmann machte seine Visitenkarte zum Forum seiner Avantgarde-Talente und Einstellungen

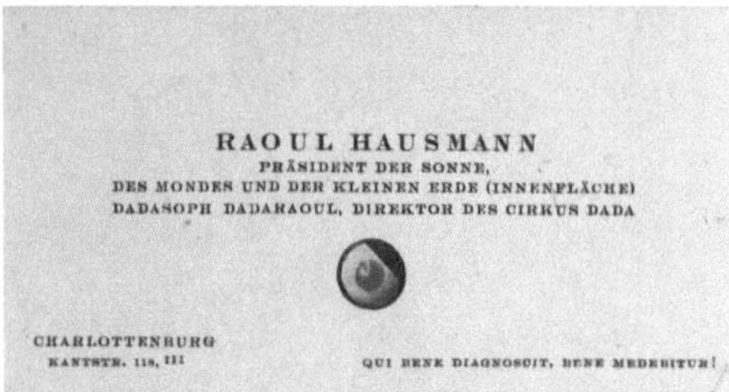

Er setzte sich faktisch per Beinamen als Kunstmensch zusammen, nennt sich nach seinem Herkunftsort Wien »Dadabalkan«; entsprechend seiner Vorliebe für abstrakte, mit vielfachen suggestiven Drahtelementen und Metallresten verzierten, sozusagen ›metamechanischen‹ Plastiken auch »Prof. met. mech«; in Anspielung auf das Fabrikat des Klebstoffs für seine Klebebilder »Alergon Syndeticon«; als Positionierung im Feld des damaligen Anarchismus zwischen dem um ihn herum entstehenden Kommunismus und dem Individualanarchismus Max Stirners auch »Panarchos«. Mit seinem Aufsatz »Zu

3 | Zu Hausmanns Begriff ›Empörung‹ vgl: Konservativ ›im edelsten Sinne‹, Raoul Hausmann, in: H. Bergius: Lachen Dadas, S. 114–129, hier S. 114.

4 | Rudolf Kassner: Zahl und Gesicht, nebst einer Einleitung: Der Umriss einer Universalen Physiognomik, Leipzig 1919.

5 | »Hurra!Hurra!Hurra!!«, Berlin 1921.

6 | H. Bergius: Lachen Dadas, S. 114.

Kommunismus und Anarchie« begründet er 1919 in Mynonas und Anselm Rusts anarchistischer Zeitschrift »Der Einzige« sein politisches Bekenntnis.[7]

Johannes Baader agiert als Architekt und Prophet. 1919 kam seine große Stunde: am 16. Juli 1919 verteilte er ein über die Berliner Szene hinausgehend vom »Zentralrat der Weltrevolution«, darunter Hausmann, Tzara, Janco, Arp, Huelsenbeck, A.R. Meyer unterzeichnetes Protest-Flugblatt »Dadaisten gegen Weimar« in der Nationalversammlung; am 19. Juli ernennt er Philipp Scheidemann zum Mitglied des »Clubs Dada«. Auch religiös ist er unterwegs: Der 1. April wird zum Tag der Verkündigung vom »Tod des Oberdada«, am 2. April folgt die Auferstehung. Baader erschien als *Jesus redivivus*!

Abbildung 49: Als kollektives Ereignis, ausgeführt von Johannes Baader, gilt die Verteilung des Flugblattes Dadaisten *gegen Weimar am 16. Juli 1919 von den Zuschauerrängen des Weimarer Nationaltheaters aus in die dort tagende Nationalversammlung*

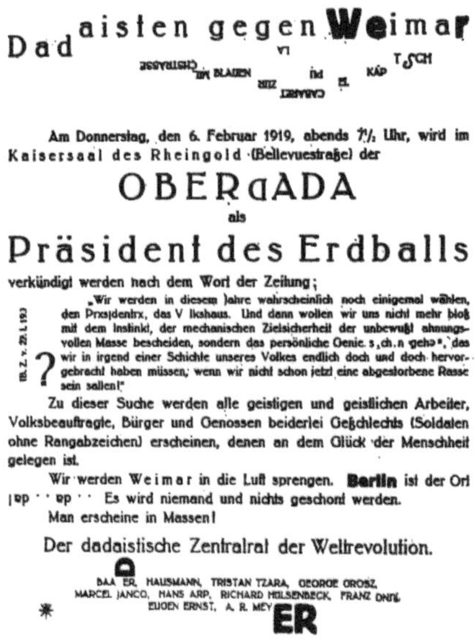

Dadaisten gegen Weimar

Am Donnerstag, den 6. Februar 1919, abends 7½ Uhr, wird im Kaisersaal des Rheingold (Bellevuestraße) der

OBERdADA

als

Präsident des Erdballs

verkündigt werden nach dem Wort der Zeitung;

„Wir werden in diesem Jahre wahrscheinlich noch einigemal wählen, den Prxsidentrx, das V lkshaus. Und dann wollen wir uns nicht mehr bloß mit dem Instinkt, der mechanischen Zielsicherheit der unbewußt ahnungsvollen Masse bescheiden, sondern das persönliche Genie. s,ch.n gehə", das wir in irgend einer Schichte unseres Volkes endlich doch und doch hervorgebracht haben müssen, wenn wir nicht schon jetzt eine abgestorbene Rasse sein sollen!"

(B. Z. v. 28. I. 19)

Zu dieser Suche werden alle geistigen und geistlichen Arbeiter, Volksbeauftragte, Bürger und Genossen beiderlei Geschlechts (Soldaten ohne Rangabzeichen) erscheinen, denen an dem Glück der Menschheit gelegen ist.

Wir werden Weimar in die Luft sprengen. **Berlin** ist der Ort dap · · dap · · Es wird niemand und nichts geschont werden.

Man erscheine in Massen!

Der dadaistische Zentralrat der Weltrevolution.

BAADER, HAUSMANN, TRISTAN TZARA, GEORGE GROSZ, MARCEL JANCO, HANS ARP, RICHARD HÜLSENBECK, FRANZ JUNG, EUGEN ERNST, A. R. MEYER

Der Dadaist pflegte sein Pauluserlebnis, die Vorstellung Kierkegaards vom ›Sprung‹, durch den ein solches Erweckungserlebnis zu einem Sein ganz eige-

7 | Raoul Hausmann: Zu Kommunismus und Anarchie, in: Der Einzige 1, H. 2, (26. Januar 1919), S. 5-7.

ner Art werden könne, bewegte ihn zutiefst. War Mystik in diesen Avantgardekreisen ein Thema, etwa mit Franz Jung *Thomas à Kempis*-, oder Landauers *Meister Eckhart*-Übersetzungen, erhielt sich Baader bei vergleichbarem Kult des Mystischen etwas Urdadaistisches und verband in seinem ungewöhnlichen Wesen Selbstironie und ethischen Rigorismus, sogar ein Faible für die Ästhetik des Lebensstils.

1919 verkündete Baader seine Vorstellung vom Kosmos als Weltarchitektur. Er bleibt seinem Bekenntnis zu Taut treu, z.B. mit einer Hommage: »Wir stürzen alles ein, beseitigen die Hölle und bauen durch unseren Weltbaumeister Bruno Taut das Paradies auf Erden.«[8] Er stellte sich, im direkten Bezug zu Tauts »Architekturdrama«[9], auf die Seite der Kosmiker und es wundert nicht, dass Gropius Baaders Angebot, im Bauhaus das Fach Architektur zu lehren, ablehnte! Dort hatte das Esoterische zwar in der Gründungsphase eine gewichtige Rolle gespielt, doch die Zeichen standen auf Versachlichung des politischen und intellektuellen Klimas. Es ist nicht einfach, Johannes Baader objektiv einzuschätzen. Sein hypertrophes Sendungsbewusstsein zum »Oberdada zur Sanierung des Weltballs«, seine Selbstinszenierung, die bis ins Hochstapler- und Gauklertum reichte, der »Dada-Bluff«, den er zum System machte – all diese extremen Selbstinszenierungen befremden uns heute. Doch Baader müssen wir verstehen als autonomes Kunstwerk, der gestaltete Exzentriker, bei dem sich Ästhetik, Moral und Weltanschauung zu einem Dadaismus verdichten, der die Schnittstelle markiert zwischen dem Pathos des Expressionismus, der kosmischen Sehnsucht der Monisten und einer hohen Dekonstruktionskompetenz *ante festum*. Im Bauhaus, das dabei war, den Weg in einen puristisch *konstruktivistischen* Diskurs anzusetzen, wäre er ein Anachronist gewesen.

Die Theorie der »schöpferischen Indifferenz« war zukunftsfähiger, etabliert von Mynona (Salomo Friedländer) und Anselm Rust. Zur Verbreitung gründeten sie 1919 die »Gesellschaft für individualistische Kultur (Stirnerbund)« und gaben die Zeitschrift »Der Einzige« heraus. Die Philosophie der »schöpferischen Indifferenz« hat es hundert Jahre nach Friedländers Entwurf zu einigem Ruhm unter Experten gebracht. In der Gestalttherapie finden wir sie, besonders den theoretischen und praktischen Arbeiten von Fritz Perls, der sich *expressis verbis* auf Friedländer beruft. In der Kreativ-Branche gibt es eine Nachbarschaft zur Chaos-Theorie. Doch diese späte Anerkennung deckt die Vorstellungen nicht ganz, lässt auch kaum einen Nachvollzug der Tragweite zu, die dieses Denken für das Umbruchjahr 1919 bedeutet. Friedländer und Rust

8 | Radikale Sanierung des Erd- und Weltballs (Johanes Baader), in: H. Bergius: Lachen Dadads, S. 144-165, hier S. 159.

9 | Vgl. dazu das Kapitel »Dresden, Breslau und überall.«

hatten ihre Zeitschrift zur Spielwiese für Grotesken gemacht, mit der sie um die zugleich historische und gegenwärtige Situation des Jahres eigene Texte und die Geistesverwandter, z.B. Hausmann, Carl Einstein und dem bereits verstorbenen Paul Scheerbart sammelten, um die latente Freiheit im polarisierenden Spiel zu entfalten.

Zur Überwindung des Normalen, dem »Herrn Lehmann« in uns, konnte diese geistige Methodik, die Polarisierung und letztlich die ständige Austarierung der Gegensätze, als eine Weltformel zur »Empörung« als Prinzip, wie es auch Hausmann propagierte, gesehen werden. Mynonas Theorie des Schöpferischen sollte unmittelbar Einfluss nehmen auf die politische Situation. In diesem Sinne etablieren sie auf der Kantstraße in Berlin Charlottenburg die »Geschäftsstelle« eines »Zentralrates«. Das Groteske und Paradoxe ernstnehmend, widerlegten sie die Rätebewegung mit der Forderung nach »Einführung des simultanistischen Gedichtes als kommunistisches Staatsgebet«, um sie mit dem Grundsatz der »sofortigen Expropriation des Besitzes«[10] wieder ins Recht zu setzten.

Berlin bot 1919 einen Vorgeschmack auf das Theater der Republik, in der die Stadt zum internationalen Anziehungspunkt wurde. War der Hunger ein Problem, aber kein Thema, galt dies erst recht für das Theater. Vergeblich wird man nach Elendsdramen Ausschau halten. Vielleicht hatte man sich nach Jahren der Hungerblockade schon allzu sehr an diese Unbill gewöhnt. Der Neuanfang reizte, alte Muster zu verwandeln:

Das Besondere: E- und U-Kultur, Kürzel für die *e*rnste versus die *u*nterhaltende Kultur, vermählen sich 1919 und nennen sich A-Kultur, *a*llgemeine Kultur. Ort des Geschehens: Berlin: »Deutsches Theater« und das Kabarett »Schall und Rauch«:

Das Kulturformat Berlins, so wie es im Chaosjahr 1919 einer hohen Aufmerksamkeit in und außerhalb der Metropole sicher sein konnte, hatte einen Nukleus: Es entstand rund um den Wiener/Münchner/Berliner/Salzburger Theatermogul Max Reinhardt. Er inszenierte nicht nur Stücke, war Intendant einer Bühne, sondern lebte auch die Idee dieser urbanen A-Kultur, ja, schuf mit dem Umbau seines Theaters ein angemessenes Haus für die frisch Ver-

10 | R. Hausmann., R. Huelsenbeck, u. J. Golyscheff,: »Was ist der Dadaismus und was will er in Deutschland?« Flugblatt 1919, Berlin Charlottenburg, in: Manifeste und Proklamationen der europäischen Avantgarde (1909-1938), hg. v. Wolfgang Asholt u. Walter Fähnders, Stuttgart 1995, S. 175.
Jefim Golyscheff, der ukrainische Komponist und Maler, einer der konsequentesten Vertreter der Atonalität, lebte zeitweise in Berlin.

mählten und erweiterte die Symbolik seines Avantgardeschrittes mit der personellen Besetzung der Leitungsfunktionen und der Stückauswahl.

Das »Deutschen Theater« macht 1919 Geschichte: Am 28. November wird das Große Haus eröffnet, am 8. Dezember das Kabarett »Schall und Rauch«. Oben war die ›klassische‹ Bühne etabliert, im Untergeschoß das Kabarett. Die dritte im Bunde, die kleine Szene, gehörte in ein kleineres Format, ein »intimes Theater«. Reinhardt integrierte es als »Kammerspiele« im weitläufigen Haus, eine Art Fortschreibung des »bürgerlichen Salon«.[11] Ein bemerkenswertes Kapitel Theatergeschichte in und um das Jahr 1919! Das Haus selbst war auf dem Gelände des ehemaligen Zirkus Schumann unter Nutzung der Grundformen entstanden. Es hätte kaum eine sinnigere Verdichtung des Phänomens Kultursynthese geben können. In einem solchen Kulturraum konnte man eine Kollektiverfahrung ausleben, die die über Jahrhunderte geltenden festgelegten Grenzen theatraler Kulturformate hinter sich gelassen hatte. Ein Kollektivereignis ergab sich auch im Blick auf die Akteure: Friedrich Holländer war für die Musik des Kabaretts zuständig, der Vater Felix Holländer leitete eine Etage darüber die ernste Bühne. Unten wie oben agierten Gertrud Eysoldt, Hans Heinrich von Twardowski, Paul Graetz und Blandine Ebinger, die jeder kulturaffine Zeitgenosse in dieser theaterversessenen Zeit kannte.

Im Haupthaus wird im Eröffnungsprogramm die »Orestie« des Aischylos gespielt, im Kabarett bietet Walter Mehring das alternative Format als Parodie:

»Einfach klassisch! Eine Orestie mit glücklichem Ausgang (ein Puppenspiel)«. Mehring übernimmt die Rollen, mischt sie jedoch unverkennbar wilhelminisch/weimaranisch/kaiserlich/republikanisch und nimmt sich genau die aktuellen Schnittstellen vor. Orest erscheint als »Offizier eines attischen Freikorps, königl. Hoheit, Monokel, attische Freikorpsuniform«[12]. Hier wird er gleich mit mehrfacher Bedeutung neu verortet und ironisch interpretiert: Er begegnet z.B. als Karikatur eines arroganten Militärs. George Grosz nahm sie gerade zu Hauf in seine Bildwelt auf, analog dazu erarbeitete er Figurinen und Kulissen für Reinhardts Eröffnungsprogramm.

---

11 | Peter Marx: Max Reinhardt. Vom bürgerlichen Theater zur metropolitanen Kultur, Bern 2006, S. 55ff.

12 | Walter Mehring: Einfach klassisch! Eine Orestie mit glücklichem Ausgang, hg. v. Didier Plassard, Siegen: 1986, (Vergessene Autoren der Moderne XVI), S. 3.

Abbildung 50: Das Kabarett Schall und Rauch *parodierte als Kleinkunstbühne des* Deutschen Theaters *die Hohe Kunst und steht für die beginnende Politisierung in der Zeit des Übergangs vom Kaiserreich zur Republik*

Zur Erinnerung: Den Militärs gebührte im Kaiserreich der Vortritt auf dem Bürgersteig gegenüber zivilen Personen, die in die ›Gosse‹ absteigen mussten, um dieser Kaste den offiziellen und verordneten Vortritt zu lassen. Nun ist der Militär nur noch eine Theaterfigur, wie die »königlichen Hoheiten«, die auch ausgedient hatten, noch schlimmer, er muss sich, mangels einer offiziellen Dienstverpflichtung, geradezu ›kastenlos‹ und ohne einen einzigen Orden, den zu vergeben sich die Republik mit Inkrafttreten der Reichsverfassung gerade per Gesetz verboten hatte, zeigen zu dürfen, zu den flächendeckend sich bildenden Freikorps schlagen, um zu überleben. Eine Art ›Lumpensammlerprojekt‹, das in jenen Tag als militaristische Eingreiftruppe eine semi-offizielle und politisch dubiose Rolle in der Republik zu erobern begann.

Als Chor tritt auf: »ein Grammophon«. Erleben wir in der ersten Szene »Agamemnon im Bade«, ist es in der zweiten Szene »Die Morgenröte der Demokratie«. Eingeführt in der ersten Szene als »G'schpusi« von Klytemnestra (»vollbusig, kallipygos, gefährliches Alter, ständig im Morgenrock«[13]) und seines Zeichens »Literat und Berufsethiker«, fungiert Aegisth im Kontext der »Morgenröte« als »demokratischer Präsident an der Seite Klytemnästras«[14],

13 | Ebd., S. 9.

14 | Ebd.

der am Ende des ersten Jahres dieser Demokratie und des politischen Neuanfangs bereits das Ende der »Morgenröte« wahrnimmt:

»(Ein Schlafzimmer. Auf dem Hintergrund ein komfortables W.C.)
Aegisth (in Morgentoilette, übt schwitzend am Punchingball).

Meine Herren und Damen! Sehr einfach zu lachen!
Aber besser machen!
Überhaupt, haben Sie schon mal regiert?
(beginnt wieder mit heftigen Schlägen.)
Bald wird man von links, bald von rechts sekkiert,
Bald steht man im Morgenblatt blutverschmiert,
Im Beiblatt von Zille karikiert,
Wird visitiert, persifliert, ausspioniert. [...]
Hält mans's mit den Intellektuellen,
Gleich putschen die Dadaisten-Rebellen. [...]
Schließlich merkt man betrübten Angesichts:
Mit der Güte der Menschen war's wieder mal nichts.«[15]

Das »Schall und Rauch« setzte Maßstäbe, eine Menge an weiteren Neugründungen folgte. Bald schon würde das einstige ›Cabaret‹, das durchweg zwischen frivol und lyrisch das Unterhaltungsbedürfnis befriedigt hatte, als ›Kabarett‹ das Bedürfnis nach Kritik am Zeitgeschehen übernehmen und zum ›politischen Kabarett‹ mutieren. Das Frivole und das auf Vielfalt der Ausdrucksformen setzende ›Varieté‹ wird in Form der ›Revue‹ aktualisiert werden. In Reinhardts Eröffnungsprogramm spielt es, wie für das Jahr 1919 insgesamt, noch eine untergeordnete Rolle.

Satire war angesagt: Schon mit den immer drängenderen existentiellen, politischen und gesellschaftlichen Problemen der Kriegsjahre war der Bedarf an kritischen Stimmen gewachsen. Doch die Zeiten für die Geburt des politischen Kabaretts waren schlecht, sehr schlecht, denn unter dem kriegsbedingten Status des Ausnahmerechts konnte keine noch so auf geistvolle Gegenwehr gründende Satire laut werden. Neben Tucholsky war es Walter Mehring, der in der Nachfolge der frühexpressionistischen ›Literarischen Cabarets‹ à la Cabaret Gnu oder dem Neopathetischen Cabaret, die in Berlin die kleine, exklusive Bühne gepflegt hatten, ins Format des öffentlichkeits- und breitenwirksamen Literaturereignisses vorstieß. Beide, ›Tucho‹ und Mehring, kamen über einen spezifischen ›Berliner‹ Ton zu ihren Texten, nachvollziehbar in dem »ersten-original-dada-couplet«, das Mehring Richard Huelsenbeck widmet, dem mit

15 | W. Mehring: Einfach klassisch! S. 15.

Dialektfetzen und einer Menge ›kesser‹ Berliniana daherkommenden *berlin simultan*. Geradezu berühmt wurde das mit Grosz inszenierte »Wettrennen zwischen Näh- und Schreibmaschine«. Die Dada-Zeitschrift »Jedermann sein eigener Fußball« setzte sich mit dem Abdruck des »Coitus im Dreimädlerhaus«, einer Satire auf die politische Szene in Weimar, gerne dem Verdacht aus, ein ›Bordellgedicht‹ öffentlich gemacht zu haben.

Doch wo Mehring noch eine gruppenspezifische Dada-Attitude betont, hatte sich Tucholsky überhaupt nicht mehr von einem solchen epochalen kultursoziologischen Muster leiten lassen. Unter den Pseudonymen Theobald Tiger, Kaspar Hauser, Peter Panter und Ignaz Wrobel wird Tucholsky zum Zeitzeugen mit Destruktionspotential. Zwischen einem Rest an Revolutionsgläubigkeit im Januar bis zum resignativen Jahresrückblick kurz vor Vertragsabschluss in Versailles, formuliert Tiger den Appell »Krieg dem Kriege«[16], in dem Streitfreude und kühle Analyse in Bitternis und Ohnmacht übergehen.

Tucholsky hatte auch Grundsätzliches zum neuen republikanischen Kabarett beigesteuert. Im Oktober 1919 hat er in der »Weltbühne« die Bedeutung der »Politischen Satire«[17] für eine intakte, politisch interessierte Gesellschaft gewürdigt und zugleich das derzeitige Defizit an einer entsprechenden Kulturpraxis aufs Korn genommen:

»Satire. Das ist vorbei. Die Satire ist heute - 1919 - gefährlich geworden, weil auf die spaßhaften Worte leicht ernste Taten folgen können, und dies umso eher, je volkstümlicher der Satiriker spricht. [...] Die Zensur ist in Deutschland tot - aber man merkt nichts davon. In den Varietés, auf den Vortragsbrettern der Vereine, in den Theatern, auf der Filmleinwand - wo ist die politische Satire? Noch ist der eingreifende Schutzmann eine Zwangsvorstellung, und dass ein kräftiges Wort und ein guter Witz gegen eine Regierungsmaßnahme aus Thaliens Munde dringt, da sei Gott vor! Denn noch wissen die Deutschen nicht, was das heißt: frei - und noch wissen sie nicht, dass ein gut gezielter Scherz ein besserer Blitzableiter für einen Volkszorn ist, als ein hässlicher Krawall, den man nicht dämmen kann. Sie verstehen keinen Spaß. Und sie verstehen keine Satire.«[18]

Der ›republikanischen‹ Gesellschaft mangelt es an souveräner Distanz zu sich selbst. Diese Erkenntnis hatte Tucholsky auf den Punkt gebracht und dahinter das Untertanendenken gesehen, das dem Volk die Selbstkritik und Fähigkeit, sich zum Objekt der Satire zu machen, abtrainiert hatte. Wer war der ›Souve-

16 | Theobald Tiger alias Kurt Tucholsky: Krieg dem Kriege, in: Ulk Nr. 26 v. 13. Juni 1919.

17 | Ignaz Wrobel alias Kurt Tucholsky: Politische Satire, in: Die Weltbühne Nr. 42 v. 9. Oktober 1919, S. 441.

18 | Ebd.

rän‹? Jedenfalls nicht das Volk. Der brillante Witz, die geistreiche Satire, die eine überaus gebildete und sprachgewaltige Generation von Intellektuellen damals zu bieten hatte, machte in Berlin eine erkennbare Gesellschaft aus, doch wo konnte man damit im weiten Land auf offene Ohren treffen? Schon zeigte sich das Syndrom, das in den kommenden Jahren etwa mit dem Begriff »Asphaltliteratur« in ein Paket antirepublikanischer, gegen die kulturelle Deutungshoheit Berlins gerichtete Allianzen verschnürt werden würde. Aber 1919 war erst einmal Freiheit angesagt.

›Tanz auf dem Vulkan‹ hieß das Gegenstück zur kritisch analytischen Wortakrobatik von Satire und Kabarett. Der Tanz setzte auf Sinnlichkeit und Körperausdruck. Beide waren Nutznießer der ungewöhnlichen Freiheit dieser Zeit geworden. 1919 war ein Jahr, in dem sich die Folgen zeigten, die sich mit der Auflösung des in Sachen Kultur restriktiven Kaiserreichs ergaben, die explosionsartig Kraft, schöpferische Kompetenz und Energie freisetzten. Hinzu kamen für beide der konkrete Wegfall je eigener Restriktionen und kriegsbedingter Einschränkungen: Für das Kabarett begann die neue Zeit mit der Aufhebung der Zensur, für den Tanz die große Befreiung mit der ab Silvester 1918 greifenden Aufhebung des totalen Tanzverbots in öffentlichen Lokalen. Das Berliner Tagblatt notiert am 1. Januar 1919: »Wie ein Rudel hungriger Wölfe stürzt sich das Volk auf die langentbehrte Lust. Noch nie ist in Berlin soviel, so rasend getanzt worden.«

Tanz wird ein besonderes Phänomen: Die Jazzmusik ist schon im Anmarsch. Charleston aus South Carolina, der mit Josephine Baker und ihrem Bananenröckchen Geschichte machen würde, Shimmy, der schon 1920 anlandete, und bei dem der Exotismus mit »Ausgerechnet Bananen« Einzug hält und zu einem der identitätsstiftenden Melodieklassiker wird.

Tanz hatte aber auch gerade in der Moderne bereits einen bedeutenden Stellenwert erobert: Für Nietzsche war er das Befreiungsphänomen schlechthin. Nur im Tanz ließ sich der »Geist der Schwere« überwinden, hatte Zarathustra im »Tanzlied« und im »anderen Tanzlied« verkündet. Der Reformtanz wollte ganz im Sinne Nietzsches wieder ins Zentrum des Lebens vorstoßen. »Nur im Tanze weiß ich der höchsten Dinge Gleichnis zu reden«[19], hatte es bei Nietzsche geheißen. Harald Kreuzberg, Rudolf von Laban, die Schwestern Wiesenthal, Mary Wigman und vor allem Isadora Duncan wurden vor dem Krieg die neuen Götter und Göttinnen des Tanzes. Waren sie nun überwunden?

19 | Friedrich Nietzsche: Also sprach Zarathustra, zweiter Teil. Das Tanzlied, in: Werke in drei Bänden, hg. v. Karl Schlechta, Bd. 2, Darmstadt 1973, S. 369.

Nun, 1919 war zwar Befreiung das Zauberwort, doch hier erwies sich der Tanz als Ausdruckskunst anschlussfähig. Was wenige vorgelebt hatten, wurde nun Muster für ein allgemeines Befreiungsphänomen: Befreiung von einem starren Staat, einer nur noch knechtenden Erziehung, den Ritualen der gesellschaftlichen Hierarchie und, *last but not least*, für die Emanzipation, dank der Befreiung vom Korsett, die gerade im Tanz optimal gelebt werden konnte.

Der Bildhauer Rudolf Belling übersetzt das Thema Tanz in eine zeitadäquate Formensprache. Nicht nur schön, sondern auch körperbewusst, wurde Tanz sein persönliches Thema. Im Dezember 1919 widmet ihm Fritz Gurlitt eine erste Einzelausstellung in seiner Galerie auf der Potsdamer Straße. Für diese Ausstellung entsteht eine der Ikonen des Jahres 1919, die Skulptur »Dreiklang«, ein synästhetisches Ereignis, das Bewegung, Musik und Dramatik ins Unendliche deutet und zugleich in einem Mikrokosmos bannt.

Abbildung 51: In Rudolf Bellings Skulptur Dreiklang *begegnen sich Musik, Dramatik und Bewegung*

Belling wird 1919 Mitbegründer des »Tanz-Turnier-Club Berlin«. Kein Zufall! Die Ästhetik des Tanzes, seine eigene weltanschauliche und körperlich empfundene Vorstellungswelt verbinden sich in idealer Weise mit seinem Kunstbegriff. Der Raum wird empfunden als Leerraum, die Leere als gleichrangig zum Material.

Belling bleibt seinem Thema treu: 1920 wird der Berliner Eispalast zum »Tanzkasino Scala« umgebaut. Belling gestaltet mit dem Architekten Walter Würzbach gemeinsam die Innenräume. Es stechen heraus der illuminierte Brunnen und – in Referenz an das dominante Motiv des Arbeitsratsmitbegründers Bruno Taut, doch auch an vergleichbare spätexpressionistische Bauelemente – der »zackig strahlende[n] Kristalloktaeder«[20] an der Raumdecke.

Trotz Tradition aus der Reformbewegung – 1919 beginnt eine eigene Tanzästhetik, mit der sich in Berlin eine kulturelle Szene mit jungen Künstlerinnen und Künstlern entfaltet: der Tanz wird frech: Valeska Gert tanzt »Die Canaille«. In der »Libelle« gibt es täglich Tanz. Anita Berber zieht die Besucher in ihren Bann.

Im Marmorhaus auf dem Kurfürstendamm faszinieren Sascha Gura und Werner Kraus in einem »Nocturno in fünf Akten«.

Theater, Tanz und Film haben 1919 Teil an einer einmaligen Kultursynthese. Tatsächlich ist das »Nocturno« ein Film, der auf dem Ku-Damm unter dem Titel »Totentanz« unter der Regie von Josef Fenneker gezeigt wird. Der Titel verweist auf das groteske, ja makabre Element, das Tanz und Film gleichermaßen präsentieren, Flucht in eine andere Welt, ebenso ein Nachwehen des vergangenen Unheils, doch gewiss auch ein Ausdruck der begonnenen fragilen ›Friedenszeiten‹. Dieses Zeitgefühl, ein ›dazwischen sitzen wir drinnen‹, wurde hier konkret! Der sprichwörtliche »Tanz auf dem Vulkan« begegnete tatsächlich auf den Berliner Litfaßsäulen des Jahres.

20 | Dieter Scholz: Sculpturen. Rudolf Belling und die Nationalgalerie, in: Rudolf Belling. Skulpturen und Architekturen, Katalog zur Ausstellung Neue Galerie im Hamburger Bahnhof, 8. April-17. September 2017, München 2017, S. 34; Scholz zitiert Paul Westheim.

Abbildung 52: Tanz wird zur Chiffre für diese Zeit, im Theater wie im Film. Das Plakat Totentanz *wirbt für den gleichnamigen Film*

Filme. Das Jahr 1919 wurde zum Unikum: es blieb das einzige Jahr ohne Zensur! Zwischen 1870 und 1949 gab es tatsächlich nur dieses eine Jahr, in dem die Theaterzensur aufgehoben war. Das galt auch für das Theater der Moderne, das sich dem Technikwandel verdankt und seit den neunziger Jahren der traditionellen Bühne Konkurrenz machte: der Film. Der Branche beschied das Jahr nach Ende des Kriegs einen ungeheuren Boom, geradezu eine Revolution. Allerdings einseitig angereichert, findet Tucholsky: »diese Würze ist Sexualität.«[21]

Die privatwirtschaftliche »Universum Film AG«, kurz Ufa, brachte in Babelsberg Studios, eine entsprechende Infrastruktur und die nötige Technik zusammen. Unternehmungslustige Macher standen bereit, die neu gewonnene Freiheit umzusetzen.

Es wundert nicht, dass die ungebremste Film-Freiheit Blüten trieb, sich geradezu kongenial an der gänzlich aus den Fugen geratenen Lebenswelt ausrichtete. Es erwies sich plötzlich als *die* Geschäftsidee, in den eigenen vier Wänden, wenn es denn halbwegs an Platz reichte, ein Kino aufzumachen.

21 | Kurt Tucholsky: Die Prostitution mit der Maske, in: Berliner Volkszeitung v. 7. Mai 1919.

Ende des Jahres 1919 wurde es Bruno Stümke, einem Redakteur des »Berliner Tageblatts«, zu bunt. Und so kam die Zeitung am 11. Oktober mit dem Leitartikel »Kino, Kabarett und Wohnungsnot« heraus, in dem die Erschrockenheit über die Zustände der nicht zu bremsenden Kintopp-Unkultur sich die Wage hielt mit dem Versuch, sich darüber lustig zu machen: »Irgendwo las ich, dass allein aus letzter Zeit 615, in Worten: sechshundertfünfzehn! Neuanmeldungen für Kinos in Berlin bei den zuständigen Stellen vorliegen.«[22]

Einer der erfolgreichsten Filme im Jahr 1919 wird Hanns Heinz Ewers »Alraune«. Auch hier wurde eine Tradition weitergeschrieben, denn der Düsseldorfer Autor hatte mit dem mit Paul Wegener schon 1913 verfilmten Epos »Der Student von Prag« den ersten Autoren- und Kunstfilm zu einem Straßenfeger gemacht.

Abbildung 53: Henny Porten erfüllte alle Erwartungen an das spätexpressionistische Ästhetikideal und zugleich das neue Frauenbild

Die Filmgöttin des Jahres 1919 ist nicht nur Person gewordenes Ästhetikideal, sondern spiegelt das geballte Sehnsuchtspotential: befreit von Korsett und in

22 | Bruno Stümke: Kino, Kabarett und Wohnungsnot, in: Berliner Tageblatt v. 11. Oktober 1919.

Bubikopf, ein unschuldiger Blick und dennoch reizend! Zum Straßenfeger wurde der Monumentalfilm »Rose Bernd« mit Henny Porten nach Gerhart Hauptmanns gleichnamigen Drama.

Niemand Geringeres als Hans Baluschek hatte die Aufbauten gestaltet. Bei der Premiere am 20. Oktober 1919 im Wittelsbach-Theater in Berlin-Wilmersdorf ist *tout* Berlin vertreten, auch Werner Krauß und Henny Porten, *das* Filmpaar. Henny Porten ist der Star der Stunde. Pinthus schlägt sie für das Amt des ›Reichpräsidenten‹ vor, denn nie gab es »in den deutschsprechenden Ländern einen Menschen, der so bekannt, so geliebt war vom Volke wie diese blonde Frau«.[23]

Ein solches offenes Feld hat es nur im Jahr 1919 gegeben und nachdem die Filmemacher reichlich Gebrauch von ihrer neuen Freiheit gemacht hatten, war nun eine Beschränkung angesagt. Schon am 12. Mai 1920 tritt ein Reichslichtspielgesetz in Kraft, das die »politischen, sozialen, religiösen und ethischen [...] Weltanschauungstendenzen«[24] sichert vor dem Zugriff einer allzu freimütig wütenden Film-Mafia.

Die Uraufführung von Ernst Tollers Drama »Die Wandlung« wurde zur größten Erschütterung, die Herausforderung schlechthin für die Zeitgenossen im Berlin des Jahres 1919, selbst für geübte Theaterbesucher. *Das* Theaterereignis, trotz der Uraufführung von Else Lasker-Schülers schon 1909 entstandenem Drama »Die Wupper«, des mit Erwin Piscator entstehenden ersten ›Proletarischen Theaters‹ und der Eröffnung der »Tribüne« Anfang September 1919 mit zwei Dramen von Walter Hasenclever. Hier wird auch Tollers Stück am 30. September uraufgeführt. Fritz Kortner spielt den Protagonisten Friedrich.

Tanzende Totengerippe, Skelette als Chor, der Wechsel von Traumszenen und realistischen Gesprächen, von Ekstase und Pathos mit politischer Analyse, von revuehaft-unterhaltend und Diskursen voll existentieller Betroffenheit setzten einen Zuschauer voraus, den es noch nicht gab, bereit für ein Theater, das zwischen dem Bühnenspiel des Reformtheaters und, vorausgreifend, dem Brecht'schen epischen Theater vagierte.

Das expressionistische ›Stationendrama‹ vermittelt mit dem Protagonisten Friedrich die »Wandlung« vom kriegsbegeisterten Juden, der endlich die Stunde der Bewährung als wahrer Deutscher gekommen sieht, zum Pazifisten.

23 | Kurt Pinthus: Henny Porten als Reichpräsident, in: Hätte ich das Kino! Die Schriftsteller und der Stummfilm, Katalog zur Ausstellung im Schiller-Nationalmuseum Marbach a.N., 24. April-31. Oktober 1976, Stuttgart 1976, S. 279.

24 | Reichslichtspielgesetz v. 12. Mai 1920, für die Praxis erläutert von Dr. jur. Ernst Seeger, Berlin 1923, S. 7.

Ein ›Jedermann‹, zur Wahrheit durchdringend, den Kapitalismus des Krieges wie seine ideologischen Implikationen durchschauend, jemand, der Abschied nimmt von privaten Abhängigkeiten, hin zur Erkenntnis, der Auserwählte zu sein, Symbolgestalt einer neuen Menschheit.

Abbildung 54: Ernst Toller füllte mit seinem Drama Die Wandlung *die Theater. Provokativ gestaltete der Autor Traumszenen, in denen der Tanz der Totengerippe zum Symbol für seine Zeit wurde*

Der Bau einer »Menschheitskathedrale« wird zur Botschaft. Friedrich erscheint am Ende des Dramas als Messias. In der Regieanweisung heißt es: »Vordere Bühne. Mittag, Platz vor der Kirche«[25]. Er will zu den »Menschen« gehen, wie einst Christus als Erlöser sich an die Menge gerichtet und ihnen die Frohe Botschaft verkündet hat. Wie Pilatus auf Christus weist: »Ecce homo«, damit alle den Auserwählten erkennen, wollte Toller seinen leidenden Protagonisten als solchen erkannt wissen. Er knüpft an Christus an, ist der Retter für seine Zeit: »Ihr habt Jesus Christus in Holz geschnitzt und auf ein hölzernes Kreuz genagelt, weil ihr selbst den Kreuzweg nicht gehen wolltet, der ihn zur Erlösung führte...«[26] Jeder Mensch muss erkennen, dass die Menschenwürde fundamental verletzt wurde, alle nur noch »Zerrbilder« sind. Sie müssen sich aus ihren Joch befreien. »Geht hin zu den Machthabern und kündet ihnen mit brausenden Orgelstimmen, dass ihre Macht ein Truggebilde sei. Geht hin zu den Soldaten, sie sollen ihre Schwerter zu Pflugscharen schmieden«.[27]

Wenn jeder in sich die Wandlung vollzieht, die Friedrich in der letzten Station seines Kreuzweges mit großem Gestus vollzieht, wird ein Flammensignal

25 | Ernst Toller: Die Wandlung. Das Ringen eines Menschen, Potsdam 1919, S. 82.

26 | Ebd., S. 91f.

27 | Ebd., S. 93.

durch die Menschheit gehen. Wie ein Gralssymbol erscheint der Menschheit ein neues Heil:

»Nun öffnet sich, aus Weltenschoß geboren/Das hochgewölbte Tor der Menschheitskathedrale./Die Jugend aller Völker schreitet flammend/Zum nachtgeahnten Schrein aus leuchtendem Kristall./gewaltig schau ich strahlende Visionen./kein Elend mehr, nicht Krieg, nicht Hass.[28]

Tollers Drama wurde über Nacht zum expressionistischen ›Verkündigungsdrama‹ schlechthin. Das Pathos der Sprache, die sakrale Bildwelt, der Appell an eine Menschlichkeit, deren Verlust alle mit dem Krieg erlebt hatten, machten die »Wandlung« zur Traumatherapie und Zukunftshoffnung zugleich, den Dichter zum Bekenner. »Den Weg, du Dichter weise«[29] hatte Toller sich selbst im Prolog als Retter der Menschheit gerufen. Er wurde zum »Bruder, der das große Wissen in sich trug«. Er war »bereit zur Tat«[30], und die Bühnen Deutschlands zollten ihm damit einen mit Tränen der Ergriffenheit versetzten Applaus. Die Wirkung dieses Dramas hielt bis weit in die zwanziger Jahre an, ebenso das Interesse am gelebten Pazifismus Tollers, der nicht aufhörte, das zu verkünden, was er im Denkbild Menschheitskathedrale angelegt hatte.

28 | Ebd., S. 77.

29 | Ebd., S. 8.

30 | Ebd.

Deutschland. Ein Suchbild

Zürich, Bern und Uttwil

Deutschland aus der Ferne

1919: Die Weltgeschichte hatte Zürich verändert – 1919 erscheint Hugo Balls Polemik »Zur Kritik der deutschen Intelligenz« – Ball sucht Anschluss an das vorreformatorische Christentum – 1919 erscheint Hermann Hesses Roman »Demian« – 1919 wird Hesse Mitbegründer der Zeitschrift »Vivos voco« – 1919 erscheint Carl Sternheims Roman »Europa« – Sternheim geißelt das Versagen der Intellektuellen – 1919 veröffentlichte René Schickele den Essay »Der 9. November« – In Uttwil soll ein ›Bauhaus‹ entstehen – 1919 erschien die Ergänzung zu Ernst Blochs opus magnum »Geist der Utopie« – Das Thema »Selbstfindung« durchzieht diese Umbruchzeit wie ein roter Faden – Die Schweiz wurde die ins Hier und Jetzt geholte Utopie – 1919 kommt der Gedanke einer »Verschweizerung Europas« auf

1919: Die Weltgeschichte hatte Zürich verändert: Schon 1917 ist Lenin von der Züricher Spiegelgasse im plombierten Eisenbahnzug zu seiner Mission ins ferne Russland abgereist, doch auch die Dadaisten hat es aus der Gasse getrieben: nach Paris, Köln und Berlin, um Dada in die Welt hinaus zu tragen.

Bern, die Hauptstadt, ist 1919 nun der wichtigere Exilort. Hier erscheint die von deutschlandkritischen, pazifistischen Kreisen finanzierte »Freie Zeitung«, an der insbesondere Ernst Bloch und Hugo Ball tätig werden. Walter Benjamin schließt dort seine Dissertation ab, europäische Botschaften bekommen Gewicht, darunter die deutsche, zwischenzeitlich verwaist. Graf Kessler, der schon 1916 die Leitung der Kulturpropaganda an der Botschaft übernommen hatte, 1918 aber vom Arbeiter- und Soldatenrat zum deutschen Gesandten in Polen ernannt wird, hat hier im selben Haus wie Schickele gewohnt. Er hat mit seinen Völkerbundaktivitäten den Blick weiter nach Genf gewendet, wo sich eine pazifistische Szene zu bilden beginnt. Doch niemand weiß so genau, wo es hingehen wird.

1919 erscheint Hugo Balls Polemik »Zur Kritik der deutschen Intelligenz«. Während des Krieges habe er, so Ball in der Vorrede, »die gegen die Regierungen der Mittelmächte erhobene Schuldfrage systematisch ausdehnt auf die Ideologie der Klassen und Kasten, die diese Regierungen möglich machten und stützten«[1]. Doch Ball will keinen Klassenkampf, urteilt umso härter: Die ›Guten‹ sind die »Führer der moralischen Revolution«, denen er sein Buch widmet, die ›Bösen‹ die ›Kaste‹, die man sich generalisierend als die vorstellen muss, die sich den Guten entgegenstellten. Keine Chance für Andersdenkende, denn dieses Buch will ein Pamphlet sein, getragen von Wut über das, was schief gelaufen ist in diesem Deutschland.

Ball misstraut, ja verachtet die nationale Politik, huldigt den geistigen Führern jenseits der Institutionen, vor allem Gustav Landauer und den Lehrern des Anarchismus: Bakunin, Prodhoun und Kropotkin. Von Thomas Münzer hat Ball das Motto übernommen, das er seinen Ausführungen voranstellt: »Man muss gar mächtig Achtung haben auf die neue Bewegung der jetzigen Welt. Die alten Anschläge werden es ganz und gar nicht mehr tun, denn es ist eitel Schaum, wie der Prophet saget.«[2] Münzer wird wie ein Spielball eingesetzt, als Kommentator, Bewerter der Gegenwart und zugleich als Lösungsmodell, denn tatsächlich erweist sich der Reformator in Balls Argumentation als die andere, die nicht realisierte, bessere Seite der Geschichte. Abgewirtschaftet haben Luther, der deutsche Protestantismus und die z.B. über Heinrich von Treitschke fundierte Staatsdoktrin Bismarcks und der Hohenzollern, die unweigerlich den preußischen Militarismus im Marschgepäck hatten. Ball verortet seine ideologiekritische Analyse in einem europäischen Feld, hält Ausschau nach Intellektuellen und Schriftstellern, vorrangig in Frankreich und Russland. Schnell gerät er an die Grenze seines eigenen Ansatzes, wenn er Romain Rolland zu den auserwählten Geistigen zählt, ihn zugleich aber wegen seiner Idee einer Versöhnung auch der Nationen ablehnt.

Ball sucht Anschluss an das vorreformatorische Christentum, so wie es Novalis 1799 in seiner frühromantischen Programmschrift »Die Christenheit oder Europa« vertreten hatte, er sehnt mit dem Frühromantiker die Wurzeln einer europäischen Kultureinheit. Das romantische Projekt der Symphilosophie sieht er als Vorbild für eine Sammlung heutiger Gleichgesinnter. Er versuche, so Ball, »das neue Ideal außerhalb des Staates und der historischen Kirche in einer neuen Internationale der religiösen Intelligenz zu begründen.«[3] Ball ersetzt den Begriff »Geistige«, mit dem sich Zeitgenossen zu Gruppen zusammenschließen, durch »Intelligenz«, verstanden als Kollektivbegriff für eine »geistige Gesellschaft oder Partei, deren höhere Vernünftigkeit sie veranlasst, ihre Kenntnisse, Gedanken und Erfahrungen dem Volksganzen zuzu-

1 | Hugo Ball: Zur Kritik der deutschen Intelligenz, Bern 1919, hier zit.n.: ders., Hamburg 2015, S. 5.

2 | Motto, ebd., S. 1.

3 | Ebd., Vorrede, S. 5f.

wenden«[4]. Damit weicht der frankophile Ball die notorische Verweigerung des Begriffs »Intellektuelle« zumindest ansatzweise auf.[5]

Bruderschaft und Orden sind Gemeinschaftsformen, die in dieser Zeit in unterschiedlichen Programmen auftauchen, Ball will mehr, eine »Kirche der Intelligenz«, eine »Gemeinschaft der Auserwählten, die zugleich Freiheit und Heiligung in sich tragen, die den Kanon der Menschheit und Menschlichkeit aufrechterhalten und über Jahrhunderte hinweg zwischen Schimären, Tierleibern, Fratzen und Höllenspuk das Urbild des Schöpfers wahren«.[6] Er spielt auf die grotesken Wasserspeier und das Figurenprogramm der Kathedralen an und erweist seine vom christlichen Mittelalter inspirierte Utopie als Variante zum Denkbild Kathedrale, das diese Zeit in bemerkenswerter Weise dominiert. War es die vereinende Idee, der Baugedanke, die kosmische Sehnsucht, und die Kompensation der verloren gegangenen Universalität, müssen wir Balls Vorstoß als Selbstkonstruktion eines *zoon politicon* lesen, das seinen Auftrag zur Reform des Christentums über die Mittelalterrezeption der Romantiker herleitet.

Hugo Ball, der schon 1917 seine dadaistischen Aktivitäten hinter sich gelassen hat, ebneten zweierlei Dinge den Weg, diese Sehnsucht nach der geistigen Entrückung früher Kirchenerlebnisse in sich zuzulassen: die Kombination seiner Erfahrungen einer tief verwurzelten katholischen Identität mit dem Bühnenerlebnis im Cabaret Voltaire als »magischer Bischof«, dem legendären Auftritt in einer von der Person abstrahierenden Maskierung aus Pappen und Röhren.

Begegnungen und Leseerlebnisse in dieser Zeit haben sein Weltbild mitgeprägt: Ernst Bloch und Max Scheler besuchen ihn. Bloch motiviert ihn zur Lektüre der Schriften Thomas Münzers. Scheler inspiriert ihn mit seiner katholisch fundierten Phänomenologie. 1919 erscheint Carl Schmitts Dissertation »Politische Romantik«[7]. Das Volk erscheint darin als »schöpferischer De-

4 | Ebd., Vorrede, S. 10.

5 | Jürgen Habermas betont, dass selbst Intellektuelle wie Heinrich Mann, Ernst Troeltsch oder Alfred Döblin es nicht gewagt hätten, den Begriff in »einem unverfänglich positiven Sinne zu verwenden«: Jürgen Habermas: Heinrich Heine und die Rolle der Intellektuellen in Deutschland, in: ders.: Eine Art Schadensabwicklung, Frankfurt a.M. 1987, S. 27-54, hier S. 31f; Zur hier nicht weiter ausgeführten Problematik: Dietz Bering: Die Intellektuellen. Geschichte eines Schimpfwortes, Stuttgart 1978; vgl. auch Gangolf Hübinger: Gelehrte, Politik und Öffentlichkeit. Eine Intellektuellengeschichte, Göttingen 2006.

6 | H. Ball: Kritik, Vorrede, S. 10.

7 | Carl Schmitt-Dorotic: Politische Romantik, München 1919; noch mit dem angehängten Mädchennamen seiner Mutter, den Schmitt später fallenließ.

miurg«. Mochte Gott Schöpfer des Ursprungs sein, folgte ihm, nach Platons Timaion, der eigentlich tätige Schöpfergott, der als Baumeister den gesamten Kosmos als Abbild der ihm zugrundeliegenden Ideen erschuf. Ball kannte Schmitts Schrift zu diesem Zeitpunkt noch nicht. Was sie *ante festum* einte, war die Perspektive auf eine politische, von westeuropäischen Erfahrungen geprägten Romantik und Aspekte der »Politischen Theologie«, in deren Kontext sich beide wenig später persönlich begegneten. Balls Optionen und Wunschvorstellungen im Jahr 1919 waren noch unmittelbar auf die Lage in Deutschland gerichtet. Um hier als ›Baumeister‹ zu wirken, startete er am 1. März 1919 unter dem Eindruck der Spartakusmorde einen Aufruf »An unsere Freunde und Kameraden« zur einer ›Weltrevolution‹ gegen Deutschland. Einen Moment lang schien ihm das russische Experiment die höhere Wahrheit!

1919 erscheint Hermann Hesses Roman »Demian« unter dem Pseudonym »Emil Sinclair«[8], eine Autobiographie als Bildungs- und Entwicklungsroman, die zwar klassische Stationen zwischen Kindheit, Schule und dem Erwachsenwerden abarbeitet, in ihnen zugleich aber ein gegen das Muster und gegen das normsetzende Bildungsideal gestelltes Menschenbild ins Recht setzt.

Abbildung 55: Hermann Hesse veröffentliche 1919 seinen Roman Demian *unter dem Pseudonym Emil Sinclair*

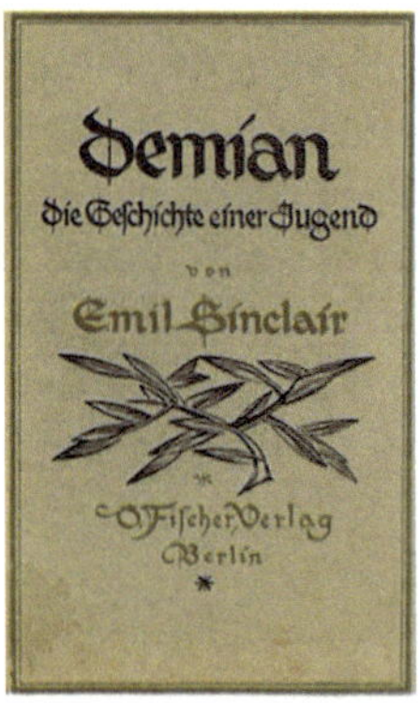

Einziges Ziel: die Annahme des eigenen Ich. Die Geburtshelfer: Demian, das *alter ego* als Ideal, und dessen Mutter Eva, Urmutter und Baumeisterin mit sanfter Hand. Die Botschaft: der Mythos vom Antagonismus zwischen Gut und Böse hat sich als Irrweg erwiesen, erst wenn die im Dualismus des Christentums zementierte Trennung aufgegeben und die Wiedervereinigung der

8 | Emil Sinclair: Demian. Die Geschichte einer Jugend, Berlin 1919. Hesse berief sich auf den zeitweisen Revolutionär Isaac von Sinclair, den Freund Hölderlins.

Welthälften, die auch Kain den angemessenen Platz im Narrativ der Welt gibt, gelingt, öffnet sich die andere, die wahre Welt.

In Max Demian wird Gusto Gräser, das Monte Veritàner Urgestein weitergeschrieben. Gräser, der damals mit seiner Person und flächendeckend für viele nachdenkliche Zeitgenossen zum Vorbild wird, hat in einem seiner Flugblätter, die er in Deutschland auf den Plätzen und Märkten und in Literatencafés verteilt, sein Leitmotiv in eine seiner poetischen Weisheiten verwandelt, unter das Hesse mit dem Roman sein weiteres Leben stellen wird:

»Hast Du Heimweh, hör, nicht nach Dir Selber?
*
»SELBST«
Heilt die Welt
*
Allselbst ist Heil
*
Willkommen bei Dir selbst«[9]

Das Jahr 1919 macht Hesse frei: von der Familie, vom Lebensmodell Monte Verità, in dem er, wie die Zivilisationsmüden der Vorkriegsgeneration, sich von seinen Leidenssyndromen zu befreien suchte. C. G. Jungs Archetypenlehre hatte ihn über die Zusammenhänge des Seins aufgeklärt, er kann die eigene Biografie und den zeittypischen Exotismus, der ihn nach Indien und zu ostasiatischen Denkmustern trieb, zugunsten des Bekenntnisses zu einer europäischen Identität hinter sich lassen. Die Arbeit am »Demian« befreit ihn nun zu einer ebenfalls 1919 entstehenden, geradezu abendländischen literarischen Figur wie »Klingsor«, den er über den mittelalterlichen Parsifal und den Heinrich von Ofterdingen der Romantik hinaus in eine moderne, von Amoralität, Wildheit und Schönheitssucht getriebenen Helden entwickelt.

1919 wird Hesse Mitbegründer der Zeitschrift »Vivos voco«. Zeitschrift für Neues Deutschtum«. Sie ist Dokument eines gewandelten Hermann Hesse, auch dank des Mitherausgebers Richard Woltereck, des Biologen und Haeckel-Schülers, der ihn während des Krieges durch die Mitarbeit beim Aufbau einer Zentrale für Kriegsgefangenenfürsorge durch bibliothekarische Betreuung vor dem aktiven Wehrdienst gerettet und zu einer positiven Weltsicht bekehrt hatte.

---

9 | Gusto Gräser. Aus Leben und Werk. Bruchstücke einer Biographie, Begleitbuch zur Ausstellung in Maulbronn, Galerie Krüger, v. 18.-26. September 1987, hg. v. Hermann Müller, Vaihingen 1987, S. 55.

Woltereck und Hesse hatten den Titel »Vivos voco« nicht von ungefähr gewählt: Er ist Teil einer der klassischen Inschriften, die in der Glockengießerei üblich sind. »Ich rufe die Lebenden«, die Totenmesse als eine der möglichen Situationen, für die Glocken angeschlagen wurden. Glocken in ihrer geradezu bronzezeitmedialen Bedeutung waren über Jahrhunderte ein Sinnbild der Verknüpfung von profanem und religiösem Leben. Schiller hatte den Glockensinnspruch seinem »Lied von der Glocke«, dem allegorischen Weltbild des Bürgertums, als Motto vorangesetzt: »Vivos voco; Mortuos plango; Vulgara frango«.

Hesse veröffentlicht in »Vivos voco« unter seinem Pseudonym Emil Sinclair. Nun wird dieses Bekenntnis zu Hölderlin, in dessen geistiger Nähe sich Hesse über den schwäbischen Pietismus gefühlt hatte, zum Bekenntnis, auch zum Republikanischen, das Sinclair verkörperte. Die Zeitschrift berichtet über das Bauhaus, Bauen als Gestaltung der Gesellschaft, Gropius veröffentlicht darin. Sie sammelte zeitkritische Beiträge mit den thematischen Schwerpunkten Lebensreform, Jugendbewegung und Erziehung, Politik, Wirtschaft und Kunst, mit der besonderen Betonung, den psychischen Folgen des Krieges entgegenzusteuern. Ausgeschlossen wurden Beiträger, die »ein reaktionäres, klerikales, kommunistisches oder sonstiges Parteiziel verfolgen«.[10] Die Versöhnungsabsicht wird mit Beiträgen über die ehemaligen Kriegsgegner herausgestellt, präventive Politik zur Vermeidung künftiger Kriege ist ein Postulat, für das Texte aus befreundeten Zeitschriften des Auslandes übernommen werden.

Hesse gewinnt Bedeutung im Konzert der Positionen, Deutschland von außen zu sehen. Seine Rolle: die des konstruktiven Rufers mit der Botschaft, durch Selbstheilung die Kulturwerte des Abendlandes, Deutschlands und Europas zu bewahren.

1919 erscheint Carl Sternheims Roman »Europa«, Teil einer fundamentalen Abrechnung mit Preußen. Das Motto des Romans erfüllt scheinbar die Erwartung, die der Titel vorgibt: »Grauen vor soviel Europa und Zivilisation ersäuft ihn ganz.« Ein Kontinent als Thema? Tatsächlich aber ist »Europa« die weibliche Heldin: »Europa Fuld war des bekannten Amsterdamer Kunsthändlers Tochter. Als sie nach dem Krieg von 1870, dem Welt aus zwei Lagern zugesehen hatte, geboren wurde, gab ihr der Vater in pazifistischer Wallung den weitausholenden Namen. Ihn mochte der Sinn geführt haben: ein Weib – und mit dem Namen – steht über den Parteien, und so soll ihr das All gehören dürfen.«[11]

10 | Hermann Hesse: Sämtliche Werke, hg. v. Volker Michels, Bd. 15 (Die politischen Schriften. Dokumentation), S. 277; für Hinweise danke ich Michael Limberg!

11 | Carl Sternheim: Europa, in: Gesamtwerk, hg. v. Wilhelm Emrich unter Mitarbeit von Manfred Linke, Bd. 5, (Prosa II), Neuwied 1964, S. 159-476, hier S. 167. Der Name Fuld und der biographische Hintergrund sind authentisch.

»Über den Parteien« stehen, das war original die antiparlamentarische Selbstpositionierung Wilhelms II., und so wächst die junge Frau als Allegorie ihres Zeitalters auf – ganz dem zum Mythos erhobenen Vorbild folgend auf einen Platz im geistigen, gesellschaftlichen und politischen Himmel ihrer Zeit aus. Der Autor versetzt sie in vier Büchern in je eigene Kontexte, die mit den Titeln »Deutschland«, »Frankreich«, »Europa«, »Die Welt« markiert werden. Der Roman endet mit den revolutionären Ereignissen in Holland, wo »Eura« am Ende des Krieges von revolutionären Truppen zu Tode getrampelt wird, ein groteskes Ende, rauschhaft wie ihr ganzes Leben. Sie taumelt vom Erleben des »Preußen-Deutschland« weg, findet im heiligen Frankreich eine alternative geistige Aura, gelangt durch die in den Roman eingebaute Erzählung »Der Rheinländer« zu ihrem Ideal, einer Geistesgemeinschaft von Franzosen und Deutschen, glaubt damit an eine ›entpreußte‹, nun völkerverbindende Welt, ein »Vaterland vom Ideal ›Preußen-Deutschland‹ zu lebendigen Wundern im unbegrenzten Reich der Erscheinungen bekehrt.«[12] Doch dieses Utopia wird nicht konkret, in »Europa« gehen die Lichter aus und der »Welt«-Krieg beginnt. Sie durchschaut das System, die von »Deutschlands Politik, unter Bismarcks und dreier gewonnener Feldzüge«[13] ausgehende Preußenmacht. Anschaubar wird sie im Überfall auf das neutrale Belgien.

Sternheim lebte 1914 auf seinem Landsitz La Hulpe bei Brüssel. Das 7 ha große Anwesen, nun im Umbau befindlich, kaufte er mit der Erwartung, hier einen »endgültigen Lebenssitz« zu finden.«[14] Während des Krieges hatte sich bereits eine Diskursgemeinschaft freier Geister eingefunden: Künstler, Schriftsteller wie Gottfried Benn, Carl Einstein und Ernst Stadler, der Kunsthändler Alfred Flechtheim, Intellektuelle wie Harry Graf Kessler, nicht zuletzt Politiker wie Walter Rathenau, die zu Sternheims, dank der Heirat mit der reichen rheinischen Industriellentochter Thea Bauer finanziell fundiertem europäisch dimensionierten Lebenstil als Kunstsammler und *homme de lettres* zählten.

Sternheims Komödienwerk »Aus dem bürgerlichen Heldenleben« bietet, von der »Hose« bis zur »Kassette«, ein Panorama des Wilhelminismus, inszeniert als eine Art intellektueller und poetischer Krieg gegen die spießige Moral des Kaiserreichs, die »Plüschzeit«.

Sternheim geht in »Europa« weit über die Wilhelminismuskritik hinaus. Der Kontinent hat versagt. Auch als Mythos, als für ein mit der Aufklärung weitergeschriebenes Programm und als utopisches Narrativ! Der Autor hat

12 | Ebd., S. 285.

13 | Ebd., S. 439.

14 | Brief v. 16. 11. 1912, zit. in Carl Sternheim: Lebenschronik, in: C. Sternheim: Gesamtwerk, Bd. 10/2, S. 1171.

sich die Abrechnung abgerungen. Der Roman, »dessen Zustandekommen ihm mühsam gewesen«[15] sei, wie er bei einer späteren Überarbeitung gestehen wird, geht in seinem Hass auf das, was ihm begegnet ist, sehr weit. Wenn auch die einzelnen Szenen, Bilder, Verbalattacken und Grotesken gänzlich zügellos wie apokalyptische Reiter vorbeizuziehen scheinen, ist doch die Folie des Inszenierten realistisch. Sternheim hält sich an das, was es in Europa, zumal in Deutschland zu sehen und zu erleben gab:

Sternheim geißelt das Versagen der Intellektuellen, die 1914 die Behauptung »Es ist nicht wahr...« dilettantisch im »Manifest der 93« verpackten und sich damit öffentlich gegen den internationalen Protest am Einmarsch der Deutschen ins neutrale Belgien erklärt hatten. Sie stellten in diesem nationalistischen Aufschrei unter dem Titel »An die Kulturwelt«[16] die ›unerschütterliche Friedensliebe‹ des Kaisers heraus und wiesen jeden Vorwurf, gegen das Völkerrecht verstoßen zu haben, vehement zurück.

Der Fall gehört zu einem der tragenden Argumente von Sternheims Zeitkritik, vor allem, da dem kollektiven Aufschrei, den sich die Größen des deutschen Geistes- und Kulturlebens, darunter Peter Behrens, Gerhart Hauptmann, Max Liebermann und Max Planck mit angemaßter Deutungshoheit erlaubten, kein Gegenmanifest folgte.[17] Das Buch wird so zum emotionalen Bekenntnis des Verlustes einer intellektuellen Heimat.

Sternheim hatte bereits zwei identitätsstiftende Orte verloren, einen, der für Deutschland, einen anderen, der für Europa stand: 1919 erinnert er in seiner »Lebenschronik« an den Verlust Weimars. In der Erwartung, den symbolischen Ort für Deutschland, das Land der Dichter und Denker zu finden, war er 1900 mit seiner ersten Frau dorthin gezogen, hatte den Ort seiner Sehnsucht aber nach zwei Jahren entsetzt wieder verlassen. Harry Graf Kessler und Henry van de Velde, an deren Seite er das »Neue Weimar« hatte schaffen wollen, werden nun, im Schweizer Exil, wiederum zu engen Vertrauten und Nachbarn.

Brüssel, seit dem 19. Jahrhundert unbestrittene Hochburg der Internationalität, war nach der nationalen Enttäuschung für Sternheim und seine zweite Frau ein Ort mit hohem, europäisch belegtem Symbolwert. Carl und Thea Sternheim dachten und lebten europäisch, wohnten am Ende der Vorkriegszeit

---

15 | Vgl. Kommentar zur Ausgabe, in: C. Sternheim: Gesamtwerk, Bd. 5, S. 505.

16 | Aufrufe und Reden deutscher Professoren in Ersten Weltkrieg, hg. v. Klaus Böhme, Stuttgart, 1975, S. 47f.

17 | Vgl. dazu: Jürgen von Ungern Sternberg u. Wolfgang von Ungern-Sternberg: Der Aufruf ›An die Kulturwelt‹. Das Manifest der 93 und die Anfänge der Kriegspropaganda im Ersten Weltkrieg, mit einem Beitrag von Trude Maurer, Frankfurt 2013 (Historisch-sozialwissenschaftliche Studien 21).

endlich da, wo man europäisch leben konnte: Belgien war vor dem Krieg europäischer als manches andere europäische Land, bot eine Qualität, die Europa erst am Ende des 20 Jahrhunderts wieder zurückgewann!

Abbildung 56: Der Aufruf an die Kulturwelt, *1914 von einer 93 Namen zählenden Elite unterzeichnet, brachte die deutschen Intellektuellen ins europäische Abseits*

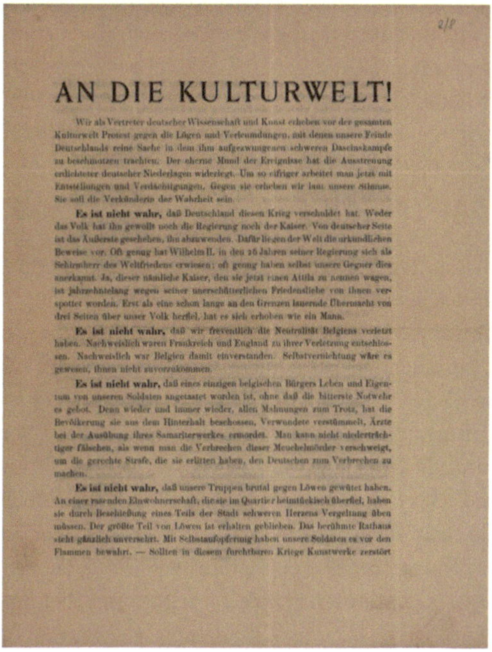
2/8

AN DIE KULTURWELT!

Wir als Vertreter deutscher Wissenschaft und Kunst erheben vor der gesamten Kulturwelt Protest gegen die Lügen und Verleumdungen, mit denen unsere Feinde Deutschlands reine Sache in dem ihm aufgezwungenen schweren Daseinskampfe zu beschmutzen trachten. Der eherne Mund der Ereignisse hat die Ausstreuung erdichteter deutscher Niederlagen widerlegt. Um so eifriger arbeitet man jetzt mit Entstellungen und Verdächtigungen. Gegen sie erheben wir laut unsere Stimme. Sie soll die Verkünderin der Wahrheit sein.

Es ist nicht wahr, daß Deutschland diesen Krieg verschuldet hat. Weder das Volk hat ihn gewollt noch die Regierung noch der Kaiser. Von deutscher Seite ist das Äußerste geschehen, ihn abzuwenden. Dafür liegen der Welt die urkundlichen Beweise vor. Oft genug hat Wilhelm II. in den 26 Jahren seiner Regierung sich als Schirmherr des Weltfriedens erwiesen; oft genug haben selbst unsere Gegner dies anerkannt. Ja, dieser nämliche Kaiser, den sie jetzt einen Attila zu nennen wagen, ist jahrzehntelang wegen seiner unerschütterlichen Friedensliebe von ihnen verspottet worden. Erst als eine schon lange an den Grenzen lauernde Übermacht von drei Seiten über unser Volk herfiel, hat es sich erhoben wie ein Mann.

Es ist nicht wahr, daß wir freventlich die Neutralität Belgiens verletzt haben. Nachweislich waren Frankreich und England zu ihrer Verletzung entschlossen. Nachweislich war Belgien damit einverstanden. Selbstvernichtung wäre es gewesen, ihnen nicht zuvorzukommen.

Es ist nicht wahr, daß eines einzigen belgischen Bürgers Leben und Eigentum von unseren Soldaten angetastet worden ist, ohne daß die bitterste Notwehr es gebot. Denn wieder und immer wieder, allen Mahnungen zum Trotz, hat die Bevölkerung sie aus dem Hinterhalt beschossen, Verwundete verstümmelt, Ärzte bei der Ausübung ihres Samariterwerkes ermordet. Man kann nicht niederträchtiger fälschen, als wenn man die Verbrechen dieser Meuchelmörder verschweigt, um die gerechte Strafe, die sie erlitten haben, den Deutschen zum Verbrechen zu machen.

Es ist nicht wahr, daß unsere Truppen brutal gegen Löwen gewütet haben. An einer rasenden Einwohnerschaft, die sie im Quartier heimtückisch überfiel, haben sie durch Beschießung eines Teils der Stadt schweren Herzens Vergeltung üben müssen. Der größte Teil von Löwen ist erhalten geblieben. Das berühmte Rathaus steht gänzlich unversehrt. Mit Selbstaufopferung haben unsere Soldaten es vor den Flammen bewahrt. — Sollten in diesem furchtbaren Kriege Kunstwerke zerstört

Mit Beginn des Krieges war man statt in Europa nun in Feindesland. Eine Odyssee schließt sich an. Dass Sternheim überhaupt in der Lage war, seine ehrgeizige Abrechnung mit Preußen, den Intellektuellen und dem falschen Europa umzusetzen – das nötigt Respekt ab, lässt wohl aber auch erkennen, dass nur eine Schreibtherapie diesem Scherbenhaufen einer europäischen Kultur, für die er in besonderer Weise steht, einen paradoxen Sinn zu geben vermochte.

Letztlich waren es die Idylle des Schweizerischen Uttwil und Freundschaften, die neue Strukturen in das Leben der Familie brachten: Annette Kolb und vor allem René Schickele. Am 25. März 1919 treffen Sternheim und seine Frau in der Schweiz ein und suchen unmittelbar den Kontakt zu den Freunden. Dank deren Hilfe sind die Bedingungen so, dass Sternheim seinen literarischen Schreibtisch wieder aufschlagen kann. Nach der ersten Niederschrift des Pamphlets »Berlin oder Juste Milieu« im Mai 1920 vertraut Sternheim seine Seelenlage seinem Tagebuch an: Es sei ihm »wie nach einem heftigen Erbrechen zu Mut, entleert aber übel.«[18] Wer die Generalabrechnung mit der preußischen Hauptstadt und dem wilhelminischen Geist liest, kann diese Gemütslage des Autors problemlos nachvollziehen.

1919 veröffentlichte René Schickele den Essay »Der 9. November«, Hommage an die Revolution und Abgesang auf ihr Scheitern. »Der neunte November war der schönste Tag meines Lebens. Am neunten November war ich am glaubhaftesten, fast möchte ich sagen: nachweislich im Himmel. [...] Eine Sonne, wie die des neunten November 1918, bleibt unvergesslich jedem, der sie damals gesehen hat.«[19]

Die Kapitelabfolge seiner Abrechnung mit der Revolution nimmt die Etappen ihres Niedergangs vorweg: »Die Frucht fällt« meint die wie ein Naturvorgang von den Herrschenden auf das Volk übergegangene Freiheit *und* die Republik; »Jetzt« kostet diesen Glücksfall der Geschichte in der Bedeutung für dieses im Krieg geschundene Volk nach; »Am anderen Tag« registriert das erstaunte Erwachen ob der unmittelbar nachfolgenden Okkupation der »bürgerlichen Revolution« durch Spartakus. Nein, es waren nicht die bösen, in Deutschland einfallenden Horden der Revolutionäre aus Russland, die nun wussten, wie man es auch in Deutschland machen sollte, es waren Fehler aus Naivität, Unvernunft und mangelnder Kompetenz, die mit den Gegenkräften hätte rechnen und die Klassiker, von der Besetzung der Pressebüros an aufwärts, umgehend hätten durchsetzen müssen. Auch die Intellektuellen haben in dieser Stunde nicht das gemacht, was die Republik gerettet hätte. Das Kapitel »Glaube Hoffnung Liebe« stellt heraus, wie wenig Gewicht eine theoretische Fundierung des politischen Handelns gegen ein Leben im Geist der Bergpredigt hat.

Schickele zieht ein Resümee: »Gestern erklärt das alte Preußen sich bankrott, ohne viel Schwierigkeiten zu machen. Plötzlich ist das Volk da, ist da und obenauf, und niemand widersetzt sich seiner Herrschaft.«[20] Schickele zieht eine bittere Bilanz: »Wieder waren es die alten Männer, die die Jugend an das Bestehende verrieten, das immer die Vergangenheit ist und diesmal ganz handgreiflich die Vergangenheit war: Zusammenbruch, Tod und Verwesung. Die Greise verrieten die Jugend, nur um sich, nur auf ein Viertelstündchen, zu erhalten.«[21]

18 | C. Sternheim: Lebenschronik, in: Gesamtwerk, Bd. 10/2, S. 1217.
19 | René Schickele: Der 9. November, in: Die weißen Blätter 1919, S. 433ff.
20 | Ebd., S. 35.
21 | Ebd., S. 93.

Zwischen dem kulturellen Deutschland und den Exilschweizern gab es enge Verbindungen, die 1919 in besonderer Weise genutzt werden konnten. Mitten darin: René Schickele. Er hatte 1915 die »Weißen Blätter« übernommen und sie von Zürich aus zu einer der anspruchsvollsten pazifistischen Foren dieser Kriegsjahre gemacht, begleitet vom ebenso pazifistischen Europa-Verlag. Schickele unterstützt den von Graf Kessler initiierten Plan für ein »Königreich Schwaben«, das als zukunftsorientiertes politisches Gebilde alle elsässischen und alemannischen Probleme optimal lösen könnte und für das es Ende Dezember 1918 in Stuttgart ein Ländertreffen gab, das Spitzenpolitiker aus Baden, Württemberg, Hessen und Bayern vereinte und bei dem Kurt Eisner als Ministerpräsident des Freistaats Bayern eine Absichtserklärung vorgelegt hatte. Nun fand während der Konferenz der Sozialistischen Internationale in Bern am 3. Februar 1919 ein letztes Treffen mit Schickele als Protagonist einer solchen politischen Lösung der Nachkriegsprobleme statt.

Uttwil, auf der Schweizer Seite des Bodensees gelegen, wurde zum herausragenden Exilort. Schickele kaufte Ende 1918 das Haus »Margrit«, schon seit Mitte 1918 war van de Velde mit Großfamilie, in Belgien unerwünscht, gelandet. Auch Sternheim kommt. Annette Kolb bezieht ein Gasthaus mitten im Ort, Ball ist zu Besuch, Emmy Hennings bringt als Gastgeschenk den 1919 erschienenen autobiographischen Bericht »Gefängnis«, Ferdinand Hardekopf genießt und schildert die Idylle, Rudolf Kurtz betreibt von hier ein Schmuggelgeschäft, wird einer der vielen »Schieber«, die in Konstanz ihr dunkles Geschäft betreiben. Rudolf Hilferding und Norbert Jacques sind in Uttwil dabei, der Berliner Dirigent Oskar Fried, alle zusammen in van de Veldes auch hier mit eigenen Jugendstilmöbeln ausgestatteten, wenn auch heruntergekommenen, dennoch großbürgerlichen Ambiente. Ein »Paradies«[22] erst recht für Harry Graf Kessler, mit dem Schickele eine alte Idee neu bewegt:

In Uttwil soll ein ›Bauhaus‹ entstehen. Die Gelegenheit war günstig. Mit Sternheim gab es schon Pläne, wie Thea Sternheim in ihren Erinnerungen festgehalten hat: »Kommen Sie zu uns an den Bodensee, da machen wir einen französisch-deutschen Verlag und kümmern uns den Teufel um die Umwelt!«[23]

Als van de Velde seine verwilderte Villa entdeckt, entsteht sofort der Plan zur »Gründung einer kleinen Kolonie von Freunden.«[24] Schickele sollte mit

22 | Ferdinand Hardekopf an Olly Jacques v. 26. Juni 1919, DLA Marbach USA: Hardekopf 71.1473/22.

23 | C. Sternheim: Lebenschronik, in: Gesamtwerk Bd. 10/2, S. 1214f.

24 | Henry van der Velde: Geschichte meines Lebens, München 1963, S. 406.

seinen Erfahrungen als Teilelement einen Buch- und Zeitschriftenverlag aufbauen.

Sie beraten, »am schweizerischen Ufer des Bodensees eine Kolonie unabhängiger Künstler ins Leben zu rufen und ein Institut zu gründen, das ein Zentrum künstlerischer Kultur sein sollte.«[25]

Tatsächlich wurde Schickele bereits im März 1919 aktiv und verhandelte mit verschiedenen Verlegern in Bern, darunter Albert Benteli, der auch die »Weißen Blätter« gedruckt hatte. Erste Absagen bringen sie auf den Gedanken, eine Handpresse anzuschaffen und sich wirtschaftlich zu etablieren.[26]

Im März 1919 bezieht van de Velde Graf Kessler in die Planung einer Künstlerkolonie ein. Kessler plädiert für Flexibilität, begrüßt alle Aktionen, vor allem die Pläne zur Einrichtung von Werkstätten und einem Lehrprogramm.

Der Traum vom Bodensee-Bauhaus fand ein jähes Ende – van de Veldes Bankguthaben in Weimar waren für ihn als Ausländer eingefroren.

Trotz Schweiz: Keine gute Zeit für konkrete Utopien, um dem klugen Urteil Annette Kolbs zu folgen! Sie schrieb an Romain Rolland: »Restez où vous etes! Le temps n'est pas encore où les poètes conduisent le monde, eux, qui sont seuls capable de le faire«.[27]

1919 erschien die Ergänzung zu Ernst Blochs opus magnum »Geist der Utopie« in der Zeitschrift »Neue Erde«[28], eine Erweiterung der »Vorrede«, die später in den 1918 herausgekommenen Band integriert wurde.

Ein Tenor der Wut lässt sich auch hier heraushören, doch mit Faktischem und im Appell zielt Bloch zugleich, verstärkt gegenüber der ersten Vorrede, doch sie einbeziehend, auf das Utopische.

Wie war, fragte er sich, der *status quo* nach den Jahren des Schreckens: »Nur eine leere, grausige Erinnerung bleibt in der Luft stehen. Wer wurde verteidigt? Die Faulen, Elenden, die Wucherer wurden verteidigt. Was jung war, musste fallen, aber die Erbärmlichen sind gerettet und sitzen in der warmen Stube.«[29] Selbstbesinnung und kühle Diagnose sind angesagt. Wer die Zeit auslotet, erkennt das Trübselige nur noch schärfer: »Ein stickiger Zwang,

25 | Ebd., S. 404.

26 | René Schickele: Taschen-Agenda, Eintrag vom 17. März 1919.

27 | Zit. in: Albert M. Debrunner: Freunde, es war eine elende Zeit! René Schickele in der Schweiz 1913-1919, Wien 2004, S. 278.

28 | Neue Erde. Halbmonatsschrift I (1919), S. 3 – 4.

29 | Ernst Bloch, Geist der Utopie, München 1918, S. 9; zit. in: Manifeste und Dokumente zur deutschen Literatur, hg. v. Thomas Anz u. Michael Stark, Stuttgart 1982, S. 138f., hier S. 138.

von Mittelmäßigen verhängt, von Mittelmäßigen ertragen; der Triumph der Dummheit, beschützt vom Gendarm, bejubelt von den Intellektuellen, die nicht Gehirn genug auftreiben konnten, um Phrasen zu liefern.«[30]

Das Defizit lässt sich selbstkritisch ausmachen: »wir haben keinen sozialistischen Gedanken«[31]. Es fehlt an angemessener Ausstattung um zu wirken: »Wir bringen der Gemeinde nicht mit, weswegen sie sein soll, und deshalb können wir sie nicht bilden. Wir haben Sehnsucht und kurzes Wissen, aber wenig Tat und was deren Fehlen mit erklärt, keine Weite, keine Aussicht, keine Enden, keine innere Schwelle, geahnt überschritten, keinen utopisch prinzipiellen Begriff.«[32]

Ein Appell rundet Blochs Text ab: »[H]auen wir die phantastisch konstitutiven Wege, rufen was nicht ist, bauen ins Blaue hinein, bauen uns ins Blaue hinein und suchen dort das Wahre, Wirkliche, wo das bloß Tatsächliche verschwindet – *incipit vita nova.*«[33]

Das Thema »Selbstfindung« durchzieht diese Umbruchzeit wie ein roter Faden. Bloch unterwirft sich der Selbstkritik, dem fundamentalen Zweifel, der auch immer ein Zweifel an Gott ist, stellt aber mit einem »System des theoretischen Messianismus«[34] die Ebene her, von der her allein eine Perspektive für diese Selbstfindung, und damit auch für die des »Wir« bereitet werden muss.

Bloch bietet für die vielen utopischen Entwürfe der Zeit das Narrativ des ›Utopisten‹, ein Schöpfungsmythos, der erst die Suche nach dem ›Neuen Menschen‹ möglich macht. So erweist sich die Selbstfindung als Zukunftsauftrag, als Movens des Aufbruchs: »Es hilft dazu die andauernde Traumkonzentration auf sich selbst, auf sein reineres, höheres Leben, auf das innere Hellwerden, auf die Erlösung von Bosheit, Leere, Tod und Rätsel, auf die Gemeinschaft mit den Heiligen, auf die Wendung aller Dinge zum Paradies; immer und überall – die Apokalypse ist das Apriori aller Politik und Kultur, die sich lohnt so zu heißen.[35]« Mit dem Titel des ersten Teils des Essay hatte Bloch die Quintessenz seiner Überlegungen deutlich gemacht: »Die Selbstbegegnung«.

Eine der ›Selbstbegegnungen‹ hatte einen Namen: Bloch war 1917 nach Protesten gegen den Krieg aus pazifistischer Überzeugung in die Schweiz gekommen und hatte dort den »Geist der Utopie« abgeschlossen und arbeitete 1919

30 | Ebd., S. 139.
31 | Ebd.
32 | Ebd.
33 | Ebd.
34 | Ebd.
35 | Ebd., S. 341.

bereits an seinem Buch über »Thomas Münzer als Theologe der Revolution«. Ursprünglich hatte er das Thema Utopie am Beispiel des Monte Verità ausrichten und in Reflexionen über den ›sittlichen und geistigen Führer‹ das eigene Denken mit dem für ihn als schlechthin franziskanische Gestalt anerkannten Gusto Gräser in Verbindung stellen wollen. Doch ein Messianismus konnte, wie er herausstellte, nicht im Hier und Jetzt seine Ruhestätte finden, ein ›Weltpfingsten‹ stand immer noch aus.

Die Schweiz wurde die ins Hier und Jetzt geholte Utopie. Fragt man, was Ball, Hesse, Sternheim, Schickele und Bloch verbindet, sahen diese Exilanten, Deutschland- und Preußengeschädigten, Pazifisten und Utopiesucher sich der Erfüllung ihrer Ziele nahe:

Abbildung 57: Hugo Ball, Carl Sternheim, René Schickele

Hugo Ball hatte schon 1917 sein Denkbild gefunden und aus der Schweiz einen *locus amoenis* gemacht: »Die Idee des natürlichen Paradieses – nur in der Schweiz hat sie geboren werden können. [...] Die Schweiz ist die Zuflucht all derer, die einen neuen Grundriss im Kopfe tragen. Sie war und ist jetzt, während des Krieges, der große Naturschutzpark, in dem die Nationen ihre letzte Reserve bewahren. [...] Von hier, von der Schweiz aus wird sich Europa wieder beleben.«[36]

Hermann Hesse hat 1919 die Casa Camuzzi bezogen, sich auch als Maler entdeckt und ist nach langer Selbstfindung bei sich angekommen.

Carl Sternheim nahm Schickeles Angebot an, die Villa Margrit von ihm zu mieten. Ab Oktober 1919 wohnen beide Familien dort. Eine kleine europäische Insel!

36 | Hugo Ball: Eintrag v. 15. August 1917, in: Die Flucht aus der Zeit, Zürich 1992, S. 180.

René Schickele hat 1919, nach Erscheinen des Essays »Der 9. November« ein weiteres Buch herausgebracht, das schon mit der Titelgebung eine Umorientierung dokumentiert: »Die Genfer Reise«. Schickele sucht in pazifistischem Bemühen die Verbindung zum Völkerbund, hat Deutschland den Rücken gekehrt, ist mental und (vorerst) endgültig umgezogen und bekennt: »Ich liebe die Schweiz. Sie ist das Paradies.«[37]

Ein Nachdenken setzt ein, an dessen Ende Ideale, die er für Deutschland erhoffte, sich nun an das Gastland binden, dem er das physische und psychische Überleben in diesem apokalyptischen Strudel verdankte: »Ist nicht die Schweiz, die staatliche Schweiz ein Vorbild, ›von der Geschichte und der Natur selbst begünstigt‹ für eine übernationale Gemeinschaft? Hat nicht dieser Staat Probleme der Wirtschaft friedlich gelöst, um derentwillen die großen Nachbarn die sinnloseren Kriege geführt haben, Kriege, deren Opfer die Einwohnerzahl der Schweiz um das Zehnfache übersteigen?« Es sind »Bescheidung« und die Übung, »täglich in der inneren Politik das lernen und ausüben zu müssen – Versöhnung, Ausgleich, Turnus von Ehren und Pflichten, über die Gräben von Sprache und Rasse hinweg – was für äußere Politik anzuwenden, der Völkerbund mit unzureichenden Mitteln sich anschickt.«[38]

Ernst Bloch hatte sich im Freundeskreis, in Bern und am Thuner See schon längst als Wahlschweizer geoutet. Mitten in den Verhandlungen für die Einbürgerung überrascht ihn die Nachricht von der Novemberrevolution. Wie Schickele deutet er sie als Wiedererstehen des Paradieses und der Geburt einer immerwährenden Weltgemeinschaft des Humanen und der Liebe. Er eilt zu seinen Freunden und erinnert sich: »[W]ir haben uns geküsst zu diesem ungeheuren Ereignis, und ich sagte: ›Nun, schön, jetzt beginnt die abendländische Schweiz, jetzt kommt die Weltschweiz, meine Freunde, jetzt siegt die Demokratie‹«.[39] Alle suchten sich ein Bild für Zukunft zu machen und fanden 1919 die Schweiz.

1919 kommt der Gedanke einer »Verschweizerung Europas« auf. Die Schweiz erscheint als bester Teil Europas[40], ideal für eine zukünftige politische Landschaft. Exilautoren wurden zu glühenden Bekennern. In dieser historisch brisanten Situation wird ein eigener Mythos Schweiz konstruiert. Er setzt sich zusammen aus der Erinnerung an Rousseau und an die Revolution von 1848, in der die Schweiz als einziges europäisches Land im demokratischen Sinne

37 | René Schickele: Die Genfer Reise, Berlin 1919, S. 21.

38 | René Schickele: Die Literatur nach dem Kriege, in: Neue Zürcher Zeitung Nr. 377, Erstes Morgenblatt, v. 12. März 1921, zit. in: A. Debrunner: Freunde, S. 280.

39 | Ernst Bloch: Enttäuschte Liebe zur Schweiz. Gespräch mit Alfred Häsler, zit. in: E. Bloch: Briefe 1903 - 1975, Frankfurt a. M 1985, S. 235.

40 | Vgl. dazu A. Debrunner: Freunde, S. 281.

hervorgegangen ist. Die hohen europäischen Werte, vor allen Dingen das Asylrecht, von dem nun alle zehrten, wurde hier als »edler Sinn von Neutralität«[41] verstanden. Schickele gibt der Schweiz so etwas wie einen Ritterschlag, sieht sie als »Sammelpunkt der geistigen Europäer – jenes westlichen Kulturkreises, der ewigen Provinzen des römischen Reiches, deren Bestand weder durch Kriege noch durch Friedensschlüsse zu verwüsten oder gar zu vernichten sind. Dort lebt, unverwüstlich, was des Geistes jung und hell ist im Abendland.«[42] Bloch wie Schickele suchen dazu das Narrativ und finden das Erzählte, vom Aufklärer Heinse bis zu den poetischen Realisten von Gottfried Keller zu Jeremias Gotthelf und Conrad Ferdinand Meyer, konkret utopisch gesichtet als ›*Civitas Hominum*‹[43] helvetischen Zuschnitts.

---

41 | Ebd.

42 | René Schickele an Ferrucio Busoni, Brief vom 23. Mai 1919, Staatsbibliothek zu Berlin - Preußischer Kulturbesitz, Musikabteilung, Os us.ep. R. Schickele 7, Busoni-Nachlass. B II. zit. in: A. Debrunner: Freunde, S. 284.

43 | Vgl. dazu Julie Meyer: Vom elsässischen Kunstfrühling zur utopischen Civitas Hominum. Jugendstil und Expressionismus bei René Schickele 1900-1920, München 1981.

Vom Kaiserreich zur Republik

Die Republik scheiterte an den Republikanern – Ebert beruft sich auf die Paulskirche – Die Intellektuellen fanden eine Idee als neue Heimat – 1919 suchten Intellektuelle, Künstler und Schriftsteller den Weg zurück – Der Riss zwischen Geist und Macht gehört zur Bilanz des Jahres 1919 – Heinrich Mann kontra Erich Ludendorff – Der Versailler Vertrag war die Büchse der Pandora – Internationale Ächtung und Hass – Poincaré stellt die Rolle Frankreichs im Krieg heraus – Hass und Brutalität wurden zum europäischen Habitus – Die Verfassung für die erste Demokratie auf deutschem Boden – Die Dolchstoßlegende machte den Weimarer Geist zur Vergangenheit – Die Dolchstoßlegende ist ein klassischer Schöpfungsmythos – Das Gesamt des Jahres 1919

Die Republik scheiterte an den Republikanern: Wer hätte sie tragen sollen? Hier waren schon lange vorher die falschen Weichen gestellt, zukunftsfähige Wege abgebrochen worden. Etwas von der ›German Angst‹ hatte immer wieder eine emanzipatorische Entwicklung der Gesellschaft verhindert. Nun, 1919, war Deutschland in der Konsequenz an allen Ständen gescheitert, obwohl die Abschaffung des Adels als Voraussetzung für die Republik gerade so unerwartet undramatisch über die Bühne gegangen war. Doch nicht nur der Adel ist zu nennen. Er hatte, wie sich zeigen ließ, seinem Untergang ausreichend zugearbeitet! Doch da, wo Adelshäuser entsprechend ihrem Selbstverständnis ihren Herrschaftsgebieten ein Profil gegeben, mit ihrer Kulturhoheit einen symbolischen Wert geschaffen hatten, hatte das Folgen. Die Provinz bekam etwas Provinzielles, es fehlte etwas.

Das Defizit übernahm nicht das Bürgertum, sondern die linken Parteien, Sozialdemokraten *und* Kommunisten. Dass sie beide aus derselben ›Familie‹ stammten, mochte diese Parallelität bedingt haben. Die immense Anstrengung, eine Massenkultur auf die Beine zu stellen, verdient Beachtung, die ihr aber bisher weitgehend versagt blieb. Im Sport und in kulturpraktischen Formaten wie dem linken Kabarett haben sie in der Zeit der Weimarer Republik eine eigene Identität entwickelt. Sie hatten aber Abschied genommen von den Zielen der Bildungsarbeit, die die Jahrzehnte vor dem Krieg bestimmt hatten: die Vermittlung von Werten und Ästhetiken des Bürgertums. Zur kulturellen Profilbildung hat das Bürgertum nach dem Krieg nicht mehr beigetragen.

Letztlich hatte auch das Bürgertum seinen Niedergang dem Adel zu verdanken, genauer, der Fürstenallianz unter der Leitpolitik Metternichs. Mit Zensur und Verboten, von den Karlsbader Beschlüssen von 1819, mit denen alle liberalen und nationalen Bewegungen im nachnapoleonischen Deutschland unterdrückt worden waren, bis zur gescheiterten Revolution von 1848, war es vom Adel verhindert worden, diesem Bürgertum die öffentliche Plattform zu sichern, derer es bedurft hätte. Schon 1830 hatte Heinrich Heine dieses Land der Philister verlassen, um in Frankreich, im Land der Freiheit, eine Heimat zu finden. Die deutschen Philister hatten es sich mangels politischer Freiheiten mit einer für Europa beispiellosen Vereinskultur gemütlich gemacht. Wo und wie wollte sich die kommende Republik in diesem Problemfeld verorten?

Ebert beruft sich auf die Paulskirche, als er in seiner Antrittsrede vor der Nationalversammlung in Weimar eine Traditionslinie zu 1848 aufbaut. Er reduziert das Ereignis dabei zu einem Schönwetterstück, denn die vorausgegangene Revolution lässt er aus. Analog dazu verschweigt er auch die Revolution von 1918. Hatte die Revolution von 1848 erst die Paulskirche als Ort einer ersten möglichen Demokratie geschaffen, war auch der revolutionäre Befreiungsakt 1918 von Kaiserreich und Adelsherrschaft eine unabdingbare Voraussetzung für die Republik von Weimar. Eberts feierlaunige Konstruktion der politischen Vergangenheit und auch der Gegenwart in seiner Eröffnungsrede ging an der historischen Wahrheit weit vorbeiging. Zwischen 1848 und 1918 hatte das Bürgertum einen beispiellosen Bruch vollzogen, das, was nach 1848 von ihm übrigblieb, war nicht mehr das Bürgertum der Freiheitskriege, das sich in der Erwartung auf eine Verfassung, in der die Grundwerte der Aufklärung verankert seine mussten, ebenso wie ihre Partizipation an der politischen Macht, in die Schlacht geworfen hatte. Trotz revolutionärer Bewegungen wurde nichts erreicht. Der Niedergang bürgerlicher Emanzipation ging einher mit der dominanten Politik einer weiteren Symbolfigur für die nachfolgende adelsgeprägte Leitpolitik: Fürst Bismarck. Mit ihm war die politische Idee von der Emanzipation des Bürgertums im Zeichen einer Erstarkung der Nation ersetzt worden durch Macht- und Bündnispolitik. Mit ihr veränderte sich die Vorstellung des Bürgertums von der nationalen Identität. Die Refeudalisierung, die Ulrich Wehler schon früh beschrieben hat,[1] verdrängte diese einst emanzipierte Bürgerschicht ins von Heine zurückgelassene, von Nietzsche analysierte Philistertum. Es war die »Exstirpation des Deutschen Geistes zugunsten des ›deutschen Reiches‹«[2]. Diese Entwicklung hatte unter Wilhelm II. mächtig an

1 | Hans Ulrich Wehler: Das Deutsche Kaiserreich 1871-1918, Frankfurt a.M. 1973.

2 | Friedrich Nietzsche: Unzeitgemäße Betrachtungen. Erstes Stück. David Strauss. Der Bekenner und der Schriftsteller, in: Werke in drei Bänden, hg. v. Karl Schlechta, Bd. I., S. 137.

Fahrt gewonnen! In Carl Sternheims Dramen, etwa »1913« und in Heinrich Manns epochalem Roman »Der Untertan« lässt sich dieses »Herbarium des Deutschen Mannes«[3], des Bürgers, der die Identität seines Standes verloren hatte und sich wieder den Normen des Adels, und dazu auch noch denen der Militärhierarchie unterworfen hatte, ablesen.

In einem allerdings glichen sich die Systeme: 1848 war daran gescheitert, dass Friedrich Wilhelm IV. mit dem Begriff Revolution den Untergang gleichsetzte, die Macht des Proletariats fürchtete, obwohl emanzipierte und gebildete Bürger das Paulskirchenparlament ausmachten. Für 1919 lässt sich ein analoges Bild zeichnen! Das Spektrum der Räte, die sich einmischten, war, vor allem außerhalb Berlins und Bremens, in Maßen reformorientiert. Es war die genuine politische Klientel der Sozialdemokraten, die sie nun an ihre Seite hätte holen müssen. Bei angemessener gemeinsamer Anstrengung wären sie republikfähig gewesen. Vielleicht republikfähiger als das verunsicherte, in der Inflation seiner Ersparnisse verlustig gehende Bürgertum. Dennoch gab es auch in diesen Kreisen ›Vernunftrepublikaner‹, die die Erfolgsphase der Republik, Mitte der zwanziger Jahre, mitprägten und für eine durchaus positive Entwicklung sorgten, einhergehend mit zunehmender internationaler Anerkennung, etwa durch die Aufnahme in den Völkerbund. Doch ein Bürgertum wie das des frühen 19. Jahrhunderts ließ sich nicht mehr aus dem Hut zaubern! Erst mit dem Verlust dieser bürgerlichen Schicht ergab sich die Situation, die nun die Folgen zeigte: Ein Reichspräsident, der immer noch mit der Monarchie liebäugelte, auch in der entscheidenden Machtkonstellation nicht das Volk an seine Seite rief, sondern die überholte Militärkaste, spiegelt das Dilemma von 1919. Er brachte, bei aller Redlichkeit, nicht das Format auf die Waagschale, dessen es bedurft hätte, um die Gratwanderung zwischen den Fronten nicht nur zu überstehen, sondern auch in konstruktive, für eine Republik notwendige Beteiligung aller Kräfte zu entwickeln. Die Diskurse in den Sitzungen der Weimarer Nationalversammlung lassen das erkennen.

Ebert hatte, als Vertreter der Sozialdemokratie, darüber hinaus ein ganzes Bündel an Verratsverdacht im Gepäck, das sich an ihn als Repräsentant der Partei gebunden hatte. Das betraf nicht nur die Zustimmung zu den Kriegskrediten, die das sozialdemokratische Lager zutiefst gespalten und letztlich zur Gründung zunächst der USPD und letztlich zur Kommunistischen Partei geführt hatte. Nachwirkend holte ihn die Spaltung der Parteipolitik seit dem Erfurter Parteitag 1891 ein. Sie hatte nicht nur den Schnitt angelegt zwischen theoretischer Fundierung und einer auf Pragmatismus setzenden Praxis, son-

3 | Ignaz Wrobel: Der Untertan, in: Die Weltbühne. Wochenschrift für Politik. Kunst. Wirtschaft 13 (20. März 1919), S. 317.

dern hatte in der Konsequenz zur Abspaltung der »Jungen« geführt. Friedrich Engels persönlich hatte diese linke Oppositionsbewegung innerhalb der Sozialdemokratie von seinem Londoner Exil aus als Literaten- und Studentenrevolte abgetan. Deren Anliegen, die allzu opportunistisch und allzu dogmatisch gewordene Partei aufzurütteln und, an ihre Ursprünge anknüpfend, wieder zu revolutionieren, endete im Oktober 1891 mit dem endgültigen Ausschluss. Nur allzu gern hätten die vornehmlich aus den Kreisen der Berliner Naturalisten rekrutierten Schriftsteller, etwa Wilhelm Bölsche, Gerhart Hauptmann, Otto Erich Hartleben, Gustav Landauer und Bruno Wille die Politik in Deutschland mitbestimmt! Hier beginnt die fatale Entfernung der letztlich bürgerlichen Intellektuellen, die sich, von der SPD vertrieben, ihrerseits neuformierten, insbesondere im Anarchismus.

Die Intellektuellen fanden eine Idee als neue Heimat, als sie sich von den Sozialdemokraten vertrieben sahen. Das Vorbild für diesen paradigmatischen Wechsel hatte Henrik Ibsen in seinem 1890 in der Berliner »Freien Volksbühne« aufgeführten Drama »Ein Volksfeind« mit der Figur des Badearztes Doktor Tomas Stockmann geliefert. Der erkennt, dass sein Engagement für seine Stadt, der er als Errungenschaft der Moderne eine Badeanstalt schaffen will, nur so lange erwünscht ist, wie die Beteiligten ihren persönlichen Gewinn daraus ziehen können. Als sich herausstellt, dass das benötigte Wasser vergiftet ist, nun also durch Verzicht auf das Bad Schaden von den Bürgern abgehalten werden müsse, steinigen sie den ehemaligen Heilsbringer im wahrsten Sinne des Wortes. Der erkennt: erst müssen die Menschen sich wandeln und gründet, gemeinsam mit seiner das Ideal der Zukunft lebenden Familie, eine Reformschule. Die Bildungsidee der Lebensreform, die damals erste Erfolge, z.B. mit der Odenwaldschule feierte, setzte sich 1919 mächtig fort, wie sich zeigen ließ.[4]

Die theateraffinen Naturalisten folgten Ibsen in einer weiteren, begleitenden Denkfigur: Sie kamen aus dem Bürgertum und stritten für das Proletariat. So war der epochale Typ des ›Sozialaristokraten‹ entstanden. Arno Holz hatte ihn 1896 im gleichnamigen Schlüsseldrama ironisch unter die Lupe genommen, doch ihm zugleich ein Denkmal gesetzt. Die Naturalisten, in Zeiten der Geltung der Sozialistengesetze in enger Solidarität an der Seite der Sozialdemokratie, entfernten sich von dieser Parteinahme. Konsequent verachteten sie fortan die »Heerdenthiermentalität«[5] und vollzogen einen weiteren Schritt ins Elitäre: mit Nietzsches Künstlerphilosophie mutierten sie zu ›Geistesaristokra-

4 | Vgl. dazu das Kapitel »Stuttgart, Hamburg und andere ›Bauhäuser‹«.

5 | Vgl. dazu Gertrude Cepl-Kaufmann: Gustav Landauer im Friedrichshagener Jahrzehnt und die Rezeption seines Gemeinschaftsideals nach dem 1.Weltkrieg, in: Gustav

ten‹, fanden hier eine Legitimation, sich als herausragende Spezies Mensch in der Gesellschaft zu sehen. Weit, weit entfernte man sich, z.B. auf dem Monte Verità, vermittels spiritueller Heilslehren vom Volk. Nietzsche wirkte nach: »Alle individualistisch-anarchistischen Bestrebungen empfingen durch ihn eine Art religiöse Weihe.«[6] Walter Benjamin bezeichnet dieses, vom typisch deutschen Pietismus und der Romantik weitergeschriebene Phänomen als »profane Erleuchtung«[7]. Der Begriff Boheme triff diesen Wechsel nur bedingt, zeigt aber, dass ein spezifisch deutscher Habitus zugleich angebunden war an ein europäisches Problem. Trifft Boheme nur das Antibürgerliche, wie Helmut Kreuzer[8] nachgewiesen hat, suchte man in vielen Kreisen seit der Jahrhundertwende mehr und glaubte 1919 erst recht, dass hier die Gunst der Stunde endlich eine neue, eigene Sinngebung erlaube. Nur sollte es keine Flucht ins Utopische mehr sein, sondern konkret werden. Doch ihre utopischen Entwürfe an der Realität zu messen, hatte man ihnen allzu lange versagt.

1919 suchten Intellektuelle, Künstler und Schriftsteller den Weg zurück. Welcher Kultursparte auch immer sich dieser entfernte Teil der Gesellschaft zuordnete, sie waren zur Umkehr, zur Wiedereingliederung in die Gesellschaft bereit. Das Extremkonzept des Geistesaristokratismus wollte man aufgeben, doch es langte nur zu einem, wenn auch aktualisierten Sozialaristokratismus. Eine gemeinsame Sprache, eine Augenhöhe waren hier schwierig zu erreichen. Ein Diskurs, der interaktiv die Lager an einen Tisch hätte bringen können, war in den Parallelwelten von 1919 kaum möglich. Auf der anderen Seite rächte sich der notorische Kulturverzicht der Sozialdemokraten, ebenso wie die in den Bildungssystemen nicht vermittelte Kritikfähigkeit. Schon damals hatten die anhaltend wirkenden Theorieschriften der Soziologen, etwa Ferdinand Tönnies mit seiner Analyse von »Gemeinschaft und Gesellschaft«, Georg Simmel mit der der »Großstädte und das Geistesleben«, das erkannt. Habermas epochale Beschreibung des Verlustes aufklärerischer Normen in der Analyse »Vom kulturräsonierenden zum kulturkonsumierenden Publikum«[9] hat die auch heute noch erkenntnisreiche Sicht der Kritischen Theorie nachgeliefert.

Landauer im Gespräch – Symposium zum 125. Geburtstag, hg. v. Hanna Delf u. Gert Mattenklott, Tübingen 1997, S. 240.

6 | Ebd., S. 245.

7 | Walter Benjamin: Gesammelte Schriften, unter Mitarbeit v. Theodor W. Adorno hg. v. Rolf Tiedemann u. Hermann Schweppenhäuser, Bd. II, 1, S. 297.

8 | Helmut Kreuzer: Die *Boheme.* Analyse und Dokumentation der intellektuellen Subkultur vom 19. Jahrhundert bis zur Gegenwart, Stuttgart 1968.

9 | Jürgen Habermas: Strukturwandel der Öffentlichkeit. Untersuchungen zu einer Kategorie der bürgerlichen Gesellschaft, Neuwied u. Berlin 1962.

Die SPD hatte sich mit dem Entschluss zum Etatismus und der gleichzeitigen Verabschiedung von ihren ursprünglich revolutionären Intentionen Anfang der 1890er Jahre auch von der mit am Tisch sitzenden Kultur verabschiedet. Der Abwendung von der Sozialdemokratie war 1891 die Gründung des »Vereins Unabhängiger Sozialisten« gefolgt. Hieran hatte Gustav Landauer konkret mitgewirkt und den beginnenden libertären Sozialismus ebenso mit beeinflusst wie die Lebensreform. In diesem Wechsel wurde offenbar, dass die Sozialdemokraten in ihrer gesamten Politik einem Dogma gefolgt waren, das nun Folgen zeigte. Als sozialdemokratische Parteidoktrin hatte Franz Mehring bestimmt, dass in Zeiten der Politik »die Musen [zu] schweigen«[10] haben. Dieser Kulturverzicht wurde, aus der Sicht von 1919, zu einem der Gründe für die Problemlage, nachvollziehbar an einem, der den damaligen Rauswurf aus der Sozialdemokratie persönlich durchlitten hatte und der nun als der große Märtyrer des Jahres 1919 genau daran scheiterte: Gustav Landauer. Er hatte den Schritt zum libertären Sozialismus vollzogen und zugleich die Literatur und Kultur als unverzichtbaren Teil der gegenwartsadäquaten Gesellschaft eingeklagt. Ab 1892 hatte er im Geiste des neuen, libertären Sozialismus die Zeitschrift »Der Sozialist« begründet und war darin sofort mit einem höchst politischen Votum aufgetreten: »Wir haben Zeit auch wieder zur Kunst!«[11]

Mit dem Problem mangelnder Akzeptanz der Kultureliten stand Deutschland nicht allein. Zwar hatten sich die intellektuelle Identität, das Räsonnement, die Aufklärung und bürgerliche Emanzipation in Europa, insbesondere in den Kernländern Frankreich und Deutschland, hochdifferenziert entwickelt, doch war dieser Habitus, auch in Frankreich, tendenziell wieder verloren gegangen. Frankreich konnte sich aber, anders als Deutschland, aus dieser Problemlage befreien. Emile Zola hatte es als öffentlicher Ankläger in der Dreyfus-Affäre seit 1897 geschafft, die geistige Elite wieder zusammenzubringen *und* Beachtung in der Gesellschaft zu finden. Landauer hatte schon früh den Schulterschluss mit der Schriftstellerelite in Frankreich gesucht. Die Jahreswende um 1900 hatte er im Gefängnis verbracht, weil er analog zu Zola auch in Deutschland eine solche Sammlungsbewegung der Intellektuellen mithilfe eines vergleichbaren Falles öffentlicher Diskriminierung initiieren wollte. Eine konstruierte Affäre ›Ziethen‹ ging jedoch schief und brachte Landauer eine Verleumdungsklage ein. In Deutschland war die Zeit für eine solche aufklärerische Aktion nicht reif. Erst seit Heinrich Mann 1910, an Zolas öffentliche Positionierung des Intellektuellen anschließend, seinen Aufruf »Geist und Tat« veröffentlicht

10 | Franz Mehring: Gesammelte Schriften, hg. v. Thomas Höhle, Hans Koch u. Josef Schleifstein. Bd. 10, Berlin 1961, S. 421.

11 | Gustav Landauer: Vortragszyklus zur Geschichte der deutschen Literatur, in: Der Sozialist v. 26. Februar 1892.

hatte, gab es ein allmähliches Nachdenken. Heinrich Mann hatte es in diesem epochalen Appell auf den Punkt gebracht: »Sie hatten es leicht gehabt, die Literaten Frankreichs, die, von Rousseau bis Zola, der bestehenden Macht entgegentraten: sie hatten ein Volk. [...] In Deutschland hätten sie es schwerer. Sie hätten es mit einem Volk zu tun, das leben will, nichts weiter wie. Niemand hat gesehn, dass hier, wo so viel gedacht ward, die Kraft der Nation je gesammelt worden wäre, um Erkenntnisse zur Tat zu machen.«[12] Sein Votum blieb, prägte die Aktivistenbewegung und tauchte auch in den vielfältigen Ideen auf, mit denen die Reintegration in die Gesellschaft 1919 vollzogen werden sollte. Doch fatalerweise waren es wieder die Sozialdemokraten, die sich zwar mit der Wahl Weimars zum temporären Sitz der Regierung auf den Geist, auf den Mythos Goethe beriefen, doch die Intellektuellen, Schriftsteller und Künstler ebenso wieder außenvor ließen.

Der Riss zwischen Geist und Macht gehört zur Bilanz des Jahres 1919. Daran gilt es zu erinnern und die Folgen zu bedenken. Es gab ein Dilemma: die mangelnde Homogenität der gesellschaftlichen Schichten, insbesondere die fehlende Partizipation der geistigen Eliten an der Politik. Das sich hier ein spezifisch deutsches Problem entwickelt hatte, band sich insbesondere auch an den Mythos Preußen. Mit dem Bürgertum gab es zu Beginn des 19. Jahrhunderts die weitausstrahlenden Preußischen Reformen, die Deutschland mit den Brüdern Humboldt das herausragende Universitätswesen eingebracht hatten. Doch diese waren mit der immer stärker sich durchsetzenden zweiten Stärke der Preußen, dem Militarismus, gänzlich ins Hintertreffen geraten. Der englische Historiker Gordon A. Craig hatte, wie berichtet, das Dilemma beschrieben.[13] Geist und Moral als politikprägende Ideale haben im vergangenen 20. Jahrhundert nur im Jahrzehnt 1960 ein Profil von Gemeinschaft entwickelt. Ernst Bloch immerhin, Teilnehmer am ersten Schriftstellerkongress 1970, bei dem der damaligen Bundeskanzler Willy Brandt Seit' an Seit' neben Heinrich Böll und Günter Grass saß, hatte es persönlich doch noch erleben können. Der Geist der Utopie von 1918/19, für den Bloch einstand, hatte es nur zu einer Kopfgeburt und zur Rezeption bei seinesgleichen geschafft, nicht aber, sich einzumischen. Das System Demokratie, das 1919 in Kraft gesetzt wurde, hatte zwar nun eine Verfassung, für die insbesondere die Schriftsteller von Heine bis Georg Werth, Karl Marx und Ferdinand Freiligrath jahrzehntelang gekämpft hatten und wofür sie verfolgt und ins Exil gehetzt worden waren, doch am utopischen Narrativ, das immer mit im Boot sein muss, wenn es um die

12 | Heinrich Mann: Geist und Tat, in: ders.: Essays, Düsseldorf 1960, S. 7-14, hier S. 9f.

13 | Gordon A. Craig: Das Ende Preußens. Acht Portraits, München 1985. Vgl. dazu das Kapitel »Leipzig. Prozesse: Der Jüngste Tag zieht um«.

Realisierbarkeit der Idee der Gleichheit geht, mangelte es 1919 nicht minder als an Essbarem!

Heinrich Mann kontra Erich Ludendorff: 1919 standen zwei Geisteswelten auf dem Plan, sie bewegten sich nah, ja eng in Raum und Zeit.

Abbildung 58: a) Heinrich Mann: Der Untertan*; b) Erich Ludendorff:* Meine Kriegserinnerungen. *Mann und Ludendorff führen den nachhaltigen Krieg der Geister in der beginnenden Republik an*

Das zeigte sich exemplarisch im Buchgeschäft des Jahres. Heinrich Manns Roman »Der Untertan« war 1914 in Fortsetzungen in der Illustrierten »Zeit im Bild« erschienen, doch mit Beginn des Krieges wurde der Druck eingestellt. Nun, nach Kriegsende, gab es ein gehöriges Interesse am Erscheinen des kompletten Romans, das der Verleger Kurt Wolff durchaus zu bedienen trachtete. Nicht zuletzt hoffte er auf ein gutes Geschäft, um die Übersiedlung des Verlages von Leipzig nach München in diesen schwierigen Zeiten gut zu überstehen. Im März 1919 teilte Georg Heinrich Meyer, der von Verlagsseite den Hausautor betreute, Heinrich Mann »in Anbetracht des Umstandes«, dass er »nun doch schon der erste Autor des Kurt Wolff Verlags ist und es auf Jahre hinaus sein und bleiben wird«, im Postskriptum eines Briefes mit: »Wenn das ›hundertste‹ Tausend gut lanciert ist, will ich Ostern oder gleich nach Ostern eine ganz besonders hohe Auflage nochmals drucken lassen. Wir müssen die 250.000 dieses Mal trotz alledem erreichen.«[14] Wenige Tage später wurden Plakate nach Berlin geschickt, um den Verkauf anzukurbeln. Nicht ohne Grund beeilte sich Meyer, den Markt anzuheizen, denn eine Konkurrenz war im Anzug, die argwöhnisch und kritisch gesichtet wurde: Ludendorffs »Kriegserinnerungen«[15]. Sie waren zwar noch nicht ausgeliefert, doch sie beunruhigten Meyer durchaus. Hinzu kamen die Drohungen, die Mann erhielt, und den Verlag in Unruhe versetzten. Am 28. März schon berichtete Meyer seinem Hausautor:

»Die ›Androhung vom Meuchelmord‹ werde ich als großes Inserat im Zusammenhang mit zwei guten Kritiken in den Tageszeitungen bringen; es muss wieder etwas Gehöriges geschehen, damit es nicht heißt: ›Der Untertan‹ ist tot, es lebe Ludendorff. [...] Von Berlin höre ich einstweilen im Buchhandel, dass das Ludendorff-Buch die Menschen schier verrückt macht. Die Vorausbestellungen sollen sich in einer Art und Weise auftürmen, als wenn ein neues Evangelium verkündet würde. Die Amelang'sche Buchhandlung allein soll da 2000 Vorausbestellungen haben, und die Nicolaische Buchhandlung, die in der Tagespresse inserierte, noch mehr. Am interessantesten ist, dass noch kein Buchhändler weiß, wer der deutsche Verleger von Ludendorff sein wird, also werden die ganzen Bestellungen blind angenommen werden.«[16]

Die Mann-Ludendorff-Konkurrenz lässt im Entscheidungsjahr erkennen, welche symbolischen Kämpfe den Krieg mit anderen Mitteln fortsetzten. Während Tausende gegen den Militarismus aufstanden, braute sich etwas zusammen, was, wie im Fall der angekündigten Ludendorff-Biographie, in der Luft zu liegen schien. Das Verhältnis von Geist und Macht, so wie es 1919 festgeschrieben wurde, blieb eines der wichtigsten ungelösten Probleme der Republik! Schon in der zweiten Jahreshälfte neigte sich die Waage in Richtung Macht, wie im Blick auf die Dolchstoßlegende zu zeigen ist. Doch zunächst zu einem weiteren Dilemma des Jahres.

Der Versailler Vertrag war die Büchse der Pandora. Ab Januar 1919 tagte die Friedenskonferenz in Versailles. Ab dem 10. Januar 1920 traten die Ergebnisse der Verhandlungen als »Versailler Vertrag« in Kraft, nicht ohne die *spes sola*: Eines der positiven Signale wurde die Gründung des Völkerbundes, festgelegt in den Artikeln 1 bis 26. Das Gremium begann in Genf mit der Arbeit, allerdings ohne die USA, da der Kongress die Unterzeichnung des Versailler

14 | Brief Gerg Heinrich Meyer v. 20. März 1919, in: Kurt Wolff. Briefwechsel eines Verlegers 1911-1963, hg. v. Bernhard Zeller u. Ellen Otten, Frankfurt a.M. 1980, S. 232.

15 | Erich Ludendorff: Meine Kriegserinnerungen 1914-1918. Mit zahlreichen Skizzen und Plänen, Berlin 1919.

16 | Brief Meyer vom 28. März 1919, in: Kurt Wolff Briefwechsel, S. 233.

Vertrages ablehnte, 1921 einen separaten Frieden mit Deutschland verhandelte und mit dem Berliner Vertrag abschloss. Deutschland musste den Bedingungen, die mit dem Versailler Vertrag gestellt wurden, zwar erst zustimmen, doch was war die Alternative? Unabhängig von der Zustimmung aber hatte Deutschland eine Konsequenz zu ertragen: es blieb als Kriegsverlierer vom Völkerbund ausgeschlossen. Dabei hatte sich einer der profiliertesten Persönlichkeiten im Deutschland dieser Zeit in besonderer Weise für den Völkerbund engagiert: Harry Graf Kessler. Erst auf Betreiben Philipp Scheidemanns gelang 1926 die Aufnahme in den Völkerbund, Deutschland erhielt sogar sofort einen der sechs permanenten Plätzen auf der Leitungsebene, im ›Völkerbundrat‹. 1919 aber stand Deutschland als Bösewicht am Pranger.

Internationale Ächtung und Hass bestimmten das politische Klima, in das Deutschland sich im Kontext des Versailler Vertrages gestellt sah. Fragt man, was den extremen Unterschied zwischen den Friedensvorstellungen Wilsons zu Beginn des Jahres 1918 und dem tatsächlich von Deutschland unterschriebenen ›Friedens‹-Vertrag ausmacht, ist es nicht nur der Verlauf der Kampfhandlungen im Restjahr 1918, sondern vor allen Dingen das flächendeckend und in allen Fasern aufspürbare Moment des Hasses, der sich zunehmend freigesetzte. Das hat durchaus mit den Brutalisierungstendenzen im Jahr 1918 zu tun, vor allen Dingen mit den gegen alle Völkerrechtsregeln verstoßenden Übergriffen zur See. Die provokativen Aktionen Deutschlands wurden später im Zusammenhang mit den Leipziger Prozessen, wie zu zeigen war, wieder herausgestellt, doch war dieses politisch mentale Syndrom schon längst von den konkreten Ereignissen in eine abstrakte Form übergegangen, die jede Begegnung miteinander verseuchte und vergiftete. Im Begriff »Hunnen« erhielt diese nationale Stereotyp sein Narrativ.

Der Hass auf Deutschland meldete sich von allen Seiten. Offiziell und für die Entwicklung des Verhandlungsklimas mitentscheidend wurde die Rede des französischen Staatspräsidenten Raymond Poincaré zur Eröffnung der Pariser Friedenskonferenz im Januar 1919. Hier wurde die Rolle Deutschlands festgeschrieben und der Tenor vorgegeben, mit dem in den Wochen der Verhandlungen über das abwesende Land gesprochen wurde. Tatsächlich fehlte Deutschland am Verhandlungstisch, konnte nur mit Beobachtern teilhaben und gegebenenfalls Eingaben machen. Das war eine problematische Entscheidung der Alliierten, die heute, in Zeiten aktiver Friedensforschung, als ein Kardinalfehler angesehen werden muss. Erst so war es Poincaré möglich, die Liste der deutschen Verfehlungen in einem hochemotionalen Angriff auf den Sündenbock Deutschland der versammelten Gemeinde vorzutragen. Schon zu Beginn seiner Rede konstruiert Poincaré einen historischen Rahmen, die Reichsgründung 1871 in Versailles, die nun den Kriegsfall als voraussehbar deklariert und zu einem Element einer übergreifenden Schuld definiert: Er schob Deutschland nicht nur die eindeutige, alleinige Kriegsschuld zu, sondern rekurrierte auf die kollektive Erfahrung der Franzosen, die nach dem verlorenen Krieg mit Deutschland 1871 die Ausrufung des Deutschen Kaiserreichs im Spiegelsaal des Versailler Schlosses erleben mussten. Für Poincaré wird dieses Sakrileg nun, *post festum*, zum Beweis, dass dieses Reich »durch den Fehler seiner Gründer« den »Todeskeim«[17] in sich trug: »Die Wahrheit, in Blut gebadet, ist schon aus den kaiserlichen Archiven entschlüpft. Der Vorbedacht des hinterlistigen Anschlags ist heute klar erwiesen.«[18] Für ihn stand fest, dass Deutschlands politische Ziele, die nun wesentlich zur Kriegsentwicklung beigetragen hätten, schon damals auf eine europäische Hegemonie und danach auf die Weltherrschaft zielten.

Poincaré stellt die Rolle Frankreichs im Krieg heraus, versteht es als Opfer, als ein »Land, das, noch mehr als andere, die Leiden des Kriegs gekannt hat, von dem ganze, in ungeheure Schlachtfelder verwandelte Provinzen vom Eindringling systematisch verheert wurden und das dem Tod den schwersten Tribut gezollt hat«. Er betont, dass Frankreich keinerlei Mitverantwortung für den Krieg treffe, die »furchtbare Katastrophe«[19].

Poincaré hatte bereits einiges zu den vorbereitenden Aktivitäten beigetragen. Insbesondere hatte er, allen Einzelentscheidungen voran, erreicht, dass die Verhandlungen ohne Deutschland geführt wurden. Um das zu erreichen, wurde schon hier, mit Berufung auf das Völkerrecht, die Alleinschuld Deutschlands präjudiziert. Das war nichts weniger als ein Zirkelschluss. Als Beweis hatte Poincaré die Gründe aufgeführt, die die Länder der Alliierten zum Kriegseintritt gezwungen hätten. Die Rolle Amerikas stellte Poincaré besonders heraus, potenzierte dabei die Opferrolle, indem er »die Tochter Europas« eng an seine »Mutter«, Frankreich band. Poincaré versetzte die Delegierten in eine Rolle, die weit über den zu verhandelnden Friedensschluss hinausging. Mit dem Tenor seiner Rede machte er sie zu mitverantwortlichen Akteuren, »um die Zivilisation zu retten.«[20]

Die in der Rede von Poincaré vorgetragenen Alleinschuldvorwürfe und der Hass auf Deutschland waren offensichtlich in die Schlussakte des Versailler Vertrages eingeflossen. Dazu gab es einen großen, internationalen Konsens. Es fehlte an der Verbindlichkeit eines Völkerrechts, an der Existenz eines inter-

17 | Raymond Poincaré: Rede v. 18. Februar 1919 zur Eröffnung der Friedenskonferenz in Paris, zit. in: Chronik 1919, hg. v. Bodo Harenberg. Dortmund 1988. S. 16-17, hier S. 17.

18 | Ebd., S. 16.

19 | Beide Zitate: Ebd.

20 | Ebd.

nationalen Strafgerichtshof. Vor allem aber fehlte eine Friedens- und Konfliktforschung, die erst nach weiteren weltweiten Katastrophen so etwas wie die heute international selbstverständliche Theorie und den Diskurs einer »Transitional Justice« bereitgestellt hätte. Die heute geläufigen Kriterien für eine gesellschaftliche Umgestaltung nach Konflikten kannte man damals nicht. »Transitional Justice« besteht dieser Theorie zufolge aus den vier Säulen Friedenssicherung, Stabilisierung gesellschaftlicher Strukturen, Konsolidierung des demokratischen Regierungssystems sowie der Ermöglichung individueller und nationaler Versöhnung.[21] Die Dichotomie von Vergeltung und Versöhnung, ständiger Begleiter solcher politischen Krisenzeiten, war schon damals das herausragende und ungelöste Problem. Verständnis erfuhr Deutschland nur durch einige wenige ausländische Kritiker des Vertrages. Ein Mitglied der britischen Delegation bei den Friedensverhandlungen, John Maynard Keynes, Delegierter des britischen Schatzamtes, die französische Gewerkschaft Conféderation Génerale du Travail und William Christan Bullitt, einer der Berater des amerikanischen Präsidenten, traten ostentativ als Teilnehmer an den Friedensverhandlungen aus dem Gremium aus. In den Notizen von US-Außenminister Robert Lansing heißt es zum Vertrag:

> »Prüft den Vertrag und ihr werdet finden, dass Völker gegen ihren Willen in die Macht jener gegeben sind, die sie hassen, während ihre wirtschaftlichen Quellen ihnen entrissen und anderen übergeben sind. Hass und Erbitterung, wenn nicht Verzweiflung, müssen die Folgen derartiger Bestimmungen sein. Es mag Jahre dauern, bis diese unterdrückten Völker imstande sind, ihr Joch abzuschütteln, aber so gewiss wie die Nacht auf den Tag folgt, wird die Zeit kommen, da sie den Versuch wagen.«[22]

Keynes, schon damals einer der weltweit bedeutendsten Ökonomen, ließ das Verhandlungsergebnis nicht ruhen. Noch im Jahr 1919 veröffentlichte er die Studie »The Economic Consequences of the Peace«, in der er, geradezu prophetisch, vor zu hohen Reparationszahlungen warnt; er sah voraus, dass sie die internationale Wirtschaft auf lange Sicht schwächen und Deutschland sozial destabilisieren würden. Als Folgen des Vertrages verwies er auf einen zweiten, größeren Krieg, der den Schrecken des ersten wie nichts aussehen lassen würde.

---

21 | Vgl. dazu Neil Kritz: How Emerging Democracies Reckon with Former Regimes, 3 Bde., Washington 1995; Ruti G. Teitel: Transitional Justice, New York 2000; Susanne Buckley-Zistel: Transitional Justice als Weg zu Frieden und Sicherheit. Möglichkeiten und Grenzen, SFB-Governance Working Paper Series Nr. 15/2008.
Vgl. dazu das Kapitel »Leipzig. Prozesse: Der Jüngste Tag zieht um«.

22 | Chronik 1919, S. 102.

Am 8. Mai wurde der Friedensvertrag in Versailles an die deutsche Delegation übergeben. Im Weimarer Parlament versetzte der Vertrag die Abgeordneten in eine Schockstarre. Am 20. Juni traten einige Mitglieder des Kabinetts Scheidemann, auch Scheidemann selbst, zurück. Auch der Reichsminister des Auswärtigen, Ulrich Graf von Brockdorff-Rantzau, legte sein Amt nieder. Als deutscher Delegierter in Versailles saß er zwar nicht am Verhandlungstisch, hatte sich aber vor Ort eindringlich für einen milderen Friedensvertrag eingesetzt. Seine Stellungnahme zum Rücktritt war bewusst ambivalent: Brockdorff-Rantzau hatte gehofft, die Annahme des Friedensvertrages würde eine »Entspannung der Hass- und Rachegefühle« auf Seiten der Alliierten auslösen, doch da er ein scharfer Kritiker des Vertrags war und die Alliierten seine Änderungsvorschläge nicht angenommen hatten, sei er zu »belastet«, um als Reichsaußenminister nun die Annahme zu empfehlen.[23] Scheidemann, der sich im Vorfeld ablehnend gegenüber der Unterzeichnung geäußert hatte, schaffte es nicht, eine einheitliche Stellungnahme des Kabinetts zu erreichen. Bereits am 26. März sprach er vor der Nationalversammlung von harten Friedensbedingungen für Deutschland. Letztlich war es der Streit über den Versailler Vertrag, der das Kabinett Scheidemanns zur Auflösung brachte. Ab dem 21. Juni 1919 übernahm das Kabinett unter Gustav Bauer die Regierung. Am 24. Juni forderte Bauer gemeinsam mit Reichspräsident Ebert die deutsche Bevölkerung auf, den Versailler Vertrag zu akzeptieren und zu erfüllen; ohne die Erfüllung des Vertrages gäbe es keinen Frieden. Unter dem Druck des Ultimatums unterzeichnet die deutsche Delegation am 28. Juni 1919 im Spiegelsaal des Versailler Schlosses den Vertrag. Nach der Annahme bestand in der Nationalversammlung zwar noch ein Ausschuss zur Kriegsschuldfrage, doch an eine Nachverhandlung war nicht zu denken.

Hass und Brutalität wurden zum europäischen Habitus. Sie waren schon da, mit dem Vertrag verstärkten sie sich. Der britische, marxistische Historiker Eric J. Hobsbawm hat in seiner Studie »Das Zeitalter der Extreme« vom Ersten Weltkrieg als »Maschine zur Brutalisierung der Welt« gesprochen.[24] Gerhard Hirschfeld betont, dass bei der unter Historikern viel diskutierten »Brutalisierungsthese« allerdings zu unterscheiden ist »zwischen einer Brutalisierung der ehemaligen Frontsoldaten als Individuen und einer Brutalisierung der

23 | Ebd., S. 119.

24 | »Maschine zur Brutalisierung der Welt«. Der Erste Weltkrieg – Deutungen und Haltungen 1914 bis heute, hg. v. Axel Weipert, Salvator Oberhaus, Detlef Nakath, u. Bernd Hüttner, Münster 2017; der Band rekurriert in seinem Titelzitat auf: Eric J. Hobsbawn: Das Zeitalter der Extreme. Weltgeschichte des 20. Jahrhunderts, München 1995.

politischen Kultur«.[25] Er spricht von einer Reduktion der Hemmschwelle hinsichtlich der Anwendung von Gewalt. Der Anstieg der Gewaltbereitschaft hatte sich, so Hirschfeld, unmittelbar im Kontext des Kriegsendes mit den Bürgerkriegen, Freikorpskämpfen, Straßenschlachten und gewaltsamen innenpolitischen Auseinandersetzungen ergeben, stand also in direktem Zusammenhang zur Kriegshandlung, bzw. vor der Konstituierung der Republik. Doch gerade in der anschließenden Zeit, so Hirschfeld, hat sich in Europa mit den nach Kriegsende neuformieren politischen Strukturen, z.B. in Russland und den nach Westen angrenzenden Territorien der späteren Sowjetunion, in der sich ein »ungemein verlustreicher«[26] Bürgerkrieg bruchlos an das Kriegsgeschehen anschloss, andere, auch im Zeitumfang unterscheidbare Perspektiven ergeben. Evident blieb der Habitus Hass, auch als sich nach dem Ruhrkampf und dem Hitlerputsch das politische Klima weitgehend beruhigt. Er beherrscht die Köpfe »in dem Maße, wie diese Sinngebung den Verlierern – den realen wie den gefühlten – nicht gelang«[27]. Heinrich Mann, der herausragende Chronist dieser Zeit, hat den Begriff »Hass« mit Bedacht und pädagogischem Eros zum Titel eines Essays wie einer Sammlung zeitkritischer Schriften und Appelle gewählt.[28] Den diffusen Hass als wesentliches Moment hat Hannah Arendt in ihren wegweisenden Reflexionen zum Totalitarismus *post festum* in »Über Elemente und Ursprünge totaler Herrschaft« zu Recht als formgebend erkannt.[29] Dass sich aus diesem Hassmilieu ein Hitler entwickeln konnte, ja, dass dessen Aufstieg eines dieser Formelemente war, ist heute unumstritten.[30]

Bei Kriegsbeginn standen sich wenige europäische Parteien gegenüber, am Ende sah die Beteiligungsliste ganz anders aus: Ausgehandelt von der Triple-Entente unterzeichnen den Versailler Vertrag die Vereinigten Staaten, Frankreich, Italien, Japan, Belgien, Bolivien, Brasilien, Kuba, Ecuador, Griechenland, Großbritannien, Guatemala, Haiti, Hedschas, Honduras, Liberia, Nicaragua, Panama, Peru, Polen, Portugal, Rumänien, das Königreich der Serben, Kroaten und Slowenen, Siam, die Tschechoslowakei und Uruguay. Die Liste der Unterzeichner lässt erkennen, was schon wenige Wochen nach Kriegsbeginn den aufmerksamen Zeitgenossen klar wurde und was schon Carl von Clausewitz in seiner Studie »Vom Kriege« als Summe seiner Erfahrungen festgehal-

25 | Gerhard Hirschfeld: Das historische Erbe des Ersten Weltkriegs, in: Der Erste Weltkrieg und die Folgen, hg. v. Oskar Loureda, Heidelberg 2016, S. 150.

26 | Ebd.

27 | Ebd.

28 | Heinrich Mann: Der Hass. Deutsche Zeitgeschichte, Amsterdam 1933.

29 | Hannah Arendt: Elemente und Ursprünge totaler Herrschaft, München 1986.

30 | Vgl. dazu: ebd., S. 152; Ian Kershaw: Hitler, 1889-1936, Stuttgart 1998; Thomas Weber: Hitlers erster Krieg. Der Gefreite Hitler im Weltkrieg – Mythos und Wahrheit, Berlin 2010.

ten hatte, das nämlich der Krieg wie das Chamäleon ein gänzlich uneinschätzbares Potential in sich trage: Dieser Krieg *war* das Chamäleon!

Die Verfassung für die erste Demokratie auf deutschem Boden musste faktisch analog zur Auseinandersetzung über den Versailler Vertrag verhandelt und auch nach dessen Unterzeichnung in wenigen Monaten des Jahres 1919 geleistet werden: welch eine Herausforderung, welch eine Belastung, aber auch: welch eine Chance! Im Juli ist der Verfassungsausschuss intensiv mit der Ausarbeitung und Vorbereitung für die Verabschiedung der »Verfassung des Deutschen Reichs« beschäftigt. Angenommen wurde die Verfassung am 31. Juli mit 262 zu 75 Stimmen, wobei 84 Abgeordnete abwesend waren. Mit der Verkündung des Reichsgesetzblatts am 14. August trat sie in Kraft. Damit löste sie das »Gesetz über die vorläufige Reichsgewalt« ab und schuf eine föderative Republik mit sowohl präsidialen als auch parlamentarischen Elementen.

Die Mischgestalt der Verfassung war dem Umstand geschuldet, dass die politischen Positionen der Verhandlungsführer im Verfassungsausschuss teilweise stark auseinander gingen. Die Diskussion um die Staatsform und -bezeichnung macht Divergenzen deutlich. Während einige Parlamentarier an die alte Reichsverfassung anknüpfen wollten, suchten andere die bewusste Distanzierung. Über die Benennung der Verfassung kam es zu einem heftigen Streit: So bezeichnet die Verfassung sich als »Verfassung des Deutschen Reichs«, während der Artikel 1 beteuert: »Das Deutsche Reich ist eine Republik.«[31] Diese Formulierung war der Kompromiss am Ende einer langen Diskussion.

Im Vorfeld hatte die Linke ihre Position zum Streitthema »Republik« eingebracht: In einer Rede hatte der Parlamentarier Oskar Cohn von der USPD eine klare Abgrenzung von der alten Staatsform gefordert. Er rekurriert auf die Konsequenzen, die sich aus der Revolution ergeben und fordert: »Es ist etwas gänzlich Neues, was jetzt geschaffen werden muss. Alte Kräfte hatten abgewirtschaftet, der alte Zustand staatlichen Lebens war beendet, und wir haben, indem wir aussprechen, was ist, jetzt auch die Verpflichtung, den Zusammenhang mit dem alten Verfassungswerk bewusst zu lösen.« Cohns Begründung liest sich wie eine nachwirkende Zurückweisung der Politik der Alliierten: Eine Verfassung des Deutschen Reiches müsse fürchten, dass

> »in der Welt die Meinung entstehen könnte, als ob das deutsche Volk, indem es nach der Revolution, nach der militärischen Niederlage dennoch sich wiederrum die Verfassung eines ›Deutschen Reichs‹ gäbe, bewusst anknüpfen wolle an die imperialistischen Bestrebungen und Vorstellungen, die uns in den Krieg hineingebracht haben, und die zu betonen jetzt, nach der Meinung der ausländischen Leser und Hörer, ein doppeltes

31 | www.verfassungen.ch/de/de19-33/verf19-i.htm v. 13. August 2018.

und dreifaches Unrecht an der Welt und am deutschen Volke wäre, da doch durch den Frieden der Imperialismus niedergekämpft und eine friedliche Besinnung in der Welt verbreitet werden soll.«[32]

Cohns Vorstoß, die Verfassung müsse den Geist der zukünftigen Republik erkennen lassen, blieb nicht unwidersprochen. Auch die Rechte bezog Position zum Streitthema ›Republik‹. Dr. von Delbrück, Mitglied der DNVP positionierte sich. Die Protokollnotizen lassen lebhafte Reaktionen ahnen:

»Die beiden Sätze: Das Deutsche Reich ist eine Republik. Die Staatsgewalt geht vom Volke aus – bedeuten eine Umwälzung unserer Verhältnisse von Grund aus. Sie bedeuten vielleicht für Sie etwas Selbstverständliches (sehr wahr! links) und etwas Erwünschtes. (Erneute Zustimmung links) Für uns bedeuten Sie etwas anderes, (sehr wahr! rechts) für uns bedeuten sie den Abschied von einer großen Vergangenheit, (lebhafte Zustimmung rechts) den Abschied von Einrichtungen, die Deutschland auf ein hohes Maß von Macht, Kultur und Ansehen geführt haben. (Sehr richtig! rechts – Burufe von den Deutschen Demokraten: Weltkrieg!). [...] Der Art. 1 bedeutet für uns den Abschied von der konstitutionellen Monarchie. Er bedeutet den Übergang zum parlamentarisch regierten Volksstaat, und es erhebt sich für meine Freunde und mich die Frage, ob wir diesem Artikel zustimmen, ob wir damit auch für unsere Person das Siegel unter diese gewaltige Umwälzung der staatsrechtlichen Verhältnisse Deutschlands drücken wollen oder nicht. Meine Damen und Herren! Diese Frage müssen wir verneinen (Zustimmung rechts)«.[33]

Er pocht auf »unsere monarchischen Grundsätze« und erhält Beifall von rechts. Die kritischen Stimmen blieben, auch nach der Entscheidung für Republik und Demokratie. Der Föderalismus wurde im 1. Abschnitt der Reichsverfassung zum Thema »Reich und Länder« geklärt: Artikel 1, 5 und 17 stellen fest, dass das Volk in Reich und Ländern die Staatsgewalt besitzt. Das Reichsgebiet wird laut Artikel 2 und 18 durch die Staatsgebiete der Länder gebildet.

In Art. 1 der Reichsverfassung von 1871 waren die Bundesstaaten noch einzeln aufgezählt worden – eine Liste, auf die Weimar verzichten musste, ob es nun wollte oder nicht, da die Grenzen der neuen ›Reichs-Republik‹ immer noch nicht bestimmt waren. Nordschleswig und Teile Oberschlesiens entschieden in Volksabstimmungen beispielsweise erst 1920 bzw. 1922 darüber, ob sie Teil Dänemarks, bzw. Polens werden wollten. Auch die Separatistenbewegungen im französisch besetzen Rheinland verkomplizierte die Lage. Dr. Kahl (DP), der Berichterstatter des Ausschusses zur Verfassungsgebung erklärte: »Unmittelbares Reichsgebiet gibt es nach den Gewaltakten des Friedens vorläu-

32 | Reichstagsprotokoll v. 2. Juli 1919, S. 1209: www.reichstagsprotokolle.de/Blatt2_wv_bsb00000011_00480.html v. 13. August 2018.

33 | Ebd., S. 1216f.

fig nicht.«[34] Es gab auch Stimmen, die für einen Einheitsstaat eintraten: Die oppositionelle USPD forderte das »Bekenntnis zum Einheitsstaat« und wollte ihn in der Verfassung verankern.[35] Diese Forderung fand keine Zustimmung. Während das Reich als »Republik« tituliert wurde, wurde den Ländern in Artikel 17 die Schaffung einer »freistaatlichen Verfassung« auferlegt, um einen Dualismus verschiedener Staatsformen künftig zu vermeiden.

Am 11. August unterzeichnete Reichspräsident Ebert die Weimarer Reichsverfassung. Sie war insgesamt ein Kompromiss zwischen sozialistischen, bürgerlich-liberalen und konservativen Vorstellungen. Das Deutsche Reich war nun eine demokratische Republik. Die Reichsgewalt war weit stärker manifest als in der Verfassung von 1871. Der für sieben Jahre gewählte Reichspräsident konnte mit dem Notverordnungsrecht des Artikels 48 zur Aufrechterhaltung der öffentlichen Sicherheit und Ordnung die Verfassung zeitweise außer Kraft setzen. Deutschland hatte die verfassungsgemäße Grundlage für die künftige Republik geschaffen, den politischen Kraftakt geschafft.

Die Dolchstoßlegende machte den Weimarer Geist zur Vergangenheit: Bestimmte die sozialdemokratisch geprägte Fleißarbeit zur Sicherung der Versorgung und die Verabschiedung der Verfassung die Entwicklung der ersten Jahreshälfte 1919 bis zum Wechsel nach Berlin, steht für den zweiten Teil des Jahres über allem Geschehen ein Mythos: die Dolchstoßlegende. Sie wurde zu einem der meist diskutierten provozierenden Ereignisse, letztlich die Meistererzählung über Kriegsende, Kriegsschuld und die Folgen für die deutsche, und damit europäische Geschichte des nachfolgenden Jahrhunderts. Gerd Krumeich hat mit einem Artikel in der FAZ den Diskurs um eine Runde weitergeführt.[36] Er dekonstruiert den Mythos und sieht hinter Hindenburgs wirkmächtiger Deutung einen Wahrheitsgehalt, der im Erinnerungsschatz der Deutschen durchweg diesem Ereignis abgesprochen wird: möglicherweise hätten die deutschen Truppen das Kampfgeschehen doch zu einem Ende führen können, was einen Versailler Vertrag verhindert, zumindest anders hätte aussehen lassen. Das erzeugte einen anhaltenden Sturm der Entrüstung. Das Thema wird die Historiker auch noch weiter begleiten, doch hier ist aus kulturwissenschaftlicher Sicht das zu betonen, was sich im Zusammenspiel der unterschiedlichen Ereignisse und Kräfte auf einem topographischen Feld 1919 ablesen lässt.

Im buchstäblichen Sinn geht es um das Ereignis am 18. November 1919, im symbolischen, tieferen Sinn um die Erschaffung der Dolchstoßlegende, bzw.

34 | Ebd., S. 1205.

35 | Ebd., S. 1210.

36 | Gerd Krumeich: Der Dolchstoß war nicht bloß eine Legende, in: FAZ v. 9. Juli 2017.

der »Dolchstoßlüge«. Hindenburg sprach in einer Rede vor dem Ausschuss der Nationalversammlung über die Kriegsschuldfrage und betont, der innere Widerstand von Flotte und Heer habe zum Zusammenbruch der deutschen Armee geführt. Dabei wusste Hindenburg genau, dass die militärische Führung unter Wilhelm II. die Niederlage zu verantworten hatte. Hindenburgs Dolchstoß-Vorwurf fand bei den nationalistisch geprägten Bevölkerungsteilen leidenschaftliche Anhänger, während die republikanischen Parteien es versäumten, die ›Legende‹ im öffentlichen Diskurs als die ›Lüge‹, die sie war, zu entlarven. Mit der Dolchstoß-Metapher ging Hindenburg weit über die Ereignisebene hinaus. Achim Landwehrs Theorie der Chronoferenzen folgend, die die »anwesende Abwesenheit der Vergangenheit«[37] mitdenkt, holte der Begriff als Sinnbild reale heimtückische Morde wie Brutus feige Tat an Caesar, aber auch literarische, wie die aus Friedrich Schillers Gedicht »Die Bürgschaft« entnommene Frage »Was wolltest Du mit dem Dolche sprich...« ins nationale Bewusstsein. Assoziationen aus der kollektiven Erinnerung zu aktivieren war Teil der Redestrategie, die Hindenburg nutzte. Aus der Fülle der Ereignisse und einem komplexen politischen Zusammenspiel nahm er ein Element, dem er eine Deutungshoheit zusprach, und zwar eine eindeutig negative. Im Denkbild »Dolchstoß« bündelt sich nicht nur Bellizistisches aus Jahrhunderten, sondern auch der Mythos zum Krieg, der eng an Hindenburg selbst gebunden ist: der von »Tannenberg«. Hindenburg inszenierte sich selbst als der Held von Tannenberg, einer Schlacht, die zwar nicht unmittelbar vor Ort, sondern bei Allenstein abgelaufen war, sich aber eines historischen Ereignisses, das selbst schon zum Mythos geworden war, bediente: der Eroberung Ostpreußens durch den Deutschen Orden im frühen 15. Jahrhundert. Die Geschichtsklitterung war Erich Ludendorff eingefallen. Hindenburg hatte mit seiner Rede dazu auch noch einen ganz eigenen Komplex des Kriegsgeschehens im Erinnerungsgepäck, der sich fest als Sieg in den Köpfen verankert hatte und untrennbar an seine Person gebunden war. Er verband sich mit dem politisch topographischen Begriff ›Ober-Ost‹, dem vom Oberbefehlshaber verwalteten deutschen Besatzungsgebiet an der Ostfront. An Hindenburg band sich sein Stabschef Erich Ludendorff. Vom November 1915 bis zum Juli 1918 war dieses Gebiet mit größter Härte gegenüber tradierten Strukturen und Ethnien wie ein Militärstaat geführt wurden, Ludendorffs Pläne zum Landgewinn, zur Unterdrückung und zur Ausbeutung der angestammten Bevölkerung durch Zwangsarbeit und die Neubesiedlung waren Teil eines rücksichtslosen militaristischen Übergriffs. Auch nach Ende der Kampfhandlungen gingen die Aktivitäten im Osten weiter, im Februar 1919 hatte die Heeresleitung unter Hindenburg und Groener den Schutz der deutschen Ostgrenze gegen vorrückende

37 | Achim Landwehr: Die anwesende Abwesenheit der Vergangenheit. Essay zur Geschichtstheorie, Frankfurt a.M. 2016.

polnische Verbände, die die Gebiete für Polen annektieren wollten, übernommen und mit einem Appell »An Deutschlands Söhne« um Unterstützer geworben. Es ging dabei um Gebiete in Schlesien, Westpreußen und dem Baltikum.

Mit der Dolchstoßlegende inszenierte Hindenburg nicht nur den eigenen Mythos, sondern startete auch eine Form der Selbstrettung! Das Heer von Gleichgesinnten, z.B. die schnell anschwellende Zahl der Freikorpsverbände, machte sich schon bald auf den Weg zur Rückeroberung der Rolle als Entscheidungs- und Bedeutungsträger!

Die Dolchstoßlegende ist ein klassischer Schöpfungsmythos: Etwas wird auf einen angeblichen Urgrund zurückgeführt und in einem Narrativ verpackt. Tatsächlich zeigt die Rezeptionsgeschichte dieses Mythos, dass es über die Deutung der letzten Kriegsmonate hinaus um etwas ganz anderes ging: Hindenburg Vorstoß galt der Republik selber und ihrem demokratischen Prinzip.

Abbildung 59: Das Wahlplakat der DNVP von 1923 bekundet die langanhaltende Wirkung der Dolchstoßlegende

In dieser Republik war für das Militär keine Deutungshoheit vorgesehen. Krieg und Sieg aber sollten das Heroische schlechthin bleiben, bzw. wieder werden! Im Fall der Dolchstoßlegende ging es viel weniger um die Kriegsschuldfrage und die Deutung des Kriegsendes als um die Rückeroberung der Legitimation zur Heroisierung und Heiligsprechung des Kampfes selber. Hier wurden die ›warlords‹ übergriffig und gingen der jungen Demokratie an den Kragen, rücksichtslos, wie es zu ihrem Geschäft gehörte. Wenn sie den Sieg schon nicht wirklich erringen konnten, wie die Geschichte gezeigt hatte, schrieben sie ihn sich jetzt in einer symbolischen Aktion im Nachhinein auf ihre Fahnen. Und sorgten für die Zukunft vor, die ihnen eine salvatorische Klausel für alle Gelegenheiten mitgab.

Im Chor der Meinungen zur »Dolchstoßlegende« lässt sich Sebastian Haffners Ansatz, den Mythos zu entzaubern, mit Gewinn nachlesen. In seinen Betrachtungen »Die sieben Todsünden des Deutschen Reiches im Ersten Weltkrieg« widmet Haffner ein Kapitel dem Thema »Der wirkliche Dolchstoß«. Er sieht es im Eintreffen der amerikanischen Truppen, die wie eine Sturmflut von vitaler Kraft das Kriegsgeschehen veränderten. Sie evozierten das »lautlose Verschwinden der Verantwortlichen und das Verwischen der Verantwortung«, was die Schuldfrage bzw. die Frage der Niederlage wie einen schwarzen Peter weitergab, besser, um mit Haffner zu sprechen, »wie ein verfolgter Dieb, der im Weglaufen den gestohlenen Gegenstand einem Passanten in die Tasche praktiziert.«[38] Wer waren denn diese Passanten, um in der Argumentationsstruktur Haffners zu bleiben? Es waren die, die Verantwortung übernahmen, »die man bislang so weit wie möglich davon ferngehalten hatte«[39]: die Sozialdemokraten, Linksliberalen und Linkskatholiken. Sie durften nicht nur die Verantwortung für die Zukunft übernehmen, sondern erhielten, so Haffner, außer der unerwarteten plötzlichen Regierungshoheit

»die Verantwortung für die Niederlage und die Kapitulation. [...] Dabei wurde der neuen Regierung noch streng eingeschärft, die Oberste Heeresleitung völlig aus der Sache heraus zu halten: Niemand dürfe erfahren, dass das Waffenstillstandsgesuch auf ihr Verlangen erfolgte. Die braven sozialdemokratischen, linksbürgerlichen Politiker ließen sich darauf ein, wieder, loyal, patriotisch, treuherzig bereit, ›in die Bresche zu springen‹, wohl gar noch ein bisschen geschmeichelt, dass man sie plötzlich regieren ließ! Auf den Gedanken, dass sie in eine Falle gingen, kam keiner.«[40]

Soviel Blauäugigkeit wurde schnell bestraft. Hier sieht Haffner die Dolchstoßlegende angesiedelt, die die eigentlichen Verursacher der Niederlage quasi als Dank gegen sie inszeniert:

»[b]ereits im Jahr darauf waren diejenigen, die sich so schäbig aus der Verantwortung ausgestreut hatten, wieder da – als Ankläger. Jetzt wurden die Sozialdemokraten, denen sie die Niederlage damals in die Hand gespielt hatten, zu ›Novemberverbrechern‹, die ›die siegreiche Front von hinten erdolcht‹ und die Niederlage verursacht, ja, gewollt hätten. Und ein großer Teil des Volkes, mit rauer Hand aus jahrelangen Weltmachtträumen und Siegesillusionen gerissen, verwirrt und verstört von der Plötzlichkeit des Absturzes, nicht wissend, wie ihm geschah, saugte das Gift gierig ein.«[41]

38 | Sebastian Haffner: Die sieben Todsünden des Deutschen Reiches im Ersten Weltkrieg, Hamburg 1964, S. 114.

39 | Ebd., S. 115.

40 | Ebd.

41 | Ebd.

Es hätte nichts Schlimmeres geben können, als einen ›Dolchstoß‹ zum Schöpfungsmythos zu machen, ja, ein solches Deutungs- und Denkbild widerlegte geradezu jeden Sinn dieser jungen Demokratie. Das Militaristische, die Fehde, die Kabale, die Heimtücke, alles was sich in diesem allegorischen Raum ansiedeln konnte, sprach dagegen, diese Republik anzunehmen. Ohne Schöpfungsmythos, der als kollektiver Kraftspender und Identifikationsort verfügbar war, hätte eine solche Schöpfung *ex nihilo*, die die Demokratie als Staatsform war, ein Riese sein müssen, um gegen die mächtige Front der Widersacher zu bestehen. Und diese erste Republik hatte keinen Mythos, der diesem oktroyierten Dolchstoß Paroli hätte bieten können.

Das Gesamt des Jahres 1919 betrachtend, lässt sich von einem doppelten Deutschland sprechen, das doch am Ende viel verloren hatte an Offenheit, Chancen, Utopien. Gab es große Hoffnungen und Perspektiven in der ersten Jahreshälfte, brachte das Ende des Jahres 1919 mit der Dolchstoßlegende einen wirkmächtigen Dauerzünder gegen die Republik und schon im folgenden Jahr sah die republikanische Welt anders aus. 1920 gipfelten die Konflikte in einer Staatskrise, als der nationalistisch-militärisch geprägte Kapp-Lüttwitz-Putsch im Frühjahr eine Militärdiktatur anstrebte und sich erst ab dem 17. März desselben Jahres zerschlug. U.a. als Reaktion auf und aus Gründen des Selbstschutzes gegen die kämpferischen Anhänger des Kapp-Lüttwitz-Putsches bildete sich die »Rote Ruhrarmee«, mit der die Idee der Räterepublik erneut auflebte. Bei den ersten Reichstagwahlen am 6. Juni 1920 wurden MSPD, DDP und das Zentrum für ihre politische Arbeit in der Nationalversammlung abgestraft und erhielten gemeinsam nicht einmal 50 % der Stimmen. Stattdessen verlieh die politische Polarisierung im Deutschen Reich den Parteien an den Außenseiten des politischen Spektrums Aufwind und das Zentrum, DDP und DVP koalierten in einer bürgerlichen Minderheitsregierung – die MSPD musste in die Opposition weichen.

Kurt Tucholskys hatte in seinem im »Ulk« veröffentlichten Gedicht »Ein Deutschland!«[42] im Januar 1919 das Jahr befragt: »Feierlich treten wir nunmehr in das Jahr 1919,/und es freut uns, dass wir allhier versammelt Feind und Freund sehn;/unserm tierischen Gehaben entsprechend wollen wir sie beschnuppern und betrachten,/und, je nachdem, beißen oder auf den Popo klapsen oder schweigend achten.« Noch konnte er seine Bedenken in eine Frage mit offenem Ausgang kleiden: »Müssen sich denn die Deutschen immer untereinander zanken/und von Kürassierstiefel zum Schlafrock hin und wider wanken?«

42 | Theobald Tiger alias Kurt Tucholsky: Ein Deutschland! in: Ulk. Illustriertes Wochenblatt für Humor und Satire 1 (5. Januar 1919).

Im Gedicht »Silvester« ist 1919 aus der offenen Frage eine rhetorische geworden:

»So viel Tage zerronnen,/so viel Monate fliehn;/stets etwas Neues begonnen,/dorrt es unter der Sonnen .../Hexenkessel Berlin!
Ich, der Kalendermacher,/blick nachdenklich zurück./Mal ein Hieb auf den Schacher, mal auf den Richter ein Lacher –/Aber wo blieb das Glück?[43]

Für ihn wie für andere kritische Zeitgenossen standen, wie mit diesem Resümee für das Jahr 1919, Anfang und Ende des Jahres unter den Zeichen des Kontrastes und im Wechsel von der Euphorie in die Enttäuschung.

43 | Kaspar Hauser alias Kurt Tucholsky: Silvester, in: Die Weltbühne. Wochenschrift für Politik. Kunst. Wirtschaft 53, (25. Dezember 1919), S. 804.

Ein Schlussstück

Deutschland bot 1919 ein »Wimmelbild« – Der topographische Wandel in Europa – Deutschlands Topographie veränderte sich – Dystopie/Topie/Utopie – Der Völkerbund wurde als neue politische Macht etabliert – Die Bilanz für den Beginn der Republik – 1919 war das Jahr der Geschlechterdiskurse – Männer verloren umgekehrt proportional – Abschiede schließen das Narrativ des Jahres ab – Robert Musil nahm Abschied von der Deutungshoheit der Intellektuellen – Stefan Zweig nahm Abschied von Europa – René Schickele nahm Abschied von Deutschland – Yvan Goll suchte Europa – Charlie Chaplin ante portas – Europa wird zur Symbiose um den Rhein – Wer schreibt das zukünftige »Wintermärchen«? – Die Herotopie Europa – Europa: ein Appell

Deutschland bot im Jahr 1919 ein »Wimmelbild«. Den Begriff verdanken wir dem Kinderbuchautor Ali Mitgutsch, der schon vor Jahrzehnten diese spezifische Anschauung mit seinen Bilderbüchern durchgesetzt hat. Er ist zugleich ein Denkbild, das sich für unser Thema eignet, um das Besondere dieses Ausnahmejahres zu veranschaulichen. Der Begriff »Wimmelbild« bietet ein Äquivalent für dieses einmalige Stück Deutschland nach dem Großen Krieg, steht für seinen inneren wie äußeren Zustand.

War es Mitgutsch gelungen, Themen wie »Auf dem Bauernhof« und »In der Stadt« so aufzubereiten, dass er neben einen Gesamtprospekt auf das jeweilige Thema auch die darin agierenden Elemente herauslöst und sie wie in einer Semiophore als Anschauungsbild präsentierte, ließ sich damit ein ganz eigener Stil, eine eigenwillige Methode der Erkenntnis einführen – mit großer Durchsetzungskraft. Wenn ein kleiner Junge einen vollbeladenen Kartoffelwagen alleine wegzieht und dieses Bild mit dem Begriff »Angeber« untertitelt ist, ist aus dem Phänomen Bauernhof eine Geschichte geworden.

Sie betrifft Aspekte des Themas, z.B. dass der Bauernhof auch das Lebensbild zur Familie auf dem Lande ist, es sagt aber auch etwas aus über menschliche und gesellschaftliche Handlungszusammenhänge. Die *subscriptio* des Bildes »Angeber« legt die Deutung fest: jemand überschätzt die eigenen Kräfte, setzt sein Ego zwar öffentlich ein, zeigt sich kraftstrotzend, kann aber die Erwartungen mangels vorhandener Bedingungen nicht erfüllen. Auf das Deutschland des Jahres 1919 bezogen lässt sich dieses Missverhältnis an vielen Stellen, nicht nur bei den »Bösen« sehen:

Ein Wimmelbild ist scheinbar unsortiert, es fehlt die Kohärenz. Damit wird gespielt, wohl wissend, dass Sinn und Zusammenhang im Auge des Betrachters erzeugt werden. Konkret, oder abstrakt, ganz so, wie es der Gegenstand erfordert.

Das Besondere des Jahres 1919 legte es nahe, von der Bedeutungsvielfalt und Erkenntniskraft des Wimmelbilds zu profitieren. Die vorausgegangenen Kapitel haben mit dem Blick auf einzelne Ereignisorte jeweils spezifische Probleme in diesem Deutschland hervorgehoben. Nun gilt es, dem Begriff »Wimmelbild« noch einmal folgend, einen übergreifenden Horizont zu entwerfen:

Der topographische Wandel in Europa, das der Krieg zerbrechen ließ, füllt eine lange Liste. Im Suchbild Europa fällt der Blick auf Brände an allen Ecken, Halbgelöschtes, Schwelendes. Territoriale Neuaufteilungen erzeugten, oft geprägt von Eitelkeiten und neuen Herrschaftsansprüchen, ins 20. Jahrhundert ausstrahlende und teils bis heute nachwirkende ›Lösungen‹:

1919-1923 kam es zu den »Türkischen Befreiungskriegen«. Dazu gehörte der Völkermord an den Armeniern. Damals erhielten weder das armenische, noch das kurdische Volk einen eigenen Staat. Dieses Versagen ist in der heutigen politischen Weltlage virulent.

Italien litt unter dem »vittoria mutilata«, dem Empfinden vom »verstümmelten Sieg«. Es hatte deutlich größere Vorstellungen seines territorialen Anspruchs, als ihm im Versailler Vertrag zugeschrieben wurde, obwohl ihm das Trentino, Triest, Julisch-Venetien, Istrien und Teile Dalmatiens zugesprochen worden waren. Mussolinis Expansionspolitik fand hier einen Ansatz, der das weitere Jahrhundert mitprägte.

Die Revolution in Deutschland stand im Kontext weiterer revolutionärer Ereignisse, z.B. begann die IRA schon Ostern 1916 von Dublin aus ihren Aufstand gegen die britische Besatzung; 1917 bewegte der Sturz der Romanow-Dynastie in Russland ganz Europa; 1918 spaltete ein Bürgerkrieg die Parteien in Finnland. Mit allen Revolutionen ging die Angst vor dem Bolschewismus einher (und blieb).

Ein Mythos fiel: Kakanien! Das gesamte Herrschaftsgebiet der Habsburger zerbrach. Die Mitglieder des Herrscherhauses und des gesamten Adels verloren, anders als in Deutschland, ihre Titel und ihren Besitz. In der Wiener Wochenschrift »Der Friede« wurden Utopien von einem demokratischen Bundesstaat freier Völker gepflegt, der an die Stelle des KuK-Reiches treten sollte. Neben diesem Föderalismuskonzept wurden auch Vorstellungen vom Anschluss der deutschsprachigen Gebiete der Monarchie an das Deutsche Reich laut.[1] Für eine solche Lösung plädierten österreichische Schriftsteller, unter ihnen Robert Musil. Voller Ironie kommentiert er selbst einen solchen Anschluss: Das zurückgebliebene Österreich werde, bar einer eigenen kulturellen Identität, »unter dem Namen Donauföderation« nur »als europäischer Naturschutzpark für vornehmen Verfall«[2] weiter bestehen. Fortschrittliche Kräfte um den Sozialdemokraten Otto Bauer sahen die Chance, das Proletariat beider Länder, Österreichs und Deutschlands, in dieser historischen Situation zusammenzuführen.[3] Über einen längeren Zeitraum des Jahres 1919 erschien auch von deutscher Seite aus ein Ende der einst von Bismarck betriebenen »kleindeutschen« Lösung denkbar und wünschenswert. Letztlich wurden alle Vereinigungsutopien und -sehnsüchte mit dem Veto des Versailler Vertrages, der einen Zusammenschluss der beiden Staaten aus Angst vor einem wieder übermächtigen Deutschland generell verbot, begraben.

Republiken entstanden, zuweilen nur temporär im Kontext der Revolutionen, so mit der Räterepublik in Ungarn, doch auch stabilere, längst existierende Freiheitsbewegungen kamen zum Zuge: Schon im Laufe des Krieges hatten Tomáš Garrigue Masaryk, Edvard Beneš und Milan Rastislav Štefánik mit Unterstützung der Alliierten den Tschechoslowakischen Nationalausschuss gebildet, im September 1918 kam es zur Staatsgründung. Die bis dahin in Prag geltende Deutungshoheit der deutschsprachigen Minderheit ging verloren, darunter die der Autoren der Moderne, von Max Brod bis zu Franz Kafka. Reichenberg und das entstehende Sudetenland wurden zunehmend kompensatorisch, konnotiert mit rechtem Gedankengut, instrumentalisiert. Hitlers »Heim ins Reich«-Politik, die 1939 zur Besetzung Prags führte, wurde schon hier als Brutherd implantiert.

Deutschlands Topographie veränderte sich. Das Resümee der verlorenen Gebiete war immens: Zu den sofort, ohne Volksabstimmung abgetretenen Gebieten gehörte Elsass-Lothringen, das an Frankreich ging. Fast ganz Westpreußen, jedoch ohne Danzig, wurde Polen zugeschlagen, das 1919 mit dem

---

1 | Klaus Amann: Staatsfiktionen. Bilder eines künftigen Österreich in der Wiener Wochenschrift »Der Friede« (1918/1919), in: Die Dichter und die Politik. Essays zur österreichischen Literatur nach 1918, Himberg bei Wien 1992, S. 15-30.

2 | Robert Musil: Buridans Österreicher, in: Der Friede v. 14. Februar 1919 (H. III, S. 82-83); zit.n. K. Amann: Staatsfiktionen, S. 27.

3 | Otto Bauer: Die Politik der Schlagworte, in: Der Friede v. November 1919 (H. II, S. 555-558), zit. in: K. Amann: Staatsfiktionen, S. 27. Für diesen Hinweis danke ich Aneta Jachimowicz.

Versailler Vertrag als Zweite Polnische Republik, II. Rzeczpospolita, wiederbegründet und international anerkannt worden war.

Teils ergaben sich minimale Verschiebungen: Das Reichthaler Ländchen wurde Polen zugesprochen und das Hultschiner Ländchen ging an die Tschechoslowakei.

Die Kolonien gingen verloren. Damit kam Neukamerun, das erst 1911 durch Tausch Teil der deutschen Kolonie Kamerun geworden war, wieder zurück an Frankreich. Das Pachtgebiet Kiautschou in China geriet unter japanisches Mandat, ebenso die 1899 von Spanien käuflich erworbenen, seit 1556 spanischen Inselgruppen der Marianen und die der Karolinen.

Weitere Gebietsveränderungen ergaben sich mit obligatorischen Volksabstimmungen im Gefolge des Versailler Vertrags: Nordschleswig stimmte mit einer Dreiviertelmehrheit für Dänemark; der Südteil des Schleswigschen Abstimmungsgebiets verblieb mit einer Mehrheit von 80 Prozent bei Deutschland.

Die Volksabstimmung am 20. März 1921 in Oberschlesien wurde zum besonderen politischen Fall, weil hier eine wirtschaftlich bedeutende Region zur Disposition stand. Die letztlich rechtlich und politisch umstrittene Abwicklung der oberschlesischen Frage ergab auch in dieser südöstlichen Region Deutschlands einen hochexplosiven Dauerkonflikt.

Dystopie/Topie/Utopie: Sie machen das Besondere des Jahres aus. Die Evidenz, in utopischen Mustern Zukunft zu denken, die in vielen der Kapitel dieses Bandes vermittelt wurde, gewinnt eine weitere Dimension, wenn scheinbar für die Ewigkeit zementierte Grenzlinien gezogen und als »Heimat« empfundene Regionen verloren waren. Gingen die verheißungsvollen Projekte und Projektionen in ein utopisches Vorstellungsbild ein, einschließlich der Wunschvorstellungen über z.B. ein reichsunabhängiges Rheinland oder ein süddeutsches Königreich mit der Kernregion Württemberg, ergaben die Kämpfe, Verhandlungen und politischen Entscheidungen der Kriegs- und unmittelbaren Nachkriegszeit eine besondere, konkrete neue Topographie Europa. Die schloss auch groteske Zufallsprodukte ein, wie den am Mittelrhein gelegenen, neu entstandenen »Freistaat Flaschenhals« oder das im belgischen, bei Aachen im Dreiländereck liegende, 1816 schon als besonderes politisches Gebilde entstandene »Neutral-Moresnet«, das nun 1919 zu Ende ging und endgültig Belgien zugeschlagen wurde.

Die vielfältige Auflösung und Neukonstruktion wird als Dystopie bleiben und sich wie ein Bazillus in der *mental map* Deutschland einnisten.

Der Völkerbund wurde als neue politische Macht etabliert. Dieses Projekt ging letztlich auf das 14-Punkte-Programm Wilsons vom Januar 1918 zurück, wurde aber auch z.B. von einem der politisch engagiertesten Persönlichkeiten dieser Zeit, Harry Graf Kessler unterstützt. Aus heutiger Sicht zählte dieses Element zu den durchaus vorhandenen politisch konstruktiven programmatischen Zielen des Versailler Vertrages. Noch wusste man nicht, ob diese Idee zur Friedenssicherung greifen würde, obwohl die Dauerinstallation ein politisches Mandat hatte. Vorerst mochte damit in der deutschen Wahrnehmung nur ein Instrument zur Durchsetzung fremder Interessen entstanden sein: Dem Völkerbund unterstellt wurden z.B. das Saargebiet, dessen Kohleproduktion mit dieser Schutzmacht Frankreich zufiel. Bei der Abstimmung am 13. Januar 1935 votierte eine große Mehrheit der Bevölkerung des Saargebiets für Deutschland.

Der Völkerbund trug dazu bei, Teile des Deutschen Reiches aus dessen Verfügungsgewalt herauszunehmen, ohne diese Regionen einer der Siegermächte zuzuschreiben. Danzig mit Umgebung wurde zur Freien Stadt unter Kontrolle des Völkerbundes erklärt, in das polnische Zollgebiet eingeschlossen und von Polen außenpolitisch vertreten. Vom Reich war Danzig damit durch den »polnischen Korridor« vom restlichen deutschen Staatsgebiet getrennt. Das Memelland wurde unter Kontrolle des Völkerbunds einem eigenen Staatsrat mit französischem Präfekten unterstellt und am 10. Januar 1923 von Litauen besetzt. 1924 wurde dieses Gebiet in der Memelkonvention des Völkerbundes als autonomes Gebiet unter litauische Staatshoheit gestellt. Noch heute verblüfft eine metropolitane, hochmoderne Innenstadtarchitektur in Kaunas und erinnert an den damaligen, temporären Bedeutungsgewinn.

Abbildung 60: Landkarte Europa 1919

Die Bilanz für den Beginn der Republik war problematisch. Rundum bot sich eine neu formierte Landkarte, es gab es ein flächendeckendes weltpolitisches Geschiebe, dennoch provoziert das Gesamt der Ereignisse, das Interesse auf Deutschland zu fokussieren. Tatsächlich ging die Problemlage, in der Deutschland stand, weit über die Gebietsveränderungen hinaus. Die nachfolgenden europaweiten Konflikte erwiesen sich, folgt man den von Pierre Bourdieu aufgestellten Regeln für die Wirkung symbolischer Kapitalien, als Konsequenz. Der Gegensatz vom hypertrophen Selbstbild, das Deutschland vor dem Krieg für sich entwickelt hatte, zum *status quo* des Jahres 1919 war kaum überbrückbar. Welche gegenwartsadäquaten Kapitalien hatte man? Es blieb nicht viel, als am Verhandlungstisch in Versailles, bzw. auf der Friedenskonferenz in Paris der anklagende Blick immer wieder offen oder verdeckt auf diese Nation fiel. Für die Republik wurde dies eine schwere Hypothek. Die Neuordnungen entzogen zwar dem Reich wesentliche Regionen, die zuvor den Konflikt geschürt hatten, z.B. Elsass und Lothringen, doch die Lösungen, die ab 1919 galten, wirkten kaum befriedend. Von einem stabilen Deutschland in einem stabilen Europa konnte keine Rede sein. Bekannt sind die offenen Flanken, die, wenn auch nicht immer offen sichtbar, Wirkmechanismen wie Militarismus, Defizite in der Verfassung, Reparationen und die Kriegsschuldfrage als subkutane Kräfte entgegen arbeiteten. Viele historische Landschaften mit traditionellen Adelsstrukturen wie Württemberg, Sachsen oder Bayern wurden provinzieller. Die Nivellierung gesellschaftlicher Klassen hätte sich als demokratischer Gewinn auswirken müssen, oftmals aber war der Verlust an Honorierungssystemen und strukturierenden Elementen durch nichts als grauen, ärmlichen Alltag ersetzt. Denen, die ihre Rolle als »Untertanen« angenommen und ausgelebt hatten, fehlte der Kaiser. Noch weitere Jahrzehnte feierten sie seinen Geburtstag, allzu fest schien er in ihrem Jahreslauf verankert. Die Regeln symbolischer Macht kannte man nicht, doch allzu sehr war man ihnen bisher unterworfen, als dass man sie nun beherrscht und womöglich auf die Republik umgelenkt hätte. Die tat wenig bis nichts daran, hier die Erwartungen zu erfüllen und eigene, zur Republik passende Symbole zu generieren, nichts, um sich selbst als politische Errungenschaft zu feiern und mit Ritualen erkennbar zu machen. Wer sang das Hohelied der Demokratie? Wo war der symbolische Ort, als Weimar verlassen wurde? Wie sah ein republikanisches Gesellschaftsmuster aus?

Dennoch: Mochte in der Plus-Minus-Rechnung in der öffentlichen Wahrnehmung ein Defizit überwiegen, hatte diese Republik viel Positives zu bieten. Auch dies ist bekannt: allem voran die fortschrittliche Verfassung. Man wird auch die mentale Aufbruchsstimmung, die zukunftsfreudige Atmosphäre des Beginns zu den Positiva rechnen müssen, wie mit der Fülle entsprechender Initiativen erkennbar wurde. Dieser Geist der Zeit, der sich in der mittleren Phase der Republik, nach Überwindung der Inflation und dem Abbau der Spitzen, die der Versailler Vertrag gebracht hatte, noch einmal für einige Jahre durchsetzen konnte, muss neu bewertet und in seiner Eigenständigkeit wahrgenommen werden. Eine generelle Veränderung bot aber bereits das Jahr 1919, hatten sich doch schon vor und mit dem Krieg sowie in der unmittelbaren Zeit danach Einbrüche im gesellschaftlichen Selbstverständnis herauskristallisiert.

1919 war das Jahr der Geschlechterdiskurse: Frauen erringen evidente Positionen und zeigen hochpolitische Präsenz. Die zahlreichen Frauenverbände, die seit Jahrzehnten für Gleichberechtigung kämpften, insbesondere auch an der sozialdemokratischen Basis, hatten 1919 ihr Ziel erreicht. Am 19. Januar 1919 durften Frauen bei der Wahl zur verfassungsgebenden Nationalversammlung erstmals auf nationaler Ebene wählen. Verankert war das neue Recht in der »Verordnung über die Wahlen zur verfassungsgebenden deutschen Nationalversammlung«. Über 80 % der stimmberechtigten Frauen gingen zur Wahl. 37 von insgesamt 423 Abgeordneten waren Frauen, ein Anteil, den Frauen erst wieder im letzten Viertel des 20. Jahrhunderts erreichten. Den höchsten Frauenanteil hatte die USPD mit 13,6 %, danach die SPD mit 11,5 % und den geringsten die DVP (Deutsche Volkspartei) mit 5,3 %. Marie Juchacz nutzte bereits am 19. Februar 1919 ihren ersten Auftritt vor der Nationalversammlung und stellte klar, wie Frauen dieses neue Recht verstanden wissen wollten:

»Meine Herren und Damen! (Heiterkeit.) Es ist das erste Mal, dass eine Frau als Freie und Gleiche im Parlament zum Volke sprechen darf, und ich möchte hier feststellen, ganz objektiv, dass es die Revolution gewesen ist, die auch in Deutschland die alten Vorurteile überwunden hat. [...] Ich möchte hier feststellen – und glaube damit im Einverständnis vieler zu sprechen –, dass wir deutschen Frauen dieser Regierung nicht etwa in dem althergebrachten Sinne Dank schuldig sind. Was diese Regierung getan hat, das war eine Selbstverständlichkeit: sie hat den Frauen gegeben, was ihnen bis dahin zu Unrecht vorenthalten worden ist.«[4]

Mit Juchacz erhielten die Sozialdemokraten eine gewichtige Stimme: Sie wirkte als Frauensekretärin im Zentralen Parteivorstand der SPD und wurde 1919 Chefredakteurin der Frauenzeitung »Die Gleichheit«. Mit beiden Funktionen wurde sie Nachfolgerin von Clara Zetkin, die aus Protest gegen die Kriegspolitik ihrer Partei in die USPD gewechselt war und mit den Spartakusgruppen zur Mitbegründerin der KPD wurde. Beide Frauen, Zetkin insbesondere nach dem Mord an Rosa Luxemburg, repräsentierten während der gesamten Zeit der Republik eine kämpferische Frauenpolitik in ihren Parteien und als Parla-

4 | Reichstagsprotokoll v. 19. Februar 1919. Zitiert nach reichtagsprotokolle.de, S. 177: https://www.reichstagsprotokolle.de/Blatt2_wv_bsb00000010_00000.html v. 25.1.2018.

mentarierinnen. Juchacz konkretisierte ihr soziales Engagement schon ab dem 13. Dezember 1919 als Gründerin der Arbeiterwohlfahrt, Zetkin ab 1921 als u.a. Präsidentin der Internationalen Arbeiterhilfe (IAH).

Insgesamt wird man den starken Impuls in der Frauenpolitik ebenso vermerken können wie die Akzeptanz von deren politischen Forderungen. Die Atmosphäre im Jahr 1919 hatte sich, was die Gleichberechtigung angeht, spürbar verändert. Sonstiges aus der Frauenwelt, abseits der Politik, bot dazu die entsprechenden Ereignisse. Röcke und Haartracht waren schnell gefallen, Körperbewusstsein gehörte, als sei das immer schon so gewesen, zum neuen realen und mentalen Outfit. Schon am 25. Mai 1919 stellten zwei deutsche Sportlerinnen neue deutsche Rekorde bei einem Leichtathletikturnier in München auf: Marie Kießling braucht für den 100-Meterlauf nur 13,5 Sekunden; die Damenstaffel des TSV 1860 läuft 4 x 100m in 56,4 Sekunden. Ironie und Paradox der Stunde: an den deutschen Leichtathletikmeisterschaften dürfen Frauen im August 1919 noch nicht teilnehmen. Doch schon 1920 sind Frauen bei den vier Disziplinen Weitsprung, Kugelstoßen, 100m-Lauf und 4 x 100 m-Staffel präsent. Die Siegerin aller vier Disziplinen, Marie Kießling, wird zur Sportikone ihrer Zeit.

Auch international geht die Frauensache voran: am 12. Mai 1919 trifft sich, erstmals nach dem Kriegsende, die 1915 in Den Haag gegründete, international ausgerichtete »Women's International League for Peace and Freedom«. Neben Aletta Jacobs, der Vorsitzenden der US-amerikanischen Frauen-Friedenspartei, Jane Addams, der US-amerikanischen Feministin, Soziologin und Journalistin, und Emily Greene Balch, US-amerikanische Sozialpolitikerin und Wirtschaftswissenschaftlerin, gehören auch die radikale deutsche Frauenrechtlerin Lida Gustava Heymann, Lebensgefährtin und Mitstreiterin von Anita Augspurg[5], und die deutsche Künstlerin Dore Meyer-Vax zu den Gründerinnen. Beim ersten Nachkriegstreffen wählen sie Jane Addams zur ersten Präsidentin, Heymann wird Vizepräsidentin. Die Liga veröffentlicht unter ihrer Präsidentschaft eine Stellungnahme gegen den Versailler Friedensvertrag. Addams erhielt 1931 den Friedensnobelpreis.

Die Forderung vieler Männer, die nach dem Krieg einsetzende hohe Arbeitslosigkeit dadurch zu beheben, dass Frauen ihre Arbeitsstellen zugunsten der männlichen Bevölkerung aufgeben, wird, fundiert mit einem durchaus veränderten Bewusstsein der Frauen dieser Zeit für Fragen der Gleichberechtigung und mit einer gegenüber z.B. der Zeit nach 1945 zumindest in den politikaffinen urbanen Zentren erheblich selbstbewusster und kämpferischer agierenden weiblichen Bevölkerung, nicht durchgesetzt.

---

5 | Vgl. dazu das Kapitel »München zwischen Boheme, Anarchismus und Weißgardisten«. Heymann und Augspurg forderten 1923 die Ausweisung Adolf Hitlers.

Männer verloren umgekehrt proportional. Die Männerbünde, die sich in der kommenden Republik durchzusetzen begannen, waren kein Zeichen der Stärke, sondern bewiesen permanent die Verluste an Identität, die mit dem verlorenen Krieg einhergegangen waren. Dass Hitler hier sein Fußvolk rekrutieren würde, ist bekannt. Öffentlich reflektiert wurde dieser Wandel kaum, eher war hier ein Tabu entstanden, das durch forsche Gegenwehr kompensiert wurde. Verlust, Wiedergeburt und Dominanz eines männlichen Selbstbildes durch Kriegsverlierer, mangelnde Orden, mangelnde Auffangstationen für seelisch und körperlich und in ihrem gesellschaftlichen Stellenwert Verletzte gingen in das wiederum kriegsverherrlichende Schrifttum ein.[6] Der Schrecken war geradezu weggezaubert – verwandelt in das Hohelied der Kameradie und des Heldentodes. Kritische Stimmen wie die in Erich Maria Remarques Roman »Im Westen nichts Neues« waren die Ausnahme.

Doch mentale Einbrüche erfuhren alle Schichten. In Intellektuellenkreisen würde die kommende Zeit defizitäre Persönlichkeiten, so wie sie Kästners Romanheld »Fabian« in der »Geschichte eines Moralisten« Ende der zwanziger Jahre literarisch nachvollziehbar macht, produzieren. Das, was der Soziologe Karl Mannheim als »freischwebende Intelligenz« bezeichnet, wird zum Synonym einer Zeit der kultursoziologischen und mentalen Heimatlosigkeit. Die bereits erwähnte Intellektuellendebatte[7] verhinderte, dass in diesem Deutschland Deutungsmuster bereitgestellt, bzw. erwartet wurden. Jürgen Habermas hatte betont, es sei tödlich für einen »radikaldemokratischen Humanismus« gewesen, »dass nicht einmal Intellektuelle wie Heinrich Mann, Ernst Troeltsch oder Alfred Döblin es gewagt haben, das Wort ›Intellektuelle‹ in einem unverfänglich positiven Sinn zu verwenden.«[8] Dennoch begannen auch hier hoffnungsfrohe Zeiten, war auch hier ein Paradigmenwechsel eingetreten, der im beginnenden wissenschaftlichen Zeitalter durchaus neue Formen der Reflexion und Einmischung herausbildete. Schon am 4. Februar 1918 hatte Ernst Troeltsch an Albert Einstein geschrieben und vorgeschlagen, den »Volksbund für Freiheit und Vaterland«, eine »Gegenbewegung aus Gewerkschaften, Publizisten und Gelehrtenpolitikern«[9] als Aktionsinstrument zu aktivieren, um

6 | Vgl. dazu Helmuth Lethen: Verhaltenslehren der Kälte. Lebensversuche zwischen den Kriegen, Frankfurt a.M., 1994; Klaus Theweleit: Männerphantasien, München 2000.

7 | Vgl. dazu das Kapitel »Zürich, Bern und Uttwil«.

8 | Jürgen Habermas: Heinrich Heine und die Rolle der Intellektuellen in Deutschland, in: ders.: Eine Art Schadensabwicklung, Frankfurt a.M. 1987, S. 27-54, hier S. 31f., unter Bezug auf die Forschungen von Dietz Bering: Die Intellektuellen. Geschichte eines Schimpfwortes, Stuttgart 1978.

9 | Gangolf Hübinger: Gelehrte, Politik und Öffentlichkeit. Eine Intellektuellengeschichte, Göttingen 2006, S. 178.

damit einen »Bund der Intellektuellen« zu erhalten, die in dieser historischen Situation handlungsfähig sind. Aus diesem Projekt wurde nichts, doch geriet der Begriff allmählich aus der Schusslinie, das zeigt wohl auch die atmosphärische Öffnung zu Frankreich, die sich in vielerlei Hinsicht in dieser Wendezeit als konstruktives Moment der Völkerverständigung in entsprechenden Kreisen verbreitete. Hübinger betont, wie wichtig die Rolle von Troeltsch im urbanen Milieu Berlins war, er habe in dieser Zeit bereits »Rollen und Funktionen des großstädtischen Intellektuellen«[10] übernommen. Er betont, dass der Theologe gerade vom Wechsel von Heidelberg nach Berlin diesen Sprung gemacht habe. Diese Diskurse, jeweils in einzelnen Hochschulen und Zusammenhängen, unterschieden sich von dem, was in Berlin und Weimar politisch passierte. Hoffnungsfroh wurden Brücken gebaut:

Troeltsch, in Berlin weiterhin Professor der Theologie, wurde 1919 Abgeordneter der Deutschen Demokratischen Partei im preußischen Landtag und versah das unbesoldete Amt eines Unterstaatssekretärs im preußischen Kultusministerium.[11] Mit ihm wird das Jahr 1919 ein besonderes Jahr für Utopien außerhalb literarisch-künstlerischer Kreise. Es gelingt ihm, mit Gleichgesinnten eine kritische Wissenschaftsebene zu installieren, die gerade neben der wesentlich von Carl Schmitt getragenen »Konservativen Revolution« Gewicht erhält. Wichtig wurde sein Einfluss bei der Gründung einer »Deutschen Hochschule für Politik«, die sich ab 1920 als Prototyp für eine Politikwissenschaft in Deutschland herausbildete. Sie werden Teil der beachtlichen Profilierung der Bildungslandschaft, die die »Haben«-Seite in der Republik füllte. Ihr Engagement sollte aber kein blutleeres Denken sein. Albert Einstein, Ernst Troeltsch, Friedrich Meinecke, Walter Rathenau und auch Theodor Heuss formierten sich in der »Grunewalder Wandergruppe«[12], die sich zu regelmäßigen Ausflügen in die Natur traf. Sie wurden so etwas wie die Peripatetiker ihrer Zeit, sprengten die in jeder Hinsicht enge Gelehrtenstube und folgten dem Befreiungsdiskurs, der über die Auflösung der politischen Strukturen hinaus auch das Lebensgefühl betraf und einen neuen Kult der Körper, den bisher nur die Vorreiter der Lebensreformbewegung ausgelebt hatten, für Alle zuließ. Neben dem Wissenschaftsdiskurs akzeptierten sie den sportlichen und naturnahen Paradigmenwechsel, der für die A-Kultur der Republik quantitativ und qualitativ immense Dimensionen erreichte. Das bestätigte als schönes Indiz den neuen, lebensumfassenden kritischen Geist der universitären Gemeinschaften und urbanen Milieus. Auch ihn gab es. Im Rückblick auf den 1914 in die Öffentlichkeit gelangten »Aufruf an die Kulturwelt«[13] war diese Entwicklung im Lager der In-

10 | Ebd., S. 179.

11 | Ebd., S. 180.

12 | Ebd., S. 196.

13 | Vgl. dazu das Kapitel »Zürich, Bern und Uttwil«.

tellektuellen ein konsequenter Schritt, ein Zugewinn, doch verglichen mit den Tausenden von Bekennern, die sich auf den Listen im Kontext der Dreyfus-Affäre am Jahrhundertende in Frankreich zusammenfanden, repräsentieren sie nur bedingt die junge Republik in Deutschland. Vor allem fehlte, anders als in Frankreich, wo die Protest- und Solidarisierungslawine von einem Schriftsteller, Emile Zola, losgetreten worden war, die literarische und künstlerische Intelligenz, die den Anschluss nur selten fand. Eher waren es die oben genannten, von Einstein bis zu Troeltsch, dazu insbesondere Natorp und die Marburger Neukantianer, die ihrerseits eine Affinität zu denen empfanden, die jenseits der offiziellen Politikfelder als Schriftsteller und Künstler, wie sich zeigen ließ, agierten. Im Für und Wider der Spannung tradierter Mächte und einem umso bemerkenswerteren Neubeginn, wenn auch oft nur allzu sehr in den Köpfen, verbarg sich ein paradigmatischer Wechsel in der Deutungshoheit, noch mehr: im Habitus derer, die neue Deutungshoheit repräsentierten, nicht minder im Bezugsfeld, das ihren Aktionen immanent war. Um diese abschließend herauszustellen, lässt sich unser essayistisches Herantasten an dieses deutsche Jahrhundertjahr an den Ausgangspunkt unserer Überlegungen rückschließen.

Abschiede schließen das Narrativ des Jahres ab: Da, wo sich Topie und Utopie nicht verbinden, kann das Gegensatzpaar, das in diesem Jahr 1919 quasi das Rückgrat der Meistererzählung abgab, keine Frucht bringen. Kommen wir also zum Ausgangspunkt zurück: Ein Lackmustest – wo es Verluste gibt, beginnt die Trauer.

Unsere Reflexionen begannen mit »Abschieden«. Im Blick auf Leipzig zeigte sich die Genese von Aufklärung und Bürgertum, die mit dem Krieg an ein Ende gekommen waren, in Weimar die Ambivalenz der Moderne, die nicht zu halten war, und in Darmstadt das Paradox der fortschrittlichen Adelsmoderne, die verlorenging, doch zukunftsfroh mit einem dort mit Büchner bereits angelegten republikanischen Geist nun fortgeschriebenen wurde. Hier war der Blick zurück auf der Suche nach der Genese der deutschen Identität gefolgt. Sie hatte dieses Deutschland fundiert, einschließlich der negativen Verirrungen, die das 19. Jahrhundert mit sich gebracht hatte.

Gravierende Abschiede vollzogen 1919 aber auch Einzelne, deren Nachdenken unseren Blick auf das Jahr abschließen soll. An ihrem Leiden, ihren Hoffnungen, ihren Selbstpositionierungen lässt sich noch einmal der Habitus erkennen, der im Umbruchjahr 1919 entsteht und Konsequenzen für die Zukunft hat.

Robert Musil nahm Abschied von der Deutungshoheit der Intellektuellen: Noch 1919 hatte er zu den Unterstützern der insbesondere auch von Heinrich Mann und Bruno Taut geprägten österreichischen Variante des »Rates geistiger Arbeiter« und des »Arbeitsrats für Kunst« gehört. Im März 1919 plädierte

Musil in der Neuen Rundschau, wie berichtet, für die unter seinen Landsleuten in der Nachkriegszeit verbreitete Forderung eines Anschlusses an Deutschland mit der Begründung, eine eigenständige österreichische Kultur sei doch nur Legende. Die Familie verliert in der Inflation das gesamte Vermögen. Aber nicht dieser Verlust ist es, den er als Narrativ seinem *opus magnum* »Der Mann ohne Eigenschaften« zugrunde legt. Der Held Ulrich, Typ des modernen Intellektuellen, der die Interessen eines naturwissenschaftlichen Geistes mit dem modernen Outfit eines sportlich gestählten Körperideals verbindet, wird im 13. Kapitel des Romans vom Paulus zum Saulus. Schon die Kapitelüberschrift zeigt das Dilemma: »Ein geniales Rennpferd reift die Erkenntnis, ein Mann ohne Eigenschaften zu sein«[14]. Menschliches Genie ist nicht mehr gefragt. Gerade der Geniebegriff, der Glaube an sich selbst als »Originalgenie«, wie wir es beim jungen Goethe oder bei Jakob Michael Reinhold Lenz in der Straßburger Zeit finden, und wie es im Anschluss daran in Weimar bis ins Jahr 1919 kultiviert wurde, hatte eine lange Tradition in der deutschen Geistesgeschichte. Seit Klopstock, Lavater und den Zeiten des Sturm und Drang bis hin zu Nietzsche, dessen Übermensch-Idee ja nur die Genievariante der Evolutionstheorie war, hatten Schriftsteller an ihre Definitionsmacht geglaubt. Vom *poeta vates*, der selbstauferlegten Prophetenfunktion, kann angesichts der Herrschaft nüchterner Fakten keine Rede mehr sein. Die Kategorien, die bisher den Denkleistungen des Geistes und der Entwicklung der Persönlichkeit vorbehalten waren, ziehen nun Sportler und ihre Stars an sich, »ein Pferd und ein Boxmeister«, wie es im Text heißt. Warum? Sie haben »vor einem großen Geist voraus, dass sich ihre Leistung und Bedeutung einwandfrei messen lässt und der Beste unter ihnen auch wirklich als der Beste erkannt wird, und auf diese Weise sind der Sport und die Sachlichkeit verdientermaßen an die Reihe gekommen, die veralteten Begriffe von Genie und menschlicher Größe zu verdrängen.«[15] Nicht mehr der Intellektuelle ist der Deuter von Welt, so muss Ulrich erkennen, und er beschließt angesichts der Übermacht der Fakten, des Reiches der Notwendigkeit, ein Mann ohne Eigenschaften zu werden, mit nichts als der fragmentarisch bleibenden Kompetenz des Chronisten der Zeit. Viele, von Musil bis Broch und darüber hinaus, haben es in ihren Essays und Romanen bei dieser Einstellung belassen. Die »Geistigen« waren im Zeitalter der »Neuen Sachlichkeit« nur noch Teil der Erinnerungskultur. Statt utopischen Denkens herrschte nun Verzichtshaltung vor. Man betrauerte, gerade in der elaborierten Kulturszene in Österreich, den Verlust einer eigenen Welt, die Kompetenz für subtile Sinneswahrnehmungen, einen Lebensstil, eine Attitude, die es zum politischen Programm gebracht hatte, bis in die populistischen Ränge des Mi-

14 | Robert Musil: Der Mann ohne Eigenschaften, 2 Bde., hg. v. Adolf Frisé, Reinbek b. Hamburg 1978, Bd. 1, S. 45.

15 | Ebd.

litärstücks, in dem sich das Klischee vom süßen Mädel und das des flotten Burschen bis zum braven Soldaten Schwejk überlappten.

Stefan Zweig nahm Abschied von Europa: Einen weiteren, bis heute wahrgenommenen, ja, sprichwörtlich gewordenen Titel des Abschieds findet der österreichische Autor in seiner Autobiographie »Die Welt von gestern«. Sie spiegelt die Verlassenheit, die ein Systemwechsel für die Betroffenen bedeutete. Wir kennen ihn aus der Straßburger Szene des Jahres 1918,[16] den Verlust eines Systems, den auch Heinrich Heine im Buch »Le Grand« poetisiert hatte. Zweig inszeniert im Kapitel »Heimkehr nach Österreich« eine entsprechende Szene auf dem Baseler Bahnsteig:

Langsam, ich möchte fast sagen, majestätisch rollte der Zug heran, ein Zug besonderer Art, nicht die abgenutzten, vom Regen verwaschenen gewöhnlichen Passagierwaggons, sondern schwarze, breite Wagen, ein Salonzug. Die Lokomotive hielt an. Eine fühlbare Bewegung ging durch die Reihen der Wartenden, ich wusste noch immer nicht warum. Da erkannte ich hinter der Spiegelscheibe des Waggons hoch aufgerichtet Kaiser Karl, den letzten Kaiser von Österreich und seine schwarzgekleidete Gemahlin, Kaiserin Zita. Ich schrak zusammen: der letzte Kaiser von Österreich, der Erbe der habsburgischen Dynastie, die siebenhundert Jahre das Land regiert, verließ sein Reich! Obwohl er die formelle Abdankung verweigert, hatte die Republik ihm die Abreise unter allen Ehren gestattet oder sie vielmehr von ihm erzwungen. Nun stand der hohe ernste Mann am Fenster und sah zum letztenmal die Berge, die Häuser, die Menschen seines Landes. Es war ein historischer Augenblick, den ich erlebte – und doppelt erschütternd für einen, der in der Tradition des Kaiserreichs aufgewachsen war [...].

›Der Kaiser‹, dieses Wort war für uns der Inbegriff aller Macht, allen Reichtums gewesen, das Symbol von Österreichs Dauer, und man hatte von Kind an gelernt, diese zwei Silben mit Ehrfurcht auszusprechen. Und nun sah ich seinen Erben, den letzten Kaiser von Österreich, als Vertriebenen das Land verlassen. Die ruhmreiche Reihe der Habsburger, die von Jahrhundert zu Jahrhundert sich Reichsapfel und Krone von Hand zu Hand gereicht, sie war zu Ende in dieser Minute. Alle um uns spürten Geschichte, Weltgeschichte in dem tragischen Anblick. Die Gendarmen, die Polizisten, die Soldaten schienen verlegen und sahen leicht beschämt zur Seite, weil sie nicht wussten, ob sie die alte Ehrenbezeigung noch leisten dürften, die Frauen wagten nicht recht aufzublicken, niemand sprach, und so hörte man plötzlich das leise Schluchzen der alten Frau in Trauer, die von wer weiß wie weit gekommen war, noch einmal ›ihren‹ Kaiser zu sehen. Schließlich gab der Zugführer das Signal.«[17]

16 | Vgl. das Kapitel »Straßburg. Ich muss Dich lassen«.

17 | Stefan Zweig: Die Welt von gestern. Erinnerungen eines Europäers, hg. u. kommentiert v. Oliver Matuschek, Frankfurt 2017, S. 306f.

Und doch war Zweigs Abschied, sein Rückblick, seine Trauer anders motiviert: Er trauerte um Europa! Anders als Marcel Prousts *opus magnum* »Auf der Suche nach der verlorenen Zeit«, von dem 1919 das Teilstück »À l'ombre des jeunes filles en fleurs« erschien, oder Musils Fragment gebliebene Rückschau, die aus ihren nationalen Geschichten und erlebten Gesellschaften ihre Trauer gewinnen, hatte Zweig zuvor ein Konstrukt für sich erarbeitet, das über ihn hinausweisend existierte und das er bespielt hatte: eine europäische Diskursgemeinschaft freier Geister. Und so trauert er um die verlorene Intensität der Verbindung zu Paul Valéry, um die Freunde aus den europäischen Übersetzerkreisen, um alle Prototypen einer solchen Diskursgemeinschaft. Valéry hatte den Verlust 1919 mit seinen Reflexionen unter dem Titel »La crise d'esprit« markant benannt.

Zweigs Autobiographie entstand nicht zeitgleich mit dem Erlebten, sondern erst im brasilianischen Exil, quasi der Situation, in der das 1919 partiell Vergangene endgültig verloren war. Er schaut nicht nur auf die KuK-Vergangenheit zurück, sondern erinnert sich an Schriftstellerkollegen, die in besonderer Weise für das Europäische schlechthin stehen. Zu ihnen zählen René Schickele und Yvan Goll. Schriftsteller mit diesen Biographien sahen, so Zweig, »Deutschland und Frankreich als Brüder«, traten für »Verständigung statt Befeindung« ein. Sie waren es, die »um beide und für beide«[18] litten.

René Schickele nahm Abschied von Deutschland. Über ihn wurde gesprochen. Über den Essay »November 1918« und die Publikation »Die Genfer Reise« hinaus hatte er 1919 unter dem Titel »Schicksal«[19] die Situation im Chaos des ersten Nachkriegsjahres auf den Punkt bringen wollen. Doch er widerlegt die These, damit etwas erleiden zu müssen, mit der Annahme einer Verpflichtung, mit der eigenen Zeit einen Lebensauftrag anzunehmen. Der heute weitgehend vergessene Elsässer hatte zu den Persönlichkeiten des Jahres gehört, unermüdlich versucht hatten, nicht nur zu retten, was zu retten ist, sondern auch mit Ideen von Bauhaus, Völkerbund, Pazifismus zukunftsweisend zu handeln. Erst mit der Flucht ins Exil nach Sanary-sur-Mer würde er diese Hoffnung auf ein deutsch-französisch-europäisches Versöhnungsprojekt, unter das er sein Leben gestellt hatte, aufgeben und am Ende von den zwei seiner Sprachen, der französischen der Mutter und der deutschen des Vaters, letztere für immer aufgeben.

Yvan Goll suchte Europa. Mit Goll, in Lothringen zweisprachig aufgewachsen, in einer deutschsprachigen Schule sozialisiert, erscheint ein Pendant zum europäischen Denken eines Stefan Zweig. Während Schickele mit der Sicher-

18 | S. Zweig: Die Welt von Gestern, S. 299.

19 | René Schickele: Schicksal, in Das Tribunal, 1.Jg. (1919), H. 8/9, S. 102f.

heit der Verwurzelung im allemannischen Sprach- und Kulturraum versehen agierte und nun, bei der entstandenen grenzüberschreitenden politischen Programmatik sich zum Handeln für beide Seiten aufgerufen sah, lebte Goll mit jüdischer Identität das Fremde dieser Zeit als Verlust Europas. Heimatlos auch hier, im Diskurs der Diskurse! Weil das Abendland überzogen war vom Theorem des eigenen Untergangs, wählte Goll als literarische Lösung die Identifikation mit dem Aggressor, eine Anverwandlung von Rollenbildern, die eben jenes Abendland in seinem Verluststatus festhalten: als Johann ohne Land[20], als Orpheus und Flaneur: der Nicht-Habende/Nicht-Handelnde, der Sänger des Verlustes und der »Lumpensammler« mit dem »Habitus des Flaneurs, der auf dem Asphalt botanisieren geht«[21] – um es mit Walter Benjamin zu sagen. Die kollektive Erinnerung scheint auf den Straßen der Welt aufgehoben. Eine Straße »führt hinab, wenn nicht zu den Müttern so doch in die Vergangenheit, die umso tiefer sein kann, als sie nicht seine eigene, private ist.« Die Bewegung auf der Straße wird zu einem zwanghaften Vorwärts- und zugleich Zurückschauen. »Die Figur des Flaneurs rückt wie von einem Uhrwerk getrieben über die steinerne Straße mit dem doppelten Boden dahin.«[22]

Die Bilder, die Lumpensammler, Ankläger, Pamphletisten, Lyriker und Dramatiker zusammentrugen und die wir 1919 finden, sind Resultate der Besichtigungstouren in diesem Europa, das am Aussatz, an der »Eurokokke« leidet, wie Goll in seinem gleichnamigen Roman diagnostiziert. Doch keinem dieser Bilder gelingt es, so mit diesem Europa umzugehen, wie es einer über Amerika ins alte Europa zurück gelangten Kultfigur gelingt: Charlie Chaplin. Yvan Goll, einer der mit diesem Zeitauftrag, Europa zu suchen, angetreten war, hatte ihn von einem seiner Heimatländer, Frankreich, ins andere, nach Deutschland getragen.

Charlie Chaplin ante portas, das hieß, die Welt neu zu vermessen: Yvan Goll ging 1919 mit seiner Frau, der Schriftstellerin Claire Goll, nach Paris. Dort erscheint in französischer Sprache »Le coeur d'ennemie«, ein Stück Versöhnungsarbeit, die er mit der Clarté weiter konkretisiert. Parallel zur Entzauberungsästhetik seiner Romane sucht er in einer bemerkenswerten Art von negativer Freiheit nach neuen Botschaften. Das Moderne, das Urbane, Jüdisch-Archaische verdichten sich in einem poetischen Europadiskurs. Charlie

20 | Yvan Goll: Jean sans Terre führt die Karawane, in: 100 Gedichte. Ausgewählt und mit einem Nachwort versehen v. Barbara Glauert-Hesse, Göttingen 2003, S. 114.

21 | Walter Benjamin: Frühe Entwürfe, in: ders.: Das Passagen-Werk, hg. v. Rolf Tiedemann, Frankfurt a.M. 1982, Bd. II, S. 1053.

22 | Walter Benjamin: Das Paris des Second Empire bei Baudelaire, in: Gesammelte Schriften, hg. von Rolf Tiedemann u. Hermann Schweppenhäuser, Frankfurt a.M. 1974, Bd. I/2, S. 537.

Chaplin, 1919 in Europa entdeckt, erhält hier einen Ort. Er ist das Narrativ des Jahres, ein Import, weitergeschrieben als deutsch-französische Doppelkonstruktion. Sie impliziert die Ankunft auch des Amerikanismus in Deutschland. Mit Fordismus und Taylorismus bietet sich der weiße Sozialismus als Konkurrenzmodell zum roten Sozialismus, der die Westeuropäer so beunruhigt. In diesem Sinne etabliert sich Yvan Golls Chapliniade, eine »Kinodichtung« mit dem Untertitel »Kleines Kino der Menschlichkeit«. 1919 war die Schrift schon in Paris erschienen, wurde nun übersetzt und mit Zeichnungen von Fernand Léger in Deutschland veröffentlicht.

Abbildung 61: Charlie Chaplin kommt 1919 in Europa an, per Kulturtransfer wenig später auch in Deutschland. Fernand Léger illustriert Die Chapliniade *von Yvan Goll*

Befreiend wirken Medium und Botschaft: Charlie Chaplin als Repräsentant eines neuen Jahrhunderts für ein darniederliegendes Europa, ja, als neuer Gott, dem ein eigenes Vater-Unser gewidmet ist:

»Ave Charlot!
Heil dem Befreier aus dem Jahrhundert der Arbeit!
Führ uns wieder zu uns selber zurück!
Seltener Bruder des Rehs, Prophet der Wüstenvölker,
Hier schmachten und dursten wir nach Wort und Gesang: Sprich!
Schlag an den felsenen Quell unserer Brust!

Ich schenke dir die Möglichkeiten höchster Kunst;
Wie ein Bildhauer knete die Menschengesichter!
Gieß Himmel wieder in ihre blauen Augen.
Lächle, Bruder: das ist erhöhende Revolution!
Erlöse uns von der Arbeit! Bring den Kommunismus der Seele!«[23]

Der Tramp Charlie Chaplin und die Suchenden, Künstler und Schriftsteller, finden eine grenzüberschreitend wirkende Identitätsfigur, die Teil eines zukunftsfähigen intellektuellen Europäertums wird. So lässt sich 1919 als das Geburtsjahr eines europäischen Charlie Chaplin bezeichnen. Es gab zwar bereits während des Krieges eine Erfolgsserie von Chaplin-Filmen in Frankreich, doch sie hatten es noch nicht in die Ebene der kulturellen Identität gebracht, er war nur eine Variante der frühen filmischen Slapstick-Helden.[24] Blaise Cendrars schon hatte die aufheiternde Realität des »Charlot« in den Schützengräben eindrucksvoll beschrieben:

»Charlot war an der Front in aller Munde... Charlot, Charlot, Charlot. In allen Unterkünften, und des nachts schallte das Gelächter bis in die vordersten Schützengräben. Rechts, links, die ganze Front entlang, alles schüttelte sich vor Lachen aus.«[25] Hatte der Filmkomiker in Amerika eher als ein besonders gelungener Tramp mit (vermeintlich) italienisch gefärbtem Migrationshintergrund Karriere gemacht, wurde er nun in Frankreich als nationaler Mythos konstruiert und entsprechend verwandelt in »Charlot«. Cendrars wirkte an diesem Muster mit, wenn er später betonte, Chaplin sei der »entscheidende Faktor bei dem Sieg der Franzosen über die Deutschen gewesen, da diese zu dem damaligen Zeitpunkt Chaplin noch nicht kannten.«[26]

Tatsächlich war Chaplin noch nicht in Deutschland angekommen: Die Zensur hatte ihn verhindert, auch eine schwierige Konzessionssituation. Der Transfer nach Deutschland bestätigt die kulturelle Subebene, die sich gegen die herrschenden Feinbilder aufbaut, sei es in rheinischen Künstlerkreisen, die ihre traditionelle Verbindung zu Paris pflegen, sei es im Berliner Dada. Erste Adaptionen finden wir in Deutschland auf Johannes Baaders Collage mit dem Titel »Gutenberggedenkblatt. Ehrenporträt von Charly Chaplin, 14. April 1919«. George Grosz gestaltet 1919 ein »Selbstportrait für Charlie Chaplin« und

23 | Yvan Goll: Die Chapliniade, Dresden 1920, S. 35.

24 | Alexander Gaude: »Leur Charlie et notre Charlot«. Zu Yvan Goll's und Fernand Légers Chaplin-Rezeption, in: Yvan Goll im Diskurs der Moderne, hg. v. Hermann Gätje und Sikander Singh, Tübingen 2017, S. 101-123, hier S. 102.

25 | Blaise Cendrars: Les Chroniques du jour, 21. Dez. 1926: La naissance de Charlot, zit. in: A. Gaude: Leur Charlie, S. 102.

26 | Blaise Cendrars: Charlot et la Guerre, in: Le Disque vert 4-5 (1924), S. 78, zit. in: A. Gaude: Leur Charlie, S. 103.

bekennt sich damit zum Bruder im Geiste. Dass sein Selbstportrait als Meisterdetektiv mit Pfeife und karierter Reisemütze zugleich einen intertextuellen Bezug zu Sherlock Holmes herstellt, ist wohl mehr als der englischen Herkunft der beiden genialen Zeitdiagnostiker zu verdanken.

Mit Chaplin setzt sich ein Medienwechsel durch. Er realisierte mit dem Film mehr, als Literatur und Bild leisten konnten. Sein Filmrealismus ist subversiv, ebenso kritisch-analytisch wie als Bekenntnis zum Humanen, das mit der Rezeption evoziert wird. Chaplin wird zum Betroffenen, aber nicht primär Opfer, sondern Zeitzeuge. Im Blick auf Golls Kinodichtung »Die Chaplinade« von 1920 lässt sich auch die Zeitdiagnose bestätigen, die Peter Sloterdijk in seiner »Kritik der zynischen Vernunft« zu Chaplin ausführt: Der Zeitgenosse ist der Chaplin der »Modernen Zeiten«, der betroffene Zeitzeuge. Er wählt eine »nicht-affirmative Form der Bejahung«, verbündet sich mit der Zeit, »um sie genauer zu sichten, tritt mit der Ironie eines geprügelten, ins Räderwerk geratenen Ichs auf, das sich die Hände so schmutzig macht, wie die Verhältnisse sind und das inmitten der Geschehnisse nur darauf achtet, geistesgegenwärtig zu bezeugen, was ihm begegnet ist«[27]. Distanz, Nähe und der unbedingte Wille, die Dinge der Zeit zu durchschauen, verbinden sich. Deutsche und französische Künstler finden eine Referenzebene, die sie verbindet.

Tramp, Dichter als Retter ihrer selbst, als Mythendeuter von Einstellungen, die der Abgesang auf das abendländische Europa bietet oder gerade begegnet, erzeugen ein Wimmelbild Europa. Chaplin wird dabei Zeuge, er übernimmt »Standpunkt«, so, wie Lenz, dessen Dramenpoetik eingangs dieses Buches zum methodischen Zeugen berufen wurde, für seine »Gemälde« Standpunkt bezieht. Anschauungsfilm, könnte man für Charlie Chaplin sagen. Dies aber, die Synthese der einzelnen Elemente, ohne dass dies in einem simultanen Anderen aufgeht, zu einem stimmigen Ganzen zu komponieren, das gelingt dem Wimmelbild mit seinem thematischen Rahmen.

Europa wird zur Symbiose um den Rhein. In seinem Roman »Der Mitropäer« hatte Goll aus den Helden des Erzählten eine Idealfigur mit schweizer, französischen und deutschen Anteilen gestaltet, sozusagen gedanklich den zukunftsfähigen Europäer konstruiert. Es wurde, trotz Golls ambitionierter Netzwerke zur ost- und südosteuropäischen Avantgarde, ein westeuropäisches Modell, verortet im oberrheinischen Dreiländereck. Auch Sternheims Binnenerzählung »Der Rheinländer« im vorgestellten Roman »Europa« folgt diesem Muster, der Suche nach der Persönlichkeitsstruktur, die sinntragender wäre für die Zukunft und dem Zerstörerischen Einhalt gebieten könne. Auch der

27 | Peter Sloterdijk: Kritik der zynischen Vernunft, Frankfurt a.M. 1983, S. 788.

Schriftsteller, Künstler, Kunstphilosoph und politisch im Umfeld der Clarté engagierte Carl Einstein entscheidet sich im biographisch für ihn relevanten Bedeutungsdreieck Rheinland – Berlin – Paris weg vom »unheiligen Berlin«[28] hin zur Doppelnatur von Rheinland und Frankreich. Sie setzen da an, wo schon Heinrich Heine seine fundamentale Kritik an Deutschland ansetzte: Die intellektuelle Heimat Europas ist Frankreich, dem gegenüber Deutschland sich als Hüter eines unzeitgemäßen Philistertums erweist. Über die Erbfeindschaft hinweg entwickelte sich ein europäisches Ideal.

Wieso sich an dieser Stelle auf Heinrich Heine verweisen lässt? Tatsächlich wurde 1919 sein bedeutendes Spätwerk in bemerkenswerter Weise weitergeschrieben.

Wer schreibt das zukünftige »Wintermärchen«? Im Diskurs des Jahres 1919 wird es öffentlich gemacht: Im März 1919 stellt der Düsseldorfer Arzt Hans Koch, zugleich Galerist, Nebenbuhler von Otto Dix, der ihm die Frau, die legendäre Mutzli ausspannt und der daraufhin Mutzlis Schwester heiratet, eine Vorstudie des verschollenen Ölbildes von George Grosz, »Deutschland, ein Wintermärchen« im Graphischen Kabinett van Bergh aus.

Gilt das Ölbild aus dem Besitz des Berliner Dadaisten und Begründers des Malik-Verlages, Wieland Herzfelde, als verschollen, holt doch die jüngst wiederentdeckte Studie das, was Grosz schon 1918 als das Überlebensmodell schlechthin inszenierte, aus dem Vergessen. Zu sehen sind, in der unbarmherzigen, tabubrechenden Handschrift des Künstlers:

Ein Pfarrer, ein General, ein mit Eichenlaub winkender Lehrer. Sie bilden das Trio der Meinungs- und Machtinstanzen; Kirche, Kaserne, Mietshaus und Bordell als Kreuzungs- und Begegnungsorte der Gesellschaft; mittig: der Spießbürger vor dem Rest seiner überdimensionalen Schweinshaxe, die wir aus vielen Bildern des Künstlers kennen. Hier sind nur noch ein abgenagter Knochen und ein aggressiver Gestus des schmatzenden Spießbürgers geblieben. Er hatte symbolisch verzehrt, was es kaum mehr zu verzehren gab und nur noch als quasi paradoxe Widerlegung auf diesem Präsentierteller arrangiert wurde: die nationale Würde, humane und aufklärerische Werte, die Europa zu verteidigen hatte.

Das Bild zeigt vieles von dem, was für die Gegenwart des Jahres 1919 Geltung hatte. Es ist leicht zu dechiffrieren und hat sich im Laufe von 100 Jahren

28 | Vgl. dazu: Gertrude Cepl-Kaufmann u. Jasmin Grande: Rheinland – Berlin – Paris. Carl Einsteins messianische und spirituelle Identitätssuche im Kontext seiner biographischen Topographie, in: Carl Einstein und die europäische Avantgarde/Carl Einstein and the European Avant-Garde, hg. v. Nicola Creighton u. Andreas Kramer, Berlin 2012, S. 13-30.

als markantes Muster unserer Erinnerung verfestigt. Grosz hatte sein Bildmotiv erkennbar mit einem antipreußischen Reflex vermittelt. Ablesen lässt sich die These, dass es nicht gelungen sei, die traditionellen Macht- und Meinungseliten, die Deutschland mit dem Krieg in ein politisches Desaster gesteuert hatten, auszuschalten. Die Fakten lassen sich nicht widerlegen, hatte doch schon die Inszenierung der ›Dolchstoßlegende‹ gegen Ende des Jahres vieles von dem erkennen lassen, was als destruktive Kraft in den Jahren der Republik wirken würde.

Abbildung 62: George Grosz gestaltet eine Aquarell-Vorstudie zu seinem Ölbild Deutschland ein Wintermärchen. *Sie wurde 1919 in Dr. Kochs Graphischem Kabinett van Bergh in Düsseldorf gezeigt*

So, wie Ebert in seiner Antrittsrede in Weimar die Mitte des 19. Jahrhunderts beschworen hatte, gibt auch dieses Sinnbild eine Traditionslinie preis: der Blick des Intellektuellen, kritischen Exilanten aus der Ferne. So, wie Ball, Sternheim, Bloch aus der Ferne ihre kritische Bilanz zum Thema Deutschland gezogen hatten, hatte es ihr geistiger Vorfahre Heinrich Heine getan. Das Bild verschweigt aber zugleich mit dem, was es als »Wintermärchen«, als Narrativ für diese Situation im Spannungsfeld von Kaiserreich und Republik ausmachen möchte, das Gegenstück, das es 1919 in vielerlei Hinsicht als Aufstand gegen die vom Verlust bedrohte Identität auch gab. Grosz zitiert mit der Wahl des Bildtitels »Deutschland, ein Wintermärchen« einen mächtigen Zeugen, der hier im Ausstellungsort Düsseldorf, der Geburtsstadt des im Thema herbeigeholten Heinrich Heine, ein besonderes Gewicht hatte.

In der Stadt Heinrich Heines, in direktem Verweis auf das Versepos, verbinden sich die Botschaften, die Grosz ganz offensichtlich sucht: Hatte Heine einst die Erfahrungen seiner Reise vom Exilort Paris nach Deutschland, zu seinem Verleger Campe nach Hamburg, als Reise durch ein verlorenes Land bürgerlicher Emanzipation empfunden und ins literarische Bild gefasst, ließ sich die Gegenwart als weitergedrehte Schraube, als jüngste Fassung eines Sieges der Macht der Restauration erkennen, die auch schon rund achtzig Jahren früher, auf dem negativ konnotierten Feld politischen Handels von Heine verortet wurde. Und auch Grosz fühlte sich als Exilant in einer Art selbstgewähltem anderen Land: Er hatte seinen deutschen Vornamen Georg demonstrativ amerikanisiert und mit Dada eine poetische und politische Gegenwelt bezogen. Ein ernüchternder Doppelblick!

Der Rekurs auf das »Wintermärchen« war kein Unikum. Sternheim las seinen Kindern schon im Schweizer Exil, im September 1919 Heines Versepos und aus seinem »Bürger Schippel«, sozusagen das Äquivalent, vor.[29]

Heine und Grosz halten ihre Zeit als Endzeit fest, doch beide hatten auch ein Gegenbild: Für Heine war Frankreich das Land der Aufklärung und Revolution, für Grosz das Ideal Amerika als Ort der Freiheit. Im eigenen Land fühlten sie sich als Fremde, als Wintergäste. Der existentielle Verlust saß schon mit dem Beginn der Demokratie tief. Fremd zu sein in der eigenen Kultur, diese Erfahrung wird nach dem euphorisch erlebten revolutionären Schub immer stärker werden. George Grosz wird Ende der zwanziger Jahre der Prozess gemacht für seine Interpretation der Zeit: Christus mit der Gasmaske. Schon 1919 zeigte sich der Antagonismus. Tabubruch! Giftgas, dafür bekam sein Erfinder Fritz Haber 1919 sogar den international anerkannten Nobelpreis für Chemie, das schien damals Gewinn an Fortschritt pur.

Heines Versepos war keine Studierstubenarbeit, es war eine per Postkutsche abgeleistete Reise durch ein Land, Beobachtung, Erschrecken, z.B. als er am Rhein, im »hilligen Köllen«, wo man gerade dabei war, aus dem nationalen, ja republikanischen Projekt zum Weiterbau des Doms, so, wie Heine es für die erste Planungsphase beschrieben hatte, 20 Jahre später wiederum ein Denkmal und Gefängnis des Geistes zu machen. Nichts anderes war es, was Grosz in seinem »Wintermärchen« im Bild inszeniert hatte: Die Warlords waren wie-

29 | Vgl. dazu Carl Sternheim: Lebenschronik, in: Gesamtwerk, Bd. 10/2, S. 1215.

der da. Es galt, die »Sünde« aufzudecken, die diese Zeit hatte werden lassen, aber auch, nach dem verlorenen Paradies zu schauen.

In Heines »Wintermärchen« begegnet die Idealverknüpfung Deutschland-Frankreich. Offensichtlich arbeiteten sich Künstler und Schriftsteller daran auch 1919 ab. Ihr immanentes Vorhaben, ohne dass sie mit diesem Begriff operierten: die Heterotopie Europa. In diesem Sinne hatten die Utopien des Jahres Teil am Bau von Zukunft, einer im besten Fall Zukunft des Bekannten, der tragenden Bedingung von Heimat.

Die Heterotopie Europa entstand 1919, zumindest nach Michel Foucaults Definition, der sie verstand als »wirkliche Orte, wirksame Orte, die in die Einrichtung der Gesellschaft hineingezeichnet sind, sozusagen Gegenplatzierungen oder Widerlager, tatsächlich realisierte Utopien, in denen die wirklichen Plätze innerhalb der Kultur gleichzeitig repräsentiert, bestritten und gewendet sind, gewissermaßen Orte außerhalb aller Orte, wiewohl sie tatsächlich geortet werden können.«[30] Die Heterotopie ergab sich aus einem Erinnerungsbild, das sich mit der Aufklärung und der Revolution etabliert hatte und als Mythos weiterlebte, einschließlich der politisch-topographischen Zuschreibung hin zum historischen Ort des Geschehens – Frankreich. Die Treffsicherheit, mit der sich hier das Jahr 1919 hineindenken lässt, könnte kaum genauer sein. Wie können wir die Heterotopie im Jahr 1919, bezogen auf Deutschland, verorten? Preußen wurde als Dystopie empfunden. Das Preußische, so ließ sich zeigen, geriet in die Schlagzeilen, wurde pauschal mit Militarismus gleichgesetzt. Tatsächlich ließ sich ein Diskurs ausmachen, in dem das Narrativ Preußen virulent war, sich als Dystopie erwiesen hatte. Auch wenn die rhetorischen und politischen Waffen keineswegs ruhten, und das Erbfeinddenken noch weitere Jahrzehnte blühen würde, erwies sich das Deutsch-Französische in diesem Jahr 1919 als das Europäische, so, wie sich das Preußische als das Deutsche bewiesen hatte. Das Denkbild Rhein, das Heine bemüht hatte und das nun wiederaufgegriffen wurde, respektierte über die bellizistische Geschichte hinaus das, was auch gewesen war und blieb und fasste es, auf beide Seiten anspielend, ins Bild: »Europas Jordan ist der Rhein«[31]! Eine Erinnerungs-, aber auch eine Zukunftslandschaft, die sich hier, an der Zeitenwende, beweisen konnte.

»Staatserzählungen« betiteln Herfried Münkler, Jürgen Kaube und Wolfgang Schäuble ihr Nachdenken über »Die Deutschen und ihre politische

30 | Michel Foucault: Andere Räume, zit. in: Aisthesis. Wahrnehmung heute oder Perspektiven einer anderen Ästhetik. Essais, hg. v. Karlheinz Barck, Leipzig 1993, S. 39.

31 | So in einem Gedicht von Alfons Paquet: Kurze Biographie, in: Gesammelte Werke, hg. v. Hanns Martin Elster, Stuttgart 1970, Bd. 1, S. 37.

Ordnung«[32]. Ihr Rekurs auf Denkmodelle und politische Muster zielt auf die Einschätzung unserer gegenwärtigen nationalen und globalen Lage. Dafür sucht Münkler nach einer neuen Europaerzählung. Er nennt die »Abendlanderzählung« mit ihrem eher defensiven, national-konservativen Ansatz. Davon war auch 1919 die Rede. Münkler lässt ihn nicht als überfällig Ewig-Gestriges stehen, sondern gewinnt im Spannungsgefüge zur »Global-Player-Erzählung« das hinzu, was sie auch bewegt: die Sicherung der Menschenrechte.

Das Besondere, das sich in diesem Jahr 1919 auffinden lässt, lässt sich hier andocken: Den Zeitgenossen von 1919 ging es noch nicht um das »Globale«, wohl aber das, was Europa ausmachte, bzw. ausmachen sollte. Ihre Antwort entspricht der, die Heine im Versepos skizziert: Da, wo einen das Nachdenken über die Heimat Deutschland um den Schlaf brachte, musste man die Metaebene finden, das geistige Europa, das im Topos Frankreich sein Äquivalent hatte. So ist der europäische Zug, der sich in diesem Jahr und als Schlussakkord ausmachen lässt, der des Leidens und der Sehnsucht nach eben diesem deutsch-französischen Idealpaket Europa, verbunden mit dem Wunsch, dass daraus die Meistererzählung für die Zukunft würde.

Sie gewinnt Bedeutung in den Biographien der Zeit: So, wie Fritz von Unruh es nach Paris zieht, finden Schriftsteller in dieses Zentrum der Moderne, das nichts vom Nimbus des Revolutionären verloren hatte. Es ist die Kompensation des Verlustes eines Deutschlands, dass es nur in diesem einen Jahr der Offenheit zum Partner dieses Bruderlandes gebracht hätte.

1919 setzte eine rege Reisetätigkeit ein: Es zogen Claire und Yvan Goll nach Paris, reisten Paul Éluard und Gala von Paris nach Köln, von wo aus sie 1922 Max Ernst mit nach Paris nahmen; Tristan Tzara reiste von Zürich nach Paris; Hans Arp reiste von Zürich aus nach Köln; Carl und Thea Sternheim reisten nach Paris… Eine lange Liste zu einer langen Geschichte, auch ein Kapitel der *longue durée*. Denn hier, in der Tradition einer Sehnsuchtsreise, die bis in die legendäre, im Paris des Jahrestages der Französischen Revolution endenden Reise von Georg Forster und Alexander von Humboldt ins Jahr 1790 zurückreicht, können wir auch das Jahr 1919 verorten. Immer dabei: der Rhein, den man überqueren musste. Den Tenor hatte Heinrich Heine mit seinen Erfahrungen im politischen Deutschland von 1830 vorgegeben. Seine poetische Erkenntnis im Kontext der Flucht in der Julirevolution angesichts der Zäsur der Systeme, die der Strom für ihn, dem europäisch denkenden Intellektuellen bedeutete: Der Rhein sei »der Jordan, der das Land der Freiheit trennt vom Lande der Philister«. Der Rhein hatte sich erst jüngst wieder in apokalyptischem Maße als das Trennende schlechthin bewiesen. Es wundert nicht, dass das

32 | Herfried Münkler, Jürgen Kaube, Wolfgang Schäuble: Staatserzählungen. Die Deutschen und ihre politische Ordnung, Berlin 2018.

Bild vom Rhein als Jordan, als ebenso historischer und mythischer Weltstrom, eine Art fluide Topographie nun wieder erweckt wird für neue Abgesänge auf zurückliegende Kriegsereignisse, aber auch für Heilsbotschaften gut ist.

Paris war nicht Versailles. Wie Versailles ein geradezu lesebuchverdächtiger Ort von jahrhunderteprägendem, wechselndem Machtprogramm und -gesten war, war Paris der bilderbuchreife europäische Kulturort und wurde es 1919 wieder. Die französische Metropole wurde synonym für das Mekka des Geistes, der Kunst und einer europäischen Idee.

Karl Heinz Bohrer hat jüngst das deutsch-französische Diskursmodell und sein utopisches Potential herausgestellt. In seinen Reflexionen über die »Utopie Europa« entwickelt er einen solchen Gedanken im Abwägen von politischer Programmatik und Geschichte und dem Entstehungszusammenhang, in dem Bilder von Europa generiert wurden. Er verweist auf das historische Faktum des deutsch-französischen Dauerkonfliktes im 19. Jahrhundert, mit besonderer Berücksichtigung der Fundierung des Ersten Weltkriegs im deutsch-französischen Krieg von 1870/71, pointiert aber zugleich von diesem historischen »Faktum« her das Gegenstück: Weit vor diesem sich zuspitzenden »Erbfeind«-Denken und der nationalistischen Verengung lag die Gemeinsamkeit, die seit den Tagen eines Montaigne und Herder eine »selbstverständliche Interaktion der europäischen Eliten«[33] geschaffen hatte. Sie konnten in diesen Tagen das leisten, was angesichts der öffentlichen Meinung und dem Krieg nach dem Krieg in den Medien nicht möglich schien: über den nominellen »Frieden«, der, an den Topos Versailles gebunden, keiner war, hinausgehend, an die Werte zu erinnern, die diesen Diskurs möglich gemacht hatten – Menschenrechte und die Grundwerte der französischen Revolution. Bohrer erinnert an die prägende Phase der wechselseitigen Empathie, die französische und deutsche Denker und Schreiber für einander entwickelt hatten. Nicht zuletzt nennt Bohrer Paul Valérys Essay »Die Krise des Geistes« von 1919 als Beweis für eine zuvor erreichte gemeinsame Diskurshöhe. Die aber wiederzuerlangen schien die gemeinsame Aufgabe. Geistige Kontinuität und Homogenität schienen im Schatten der politischen Ereignisse verloren gegangen, doch tatsächlich ließ sich auch in dieser Situation auf die historische Erfahrung und den Mythos zurückgreifen, der sich daraus gebildet hatte. Im Blick auf die versöhnungsbereiten Schriftsteller im Rheinland ließ sich dies zeigen, im Wechsel der Künstlerschaft ebenso wie im grenzüberschreitenden Projekt der Clarté.

Auch ohne auf Bohrers Ansatz der Aktualisierung einzugehen, lässt sich seine Perspektive in dem Sinne wahrnehmen, dass sie auf den Fundus an

33 | Karl Heinz Bohrer: Utopie Europa. Eine Ursache ihres Zerfalls, in: Möglichkeitsdenken. Utopie und Dystopie in der Gegenwart, hg. v. Wilhelm Vosskamp, Günter Blamberger u. Martin Roussel, München 2013, S. 65.

europäischen Konzepten verweist, die in dieser Problemsituation des Jahres 1919 das herausragende Angebot ausmachte, um der Offenheit und dem Friedenswillen, den es tatsächlich gab, ein Profil zu geben.

Wer hätte die Normen angeben können, wollte man sich nicht an das aus der Sowjetunion herüberwinkende politische Projekt anschließen? Der Amerikanismus war als Befreiungsphänomen ein wesentlicher Faktor, konnte aber den Bedarf nach intellektueller Orientierung nicht erfüllen. Letztlich realisierte sich auch hier das föderale Deutschland, das in einer Vielzahl regionaler und kultureller Muster anzutreffen war. Trotz der Etablierung des Kaiserreichs oder gerade wegen der mit seiner preußischen Identität in Verruf geratenen militaristischen Seite galt es, sich in dieser deutschen, europäischen Topographie zu verorten. Hier, und nur hier ergab sich mit der Traditionslinie aufklärerischen Denkens und damit implizit dem mit Spengler keineswegs untergegangen Abendland eine zukunftsfähige Perspektive.

Europa - ein Appell: Hier setzt auch die Lyrik an, die am Ende des Krieges dem Hass ein Ende setzen will. Mit Ludwig Rubiners Anthologie mit dem programmatischen Titel »Kameraden der Menschheit« ergab sich eine Sammlungsbewegung, zu der viele Autoren beitrugen. Paul Zech, dem Rheinland, Wuppertal und dem Ruhrgebiet vielfältig verbunden, war einer der Autoren, die früh und laut ein Ende der Grausamkeiten forderten. Sein mahnender, völkerversöhnender Ton mündet in einen politischen Aufruf für ein neues Europa, das er sich nur als eine Republik vorstellen konnte. Dass sein antizipierender Ruf nie eine Chance hatte, mögen wir aus der historischen Distanz nüchtern erkennen, doch die inständige Beschwörung eines versöhnten Europas, vermittelt in den Schlusszeilen seines Gedichtes »Europa«, bewegt noch heute: »Es flattert maienselig her von Norden/Europa und gebietet Republik.«[34]

Armin T. Wegner verbrachte sieben Jahre wegen seiner Pazifismusaktivitäten in Gefängnissen. Dies hinderte ihn nicht, unermüdlich die Sache der Völkerverständigung und -versöhnung zu betreiben. Hier, abschließend, sein auch heute noch aktueller Appell an alle Völker der Welt. Ihm schließt sich die Autorin dieses Buches an, motiviert von der Erkenntnis, dass es keine Alternative für die Diskursgemeinschaft freier Geister gibt, so wie sie partiell und utopisch gesinnt im Jahr 1919 auf den Plan trat, und dass sie aus dem Archiv unserer Erinnerung ans Licht gehört!

34 | Paul Zech: Europa, in: Julius Bab: Der Deutsche Krieg im Deutschen Gedicht, Berlin 1918, S. 11.

Funkspruch in die Welt!
An alle, alle alle! An die Völker Europas und die Völker Amerikas!
An die Steppenhorden Asiens, die Reisbauern Indiens und die Völker der Südsee!
An die steinernen Dschungel der Städte, an den einsamsten Kamelhirten der Wüste, der in seinem Zelte betet –
Aus verschüttetem Brunnen hebe ich mein Herz und rufe euch zu: trinkt! trinkt!
[...]
O Freunde, daß ich zwei Augen habe, auf euch zu schauen!

O Freunde, daß ich einen Mund habe zu sprechen, der nicht mehr verschlossen ist,
Mit euch den Atemzug des Friedens zu spüren, den tiefen und ruhigen Puls der Freundschaft –
Ein zersprungenes Gefäß der Liebe, hinzuströmen in alle Äcker der Welt.[35]

35 | Armin T. Wegner: Funkspruch in die Welt! in: J. Bab: Der Deutsche Krieg, S. 43f.

Bildquellen

Abbildung 1: Das große Liederbuch, ges. v. Anne Diekmann, Zürich 1975, S. 202.

Abbildung 2: Berliner Tageblatt v. 1. August 1914; Vorwärts v. 9. November 1918.

Abbildung 3: Vom jüngsten Tag, in: Der jüngste Tag. Bücherei einer Epoche, neu herausgegeben und mit einem dokumentarischen Anhang versehen v. Heinz Schöffler, Frankfurt 1970, S. IX.

Abbildung 4: Walter Hasenclever: Der politische Dichter, Berlin 1919.

Abbildung 5: Friedrich Nietzsche: Also sprach Zarathustra, Weimar 1908, sik Weimar.

Abbildung 6: Henry van de Velde: https://www.museumderdinge.de/deutscher-werkbund/protagonisten/henry-van-de-velde.

Abbildung 7: Lyonel Feininger: Kathedrale, Holzschnitt, in: Hans M. Wingler: Das Bauhaus 1919 – 1933. Weimar – Dessau – Berlin und die Nachfolge in Chicago seit 1937, Bramsche 1975, S. 38.

Abbildung 8: Manifest des Staatlichen Bauhauses, April 1919, in: ebd., S. 39f; das Lehrprogramm, in: ebd., S. 62.

Abbildung 9: Mathildenhöhe Darmstadt: https://www.mathildenhoehe.eu/assets/HomePageImages/startseite-portal-museum-kuenstlerkolonie.jpg.

Abbildung 10: Das Tribunal. Hessische radikale Blätter, hg. v. Carlo Mierendorff, Darmstadt 1919.

Abbildung 11: Selbstversenkung der Flotte: https://de.wikipedia.org/wiki/Selbstversenkung_der_Kaiserlichen_Hochseeflotte_in_Scapa_Flow#/media/File:Tug_alongside.jpg Royal Navy official photographer.

Abbildung 12: Aufruf an die Einwohner der Stadt Bremen, in: Die Revolution 1918/19 in Bremen. Aufsätze und Dokumente, hg. v. Peter Kuckuk, Bremen 2010 (Beiträge zur Sozialgeschichte Bremens 27).

Abbildung 13: Franz W. Seiwert. Lebendige, Köln 1919.

Abbildung 14: Weimar 1919 – Chancen einer Republik, hg. v. Justus H. Ulbricht, Weimar 2009, S. 149.

Abbildung 15: Die Nationalversammlung in Weimar, in: ebd., S. 115.

Abbildung 16: Kurt Eisner: Der Sozialismus und die Jugend, Berlin 1919.

Abbildung 17: Steckbrief Toller: https://www.literaturportal-bayern.de/institutionen-startseite?task=lpbinstitution.default&gkd=2175124-9
Abbildung 18: Neuwieder Zeitung v. 1. Dezember 1929.
Abbildung 19: Alfons Paquet: Der Rhein als Schicksal, Köln 1919.
Abbildung 20: Konrad Adenauer im Jahr 1917, Fotografie von Otto Liesendahl, Köln, gemeinfrei.
Abbildung 21: Kurt Schwitters: Anna Blume, Dichtungen (Reihe Die Silbergäule), Hannover 1919.
Abbildung 22: Kurt Schwitters: Merz (Reihe Die Silbergäule), Hannover 1919.
Abbildung 23: Heinrich Vogeler: Das Konzert (Sommerabend), Oelbild, www.kulturstiftung.de/frau-im-schatten/.
Abbildung 24: Heinrich Vogeler: Die rote Marie, Ölbild; MIME-Typ: image/jpeg.
Abbildung 25: Heinrich Vogeler: Siedlungswesen und Arbeitsschule (Reihe Die Silbergäule), Hannover 1919.
Abbildung 26: Max Beckmann: Die Synagoge in Frankfurt, Staedelsches Kunstinstitut, digitale Sammlung.
Abbildung 27: Alfons Paquet und Martin Buber: www.alfonspaquet.de/https://de.wikipedia.org/wiki/Martin_Buber#/media/File:Martin_Buber_portrait.jpg The David B. Keidan Collection of Digital Images from the Central Zionist Archives (via Harvard University Library)
Abbildung 28: Franz Rosenzweig: Der Stern der Erlösung, Frankfurt 1921.
Abbildung 29: Kuske: https://www.rheinische-geschichte.lvr.de/Persoenlichkeiten/bruno-kuske/DE-2086/lido/57c93c0da134c5.15136554 (Bruno Kuske, Porträtfoto. (Universitätsarchiv Köln) Scheler: https://maxscheler2.wordpress.com/
Abbildung 30: a) https://de.wikipedia.org/wiki/Goetheanum; b) https://de.wikipedia.org/wiki/Einsteinturm.
Abbildung 31: Lothar Schreyer: Kreuzigung. Spielgang Werk VII, 1921, in: Der Sturm. Zentrum der Avantgarde, Wuppertal 2012, S. 225.
Abbildung 32: Hanns Henny Jahnn. Ugrino, eine Glaubens- und Künstlergemeinschaft der 20er Jahre, Niedersächsische Landesbibliothek, hg. v. Jochen Hengst, Hannover 1991, S. 107 u. 22.
Abbildung 33: Zeitschrift Der Ziegelbrenner, Simonskall/Köln 1919.
Abbildung 34: Franz W. Seiwert: Welt zum Staunen, Köln 1919.
Abbildung 35: Otto Freundlich: Die Geburt des Menschen, Köln 1919. Carl Gabriel Pfeill: Der Weiße Reiter, Neuss 1919, in: Klaus
Abbildung 36: Hohrath: Karl Gabriel Pfeill. Leben und Werk (1889 – 1942), Neuss 1987, S. 35.
Abbildung 37: Aktivistenkongress 1919, in: Nachrichtenbrief der Kurt Hiller Gesellschaft e. V. 8 (2003), S. 24. Bildquellen
Abbildung 38: Max Pechstein: Flugblatt Arbeitsrat für Kunst, Berlin 1919.

Abbildung 39: Bruno Taut: Die Stadtkrone, Berlin 1919, S. 68.
Abbildung 40: Otto Dix: Blind, Lithographie, www.germanexpressionism leicester.org/leicesters-collection/artists-and-artworks/otto-dix/blind-man/
Abbildung 41: Otto Dix: Bildnis Dr. Koch, in: Otto Dix. Der Krieg. Radierwerk, hg. v. Verein August Macke Haus, Bonn 1999, S. 151.
Abbildung 42: Buch Eins des Aktivistenbundes 1919, Düsseldorf 1920.
Abbildung 43: Das Junge Rheinland.
Abbildung 44: Photo in: »...die beste Sensation ist das Ewige...« Gustav Landauer – Leben, Werk und Wirkung, hg. v. Michael Matzigkeit, Düsseldorf 1995 (Dokumente zur Theatergeschichte IX), S. S. 325.; Franz W. Seiwert: Lebendige: Gustav Landauer, Holzschnitt, Köln 1919.
Abbildung 45: Walter Ophey: Grüner Christus, Privatbesitz.
Abbildung 46: Zeitschrift Der Ventilator. Unterhaltungsbeilage zur Tagespresse, Köln 1919.
Abbildung 47: Die Pleite: Illustrierte Halbmonatsschrift, hg. von W. Herzfelde und G. Grosz 1, (1919) Berlin.
Abbildung 48: Visitenkarte Raoul Hausmann: https://www.berlinischegale rie.de/sammlung/sammlung-online/dada-berlin-online/
Abbildung 49: Flugblatt Dadaisten gegen Weimar, 16. Juli 1919, in: Raoul Hausmann. Bilanz der Feierlichkeit, Texte bis 1933, hg. v. Michael Erlhoff, München 1982, Bd. I, S. 188.
Abbildung 50: Schall und Rauch: https://nat.museum-digital.de/index.php?t= objekt&oges=47390 CC-BY-NC-SA @ Kurt Tucholsky Literaturmuseum.
Abbildung 51: Rudolf Belling. Dreiklang, Skulptur, in: Rudolf Belling. Skulpturen und Architekturen, hg. v. Dieter Scholz und Christina Thomson, München 2017, S. 90.
Abbildung 52: Josef Fenneker: Totentanz. Filmplakat: https://auctions.posterauctions.com/lots/view/1-7S330/marmorhaus-toten-tanz-1919.
Abbildung 53: Henny Porten als »Monica Vogelsang“ (1919), Foto, in: »Hätte ich das Kino!« Die Schriftsteller und der Stummfilm. Eine Ausstellung des Deutschen Literaturarchivs im Schiller-Nationalmuseum Marbach a N., 24. IV. – 31. X. 1976, S., vor S. 289.
Abbildung 54: Ernst Toller: Die Wandlung. Das Ringen eines Menschen, Berlin 1919.
Abbildung 55: Emil Sinclair (i.e. Hermann Hesse): Demian. Die Geschichte einer Jugend, Berlin 1919.
Abbildung 56: Ludwig Fulda: Aufruf an die Kulturwelt, Jena 1914.
Abbildung 57: Ball, Sternheim, Schickele: https://de.wikipedia.org/wiki/Hugo_Ball#/media/File:Hugoball.jpg (anonym 1916); Foto: Franz Grainer. Aus: Die deutsche Literatur unsrer Zeit, 1921 (Bayerische Staatsbibliothek München/Porträtsammlung); Sternheim: https://www.bibliothek.

uni-augsburg.de/sondersammlungen/salzmann/autoren/Sternheim.html; Sternheim um 1920 (Foto von Franz Grainer aus: Martens, Kurt: Die deutsche Literatur unserer Zeit, 1921)Schickele: https://nl.wikipedia.org/wiki/Ren%C3%A9_Schickele#/media/File:Ren%C3%A9_Schickele.jpg Bibliothèque nationale et universitaire of Strasbourg.

Abbildung 58: Heinrich Mann: Der Untertan, Leipzig 1918; Erich Ludendorff: Meine Kriegserinnerungen 1914 – 1918, Berlin 1919.

Abbildung 59: Dolchstoßlegende: https://www.dhm.de/lemo/kapitel/weimarerrepublik/in

Abbildung 60: Karte: Deutschland nach dem Ersten Weltkrieg; http://upload.wikimedia.org/wikipedia/commons/a/a2/Versailler_Vertrag.png

Abbildung 61: Yvan Goll: Die Chapliniade. Eine Kinodichtung. Mit vier Zeichnungen von Fernand Léger, Dresden 1920.

Abbildung 62: George Grosz: Deutschland, ein Wintermärchen. Aquarell- Vorstudie zum Ölbild, in: Deutschland, ein Wintermärchen. Aquarelle, Zeichnungen, Collagen 1908-1958, Ausstellungskatalog Max Ernst Museum Brühl des LVR/Stiftung Ahlers Pro Arte | Kestner Pro Arte, Hannover, hg. v. Ralph Jentsch, Ostfildern 2011.

Personenverzeichnis